重大工程建设关键技术研究

总主编 孙 钧

高速铁路基础设施研究与应用

季冻区高速铁路无砟轨道平稳性控制理论与技术

赵国堂

著

上海科学技术出版社

图书在版编目（CIP）数据

季冻区高速铁路无砟轨道平稳性控制理论与技术 / 赵国堂著. -- 上海：上海科学技术出版社，2021.1
（高速铁路基础设施研究与应用丛书）
ISBN 978-7-5478-5175-3

Ⅰ.①季… Ⅱ.①赵… Ⅲ.①冻土区－高速铁路－无砟轨道－平稳－控制 Ⅳ.①U238②U213.2

中国版本图书馆CIP数据核字(2020)第245447号

责任编辑　陈　晨　楼玲玲
封面设计　赵　军

季冻区高速铁路无砟轨道平稳性控制理论与技术
赵国堂　著

上海世纪出版(集团)有限公司
上海科学技术出版社　出版、发行
（上海钦州南路71号　邮政编码 200235　www.sstp.cn）
上海雅昌艺术印刷有限公司印刷
开本 787×1092　1/16　印张 19.75
字数 450 千字
2021 年 1 月第 1 版　2021 年 1 月第 1 次印刷
ISBN 978-7-5478-5175-3/U·109
定价：180.00 元

本书如有缺页、错装或坏损等严重质量问题，请向工厂联系调换

内容提要

本书将季冻区高速铁路无砟轨道平稳性控制问题凝练为路基温度效应、无砟轨道温度效应及平稳性保持问题,系统阐述了作者及其研究团队最新研究成果。全书共 6 章:第 1 章介绍了季冻区高速铁路及无砟轨道发展概况,阐明了高速铁路无砟轨道平稳性的概念和内涵;第 2 章探明了高速铁路路基基床表层冻胀作为冻胀变形源的一般规律,试验发现了基床表层粗粒土填料中细颗粒呈簇团分布且是主要持水结构的特征,揭示了细颗粒簇团冻结膨胀推动路基上拱变形的冻胀机理;第 3 章解析了路基冻胀变形与无砟轨道平稳性的映射关系,提出了基于细颗粒簇团率控制的冻胀效应控制技术路线,揭示了透水型和防水型路基结构防冻胀机理;第 4 章阐述了季冻区无砟道床夏季日温差及正负温度梯度最大的基本特征,提出了季冻区整体温度和温度梯度等温度场特征值建议值;第 5 章探明了单元板式无砟轨道温度翘曲变形与温度梯度线性正相关关系以及离缝伤损规律,提出了轨道板容许拉应力对应的温度梯度临界值,揭示了结构层温度位移对钢轨应力的影响规律,提出了季冻区无砟轨道温度效应的控制措施;第 6 章分析了季冻区高速铁路无砟轨道不平顺周期性特征、离缝效应及材料抗冻性,提出了适度平顺维护技术,介绍了轨道不平顺和离缝检测技术及板下充填层抗冻技术,构建了季冻区高速铁路无砟轨道平稳性保持技术。

本书兼具理论性和工程应用性，适合从事高速铁路建设与运营管理的广大设计、施工、运维工作的技术人员及科研一线人员阅读参考，也可作为研究生教学用书。

重大工程建设关键技术研究

总主编

孙　钧　　同济大学教授，中国科学院院士

学术顾问

邱大洪　　大连理工大学教授，中国科学院院士

钱七虎　　中国人民解放军陆军工程大学教授，中国工程院院士

郑皆连　　广西大学教授，中国工程院院士

陈政清　　湖南大学教授，中国工程院院士

吴志强　　同济大学教授，中国工程院院士

王　平　　西南交通大学教授

刘斯宏　　河海大学教授

杨东援　　同济大学教授

高速铁路基础设施研究与应用

编委会

主任

王　平

副主任

苏　谦

委员（以姓氏笔画为序）

王玉泽　王英学　易思蓉　赵国堂

高　波　高宗余

重大工程建设关键技术研究

总　序

近年来，我国各项基础设施建设的发展如火如荼，"一带一路"建设持续推进，许多重大工程项目如雨后春笋般蓬勃兴建，诸如三峡工程、青藏铁路、南水北调、三纵四横高速铁路网、港珠澳大桥、上海中心大厦，以及由我国援建的雅万高速铁路、中老铁路、中泰铁路、瓜达尔港、比雷埃夫斯港，等等，不一而足。毋庸置疑，我国已成为世界上建设重大工程最多的国家之一。这些重大工程项目就其建设规模、技术难度和资金投入等而言，不仅在国内，即使在全球范围也都位居前茅，甚至名列世界第一。在这些工程的建设过程中涌现的一系列重大关键性技术难题，通过分析探索创新，很多都得到了很好的优化和解决，有的甚至在原来的理论、技术基础上创造出了新的技术手段和方法，申请了大量的技术专利。例如，632 m 的上海中心大厦，作为世界最高的绿色建筑，其建设在超高层设计、绿色施工、施工监理、建筑信息化模型（BIM）技术等多方面取得了多项科研成果，申请到 8 项发明专利、授权 12 项实用新型技术。仅在结构工程方面，就应用到了超深基坑支护技术、超高泵送混凝土技术、复杂钢结构安装技术以及结构裂缝控制技术等许多创新性的技术革新成果，有的达到了世界水平。这些优化、突破和创新，对我国工程技术人员将是非常宝贵的参考和借鉴。

在 2016 年 3 月初召开的全国人大全体会议期间，很多代表谈到，极大量的技术创新与发展是"十三五"时期我国宏观经济实现战略性调整的一项关键性驱动因素，是实现国家总体布局下全面发展的根本支撑和关键动力。

同时，在新一轮科技革命的机遇面前，也只有在关键核心技术上一个个地进行创新突破，才能实现社会生产力的全面跃升，使我国的科研成果和工程技术掌控两者的水平和能力尽早、尽快地全面进入发达国家行列，从而在国际上不断提升技术竞争力，而国力将更加强大！当前，许多工程技术创新得到了广泛的认可，但在创新成果的推广应用中却还存在不少问题。在重大工程建设领域，关键工程技术难题在实践中得到突破和解决后,需要把新的理论或方法进一步梳理总结,再一次次地广泛应用于生产实践,反过来又将再次推动技术的更进一步的创新和发展,是为技术的可持续发展之巨大推动力。将创新成果进行系统总结,出版一套有分量的技术专著是最有成效的一个方面。这也是出版"重大工程建设关键技术研究"丛书的意义之所在。以推广学术上的创新为主要目标,"重大工程建设关键技术研究"丛书主要具有以下几方面的特色:

1. 聚焦重大工程和关键项目。目前,我国基础设施建设在各个领域蓬勃开展,各类工程项目不断上马,从项目体量和技术难度的角度,我们选择了若干重大工程和关键项目,以此为基础,总结其中的专业理论和专业技术使之编纂成书。由于各类工程涉及领域和专业门类众多,专业学科之间又有相互交叉和融合,难以单用某个专业来设定系列丛书,所以仍然以工程大类为基本主线,初步拟定了隧道与地下工程、桥梁工程、铁道工程、公路工程、超高层与大型公共建筑、水利工程、港口工程、城市规划与建筑共八个领域撰写成系列丛书,基本涵盖了我国工程建设的主要领域,以期为未来的重大工程建设提供专业技术参考指导。由于涉及领域和专业多,技术相互之间既有相通之处,也存在各自间的不同,在交叉技术领域又根据具体情况做了处理,以避免内容上的重复和脱节。

2. 突出共性技术和创新成果,侧重应用技术理论化。系列丛书围绕近年来重大工程中出现的一系列关键技术难题,以项目取得的创新成果和技术突破为基础,有针对性地梳理各个系列中的共性、关键或有重大推广价值的技术经验和科研成果,从技术方法和工程实践经验的角度进行深入、系统而又详尽的分析和阐述,为同类难题的解决和技术的提高提供切实的理论依据和应用参考。在"复杂地质与环境条件下隧道建设关键技术丛书"(钱七虎院士任编委会主任)中,对当前隧道与地下工程施工建设中出现的关键问题进行了系统阐述并形成相应的专业技术理论体系,包括深长隧道重大突涌水灾害预测预警与风险控制、盾构工程遇地层软硬不均与极软地层的处理、类矩形盾构法、水下盾构隧道、地面出入式盾构法隧道、特长公路隧道、隧道地质三维探测、盾构隧道病害快速检测、隧道及地下工程数字化、软岩大变形隧道新型锚固材料等,使得关键问题在研究中得到了不同程度的解决和在后续工程中的有效实施。

3. 注重工程实用价值。系列丛书涉及的技术成果要求在国内已多次采用,实践证明是可靠的、有效的,有的还获得了技术专利。系列丛书强调以理论为引领,以应用为重点,以案例为说明,所有技术成果均要求以工程项目为背景,以生产实践为依托,使丛书既富有学术内涵,又具有重要的工程应用价值。如"长大桥梁建养关键技术丛书"(郑皆连院士任编委会主任、陈政清院士任副主任),围绕特大跨度悬索桥、跨海长大桥梁、多塔斜拉桥、特大跨径钢管混凝土拱桥、大跨度人行桥、大比例变宽度空间索面悬索桥等重大桥梁工程,聚焦长大桥梁的设计创新理论、施工创新技术、建设难点的技术突破、桥梁结构健康监测与状态评估、运营期维修养护等,主要内容包括大型钢管混凝土结构真空辅助灌注技术、大比例变宽度空间索面悬索桥体系、新型电涡流阻尼减振技术、长大桥梁的缆索吊装和斜拉扣挂施工、超大型深水基础超高组合桥塔、变形智能监测、基于BIM的建养一体化等。这些技术的提出以重大工程建设项目为依托,包括合江长江一桥、合江长江二桥、巫山长江大桥、桂广铁路南盘江大桥、张家界大峡谷桥、西堠门大桥、嘉绍大桥、港珠澳大桥、虎门二桥等,书中对涉及具体工程案例的相关内容进行了详尽分析,具有很好的应用参考价值。

4. 聚焦热点,关注风险分析、防灾减灾、健康检测、工程数字化等近年来出现的新兴分支学科。在绿色、可持续发展原则指导下,近年来基础建设领域的技术创新在节能减排、低碳环保、绿色土木、风险分析、防灾减灾、健康检测(远程无线视频监控)、工程使用全寿命周期内的安全与经济、可靠性和耐久性、施工技术组织与管理、数字化等方面均有较多成果和实例说明,系列丛书在这些方面也都有一定体现,以求尽可能地发挥丛书对推动重大工程建设的长期、绿色、可持续发展的作用。

5. 设立开放式框架。由于上述的一些特性,使系列丛书各分册的进展快慢不一,所以采用了开放式框架,并在后续系列丛书各分册的设定上,采用灵活的分阶段付梓出版的方式。

6. 主编作者具备一流学术水平,从而为丛书内容的学术质量打下了坚实的基础。各个系列丛书的主编均是该领域的学术权威,在该领域具有重要的学术地位和影响力。如陈政清教授,中国工程院院士,"985"工程首席科学家,桥梁结构与风工程专家;郑皆连教授,中国工程院院士,桥梁设计施工专家;钱七虎教授,中国工程院院士,防护与地下工程专家;吴志强教授,中国工程院院士,城市规划与建设专家;等等。而参与写作的主要作者都是活跃在我国基础设施建设科研、教育和工程的一线人员,承担过重大工程建设项目或国家级重大科研项目,他们主要来自中铁隧道局集团有限公司、中交隧道工程局有限公司、中铁十四局集团有限公司、中交第一公路工程局有限公司、青岛地铁集团有限公司、上海建工集团有限公司、上海城建集团、中交公路规划设计院有限公司、陆军研究院工程设计研究所、招商局重庆交通科研设计院有限公司、天津城建集团有限公司、浙江省交通规划设计研究院、江苏交通科学研究院有限公司、同济大学、河海大学、西南交通大学、湖南大学、山东大学等。各位专家在承担繁重的工程建设和科研教学任务之余,奉献了自己的智慧、学识和汗水,为我国的工程技术进步做出了贡献,在此谨代表丛书总编委对各位的辛劳表示衷心的感谢和敬意。

当前,不仅国内的各项基础建设事业方兴未艾,在"一带一路"倡议下,我国在海外的重大工程项目建设也正蓬勃发展,对高水平工程科技的需求日益迫切。相信系列丛书的出版能为我国重大工程建设的开展和创新科技的进步提供一定的助力。

孙 钧

2017年12月,于上海

孙钧先生,同济大学一级荣誉教授,中国科学院资深院士,岩土力学与工程国内外知名专家。"重大工程建设关键技术研究"系列丛书总主编。

序

哈大高速铁路是世界上第一条严寒季冻区高速铁路,全线全面应用无砟轨道,2012年开通运营初期,由于缺乏严寒季冻区运营经验,采取冬季运营速度 200 km/h、夏季运营速度 300 km/h 的运输方式确保运营安全。为掌握严寒季冻区高速铁路运营安全规律,赵国堂和他的团队在过去 10 多年科技攻关基础上,继续跟踪哈大高速铁路路基冻胀和无砟轨道质量状况,形成了季冻区高速铁路无砟轨道平稳性保持技术成套成果,为 2015 年冬季实现 300 km/h 运营提供了技术支撑。目前,哈大高速铁路成为世界上严寒季冻区冬季商业运营速度最高的高速铁路。研究成果在哈齐、沈丹、哈牡、哈佳、京张、京沈、兰新等高速铁路的建设与运营中得到推广应用。《季冻区高速铁路无砟轨道平稳性控制理论与技术》一书是上述研究成果的总结。

本书具有很强的可读性,这得益于他对技术问题的把握和研究深度。本书将季冻区高速铁路无砟轨道平稳性问题凝练为路基的温度效应、无砟轨道的温度效应及平稳性保持问题,研究内容更加聚焦,技术路线更加清晰。

在路基温度效应方面,他提出了与多年冻土保持不融化截然不同的理念,着眼于保持季节冻土冬季不冻胀以实现轨道不平顺毫米级的控制。与他提出的变形源调控轨道平稳性的技术思想一脉相承,在海量监测数据分析基础上,探明了路基基床表层的冻胀变形是高速铁路路基冻胀变形的变形源,从而将基床表层采用的级配碎石填料作为研究对象,发现了填料中细颗粒呈簇团集聚并为主要持水结构的基本特征,从而为揭示粗粒土填料冻胀机理奠定了基础,也为高速铁路路基冻胀控制提供了理论支撑。

在无砟轨道温度效应方面,他关注到夏季温度场变化的剧烈性,探明了一年四季中夏季无砟轨道表面温度日变化和温度梯度最大的一般规律,解析了单元板式无砟轨道温度翘曲变形与温度梯度线性正相关关系以及离缝伤损规律,提出了轨道板容许应力对应的温度梯度临界值,分析了季冻区无砟轨道温度效应的控制措施。

在无砟轨道平稳性保持技术方面,发现了季冻区路基冻胀变形影响以高低不平顺产生与发展为特征、以轨道板和底座板长度为周期的变化特点,提出了精准监测基础上的适度平顺维护技术;阐释了离缝条件下轨道结构的受力特征及动力响应,揭示了板下离缝检测机理,研发了离缝检测技术;揭示了通过提升材料的密实性和均质性提高抗冻性能的机理,提出了自密实混凝土、CA 砂浆等充填层抗冻技术。

作者在学术工作上非常认真和执着,书中大量的监测数据处理和曲线绘制都是他自己完成的,正是这种亲力亲为,才有把握问题、发现规律和深化研究的基础。近期他在无砟轨道温度效应的研究上又有新进展,他抓住无砟道床温度梯度空间分布强烈非均匀和高速列车白天运行期内正温度梯度与列车荷载耦合作用两个特征,探明了无砟道床层间界面损伤演化及层间变形失调一般规律,揭示了连续型无砟道床板间热胀失稳机理及板边集中承载条件下 CA 砂浆充填层动力破坏机理。

赵国堂是道路与铁道工程专业学术带头人,他关注现场问题,从实践中来,到实践中去,以解决高速铁路建造运营中的科学问题和技术难题为己任。本书是其呕心沥血之作,可供从事高速铁路建设与运营管理的广大设计、施工、运维工作的技术人员及科研一线人员的阅读参考,也可作为研究生教材。

原铁道部副部长
中国工程院院士 卢春房

前 言

我国高速铁路发展取得的成就举世瞩目。到 2020 年底,高速铁路运营里程将超过 38 000 km,占世界高速铁路运营里程的 2/3,最高商业运营速度达到 350 km/h,位居世界第一。其中,季节冻土区(以下称"季冻区")高速铁路运营里程超过 8 000 km。地处严寒季冻区的哈大高速铁路,冬季商业运营速度最高达到 300 km/h,成为世界上季冻区商业运营速度最高的铁路。我国季冻区高速铁路建设运营一个重要的成功经验是全面、系统地应用了无砟轨道,这不仅解决了季冻区严酷环境下有砟轨道平稳性差、维修工作量大、道砟二次飞溅等问题,更重要的是消除了有砟轨道冬季道床冻胀对轨道不平顺的影响,为高速列车安全、平稳运行提供了保障。

季冻区高速铁路无砟轨道的应用需要解决两大关键核心技术问题。一是路基的温度效应问题,表现为年复一年的冬季冻胀上拱、春季融化沉落,导致线路高程的循环变化,影响无砟轨道的高平顺性和强度安全性。二是无砟轨道的温度效应问题,表现为夏季超大的日温差下轨道板强烈的循环翘曲变形、超大的年温差下无砟轨道的伸缩变形,以及冬季极低温度下材料的冻融损伤,影响无砟轨道结构的强度安全性、变形稳定性和材料耐久性。

季冻区路基温度效应问题在普速铁路上十分突出,我国东北地区最冷月平均气温可达-20℃以下,普速铁路路基冬季冻胀量可达到 50 mm 以上,春季翻浆冒泥问题严重。季冻区无砟轨道温度效应问题最为典型的是日本东北新干线,由于板式无砟轨道采用非抗冻的 CA 砂浆,1987—1988 年对数百千米的线路进行了整治。笔者在 2001 年参与组织秦沈客运专线综合试验时开始关注季冻区高速铁路温度效应问题,特别是线路开通运营以后,无砟轨道试验段 CA 砂浆充填层出现了日本东北新干线类似的伤损,路基冻胀量最大达到 20 mm 以上,对高速铁路运营安全和效率产生了严重影响。随着我国高速铁路建设规模的快速扩大,无砟轨道铺设范围越来越广,结构伤损及材料劣化问题相继出现,其中基础变形荷载与温度荷载效应更为突出,成为影响无砟轨道平稳性的主要因素。为此,笔者开始将研究重点向无砟轨道与基础的相互作用聚焦,构建了基础变形传递模型,提出了高速铁路无砟轨道和路基多层结构变形调控理论;组织了全国各温度区无砟轨道温度场及温度效应现场测试,提出了我国高速铁路无砟轨道温度分区及温度荷载特征值,揭示了无砟轨道层间黏结失效机理,构建了无砟轨道温度效应控制技术体系。2012年,世界上严寒季冻区第一条高速铁路——哈大高速铁路开通运营,由于缺乏严寒季冻区运营经验,采取冬季运营速度200 km/h、夏季运营速度300 km/h的冬夏两种速度的运输方式以确保运营安全。为掌握严寒季冻区高速铁路运营安全规律,笔者及研究团队持续开展科技攻关,进一步揭示了季冻区高速铁路温度场特征、路基和无砟轨道温度变形机理及其效应,研究成果支撑哈大高速铁路冬季以300 km/h的速度运营,并在哈齐、沈丹、哈牡、哈佳、京张、京沈、兰新等高速铁路建设与运营中得到推广应用。

本书是近20年来研究成果的总结。全书共分6章,介绍了我国季冻区高速铁路路基和无砟轨道的温度效应,以及高速铁路无砟轨道平稳性保持技术。

在冬季路基温度效应方面,探明了严寒季冻区高速铁路路基冻胀变形时空分布规律,试验发现了粗粒土填料中细颗粒呈簇团分布的特点,揭示了高速铁路路基细颗粒簇团冻胀机理;解析了路基冻胀变形与无砟轨道平稳性的映射关系,提出了高速铁路无砟轨道路基冻胀效应控制的技术路线,研发了基于细颗粒簇团控制的透水型和防水型路基防冻胀结构及混凝土基床结构,形成了高速铁路路基冻胀控制成套技术。

在夏季无砟轨道温度效应方面,探明了严寒季冻区无砟道床夏季表面温度波动剧烈、正负温度梯度最大的一般规律,提出了季冻区整体温度、温度梯度等温度场特征值、建议值;解析了单元无砟轨道结构温度位移对无缝线路钢轨受力的影响规律,提出了季冻区无砟轨道温度效应的控制措施。

在无砟轨道平稳性保持技术方面,阐述了轨道不平顺、结构效应和材料耐久性控制机理与技术,发现了季冻区无砟轨道平顺性变化以高低不平顺产生与发展为特征、以轨道板和底座板长度为周期的变化特点,构建了不平顺检测技术体系,提出了精准监测基础上的适度平顺维护技术;阐释了离缝条件下轨道结构的受力特征及动力响应,揭示了板下离缝检测机理,研发了离缝检测技术;揭示了通过提升材料的密实性和均质性提高抗冻性能的机理,构建了以自密实混凝土、CA砂浆抗冻技术为核心的季冻区高速铁路无砟轨道抗冻技术体系。

在高速铁路无砟轨道平稳性研究过程中,中国铁道科学研究院江成研究员、蔡德钧研究员、姜子清研究员、李化建研究员、赵磊副研究员、徐旸博士,中铁第四勘察设计院孙立教授级高工、王森荣教授级高工,北京交通大学高亮教授、蔡小培教授,西南交通大学刘钰博士,东南大学蒋金洋教授,中国国家铁路集团杨国涛正高级工程师、刘俊飞博士,以及研究团队的其他专家、学者为研究成果的取得付出了辛勤劳动和智慧,在此一并表示感谢。在本书介绍的成果中,蒋金洋协助完成了粗粒土的微观结构试验,徐旸协助完成了细颗粒簇团冻胀的计算,赵磊和刘钰协助完成了无砟轨道温度效应的计算,在此一并表示感谢。

笔者常怀"敬惜字纸"之心,写作中力求观点新颖、逻辑严密、表述准确,能使读者开卷有益,奈何力有所不逮、技术有所不及,谬误之处敬请批评指正。

作 者

2020年11月

目 录

第1章 绪论

1.1 我国季冻区分布及气候特征 ………………………………… 1
　1.1.1 我国季节冻土的分布 ………………………………… 1
　1.1.2 我国季冻区气候特征 ………………………………… 3
1.2 国内外季冻区高速铁路 ………………………………………… 5
　1.2.1 国外季冻区高速铁路 ………………………………… 5
　1.2.2 国内季冻区高速铁路 ………………………………… 10
1.3 高速铁路无砟轨道的应用 ……………………………………… 12
　1.3.1 无砟轨道结构分类 …………………………………… 12
　1.3.2 国外高速铁路无砟轨道 ……………………………… 12
　1.3.3 国内高速铁路无砟轨道 ……………………………… 17
1.4 高速铁路无砟轨道平稳性概念 ………………………………… 20
　1.4.1 轨道平稳性定义 ……………………………………… 20
　1.4.2 高速铁路无砟轨道的平顺性 ………………………… 21
　1.4.3 高速铁路无砟轨道的稳定性 ………………………… 27
1.5 高速铁路无砟轨道平稳性控制关键技术问题 ………………… 29
　1.5.1 路基温度效应控制关键技术问题 …………………… 29
　1.5.2 无砟轨道温度效应控制关键技术问题 ……………… 31
参考文献 …………………………………………………………… 35

第2章 季冻区高速铁路路基温度变形特征及机理

2.1 工程概况 ………………………………………………………… 36
　2.1.1 地质与气候特点 ……………………………………… 36

2.1.2 路基结构形式	38
2.1.3 路基冻胀的监测	38
2.2 路基温度场特征	**40**
2.2.1 气温变化规律	40
2.2.2 地温变化特征	42
2.3 路基温度变形规律	**44**
2.3.1 温度变形经时特征	44
2.3.2 温度变形的空间分布特征	46
2.4 路基冻结深度变化特征	**50**
2.4.1 冻结深度经时特征	50
2.4.2 冻结深度的空间分布特征	51
2.5 高速铁路路基冻胀机理	**53**
2.5.1 土体冻胀经典理论与模型	54
2.5.2 粗粒土冻胀研究现状	61
2.5.3 高速铁路路基填料冻胀的微观结构特征	70
2.5.4 高速铁路路基填料冻胀机理分析	84
参考文献	**96**

第3章

季冻区高速铁路路基冻胀效应及其控制

3.1 无砟轨道路基冻胀变形传递模型	100
3.2 路基冻胀变形对无砟轨道的影响	102
3.2.1 CRTS Ⅰ型板式无砟轨道受力特征	102
3.2.2 CRTS Ⅲ型板式无砟轨道受力特征	108
3.2.3 双块式无砟轨道受力特征	114
3.3 季冻区无砟轨道平稳性控制技术	117
3.3.1 路基冻胀变形影响的一般规律	117
3.3.2 路基冻胀效应控制技术路线	118
3.4 高速铁路路基冻胀控制技术	122
3.4.1 透水型路基基床级配碎石	122
3.4.2 防水型路基防冻胀结构	127
3.4.3 混凝土基床结构	134
3.5 防冻胀路基结构的现场试验	136
3.5.1 哈齐高速铁路试验段	136

3.5.2 透水型级配碎石的制备及施工 …… 138
3.5.3 沥青混凝土封闭层施工工艺 …… 138
3.5.4 现场试验结果及分析 …… 146
参考文献 …… 149

第4章 季冻区高速铁路无砟轨道温度场特征
150

4.1 国内外混凝土结构温度场研究现状 …… 150
　4.1.1 国外研究现状 …… 151
　4.1.2 国内研究现状 …… 154
4.2 无砟轨道温度场研究方法 …… 160
　4.2.1 现场测试方法 …… 160
　4.2.2 仿真计算方法 …… 166
4.3 无砟轨道温度场监测结果及分析 …… 170
　4.3.1 无砟轨道整体温度 …… 171
　4.3.2 无砟轨道温度梯度 …… 178
4.4 无砟轨道温度场计算结果及分析 …… 180
　4.4.1 无砟轨道整体温度场 …… 180
　4.4.2 无砟轨道温度梯度 …… 182
4.5 季冻区无砟轨道温度场特征值 …… 184
参考文献 …… 185

第5章 季冻区高速铁路无砟轨道温度效应及其控制
187

5.1 无砟轨道温度效应计算方法 …… 187
　5.1.1 温度效应计算模型 …… 187
　5.1.2 温度变形和应力计算方法 …… 189
5.2 CRTS Ⅰ型板式无砟轨道温度效应 …… 191
　5.2.1 轨道板翘曲变形 …… 191
　5.2.2 轨道板翘曲应力 …… 195
　5.2.3 钢轨温度效应 …… 199
　5.2.4 季冻区 CRTS Ⅰ型板式无砟轨道适应性 …… 205

5.3 CRTS Ⅲ型板式无砟轨道温度效应 …………………… 206
  5.3.1 轨道板翘曲变形 …………………… 206
  5.3.2 轨道板翘曲应力 …………………… 209
  5.3.3 钢轨温度效应 …………………… 214
  5.3.4 季冻区 CRTS Ⅲ型板式无砟轨道适应性 …………………… 219
5.4 季冻区无砟轨道温度效应的控制 …………………… 219
  5.4.1 单元式无砟轨道 …………………… 219
  5.4.2 底座板合理长度 …………………… 222
  5.4.3 预应力轨道板 …………………… 223
  5.4.4 隔离层合理刚度 …………………… 226
参考文献 …………………… 229

第6章 季冻区高速铁路无砟轨道平稳性保持技术
231

6.1 季冻区无砟轨道平顺性保持技术 …………………… 231
  6.1.1 轨道不平顺特征 …………………… 231
  6.1.2 轨道不平顺检测技术 …………………… 237
  6.1.3 轨道适度平顺性维护技术 …………………… 252
6.2 无砟轨道离缝效应及控制技术 …………………… 255
  6.2.1 离缝效应试验结果及分析 …………………… 255
  6.2.2 试验工况的离缝效应计算结果及分析 …………………… 262
  6.2.3 离缝检测技术 …………………… 269
6.3 季冻区无砟轨道材料劣化及控制技术 …………………… 279
  6.3.1 混凝土冻融破坏机理 …………………… 280
  6.3.2 混凝土冻融破坏的影响因素 …………………… 281
  6.3.3 混凝土抗冻性指标 …………………… 283
  6.3.4 板下充填层抗冻技术 …………………… 285
参考文献 …………………… 291

第 1 章

绪 论

　　气候和地质条件是工程设计、施工、运营维护的决定性要素。我国东北和华北地区大陆性季风气候特征显著,夏季高温潮湿,冬季寒冷干燥,季冻区不仅最冷月平均气温低、持续低温时间长、土壤冻结深度大,而且年温差明显大于世界其他国家高速铁路地区。目前,国外开通运营高速铁路的国家达到 21 个,运营里程接近 1.8 万 km,其中季冻区高速铁路主要有日本的北海道新干线、上越新干线和东北新干线北段,瑞典、丹麦、挪威和芬兰等国家的高速铁路,德国南部的高速铁路,以及俄罗斯莫斯科—圣彼得堡高速铁路。我国高速铁路运营里程超过 3.5 万 km,其中分布在季冻区的高速铁路运营里程达到 8 000 km。从最冷月平均温度划分,国外除俄罗斯高速铁路处于严寒地区外,其余国家高速铁路都位于寒冷地区。相比较而言,我国东北和西北地区的季冻区不仅位于严寒地区,其季节冻土和气候指标也明显高于国外高速铁路。由于我国高速铁路设计速度高、持续高速运行时间和距离长,工程建造和运营维护中的技术问题更加复杂,保持轨道尤其是无砟轨道的高平顺、高稳定的平稳性要求面临严峻挑战。

1.1 我国季冻区分布及气候特征

1.1.1 我国季节冻土的分布

　　土体由固、液、气等多相介质组成,当其中的液态水在温度降至 0℃ 或 0℃ 以下冻结成固态冰,成为含有冰的岩土,便称为冻土。冻土按冻结状态保持时间的长短可分为多年冻土、季节冻土和短时冻土 3 大类。多年冻土是指冻结状态持续 2 年或 2 年以上的岩土;季节冻土是指地表层寒季冻结、暖季全部融化的岩土,冻结状态低于 1 年,可保持半月至数月;短时冻土是指冻结状态保持数小时至半月的岩土。地球上多年冻土、季节冻土和短时冻土区的面积约占陆地面积的 50%,其中多年冻土的面积占陆地面积的 23%,北半球多年冻土的面积约占陆地面积的 24%。全球各大洲均有季节冻土发生,在欧亚大陆,系统冻结区(每年发生)南界一般可到北纬 30°,北半球季节冻土面积占陆地面积的 30%。

我国多年冻土分布面积约占世界多年冻土分布面积的10%,占我国国土面积的21.5%,主要分布在青藏高原、帕米尔高原、西部高山、东北大小兴安岭、松嫩平原北部,以及东部地区一些高山顶部。季节冻土遍布在不连续多年冻土的外围地区,广泛分布于东北、华北、西北地区,分布面积约占我国国土面积的53.5%,其中深季节冻土(冻结深度大于1 m)约占我国国土面积的1/3,主要分布于东北地区的黑龙江、吉林、辽宁三省和西北地区的甘肃、宁夏、新疆北部、青海等省区,以及内蒙古、川西等地[1]。

我国季节冻土冻结一般从秋季开始[2],9月,东北北部、新疆北部(阿尔泰山)和青藏高原东部率先开始冻结;10月,冻土的冻结面积显著增加,冻结南界延伸至河北、山西、陕西等省的南部地区及西部大部分地区;11月,冻土的冻结深度有所加深,黑龙江、内蒙古中北部、新疆北部和青藏高原部分地区冻结深度可达到25 cm,而东北北部地区冻结深度超过50 cm。冻土深度在2月达到最大,100 cm冻结深度线相对1月又往南推进了较大范围,东部地区冻结区域达到最大,冻结区域延伸至安徽、江苏南部、湖北和四川北部地区;内蒙古、东北三省普遍达到100 cm以上,大兴安岭、小兴安岭地区和内蒙古中北部地区冻结深度达到200 cm以上;西北地区,除了南疆地区在50 cm以下外,其他地区的冻结深度大于50 cm,新疆北部山区有超过100 cm深度的冻土。从3月至5月,随着气温的逐步升高,冻土在全国范围内向北消退。

我国东部地区冻结持续时间由北向南逐渐减少,整个东北地区均在半年以上,大兴安岭、小兴安岭地区达到10个月以上,华北地区呈带状分布并逐渐减小,江淮流域只有2~3个月的时间。我国西北地区新疆南部冻结持续时间最短,有3~4个月;西北其他地区冻结时间跨度为4~5个月;新疆北部地区持续时间最长,达半年以上。青藏高原地区,高原区域冻结时间长达半年左右,远大于同纬度的我国东部地区;喜马拉雅山脉北麓、西藏东南部和青海东北部,冻结持续时间相对较短,而藏北高原和黄河源区解冻较晚。

在全球变暖背景下,近几十年来,全国大部分地区最大冻土深度呈减小趋势,趋势减小最大的区域为东北地区、内蒙古中部地区、新疆北部地区及西藏北部地区。据黑龙江观测站数据(图1-1)[3],近55年来最大冻结深度减小趋势达到9.9 cm/10年;近50年来辽宁省最大冻结深度的变化趋势呈现为20世纪90年代前冻土层相对较深,并自90年代以来以5.6 cm/10年的速率减小,且趋势较为显著(图1-2)[4]。

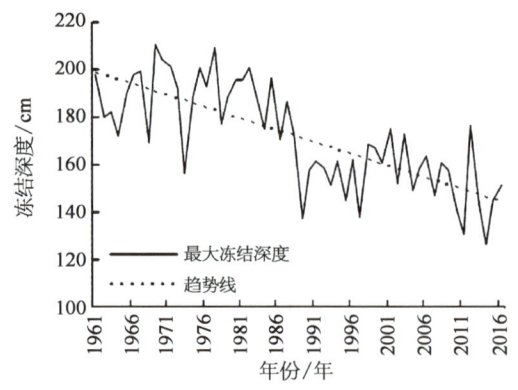

图1-1 黑龙江省最大冻结深度变化趋势

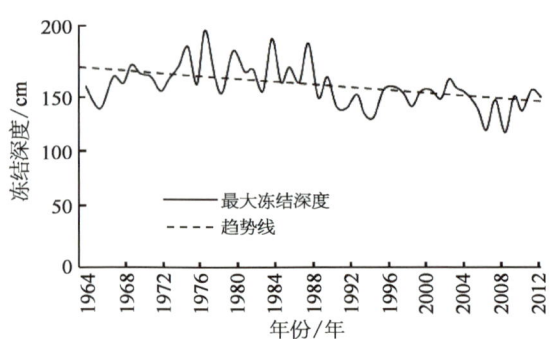

图1-2 辽宁省最大冻结深度变化趋势

1.1.2 我国季冻区气候特征

我国气候具有显著的季风特色、明显的大陆性气候和多样的气候类型等特点。全国划分为5个气候带,其中,东北、华北大部分地区位于温带季风气候带,夏季高温多雨,冬季寒冷干燥;新疆、宁夏、甘肃、内蒙古大部分地区和辽宁、吉林北部地区位于温带大陆性气候带,气候干燥,降水稀少;青藏高原位于高山高原气候带,海拔高,冬半年遍地冰雪,夏半年凉爽宜人。其余省区市位于亚热带季风气候带和热带季风气候带。

我国季节冻土区主要分布在温带季风气候带、温带大陆性气候带和高山高原气候带,其气温特点是冬季温度远低于同纬度的其他国家,并远低于南方地区,南北地区平均气温的温差可达50℃以上,极端温差可达80℃以上。1月平均气温达到全年的最低点,此时,东北地区是全国最冷的地方,除辽东半岛外,全境1月平均气温都在-10℃以下,黑龙江北部气温低于-30℃,漠河极端最低气温达到-52.3℃;内蒙古全区、宁夏北部、甘肃北部及新疆大部分地区气温一般在-22~-10℃;青藏高原大部分地区气温在-20~-10℃之间;华北地区气温在-10~-2℃。淮河是我国最北的一条冬季不结冰的大河,0℃等温线在东部大致位于秦岭—淮河一线,西沿青藏高原东坡折向西南,终止于江孜附近。

我国季冻区的另外一个特点是年温差大。由于夏季北方白昼时间比南方长,部分弥补了太阳高度角低引起的照射热量不足,7月除青藏高原等地势高的地区外,全国普遍高温,南北气温差别不大。大部分地区气温在20℃以上,南方许多地方气温在28℃以上;新疆吐鲁番盆地平均气温高达35℃,极端最高气温达到49.6℃,是我国夏季的炎热中心。

由于季冻区冬季气温远低于南方地区,夏季温度较高,导致年温差(年度最高气温与最低气温之差)非常大,如表1-1所示,黑龙江漠河地区年温差最大达到91.6℃,黑龙江和内蒙古北部地区年温差一般在80℃以上。铁路工程除了桥梁、路基、隧道受年温差影响外,更重要的是,轨道工程受温差影响显著,特别是无缝线路的稳定性主要取决于年温差。由于钢轨轨温在高温季节要比气温高20℃,低温季节与气温相当,最大轨温差一般要比年温差大20℃,我国东北和新疆部分地区最大轨温差超过了100℃,大部分地区超过了90℃,在无缝线路发展初期,如此大的轨温差是铺设无缝线路的技术瓶颈。

表1-1 我国东北及其他季冻区气温和钢轨温度极值[5]　　　　　　　　单位:℃

省区市	地 名	最高气温	最低气温	最大年温差	最高轨温	最低轨温	最大轨温差
黑龙江	漠 河	39.3	-52.3	91.6	59.3	-52.3	111.6
	齐齐哈尔	40.8	-39.5	80.3	60.8	-39.5	100.3
	佳木斯	38.1	-41.1	79.2	58.1	-41.1	99.2
	哈尔滨	39.2	-38.1	77.3	59.2	-38.1	97.3
	绥芬河	35.3	-37.5	72.8	55.3	-37.5	92.8
吉 林	白 城	40.7	-38.1	78.8	60.7	-38.1	98.8
	长 春	38.0	-36.5	74.5	58.0	-36.5	94.5
	吉 林	36.6	-40.3	76.9	56.6	-40.3	96.9
	延 吉	37.7	-32.7	70.4	57.7	-32.7	90.4

(续表)

省区市	地名	最高气温	最低气温	最大年温差	最高轨温	最低轨温	最大轨温差
辽宁	朝阳	43.3	−34.4	77.7	63.3	−34.4	97.7
	沈阳	38.3	−32.9	71.2	58.3	−32.9	91.2
	丹东	35.5	−28.0	63.5	55.5	−28.0	83.5
	大连	35.6	−21.1	56.7	55.6	−21.1	76.7
内蒙古	图里河	37.9	−50.2	88.1	57.9	−50.2	108.1
	满洲里	40.5	−43.8	84.3	60.5	−43.8	104.3
	锡林浩特	39.4	−42.4	81.8	59.4	−42.4	101.8
	呼和浩特	38.9	−32.8	71.7	58.9	−32.8	91.7
新疆	阿勒泰	37.6	−43.5	81.1	57.6	−43.5	101.1
	乌鲁木齐	42.1	−41.5	83.6	62.1	−41.5	103.6
	吐鲁番	47.8	−28.0	75.8	67.8	−28.0	95.8
北京	北京	41.9	−27.4	69.3	61.9	−27.4	89.3
天津	天津	40.5	−22.9	63.4	60.5	−22.9	83.4
河北	石家庄	42.9	−19.8	62.7	62.9	−19.8	82.7
山西	太原	39.4	−25.5	64.9	59.4	−25.5	84.9
山东	济南	42.5	−19.7	62.2	62.5	−19.7	82.2
宁夏	银川	39.3	−30.6	69.9	59.3	−30.6	89.9
青海	西宁	36.5	−26.6	63.1	56.5	−26.6	83.1
甘肃	兰州	39.8	−21.7	61.5	59.8	−21.7	81.5
陕西	西安	41.8	−20.6	62.4	61.8	−20.6	82.4
河南	郑州	43.0	−17.9	60.9	63.0	−17.9	80.9
西藏	拉萨	30.4	−16.5	46.9	50.4	−16.5	66.9

我国季冻区内东北和西北地区的重要差别是干燥度不同。区域干湿状况主要取决于水分盈亏，即降水与蒸散之间的平衡，常用年干燥度(最大可能蒸散多年平均与年降水量多年平均的比值)来表征。800 mm 等降水量线在淮河—秦岭—青藏高原东南边缘一线，400 mm 等降水量线在大兴安岭—张家口—兰州—拉萨—喜马拉雅山脉东南端一线。我国东北三省大部处于 400～800 mm 等降水量线。而西北地区主要处于 400 mm 等降水量线以下，其中塔里木盆地年降水量少于 50 mm，其南部边缘的一些地区降水量不足 20 mm；吐鲁番盆地的托克逊平均年降水量仅 5.9 mm，是中国的"旱极"。如果以年干燥度为主要指标、以年降水量为辅助指标作为干湿区划分的主要指标体系，提出如表 1-2 所示的干湿区划分标准。根据此标准，东北地区主要处于湿润区、半湿润区和半干旱区，西北地区主要处于干旱区。

表1-2 干湿区划分的指标体系及其标准[6]

干湿状况	主要指标(年干燥指数)	辅助指标(降水量/mm)
湿润	≥1.00	>800~900 或>600~650(东北、川西山地)
半湿润	1.00~1.50	400~500 至 800~900 或 400~600(东北)
半干旱	1.50~4.00 或 1.50~5.00(青藏高原)	200~250 至 400~500
干旱	≥4.00 或≥5.00(青藏高原)	<200~250

1.2 国内外季冻区高速铁路

1.2.1 国外季冻区高速铁路

目前,国外开通运营高速铁路的国家有日本、德国、西班牙、法国、意大利、土耳其、俄罗斯、韩国、沙特阿拉伯、比利时、美国、波兰、瑞士、瑞典、英国、奥地利、摩洛哥、芬兰、挪威、丹麦、希腊等21个,运营里程接近1.8万km,从地理位置上来看大部分位于北纬40°以北。按运营里程排名前10位的国家如图1-3所示,其中,按200 km/h及以上高速铁路运营里程排名,前3位是日本、德国和西班牙;按250 km/h及以上高速铁路运营里程排名,前3名是法国、西班牙和日本。

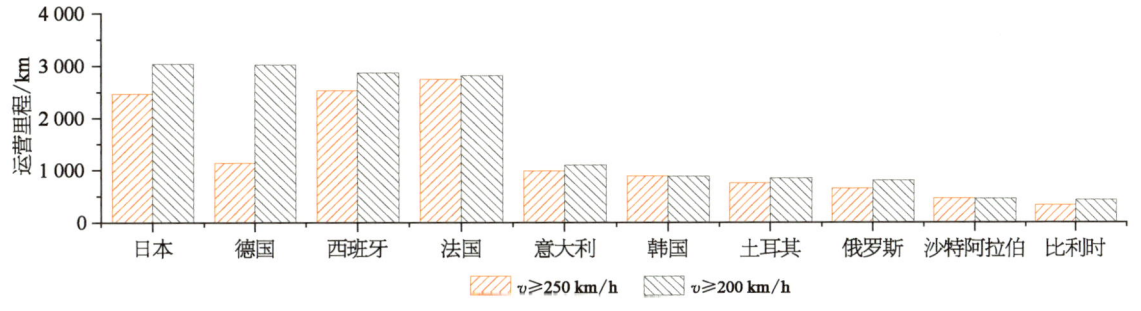

图1-3 世界其他国家高速铁路运营里程

1. 日本季冻区高速铁路

日本于1964年建成并开通运营的东海道新干线是世界上第一条高速铁路,连接东京和大阪,全长515 km,初期运营速度为210 km/h。在此后的50余年间,新干线线路不断发展,逐渐延伸至日本本州岛和九州岛的大部分地区以及北海道地区,形成贯通本州和南北两个大岛的交通大动脉。

目前,日本高速铁路运营系统由7条常规线路和山形、秋田2条通常被称为"小型新干线"的线路组成,运营总里程达到3 041 km。其中,东海道新干线长期以来一直被视为日本新干线的标志性线路,列车运行速度最高可达285 km/h,列车追踪间隔可达3 min,年运送旅客数量达到1.43亿人次,是世界上开行高速列车密度最大、运送旅客最多的高速铁路[7]。连接新大阪站和博多站的山阳新干线,全长554 km,1972—1975年分2段分期开通,最高运营速度达到300 km/h,日本板式无砟轨道从此起步并推广应用于后续的所有新干线工程。东京—新青森的东北新干线,全长 675 km。2010 年 12 月 4 日,八户—新青森段开通运营,标志着这条日本最长的新干线全线贯通,最高运营速度现在达到 320 km/h,是日本运营速度最高的新干线。2011 年 3 月 12 日,九州新干线的博多—新八代段开通运营。至此,博多—鹿儿岛中央站的九州新干线全线开通,其运营速度和大宫—新潟的上越新干线、高崎—长野的北陆新干线一样,均为 260 km/h。2016 年 3 月 26 日,位于青森县青森市的新青森站到位于北海道北斗市的新函馆北斗站的北海道新干线开通运营,从而将东北新干线从本州向北海道进一步延伸,线路长度为 149 km,最高运营速度为 260 km/h,其中路基长度约 10 km,穿越海底利用了 1988 年建成的青函隧道。这条隧道长 54 km,是世界上最长的海底隧道,允许通过速度为 140 km/h。

日本最新研制的 ALFA-X 动车组,10 辆编组,为 8M2T(8 辆动车,2 辆拖车)形式,除两端头车为拖车外,其余 8 辆均为动车,其速度目标为运营速度达到 360 km/h、试验速度达到 400 km/h。两端头车采用不同的外形,长度分别约为 16 m 和 22 m,以测试进入隧道的压力波特征(图 1-4);采用新型制动装置,实现地震等突发事件发生时制动距离更短;受电弓、转向架采用降噪设计及装置,运行噪声更低;应用主动式垂直和水平的阻尼器,完全将车体和转向架隔离,保持行驰中的稳定与舒适;内设特殊的减震设备,避免地震时车厢的晃动传递到轨道,减少脱轨;车身设计减少冰雪附着,适用于寒冷地区;增加了监测传感器,自感知能力增强,更加安全、舒适、智能;轴重为 12.4 t。

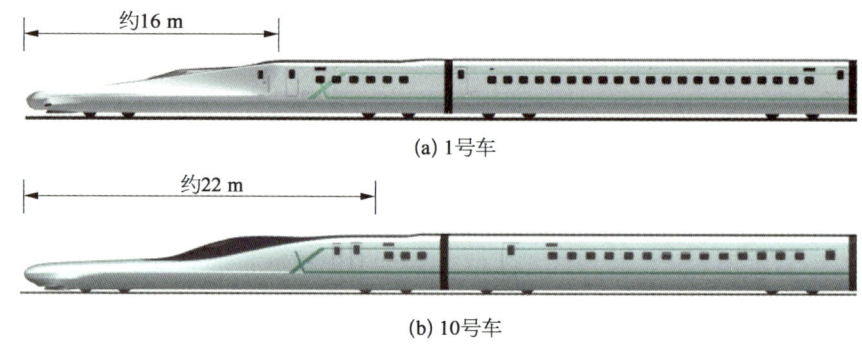

图 1-4 日本 ALFA-X 动车组头车

日本位于亚欧大陆东缘,是西北太平洋上的岛国,位于北纬 45°33′～北纬 20°25′,南北相差 25°8′,距离达 2 400 km。日本列岛南北狭长,国土任何地方距海皆不超过 100 km,即日本列岛的东西最宽处不到 200 km。在这个面积仅为 37.8 km² 的土地上,气候特征是四季气温变化分明,冬季受源自西伯利亚的季风影响,夏季受来自太平洋的季风影响。到 11 月底,西北风夹带着日本海上空的湿气,在其东进的途中受到横亘在中部的山脊的阻挡,将大量的水分以雨雪的形式降落在西侧。北陆地区的福井县、石川县、富山县和新潟县面朝日本海,高耸的山脉将其与日本的其他地区分割开来,素以深厚的积雪而闻名。与之相反,靠太平洋的一侧即使在冬季,气温也没有进入负温。总体上来说,接近北纬 40°的盛冈以北地区冬季气温偏低,盛冈、秋田、青森地区最冷月平均气温为 −5～−1℃,北海道函馆、札幌最冷月平均气温为 −7～−2℃,且平均最低气温低于 0℃ 的时间持续 4 个月,而东京地区最冷月平均气温为 2～10℃。分布在季冻区的新干线主要是北海道新干线、上越新干线和东北新干线宇都宫以北段,以及运营速度为 130 km/h 的山形、秋田 2 条小型新干线。

2. 欧洲季冻区高速铁路

欧洲高速铁路在 20 世纪 70 年代初开始建设,经过 10 多年的发展,才呈现蓬勃发展势头。

法国于 1981 年开通了巴黎—里昂的 TGV(法语 Train à Grande Vitesse)东南线,诞生了欧洲第一条高速铁路,当时最高运行速度为 270 km/h。此后相继开通了 TGV 大西洋线(巴黎—勒芒/图尔)、北方线(巴黎—里尔/加来)、地中海线(瓦朗斯—马赛)、巴黎东部线联络线、东线(巴黎—斯特拉斯堡)等,形成了以巴黎为中心、辐射全国的高速铁路干线,并与周边国家连接。

在历史上,法国对高速试验一直情有独钟,1890—1990 年的百年间,世界铁路共创造 17 次铁路试验最高速度纪录,9 次是法国创造并保持。2007 年阿尔斯通公司专门制造一列试验动车组,采用 5 辆编组,总重量为 268 t,总功率为 19 600 kW,轮径增大到 1 092 mm,共有 8 台转向架,其中 6 台为动力转向架、2 台为从轮转向架,全部转向架上都装有抗蛇行运动阻尼器,采用主动控制受电弓,以合理控制弓网接触压力。在巴黎至东部城市斯特拉斯堡的 TGV 东线上选择一段下坡道,开展高速试验,在历时 3 个月时间内,共进行了 51 次试验,其中 28 次速度在 500 km/h 以上,6 次速度超过 550 km/h,速度超过 400 km/h 的走行距离达 2 173 km,超过 500 km/h 的试验距离达到 728 km。2007 年 4 月 3 日创造了 574.8 km/h 的世界纪录并保持至今(图 1-5)。

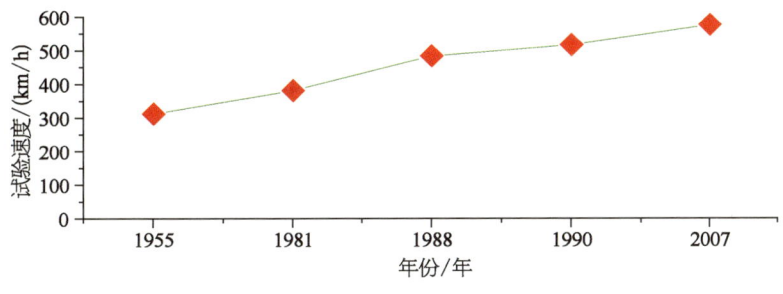

图 1-5 法国高速铁路试验速度

目前,TGV 地中海线瓦朗斯—马赛/尼姆、TGV 东线和 TGV 莱茵河线最高运营速度均达到 320 km/h。欧盟各国以 TGV 技术作为高速铁路的技术标准,并且通过技术出口,TGV 技术在韩国、西班牙、比利时、荷兰、澳大利亚等国被广泛应用,使 TGV 技术实现了法国—欧洲—世界拓展的三级跳,创造了 TGV"高技术"品牌。

德国高速铁路从既有线提速起步,运营速度为 160~200 km/h。1971 年开工建设的汉诺威—维尔茨堡铁路是德国第一条新建高速铁路,1991 年正式开通运营,运营速度为 250 km/h。后来相继建成的科隆—法兰克福、纽伦堡—因格斯塔特高速铁路,设计速度达到 350 km/h,运营速度达到 300 km/h;构建了汉堡—汉诺威—卡塞尔—法兰克福—美因茨—卡尔斯鲁厄、汉堡—汉诺威—富尔达—维尔茨堡—纽伦堡—慕尼黑、柏林—不伦瑞克—卡塞尔—富尔达—法兰克福—曼海姆—斯图加特—乌耳姆—慕尼黑、科隆—法兰克福高速铁路网络。

德国以环保实用为标志,创立了 ICE(Inter City Express)品牌。西门子最新研制的 Velaro NOVO 新型动车组,采用摩擦传动式焊接车身和碳化硅辅助变流器等轻量化技术,总重量比上一代 Velaro 高速动车组减少了 15%,轴重为 15 t 左右;采用全包式转向架、封闭式车顶,降低了阻力,分别节能 15% 和 10%;在科隆—法兰克福高速铁路上以 300 km/h 速度运行时,节能约 30%;采用永磁交流同步电机,在正常运营时可实现纯电制动,牵引、制动效率分别提升10%和70%,整体运营效率提升5%。

西班牙是欧洲高速铁路的后起之秀。1992年在巴塞罗那奥运会前夕开通第一条高速铁路(马德里—塞维利亚)以后,时隔11年开通第二条高速铁路,然后再用11年时间,建成开通250 km/h及以上高速铁路里程直逼日本,跃居欧洲第二、世界第三位,形成了以马德里为中心,辐射巴塞罗那、塞维利亚、马拉加、巴伦西亚、拉科鲁尼亚、巴利亚多利德等多个城市的现代化高速铁路网。

意大利于20世纪60年代开始研究修建高速铁路,1970年开始建设罗马—佛罗伦萨高速铁路,1992年这条总长237 km的高速铁路实现了全线贯通,运营速度为250 km/h。随后相继建成了罗马—那不勒斯、都灵—米兰、米兰—威尼斯、米兰—博洛尼亚等高速铁路,逐步构建了米兰—佛罗伦萨—罗马—那不勒斯为南北轴及都灵—米兰—威尼斯的东西轴形成的"T"形高速铁路网络。同时,意大利于2013年自主研发的ETR系列动车组设计速度达到400 km/h。

目前,欧洲有16个国家(俄罗斯和土耳其横跨欧亚)建设并开通运营了高速铁路。欧洲北部的瑞典从20世纪90年代以来一直致力于铁路既有线提速,1992年对斯德哥尔摩—哥德堡间全长453 km的西部干线进行了提速改造,使列车最高运营速度达到200 km/h;1995年初斯德哥尔摩—马尔默全线(南部干线)开始改造,1997年升级改造工程完工后,旅客列车运营速度达到200 km/h;东海岸线和北部干线的最高运营速度也达到200 km/h。2010年8月开通运营的克拉姆福什到东北部的于默奥的波的尼亚铁路,全长190 km,是瑞典第一条新建高速铁路,既可开行250 km/h的摆式列车,又可开行120 km/h的货物列车,线路允许最大轴重达25 t。芬兰的高速铁路技术路线和瑞典相近,既有线提速至200 km/h比较多,运营于赫尔辛基、坦佩雷、图尔库等主要铁路线上。2010年12月开通运营了赫尔辛基—拉赫蒂—俄罗斯圣彼得堡新建线路,运营速度为200 km/h。

欧洲地跨寒、温、热三带,同时北临北冰洋,西濒大西洋,背靠亚洲内陆,海陆交相作用,气候复杂多样,包括地中海气候、温带海洋性气候、温带大陆性气候、高山气候、温带草原气候、亚寒带针叶林气候、寒带苔原气候及冰原气候等。同时,欧洲三面环海,面紧邻亚洲内陆,气候有着较显著的海洋性特征。

北欧地区位于日德兰半岛及斯堪的纳维亚半岛一带,北抵北冰洋,西临大西洋,东望东欧,南接中欧,大部分地区属亚寒带大陆性气候,有漫长而严寒的冬季、短促而凉爽的夏季。北欧地形为台地和蚀余山地,遍布冰蚀湖群、羊背石、蛇形丘与鼓丘等地貌。北欧高速铁路最北端的于默奥接近北纬64°,赫尔辛基、拉赫蒂等城市位于北纬60°附近,最冷月平均气温为-9~-3℃,平均最低气温低于0℃的持续时间可达6个月以上。根据斯德哥尔摩200多年的观测数据和模拟计算结果,在12月至次年2月的气温分布图(图1-6)上呈现非正态分布。在过去的240年来,这3个月的气温主要分布在负温侧,但最低温度出现-20℃的情况越来越少;预测未来近100年,将会出现负温减少、正温增多的情况。

西欧位于欧洲西部濒临大西洋的地区及其附近岛屿,地形以平原为主,还有高原和山地,大部分地区属于温带海洋性气候,温和怡人。南欧包括阿尔卑斯山以南的巴尔干半岛、亚平宁半岛、伊比利亚半岛及其附近岛屿,西面为大西洋,南面处地中海和黑海之畔。南欧多山,平原面积较小,地处大西洋—地中海—印度洋火山带上,地震频发;南欧大部分地区处于地中海气候下,夏季炎热干燥,冬季温和多雨。西欧七国中,除爱尔兰和卢森堡外,法国、英国、比利时、荷兰、

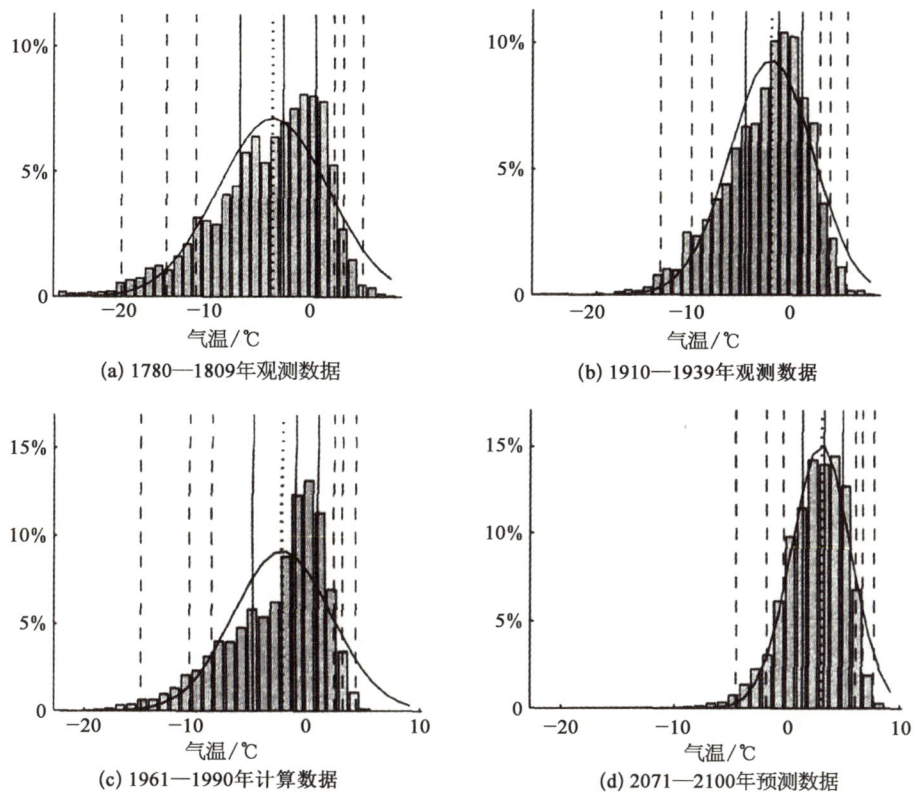

图 1-6 斯德哥尔摩观测及预测数据[8]

摩纳哥均拥有高速铁路;南欧除西班牙、意大利是高速铁路强国外,希腊也运营着 200 km/h 的高速铁路。

中欧北以波罗的海、南以阿尔卑斯山脉为界,处于海洋性温带阔叶林气候向大陆性温带阔叶林气候的过渡带上,南部为阿尔卑斯山脉及其支脉喀尔巴阡山脉,多陷落盆地,北部多为平原,且受第四纪冰川作用,多是冰川地形和湖泊。中欧的高速铁路以德国为代表,奥地利和瑞士均有自己的高速铁路。德国冬季北部低地的平均气温在 1.5℃ 左右,南部山地则为 −6℃ 左右;柏林最冷月平均气温为 −2~3℃,最冷的奥伯斯多夫最冷月平均气温为 −7~3℃,平均最低温度低于 0℃ 的持续时间可达 5 个月,比较冷的慕尼黑最冷月平均气温为 −4~3℃。

东欧地形以东欧平原为主体,平均海拔为 170 m,平原上多丘陵和冰川地形;北部沿海地区属寒带苔原气候,有较多湖泊;东南部属温带沙漠气候,多为草原和沙漠所占据。东欧高速铁路仅俄罗斯莫斯科—圣彼得堡开行了 250 km/h 高速列车,现正与我国合作完成了莫斯科—喀山高速铁路的勘察设计。莫斯科—喀山高速铁路位于北纬 55°~56°,中间穿越了弗拉基米尔、下诺夫哥罗德和切博克萨雷等重要城市,全长 770 km,沿线极端最低气温达到 −42.1℃,最冷月平均气温为 −16~−6℃,负温时间平均为 122 d,最长可达 165 d;积雪厚度为 30~60 cm,最厚可达 150 cm,通常覆盖时间可达 150~160 d;实测最大冻结深度在积雪覆盖条件下总体偏小,均小于 100 cm[9,10]。

总体上来看,欧洲大部分地区属于温带海洋性气候,除德国南部、北欧国家及俄罗斯外,欧洲其他国家季节冻土影响和低温影响并不显著。

1.2.2 国内季冻区高速铁路

中国高速铁路的发展经历了技术准备、工程试验、大规模建设和智能化等四个阶段(图 1-7)。从 20 世纪 90 年代开始,以国家重点攻关课题为支撑,先后完成技术路线的选择、关键技术的攻关和技术标准的制定,并在广深准高速铁路设计、建设、试验、运营方面进行验证,通过既有线大规模提速积累数据。以秦沈客运专线开工建设为标志,我国高速铁路发展进入工程试验新阶段,通过秦沈客运专线和京沪高速铁路综合试验段——京津城际高速铁路的工程实践,分别验证了我国设计速度 250 km/h 和 350 km/h 的高速铁路技术标准,为我国高速铁路大规模建设提供了支撑。随着 2017 年我国"四纵四横"高速铁路网的建成,为占据世界高速铁路发展的制高点,启动了智能高速铁路技术攻关、试验和工程实践,京张高速铁路在建造、装备和运营方面率先形成一批智能化成果,构建了我国智能高速铁路技术体系、数据体系和标准体系。

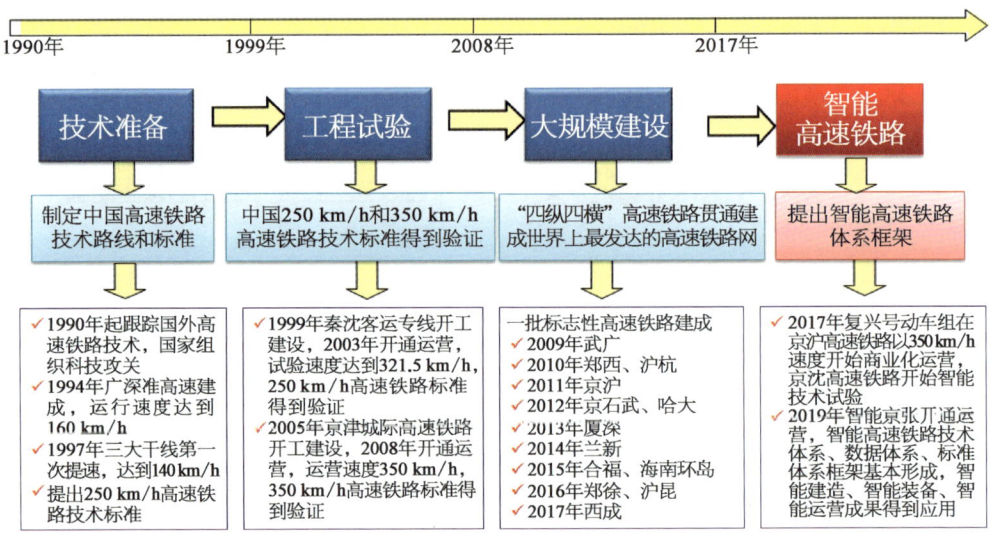

图 1-7 中国高速铁路发展历程

我国高速动车组技术的发展经历了从 2004 年开始的引进消化、吸收提升、创新发展和自主创新的四个阶段(图 1-8),先后制造出标志性的 200~250 km/h 长编组动车组和动卧动车组、京津城际铁路用 300~350 km/h 和武广高速铁路用 350 km/h 动车组、CRH380 系列动车组、中国标准动车组。其中 350 km/h 复兴号中国标准动车组搭建了安全、可靠、先进,具有完全自主知识产权、实现互联互通、零部件简统化的全新技术平台,构建了中国标准动车组技术体系和试验体系,牵引制动系统性能、起动加速能力、高压绝缘水平等技术指标达到世界先进水平;实现主动安全预警,增设多级吸能结构,监测项点达到 2 500 余项,提高了状态自感知能力,应用了高速无线传输和远程数据监控技术,总体运行安全保障能力大大提升;全新车头设计、轻量化技术的应用,CR400AF 和 CR400BF 的轴重为分别为 15 t 和 15.5 t,阻力降低 12.3%,人均能耗降低 17%,外部噪声降低 1~3 dB,实现了绿色、节能、环保的目标;车体断面增加 7%、座椅间距加大,车内噪声降低达 3 dB,

车辆平稳性改善,WiFi 全覆盖,乘坐更加舒适,旅行体验更加美好;统一修程并延长,寿命 30 年,实现互联互通提高运营效率,部件统型、减少备件,大大节约了运营成本。2017 年复兴号动车组在郑徐高速铁路上开展了交会试验,最高速度达到 420 km/h,创造了运营列车交会试验的世界纪录;同年在京沪高速铁路投入运用,商业运营速度达到 350 km/h,是世界上运营速度最高的动车组。

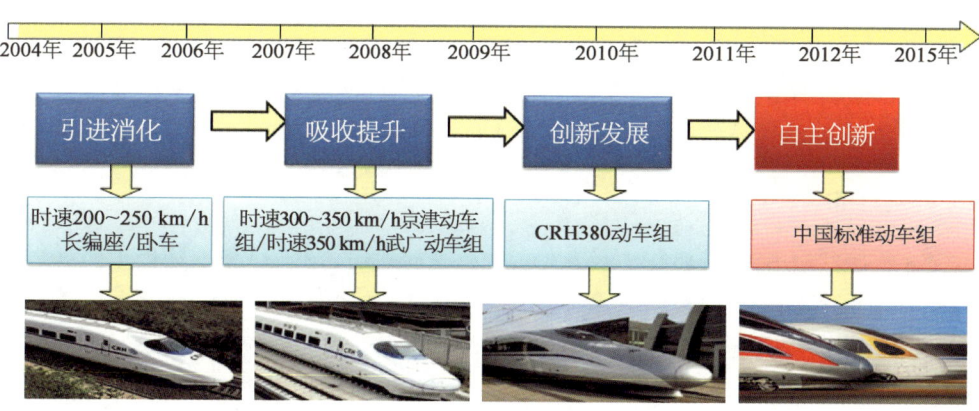

图 1-8 我国高速铁路动车组的发展历程

我国第一条高速铁路是 2003 年开通运营的秦皇岛—沈阳的秦沈客运专线,全长 404.5 km,历年最冷月平均气温为 -10.6～-5.5 ℃,是我国寒冷地区第一条高速铁路。1999 年 8 月 16 日正式开工建设,2002 年 12 月 31 日建成并交付试运行。路基基床首次增设了一层 0.6 m 级配碎石基床表层,路桥过渡段采用掺水泥的级配碎石填筑;桥梁工程大量采用 24 m 预应力简支箱梁;轨道结构首次采用了一次铺设跨区间无缝线路技术和 38 号道岔,3 座特大桥上采用了无砟轨道结构。2001—2002 年在秦沈客运专线山海关—绥中北陆续进行了 3 次综合试验,国产内燃动车组和国产电力动车组创造了最高试验速度 210 km/h、292.2 km/h 和 321.5 km/h 的纪录。综合试验和试运行的结果表明,秦沈客运专线的工程质量完全达到了设计要求,能够保证 200 km/h 的旅客列车安全、平稳地运行。

2008 年建成的京津城际高速铁路是我国第一条设计运营速度 350 km/h 高速铁路,全长 120 km,历年最冷月平均气温为 -6～-5 ℃,开通运营速度达到 350 km/h,是世界上运营速度最高的铁路,也是寒冷地区运营速度最高的铁路。随后相继建成的郑西、石太高速铁路部分地段属我国严寒季冻区,历年最冷月平均气温达到 -16 ℃和 -10 ℃;京沪、京广高速铁路北段均处于寒冷季冻区,历年最冷月平均气温为 -6～-3 ℃。

2012 年开通运营的哈大高速铁路,是世界上第一条严寒季冻区设计速度 350 km/h 的高速铁路,全长 921 km,哈尔滨—营口最冷月平均气温为 -23.2～-8.5 ℃(大连地区最冷月平均气温为 -3.9 ℃,属寒冷地区),开通初期,运营速度冬季为 200 km/h,夏季为 300 km/h,2015 年恢复为冬季和夏季相同的 300 km/h,是世界上严寒季冻区冬季运营速度最高的铁路。

2014 年开通运营的兰新高速铁路是世界上第一条沙漠高速铁路,线路全长 1 777 km,其中超过 1 000 km 线路穿过戈壁沙漠,450 km 线路穿越最大风力达到 17 级以上的五大风区,最高海拔达到 3 680 m,沿线最冷月平均气温为 -20～-9 ℃,属严寒季冻区。沿线最大年气温差达到 83.6 ℃,

最大轨温差达到 103.6℃,是目前高速铁路年气温差和年轨温差最大的线路。

我国季冻区高速铁路运营里程已经超过 8 000 km,根据规划,到 2035 年,我国季冻区高速铁路里程将达到 15 000 km。

1.3 高速铁路无砟轨道的应用

我国高速铁路明确提出了设计速度 350 km/h 线路采用无砟轨道的技术路线,其目的是发挥无砟轨道高平顺性、高稳定性的优点,提高高速列车运行的安全性和舒适性。

1.3.1 无砟轨道结构分类

根据无砟轨道结构组成,一般分为两大类:枕式无砟轨道(预制混凝土结构为轨枕)和板式无砟轨道(预制混凝土结构为轨道板)。

如图 1-9 所示,在枕式无砟轨道结构中,常见的是横向轨枕无砟轨道,纵向轨枕无砟轨道目前只有一种轨枕支承式结构,即梯子型无砟轨道。而从无砟轨道结构组成来说,纵向轨枕也可采用埋入式和嵌入式结构。在板式无砟轨道结构中,单元板式轨道的充填层有水泥沥青砂浆(CA 砂浆)和自密实混凝土两种类型。纵连板式无砟轨道目前只有 CA 砂浆一种类型,而从其结构原理来说,采用 CA 砂浆具有缓释温度效应的作用,采用自密实混凝土作为充填层达不到这种目的。

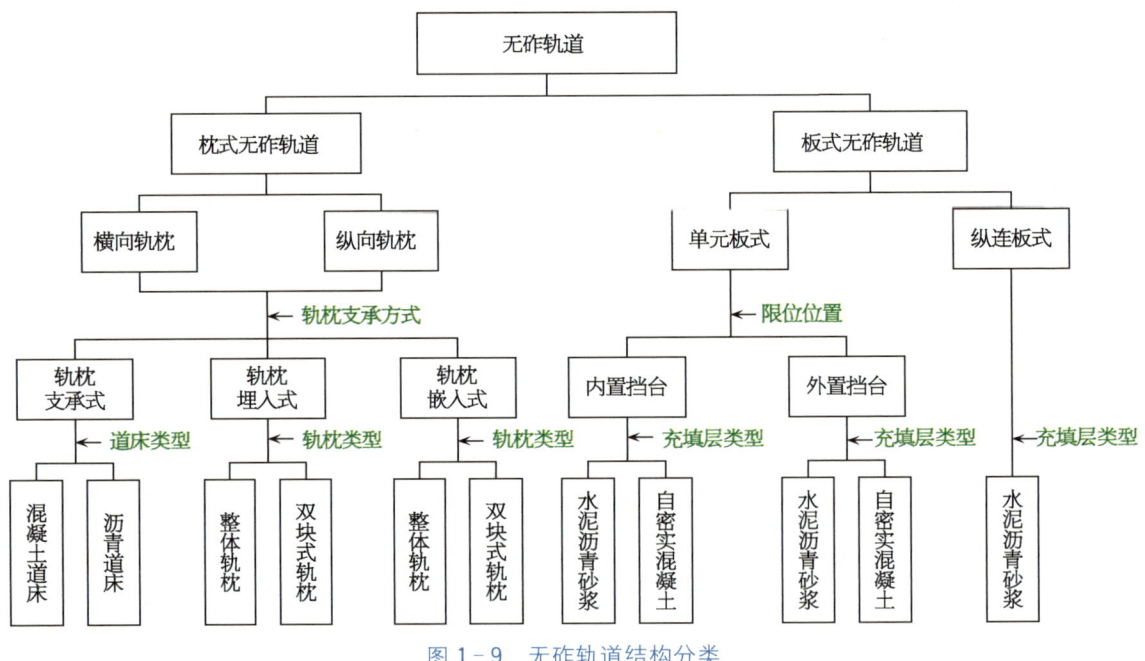

图 1-9 无砟轨道结构分类

1.3.2 国外高速铁路无砟轨道

日本是开通运营世界上第一条高速铁路的国家,也是在高速铁路上率先应用无砟轨道的国家,并把无砟轨道的应用作为其高速铁路成功的重要支撑。德国先后提出了99种无砟轨道结构形式,并把300 km/h及以上高速铁路采用无砟轨道作为主要的技术路线。法国除在英吉利海峡隧道内全部采用无砟轨道外,还在TGV地中海线靠近马赛的一个隧道内进行无砟轨道试验,运营速度达到240 km/h。荷兰高速铁路新建线路,针对软土问题设计了板—桩结构,也积极采用无砟轨道。西班牙、意大利、韩国、比利时等高速铁路都进行了无砟轨道试验与试铺。

1. 日本新干线无砟轨道

日本板式无砟轨道的研发始于1965年。1972年在山阳新干线东段(新大阪—冈山)隧道内铺设了8 km试验段。1975年山阳新干线西段(冈山—博多)开通时,无砟轨道应用比例达到69%。其后修建的新干线,除车站和特殊区段外,均应用了无砟轨道,铺设长度总计近3 000 km。

日本板式无砟轨道结构经历了试验、试铺和推广应用等过程。新干线结构形式逐步统一,轨道板定型为A型(整体型)和框架型(图1-10),扣件为直结4型(用于隧道内直线段)和直结8型。

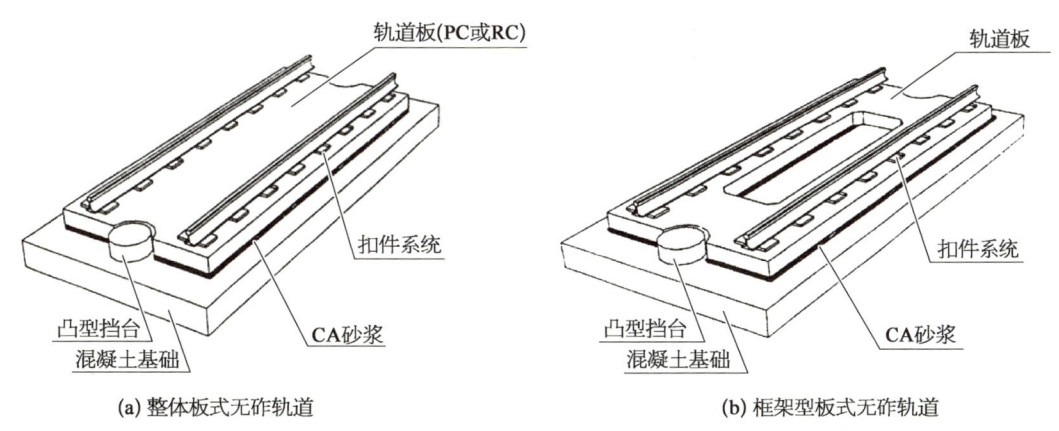

图1-10 日本板式无砟轨道

(1) 轨道板。轨道板有A型和框架型2种,由工厂采用C60混凝土预制,寒冷地区用双向预应力混凝土(PC)结构,温暖地区用普通钢筋混凝土(RC)结构。轨道板长度一般为4 900 mm,宽度为2 220 mm/2 340 mm,厚度为190 mm(用于隧道内为160 mm)。采用预制钢筋混凝土轨道板,能够发挥其高精度优势,确保轨道高平顺性;同时,预制结构质量容易保证,能够提高结构的耐久性;主要部件工厂预制,可以减少现场混凝土施工量,有利于加快施工进度。

(2) CA砂浆层。CA砂浆层的宽度和长度与轨道板一致,厚度一般为50~60 mm,弹性模量为100~300 MPa。CA砂浆施工时灌注到砂浆袋中,使得轨道板、CA砂浆层和底座3层之间为弱连接,分层受力清楚。CA砂浆层是板式无砟轨道结构中最薄弱的部分,与混凝土结构同寿命问题一直备受关注。

(3) 底座。日本板式无砟轨道结构在路基、桥梁和隧道内使用时均采用钢筋混凝土底座,混凝土强度等级为C40。路基区段宽度为3 000 mm,厚度为300 mm,按2~4块轨道板长度分段设置;隧道和桥梁区段宽度为2 800 mm,厚度为200 mm,桥梁区段按轨道板长度对应设置,隧道区段按2块轨道板长度分段设置。由于路基和隧道内的底座为钢筋混凝土结构,与采用支承层的无砟轨道结构相比,初期投资较高。

(4) 凸形挡台。轨道板之间用凸形挡台作为限位装置,梁缝区域为半圆柱形,其余区域为圆柱形。凸形挡台直径为 500~600 mm,高 250 mm;凸形挡台与轨道板间充填厚 40 mm 的树脂砂浆。

(5) 扣件。扣件是无砟轨道结构的关键部件。日本板式无砟轨道结构采用直结型扣件,其扣压件为板簧结构,优点是板簧松弛变形和残变小、疲劳极限大、加工相对简单、造价较低。隧道直线段采用直结 4K 型不分开式扣件,金属件少,一般情况下调高量为 0~10 mm、左右调节量为 ±6 mm,成本较低;其余地段采用直结 8K 型分开式扣件,调高量为:轨下垫板可调 +15 mm,铁垫板可调 +40 mm,铁垫板下绝缘垫板可调 +25 mm,总调高量为 0~70 mm,左右调节量为 ±10 mm,有利于无砟轨道的养护维修。垫板刚度早期为 60 kN/mm,与有砟轨道扣件一致,目前刚度 25~31 kN/mm 的垫板已获得推广应用。

2. 欧洲高速铁路无砟轨道

德国高速铁路在 5 条线路上铺设了无砟轨道结构。其中在 1991 年开通运营的汉诺威—维尔茨堡和曼海姆—斯图加特的隧道内铺设了 9.8 km 的无砟轨道。汉诺威—柏林高速铁路开始建设时,设计速度达到 280 km/h,全长 264 km 的线路上铺设无砟轨道里程达到 190 km(包括 30 组道岔区),于 1998 年 9 月投入运营。设计速度为 330 km/h,运营速度为 300 km/h 的科隆—法兰克福高速客运专线,新建线路长度为 177 km,其中 150 km 采用了无砟轨道结构,包括传统 Rheda、Züblin、Rheda-Berlin 型,均为现浇混凝土结构形式,于 2002 年 8 月投入使用。2006 年开通运营的纽伦堡—因戈斯塔特高速客运专线,设计速度为 330 km/h,运营速度为 300 km/h,其中新建线路 89 km 中有 75 km 铺设了无砟轨道,采用 Rheda 2000 型和 Bögl 板式无砟轨道两种形式。到目前为止,德国高速铁路累积铺设无砟轨道长度为 860 km,包括 80 组道岔区。

德国的无砟轨道结构类型比较多,德国铁路技术委员会(EBA)批准为标准结构形式的只有铺设在沥青道床上的轨枕支承式无砟轨道(ATD、GETRAC)、轨枕埋入式无砟轨道(Rheda、Züblin)及板式无砟轨道(Bögl)。

Rheda 型无砟轨道因 1972 年在 Rheda 车站铺设而得名,是德国高速铁路主要的无砟轨道结构形式。Rheda 型无砟轨道早期采用的是整体轨枕埋入式无砟轨道,常称作长枕埋入式无砟轨道,由道床板和支承层/底座 2 层结构组成。道床板由预制混凝土整体轨枕和现场浇注的混凝土构成。整体轨枕可以采用预应力结构,初期采用销钉将轨枕与道床板联结,每隔 2 根轨枕布置 1 根带销钉的轨枕。后来逐步演变为预留 4 个孔的轨枕,现场通过预留孔设置纵向钢筋,并在枕间布置横向钢筋,浇注混凝土后形成纵向连续的钢筋混凝土结构,有利于提高道床板的整体性,控制枕间混凝土的裂缝。道床板设置为混凝土槽结构,以提高道床板的横向阻力。预制轨枕混凝土强度等级为 C60,现浇混凝土强度等级为 C40;道床板宽度为 2 800 mm,厚度为 417 mm。路基区段采用支承层形式,应用水硬性材料摊铺而成,宽度为 3 400~3 800 mm,厚度为 300 mm,弹性模量为 5 000~10 000 MPa。桥梁区段采用底座形式,底座与桥面间通过凸台结构联结,可保证上部结构与下部基础间不产生相对移动,抵抗纵横向作用力。其中,对于长度不大于 25 m 的短桥来说,设置 1 个凸台;对于长度大于 25 m 的长桥来说,需要将道床板分块设置,每块道床板下设置 2 个凸台。底座由 C40 混凝土现场浇筑而成。

为减少预制轨枕与现浇混凝土结合面面积,Rheda 型无砟轨道经历了预制轨枕由整体轨枕向双块式轨枕的演变,以及轨枕块间连接由角钢向桁架式钢筋骨架的转变,混凝土槽也逐步取消,形成如图 1-11 所示的最新形式的 Rheda 2000 型无砟轨道结构。

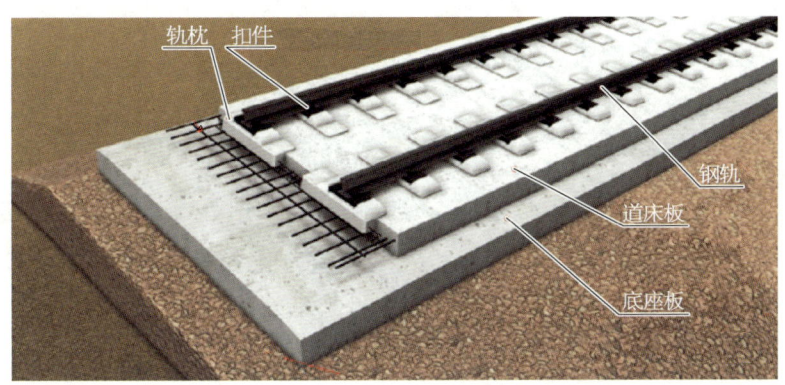

图 1-11　Rheda 2000 型无砟轨道示意图

(1) 道床板由预制的双块式轨枕和现浇混凝土结合而成,路基和隧道内为连续结构,桥上为单元结构,分块长度为 5~7.5 m,宽度为 2 800 mm,厚度为 240 mm。现浇混凝土强度等级为 C40,弹性模量为 34 000 MPa。

(2) 道床板下为支承层和底座,其结构形式和相关参数与长枕埋入式无砟轨道一致。

Bögl 板式无砟轨道是德国研发的路基区段纵向连续、桥梁区段单元的板式无砟轨道,在纽伦堡—因戈斯塔特高速铁路上铺设了 35 km。Bögl 板式无砟轨道结构由预制轨道板、CA 砂浆层和底座/支承层组成。

(1) 轨道板。轨道板长度为 6 450 mm,有 10 对承轨台,承轨台之间横向有贯通的凹槽,间距为 650 mm。用于路基和隧道区段时,轨道板宽度为 2 800 mm,厚度为 200 mm;用于桥梁区段时,轨道板宽度为 2 550 mm,厚度为 300 mm,并在端部设置了凸台[图 1-12(a)]。为保证承轨台的精度,一般分两步进行轨道板制作:第一步是把轨道板制成毛坯件,在承轨面上留有一定的余量;第二步是根据预定铺设的地点,如直线段、曲线段或超高顺坡段,在工厂后期生产中通过打磨对轨道板承轨面进行精加工。为防止轨道板出现裂纹,用于路基区段的 Bögl 轨道板由 C60 钢纤维钢筋混凝土制作,横向有预应力,纵向为普通钢筋;用于桥梁和隧道区段则为普通钢筋混凝土。

(2) CA 砂浆层。CA 砂浆层厚度为 30 mm,弹性模量为 5 000~10 000 MPa。

(3) 底座/支承层。桥梁区段底座采用钢筋混凝土结构,宽度为 2 950 mm,为单元结构,设置与轨道板凸台相对应的凹槽[图 1-12(b)],采用 C40 混凝土现场浇筑。

路基和隧道区段的支承层为连续结构,顶面宽度为 2 950 mm,底面宽度为 3 250 mm,厚度为 300 mm,弹性模量为 5 000~10 000 MPa,采用水硬性材料现场浇筑。轨道板间采用张拉锁件将板端预留的 6 根钢棒连接在一起,浇筑混凝土形成板间宽窄接缝,使轨道板成为纵向连续结构。

德国无砟轨道采用的扣件是 Vossloh 300-1 型,为双层弹性结构,即具有轨下垫层和弹性基板两层弹性层。一般设置承轨台(挡肩),利用轨距块(也称为导向板)固定和调整钢轨的横向位置,弹条直接扣压在钢轨上。弹条为 ω 形弹条,由螺栓与预埋于轨枕或轨道板内的塑料套管配合

(a) 轨道板　　　　　　　　　　　　　　(b) 底座

图 1-12　桥梁区段 Bögl 板式无砟轨道的轨道板与底座

紧固弹条。轨距块材料为工程塑料,既起保持轨距作用,又起绝缘作用。轨下垫板一般厚 5 mm,用工程塑料制作,刚度为 400 kN/mm 左右;弹性基板厚 10 mm,用聚氨酯材料或橡胶复合材料制作,刚度不大于 25 kN/mm,钢轨支座刚度为 (22.5±2.5) kN/mm,且动静刚度比不超过 1.5。高度调整量一般为 +26 mm、-4 mm,轨距调整量为 ±10 mm。有特殊要求时,最大调高量可达到 +56 mm、-4 mm。扣件防爬阻力一般为 9 kN/m。

法国高速铁路以有砟轨道为主,2006 年在东部线上试铺了 2 km 左右的无砟轨道试验段。该线于 2007 年 6 月开通运营,列车最高运营速度为 320 km/h。试验段区间无砟轨道结构型式为弹性支承块式无砟轨道,采用角钢连接支承块(图 1-13),形式上与双块式轨枕相似,有利于在施工和运营阶段保持轨距,岔区无砟轨道则采用带橡胶套靴的长岔枕(图 1-14)。

图 1-13　法国高速铁路区间无砟轨道　　　　图 1-14　法国高速铁路岔区无砟轨道

法国高速铁路试验段无砟轨道结构设计的总体思路与成熟有砟轨道相似,扣件系统、双块式轨枕、道岔钢轨件基本上与有砟轨道相同,主要通过在混凝土支承块和混凝土轨枕下设置套靴进行减振。

套靴底部设 12 mm 厚的橡胶垫层,刚度为 40 kN/mm。试验段区间采用无挡肩的潘得罗 SFC 型分开式扣件系统,轨下胶垫刚度为 150 kN/mm。为防止雨水进入橡胶套靴内部,在橡胶套靴周围设置了橡胶密封条,并涂抹了密封胶,如图 1-15 所示。由于支承块、轨枕在列车荷载作用下产生动态位移,密封胶容易产生剥离。

图 1-15 橡胶套靴周围的防水处理

图 1-16 滑模摊铺机施工的槽形板

区间无砟轨道结构施工方法类似于设槽形板的传统 Rheda 型无砟轨道,即在混凝土支承层上,利用滑模摊铺机铺设钢筋混凝土两个 U 形槽(图 1-16),然后组装架设轨排,灌注混凝土成型。自轨顶面至混凝土支承层面的结构高度为 650 mm,道床顶面宽度 3 100 mm。

1.3.3 国内高速铁路无砟轨道

我国高速铁路无砟轨道的研究始于 20 世纪 60 年代,与国外的研究几乎同时起步,并正式推广应用了约 300 km 支承块式无砟轨道。20 世纪 90 年代,提出了适用于高速铁路路基、桥梁、隧道的长枕埋入式、板式和弹性支承块式无砟轨道结构及其设计参数,在秦沈客运专线 3 座桥梁上铺设了 4.3 km 的长枕埋入式无砟轨道和单元板式无砟轨道,在西康线秦岭隧道(长度为 37 km)、兰新线乌鞘岭隧道(长度为 40.4 m)和宜万线隧道内铺设了弹性支承块式无砟轨道,为高速铁路无砟轨道的应用打下了基础。

为适应我国高速铁路大规模建设的需要,2006 年在遂渝线建成我国首条无砟轨道综合试验段,在包括路基、桥梁、隧道及各种过渡段上铺设了双块式轨枕与长枕埋入式、单元板式(含平板、框架板和减振型)及纵连板式无砟轨道,铺设长度为 18 km。2009 年在武广高速铁路建成武汉—咸宁的无砟轨道试验段并开展试验,试验段全长 62 km,其中桥梁长 30.3 km,路基长 31.7 km,车站 2 座,铺设了 Rheda 2000 型、CRTS Ⅰ型双块式、CRTS Ⅰ型板式、CRTS Ⅱ型板式 4 种类型无砟轨道,以及道岔区轨枕埋入式无砟轨道,试验速度达到 385 km/h。

目前,我国设计速度 350 km/h 的高速铁路全面采用无砟轨道,设计速度 250 km/h 的高速铁路 1 km 以上的隧道内铺设了无砟轨道。在大陆已开通运营的高速铁路上,无砟轨道铺设长度约 33 400 km,占线路总长的 66.8%,其中 CRTS Ⅰ型、Ⅱ型和Ⅲ型板式无砟轨道和双块式无砟轨道铺设长度分别为 4 600 km、8 800 km、2 000 km 和 18 000 km,分别占无砟轨道总铺设长度的 13.8%、

26.3%、6.0%和53.9%。我国台湾高速铁路345 km线路全部应用无砟轨道,其中正线采用日本新干线板式无砟轨道,道岔区采用Rheda 2000型无砟轨道。

我国CRTS Ⅰ型板式无砟轨道为单元结构(图1-17),轨道板分为整体型和框架型两种形式,长度一般为4 962 mm,宽度为2 400 mm,厚度为190 mm,采用C60混凝土预制。轨道板下CA砂浆充填层宽度和长度与轨道板一致,厚度为50 mm,弹性模量为300 MPa。底座板为钢筋混凝土结构,路基上底座板长度一般以3~4块轨道板为1个单元,宽度为3 000 mm,厚度为300 mm;桥梁和隧道区段底座板宽度为2 800 mm,厚度为200 mm;采用C40混凝土现场浇筑成型。

图1-17 CRTS Ⅰ型板式无砟轨道

CRTS Ⅱ型板式无砟轨道在路基、桥梁和隧道区段均采用纵向连续结构,轨道板为单向预应力混凝土结构,标准轨道板长度为6 450 mm,宽度为2 550 mm,厚度为200 mm,为防止承轨部位混凝土收缩裂缝的产生,纵向每隔一定距离设V型预裂槽口,沿线路方向,轨道板间通过6根精轧螺纹钢筋相互连接。轨道板下CA砂浆充填层长度和宽度与轨道板一致,厚度为30 mm,弹性模量为7 000~10 000 MPa,抗压强度为15 MPa,采用模筑法灌注,砂浆应与轨道板底部和支承层或底座板紧密黏结,以约束轨道板纵横向位移及翘曲变形。路基和隧道区段采用水硬性支承层,宽度为2 950~3 250 mm,厚度为300 mm。桥梁区段采用连续钢筋混凝土底座,宽度为2 950 mm,厚度为190 mm,采用C40混凝土现场浇筑;底座下设两布一膜滑动层,以适应温度力作用下桥梁的伸缩(图1-18)。

CRTS Ⅲ型板式无砟轨道是中国自主研发的无砟轨道结构,吸收了CRTS Ⅰ型和Ⅱ型板式无砟轨道及双块式无砟轨道结构特点,轨道板下充填层为自密实混凝土,并通过轨道板板底设置的门型钢筋与自密实混凝土黏结,形成独有的复合板式无砟轨道结构(图1-19)。标准轨道板长度为5 600 mm,宽度为2 500 mm,厚

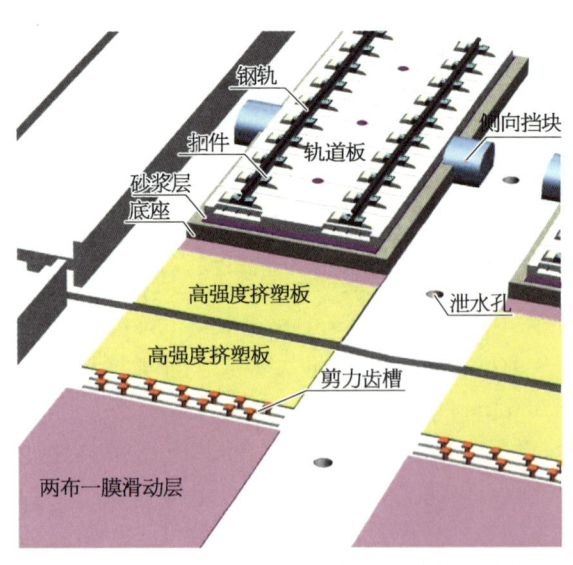

图1-18 桥上CRTS Ⅱ型板式无砟轨道结构

度为 200 mm,采用 C60 混凝土预制。轨道板下自密实混凝土充填层长度和宽度与轨道板一致,厚度一般为 90～100 mm,强度等级为 C40。底座板为钢筋混凝土结构,路基区段长度一般以 3～4 块轨道板为 1 个单元,宽度为 3 100 mm,厚度为 280 mm;隧道区段可采用连续结构,也可采用单元结构;桥梁区段长度与轨道板一致,宽度为 2 900 mm,厚度为 180 mm,采用 C40 混凝土现场浇筑成型。底座板上设凹槽,与现场浇筑的混凝土形成凹凸限位结构;底座板与自密实混凝土间设置两布一膜隔离层,方便轨道板的养护维修。

图 1-19　CRTS Ⅲ型板式轨道结构组成

双块式无砟轨道结构采用预制的双块式钢筋桁架连接结构(图 1-20),现场浇筑混凝土使钢筋桁架与道床板成为一体。双块式轨枕采用 C60 混凝土预制;道床板一般为钢筋混凝土连续结构,由 C40 混凝土现场浇筑,宽度为 2 800 mm,厚度为 260 mm;桥梁上采用单元底座板结构,宽度和长度与道床板一致,厚度为 210 mm;路基和隧道区段采用支承层结构,一般为连续结构,由水硬性材料或 C15 素混凝土现场浇筑成型,宽度为 3 200～3 400 mm,厚度为 300 mm;道床板、支承层与路基面等之间依靠摩擦力相互约束。

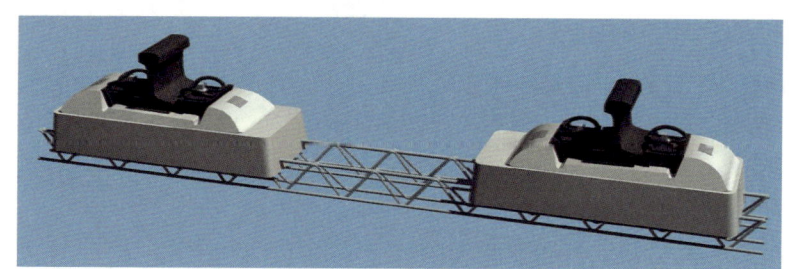

图 1-20　双块式桁架式轨枕结构

从结构形式上,我国 CRTS Ⅰ型板式轨道与日本新干线板式无砟轨道相似,CRTS Ⅱ型板式无砟轨道在路基和隧道区段的形式与德国 Bögl 板式无砟轨道相似,双块式无砟轨道与德国 Rheda 2000 型无砟轨道相似。

我国无砟轨道扣件主要采用 WJ-7 型和 WJ-8 型扣件。WJ-7 型扣件为弹性分开式,应用于无挡肩承轨台,通过扣件的铁垫板采用锚固螺栓和预埋套管固定在轨道板或预制轨枕中。WJ-8 型扣件为弹性不分开式,应用于有挡肩承轨台。应用于以客运为主兼顾货运的高速铁路时,两种扣件轨下垫板厚度均为 12 mm,静刚度为 30～40 kN/mm;应用于客运专线高速铁路时,WJ-7 型扣件轨下垫板厚度为 14 mm,静刚度为 20～30 kN/mm,WJ-8 型扣件轨下垫板厚度为 12 mm,静刚度为 20～26 kN/mm。两种扣件的高低位置调整量一般为 -4～+26 mm,特殊情况下可以通过铁垫板下调高垫板和轨下调高垫板共同提供扣件调高能力,高低位置调整量可达到 -4～+56 mm。

1.4 高速铁路无砟轨道平稳性概念

1.4.1 轨道平稳性定义

无砟轨道由钢轨、扣件、轨道板/道床板、底座/支撑层组成,向下是支承无砟轨道的路基、桥梁、隧道等线下基础。轨道的主要作用是支承列车运行和传递荷载,而轨道中的钢轨则引导车轮运行、直接承受列车荷载、通过扣件传递荷载、通过无砟轨道结构层均布荷载到线下基础。也就是说,高速铁路工程建造的目标是确保两根钢轨在精准的位置上具有高精度的几何尺寸。

钢轨在线路上的展布形态具有空间曲线特征,可以用轨距、水平、高低、方向(轨向)和三角坑(扭曲)5 个基本的几何尺寸及其偏差指标来表征空间曲线的圆顺度(图 1-21)。其中,轨距和水平是线路横截面上两根钢轨间的几何尺寸,高低和轨向是沿线路纵向钢轨高程和平面的几何偏差;扭曲则是两根钢轨在一个平面上高程的偏差。一般情况下将实际轨距与标准轨距的偏差及水平、高低、轨向和扭曲称为轨道不平顺。实际上轨道不平顺就是钢轨空间位置上的几何偏差。

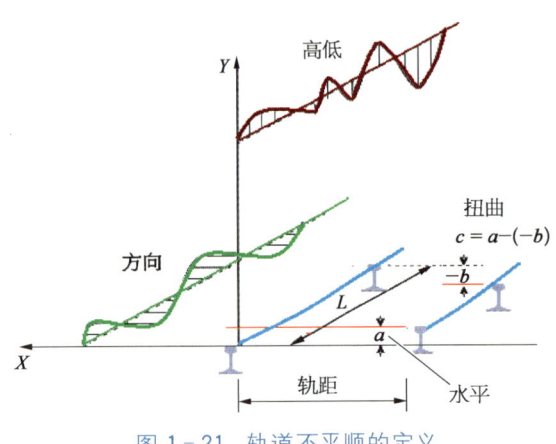

图 1-21 轨道不平顺的定义

现场通过轨检车测量得到的轨道不平顺波形如图 1-22 所示,一般归纳为余弦形、正弦形、尖弯形、凸台形、指数衰减形、台阶形、三角形和 S 弯形 8 种形式。其中,余弦形不平顺是最常见的形式,无缝线路、重型轨道结构、无砟轨道和整体道床轨道上的许多轨道不平顺均可近似地视为余弦形不平顺,一般用下式描述

$$y = \frac{A}{2}\left(1 - \cos\frac{2\pi x}{C}\right) \tag{1-1}$$

式中 A——轨道不平顺幅值;
C——不平顺波长。

从图 1-22 可以看出,无砟轨道不平顺空间序列总体上是一个围绕零值波动的过程,没有出现持续偏离零值的情况,可以认为该区段无砟轨道具有平稳性。同时,如果轨道不平顺波形保持余弦函数分布,其统计值基本满足均值和方差是与空间坐标 x 和时间 t 无关的常数,协方差只与空间坐标间隔有关而与空间坐标无关的常数的特征,即在正常状态下,高速铁路无砟轨道不平顺序列是平稳序列,只有发生钢轨焊缝、道岔区、缓和曲线、无砟轨道结构层、线下基础等伤损变形时,轨道不平顺出现尖弯、S 弯、正弦及台阶形波形,其序列呈现非平稳特征。

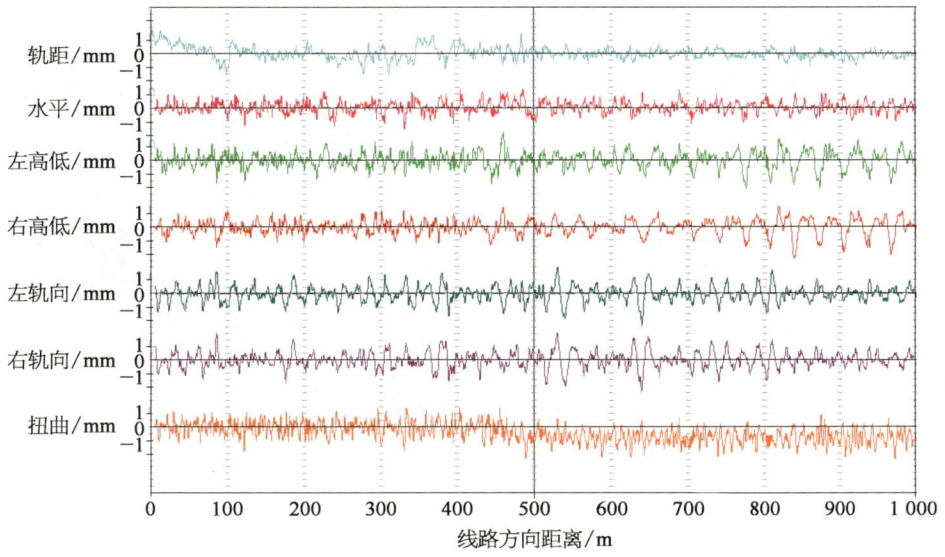

图 1-22 无砟轨道不平顺的空间分布

因此,轨道平稳性可以定义为轨道不平顺作为时间函数和空间函数,在轨道服役期内轨道不平顺的均值近似为零,方差值在容许范围内,就认为轨道是平稳的。

1.4.2 高速铁路无砟轨道的平顺性

1. 轨道不平顺的表征

轨道不平顺作为空间函数时,其对车辆和轨道的动力作用主要体现在其幅值和波长两个方面。幅值影响比较直观,根据其对安全和舒适性的影响可以分为不同等级,以指导养护维修。另外,利用方差能确切表示随机性不平顺的幅值偏离基线离散程度的特点,还可以采用方差的正平方根(即标准差)作为评价区段轨道不平顺程度的指标,表示为

$$\sigma = \sqrt{\frac{1}{n}\sum_{x=1}^{n}(\Lambda_x - \mu)^2} \tag{1-2}$$

式中 Λ_x——某区段轨道不平顺的幅值;
μ——区段内轨道不平顺幅值的均值;
n——区段内不平顺幅值样本数。

区段内各单项轨道不平顺标准差的总和称为轨道质量指数(Track Quality Index, TQI),目前我国和国外许多国家的铁路均应用其评价区段轨道均衡质量。

波长是轨道高低和轨向不平顺独有的指标,这两类不平顺是指沿线路方向不同范围内的高程和平面的几何偏差,这个范围称为弦长(静态测量)或波长(动态测量)。一般情况下将波长不超过 1 m 称为短波,波长 1~30 m 称为中波,波长 30 m 以上称为长波(图 1-23)。短波不平顺主要由轨面伤损、焊缝不平所致,波长 1~3.5 m 的中波周期不平顺主要在钢轨轧制时形成,无砟轨道中轨道板长度及桥梁常用跨度相应的中波不平顺则与结构特征相关[11],长波不平顺主要由线下工程不均匀沉降、结构变形所引起。

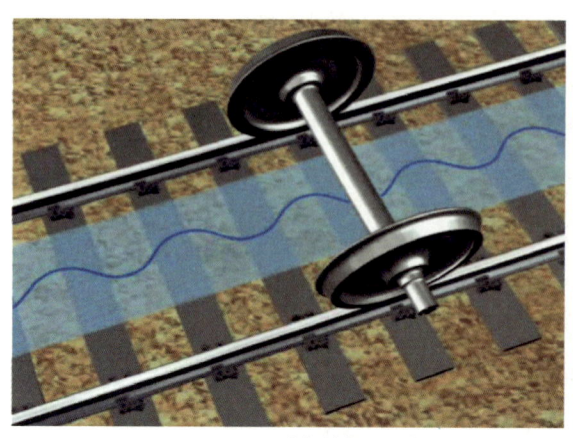
(a) 中短波长

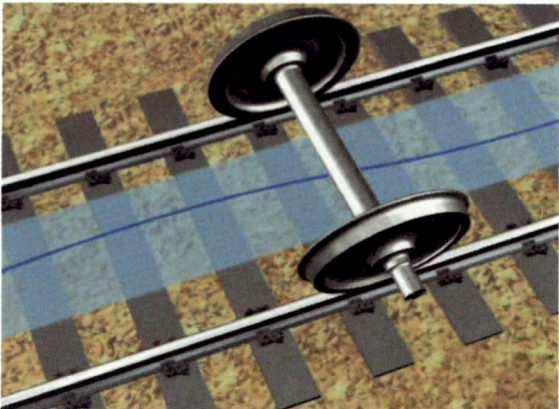
(b) 长波长

图 1-23　不同波长的轨向不平顺

不同波长对车辆和轨道的影响不同。如图 1-24 所示，中短波不平顺引起一系弹簧固有振动频率出现时，转向架将会产生失稳运动，对行车安全性带来不利影响；长波不平顺激励二系弹簧固有频率时，车体振动增大，影响乘坐的舒适性。因此，一般认为，短波不平顺在 160 km/h 以上速度时主要影响列车运行安全性及轮轨振动伤损与噪声；中波不平顺对列车运行安全性影响较大，在 250 km/h 以下速度时影响乘坐舒适性；长波不平顺主要影响乘坐舒适性（表 1-3）。

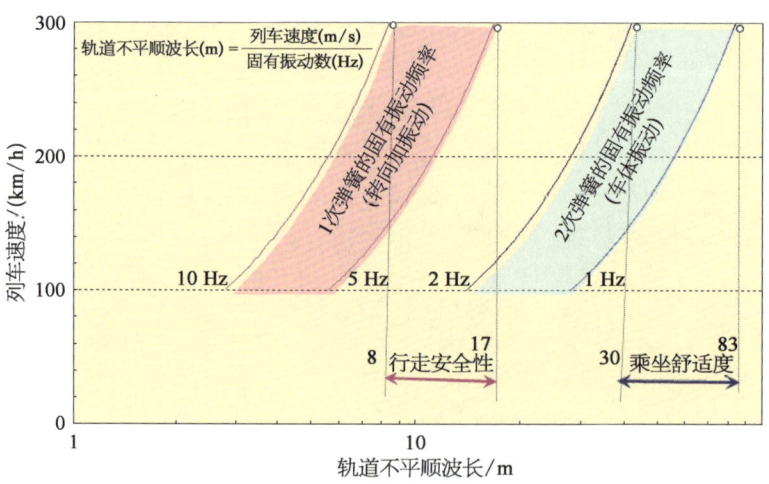

图 1-24　不同轨道不平顺对列车运行品质的影响

表 1-3　不同列车速度下不同波长轨道不平顺的影响

波长	不同列车速度下的不平顺		
	80～130 km/h	160～240 km/h	270～300 km/h
短波(1 m 以下)		噪声、振动、安全、冲击荷载	噪声、振动、安全、冲击荷载
中波(1～30 m)	安全、舒适	安全、舒适	安全
长波(30～80 m)		舒适	舒适

2. 无砟轨道静态平顺性

轨道不平顺按有无轮载作用可分为静态和动态两大类,其中,无轮载作用下的轨道不平顺称为静态轨道不平顺,采用轨检车测得的在列车车轮荷载作用下完全显现出来的轨道不平顺称为动态轨道不平顺。由于无轮载作用,有砟轨道的钢轨和轨枕组成的轨排具有一定的刚度,在较短的范围内不会紧随道床的不均匀残余变形和暗坑等产生弯曲,其静动态轨道不平顺有较大的差异,而无砟轨道由于具有稳固的混凝土结构层,静动态轨道不平顺的差异在于扣件垫板的变形及钢轨的挤开,实际上其静动态轨道不平顺差异不显著。

无砟轨道可以视为一种层状的钢筋混凝土结构,由工厂预制的轨道板或轨枕,通过现场浇筑混凝土或沥青水泥砂浆对预制结构进行定位,最终形成支承钢轨的结构体。由于无砟轨道层状结构的混凝土硬化以后很难再进行调整,这就需要在施工期间通过保证无砟轨道的几何尺寸精度,以保持两根钢轨精确的几何尺寸。如表 1-4 所示,要实现 200 km/h 及以上的高速运行,轨道铺设精度均要达到毫米级;由于有砟轨道的可维修性比较好,加之要将有砟轨道调到更高的精度非常困难,以法国为代表的以有砟轨道为主的高速铁路,其轨道铺设精度比欧洲标准要求的要低;日本广泛采用无砟轨道,其铺设精度就比较高。

表 1-4 国内外高速铁路轨道铺设精度

项目	中国		日本	德国	法国	EN 标准	
轨道结构	有砟轨道	无砟轨道	—	—	—	—	—
速度/(km/h)	>200	>200	>200	>200	>200	200~250	250~300
轨距/mm	±1	±1				±2	±2
水平/mm	2	2	2	±2	3	±2	±2
高低/mm	2/10 m 2/5 m[①] 10/150 m[②]	2/10 m 2/8a[③] 10/240a[④]	2/10 m	2/5 m	3/10 m	3/10 m 4/20 m	2/10 m 3/20 m
轨向/mm	2/10 m 2/5 m[①] 10/150 m[②]	2/10 m 2/8a[③] 10/240a[④]	2/10 m	2/10 m	2/10 m	3/10 m 4/20 m	2/10 m 3/20 m
扭曲/mm	2/3 m	2/3 m	1.5/2.5 m		3/3 m	3/3 m	3/3 m

注:① 基线长 30 m;② 基线长 300 m;③ 测点间距 8a,基线长 48a(m),a 为扣件节点间距;④ 测点间距 240a,基线长 480a(m),a 为扣件节点间距。

我国高速铁路轨道的铺设精度标准普遍高于国外,特别是精密测量网的全面建立,以及轨检小车的全面开发与推广应用,要求对长波长进行管理。由于我国高速铁路有砟轨道线路上列车运营速度在 250 km/h 以下,在长波长轨道不平顺控制标准方面要低于无砟轨道。

要保证无砟轨道的高平顺性,从无砟轨道结构层施工时就要保持高精度。如表 1-5 所示,由于 CRTS Ⅱ 型板式无砟轨道的承轨面采用机械打磨,为体现这种打磨的价值,对轨道板铺设精度的要求近乎苛刻。对于轨枕埋入式无砟轨道,需要在现场通过现浇混凝土将预制轨枕形成一个整体。由于混凝土一旦硬化就无法进行调整,因此一般采用工具轨或排架法施工,利用 CPⅢ

网精确测量,在浇注混凝土前将轨道或承轨台几何尺寸调整到铺设精度,到钢轨铺设时需要调整的量将大大减少。

表 1-5　板式无砟轨道精调控制标准

序号	项目	允许偏差/mm	
		CRTS Ⅰ 型板式无砟轨道	CRTS Ⅱ 型板式无砟轨道
1	中线位置	2	0.5
2	支撑点处承轨面高程	±1	±0.5
3	与两端凸形挡台间隙之差	±5	
4	相邻轨道板接缝处承轨台相对横向偏差	±2	±0.3
5	相邻轨道板接缝处承轨台相对高差	±2	±0.3

高速铁路开通运营以后,在环境和列车荷载作用下,无砟轨道的状态将向变差的趋势发展。为保持轨道的高平顺性,就需要对产生轨道不平顺的线路进行维修。表 1-6 为线路维修以后轨道几何尺寸偏差的管理值,一般情况下要求达到经常保养状态,即无砟轨道的养护维修标准要保证高低和轨向在 10 m 弦长时控制在 4 mm 以内。

表 1-6　我国高速铁路无砟轨道静态几何尺寸容许偏差管理标准

项目	容许偏差							
	运营速度 200～250 km/h				运营速度 250～350 km/h			
轨道不平顺管理级别	作业验收	经常保养	临时补修	限速 (160 km/h)	作业验收	经常保养	临时补修	限速 (200 km/h)
轨距/mm	+1 −1	+4 −2	+6 −4	+8 −6	+1 −1	+4 −2	+5 −3	+6 −4
水平/mm	2	5	8	10	2	4	6	7
高低(弦长≤10 m)/mm	2	5	8	11	2	4	7	8
轨向(弦长≤10 m)/mm	2	4	7	9	2	4	5	6
扭曲(基长 3 m)/mm	2	4	6	8	2	3	5	6
轨距变化率(基长 3 m)	1/1 500	1/1 000	—		1/1 500	1/1 000		

3. 无砟轨道动态平顺性

列车在钢轨上高速运行时,车体、转向架构架和轮对受轨道不平顺激励作用在沉浮、横移、点头、摇头和侧滚等自由度上形成复杂的运动,产生系列动力响应,对运行安全性和平稳性带来不利的影响;同时,无砟轨道在列车荷载作用下,其动力效应引起的振动、变形对保持轨道的平稳性影响也十分显著。因此,一般认为真正对行车安全、轮轨作用力、车辆振动产生实际影响的轨道不平顺是动态不平顺。

轨道动态不平顺的产生主要是列车荷载作用、环境影响及轨道结构部件的疲劳伤损和老化、线下工程结构的变形等因素,是轨道平稳性的实际反映。在养护维修中,遵循分级管理的思想,如表 1-7 所示,我国高速铁路正线、道岔区、钢轨伸缩调节器区均按轨道不平顺峰值实行四级管理,其中发生Ⅳ级超限时,运营速度 200~250 km/h 线路需限速至 160 km/h,运营速度 250~350 km/h 线路需限速至 200 km/h。

表 1-7 我国高速铁路无砟轨道动态质量容许偏差管理标准

项 目		容 许 偏 差							
		运营速度 200~250 km/h				运营速度 250~350 km/h			
轨道不平顺管理级别		Ⅰ级	Ⅱ级	Ⅲ级	Ⅳ级	Ⅰ级	Ⅱ级	Ⅲ级	Ⅳ级
轨距/mm		+4 −3	+6 −4	+8 −6	+12 −8	+4 −3	+6 −4	+7 −5	+8 −6
水平/mm		5	8	10	13	5	6	7	8
高低/mm	波长 1.5~42 m	5	8	11	14			8	10
	波长 1.5~70 m	6	10	15	—				
	波长 1.5~120 m					7	9	12	15
轨向/mm	波长 1.5~42 m	5	7	8	10	4	5	6	7
	波长 1.5~70 m	6	8	12	—				
	波长 1.5~120 m					6	8	10	12
扭曲(基长 3 m)/mm		4	6	8	10	4	6	7	8
车体垂向加速度/(m/s²)		1.0	1.5	2.0	2.5	1.0	1.5	2.0	2.5
车体横向加速度/(m/s²)		0.6	0.9	1.5	2.0	0.6	0.9	1.5	2.0
轨距变化率(基长 3 m)/‰		1.0	1.2	—	—	1.0	1.2	—	—

注:Ⅰ级为日常保养标准;Ⅱ级为舒适度标准;Ⅲ级为临时补修标准;Ⅳ级为限速标准(200 km/h<v≤250 km/h 线路限速至 160 km/h;250 km/h<v≤350 km/h 限速至 200 km/h)。

国外高速铁路轨道动态不平顺管理同样实行分级管理,如表 1-8 所示。法国高速铁路采用三级管理,相当于我国的日常保养、紧急补修和限速;德国高速铁路采用四级管理,与我国的四级管理相接近。两个国家相比,法国高速铁路加强了长波长管理。日本新干线管理标准分为三级,最大波长管理到 40 m,峰值管理要求比法国、德国要高。日本新干线之所以在长波长管理上没有扩大范围,与其检测技术有直接的关系,其著名的"Yellow Doctor"和"East i"综合检测列车,在轨道不平顺检测方面一直采用弦测法,以车辆为基准线建立,由于车辆长度的局限导致了检测波长的长度不可能太大。我国综合检测列车检测原理与日本不同,采用的是惯性基准,与车辆长度无关,受速度影响比较大,速度越高精度越好,从而在提高计算算法精度的条件下可以进行更长波长的管理,最大波长能够检测分析到 120 m。由于我国高速铁路设计速度和商业运营速度均达到 350 km/h,从峰值管理对比来看,我国标准明显高于日本、法国和德国标准。所以,从轨道铺设标准到养护维修管理标准,我国高速铁路标准在世界上都是最高的,而高速铁路作为一个大系统,轨道的平顺性受线下工程、环境条件和养护维修技术与手段的影响都比较大,要做到符合标准,需要优质的工程和技术做保障。

表 1-8　国外高速铁路轨道动态管理标准

内容项目	法国高速铁路			德国高速铁路				日本新干线		
	VA	VI	VR	SR_A	SR_{100}	SR_{lim}	$SR_{极限}$	计划维修	舒适性	安全性
高低/mm	5/12.2 m 10/31 m	10/12.2 m 18/31 m	15/12.2 m 24/31 m	5/6 m	7/6 m	9/6 m	18/6 m	6/10 m 7～10/ 40 m	7/10 m 7～10/ 40 m	10/10 m 7～10/ 40 m
轨向/mm	6/10 m 12/33 m	8/10 m 16/33 m	12/10 m 20/33 m	5/6 m	7/6 m	9/6 m	18/6 m	4/10 m 6～7/ 40 m	4/10 m 6～7/ 40 m	6/10 m 6～7/ 40 m
轨距/mm				+5 −3	+10 −4	+15 −4		+6 −4	+6 −4	+6 −4
水平/mm				5	7	9	10	5	5	7
扭曲/mm				2/2.5 m	3/2.5 m			4/2.5 m	5/2.5 m	6/2.5 m
车体垂向加速度/(m/s²)				1.0	1.3	1.5		2.5*	2.5*	3.5*
车体横向加速度/(m/s²)	1.2*	2.2*	2.8*	1.0	1.3	1.5		2.0*	2.0*	3.0*

注：* 为峰-峰值；VA 为警告值，VI 为干预值，VR 为限速值；SR_A 为警告值，SR_{100} 为影响技术经济合理性的值，SR_{lim} 为对行车安全和轨道破坏有影响的值，$SR_{极限}$ 为直接影响安全的极限值。

我国高速铁路轨道 TQI 的评定，区段长度为 200 m，高低和轨向的波长范围为 1.5～42 m。如表 1-9 所示，在运营速度 350 km/h 线路上，轨道各单项动态不平顺的标准差需要控制在亚毫米级。

表 1-9　我国高速铁路轨道质量指数管理值

速度等级/(km/h)	高低/mm	轨向/mm	轨距/mm	水平/mm	扭曲/mm	TQI/mm
200～250	1.4×2	1.0×2	0.9	1.1	1.2	8.0
250(不含)～350	0.8×2	0.7×2	0.6	0.7	0.7	5.0

车辆的动力响应是轨道动态不平顺对列车激励后的反应，安全指标方面包括脱轨系数、轮重减载率和轮轴横向力。其中，脱轨系数 Q/P 要求不大于 0.8，轮重减载率 $\Delta P/P_m$ 要求不大于 0.8，轮轴横向力 H 不大于 $(10+P_0/3)$ kN（Q 为轮轨横向力，P 为轮轨垂向力，P_m 为平均静轮重，ΔP 为轮轨垂向力相对平均静轮重的减载量，P_0 为静轮重）。而表示动力学运行平稳性指标达到优级时为不大于 2.5，良好级为 2.5～2.75，合格级为 2.75～3.0。

无砟轨道动力响应检测及评价指标包括钢轨轨头横向位移、钢轨垂向位移、轨道板横向位移、轨道板与底座间垂向相对位移、钢轨振动加速度、轨道板振动加速度等，其评判标准如表 1-10 所示。

表 1-10　轨道结构动力性能评判标准

检 测 项 目	最大允许值	基准值
轮轨垂向力/kN	170	120
钢轨横向位移/mm	2.0	1.5
轨道板横向位移/mm	1.0	0.5
钢轨垂向位移/mm	2.0	1.5
轨道板垂向位移(板中/板端)/mm	0.3/0.5	0.2/0.4
钢轨振动加速度/(m/s²)	5 000	
轨道板振动加速度/(m/s²)	300	

1.4.3　高速铁路无砟轨道的稳定性

无砟轨道稳定性是指其在高速运营条件下保持平顺性的能力,可以延伸到轨道的均衡弹性及维持结构性能与部件有效性的能力,具体体现为结构强度与变形稳定性。

1. 无砟轨道结构强度

轨道结构作为多部件组合的结构体,在严格要求部件几何尺寸公差的同时,还应对部件组合后的功能提出要求。其中,由钢轨、扣件和轨枕组合的轨排是轨道结构的核心,扣件在轨排中具有十分重要的作用,对轨排弯曲刚度和扭转刚度影响显著,因此需要考察扣件组装以后的纵横向阻力、扣压力、刚度、高低和轨距调整能力及绝缘性能。而枕下基础对轨排起支撑和传递荷载作用,需要两者分界处具有较大的接触面积,以减少作用在枕下基础上的应力集中;同时,还要使轨排与枕下基础刚度相互匹配,降低轨排刚度,提高乘车舒适性,减少传递到枕下基础的荷载,维持枕下基础稳定(在有砟轨道中,轨道几何尺寸恶化速率与道床受力呈 3~4 次幂关系)。因此,运用高精度和高可靠性的轨道部件,提高结构的系统性和耐久性,是确保轨道长期高平顺性、轨道部件长期有效性和完整性的关键。

同时,轨道必须有合理的弹性,以满足吸收振动与噪声和减少冲击作用的需要,并保持钢轨轨底应力在允许范围内。根据弹性地基梁计算原理,作用于钢轨上的垂直荷载为[12]

$$P_T = P_0 + 2\sqrt{\sigma^2(\Delta P_S) + \sigma^2(\Delta P_{NS})} \qquad (1-3)$$

式中　P_T——作用于钢轨上的总轮载;

P_0——作用于钢轨上的静轮载;

$\sigma(\Delta P_S)$——车辆簧上质量引起的动态附加荷载的均方差,$\sigma(\Delta P_S) = (0.11 - 0.16)P_0$;

$\sigma(\Delta P_{NS})$——车辆簧下质量引起的动态附加荷载的均方差,$\sigma(\Delta P_{NS}) = abv\sqrt{mk}$;

　　a——车轮伤损因子;

　　b——钢轨垂向伤损因子;

　　v——列车运营速度;

m——簧下质量;

k——轨道垂直刚度。

由式(1-3)可见,保持合理稳定的轨道刚度 k 是减少车辆作用在钢轨上的垂直荷载、维持轨道几何尺寸的重要措施。特别是速度≥200 km/h 的线路,轨道动态刚度应当有合理的波动范围,我国高速铁路要求波动范围为±10%,且动态刚度不应超过静态刚度的1.5倍[13]。

无砟轨道无缝线路受温度力、列车荷载作用力和附加力作用,其强度安全性需要进行检算,要求作用于钢轨上的应力应满足下式要求

$$\sigma_d + \sigma_t + \sigma_f \leqslant [\sigma] = \frac{\sigma_s}{K} \tag{1-4}$$

式中 σ_d——钢轨轨底边缘动弯应力;

σ_t——钢轨最大温度应力;

σ_f——钢轨最大附加应力;

$[\sigma]$——钢轨容许应力;

σ_s——钢轨屈服强度;

K——安全系数,一般取1.3。

我国无砟轨道钢轨附加应力限值为,夏季-85 MPa,冬季+85 MPa;温度应力可根据最大温升或温降幅度进行计算。一旦钢轨承受的应力超过容许应力,将会产生断轨问题。

无砟轨道结构层的受力包括列车荷载、温度荷载和基础变形荷载的作用。在不同应用条件下,三种荷载具有耦合作用特征,因此,需要结合运用场景进行计算分析,确保混凝土结构受力,尤其是拉应力在容许应力范围内,混凝土裂缝宽度控制在如表1-11所示限值内[14]。

表1-11 无砟轨道裂缝控制标准

无砟轨道类型	伤损部位	评定等级(裂缝宽度)/mm		
		Ⅰ	Ⅱ	Ⅲ
CRTS Ⅰ型板式无砟轨道	预应力轨道板	0.1	0.2	0.3
	普通轨道板	0.2	0.3	0.5
	凸形挡台	0.2	0.3	0.5
	底座	0.2	0.3	0.5
	CA 砂浆充填层	0.2	0.5	1.0
	凸形挡台周围填充树脂	0.2	0.5	1.0
CRTS Ⅲ型板式无砟轨道	轨道板	0.1	0.2	0.3
	底座	0.2	0.3	0.5
	自密实混凝土充填层	0.2	0.5	1.0
双块式无砟轨道	双块式轨枕	0.1	0.2	0.3
	道床板	0.2	0.3	0.5
	轨枕界面	0.2	0.3	0.5
	支承层	0.2	0.5	1.0
	底座	0.2	0.3	0.5

2. 无砟轨道结构变形

为实现轨道稳定,特别是无缝线路的稳定,轨道必须具备抵抗纵横向作用力的能力。有砟轨道结构的纵横向阻力,主要由轨排与道砟之间的摩擦力及砟肩阻力提供。作为散粒体的道床,其自身在纵横向力作用下的稳定,靠道砟颗粒间的摩擦力来维持。道床与下部基础界面上的稳定,也主要取决于相互间的摩擦力。无砟轨道的稳定与其结构形式有关,特别是预制结构、道床板和底座为分离的层状结构时,纵横向阻力取决于各结构层间的联结方式;无砟轨道上部结构与下部结构之间,一般来说也是分离的层状关系,在纵横向力作用下,结构的稳定也取决于层间的联结方式。也就是说,轨道纵横向阻力,除扣件纵横向阻力提供方式相同外,在有砟轨道中主要靠轨枕与道砟间的摩擦力提供,在无砟轨道中则由联结结构提供。

对于无砟轨道无缝线路的稳定性问题,国内外均未开展系统的研究。一般认为,由于无砟轨道取消了薄弱的散粒体道床,发生大的横向胀轨跑道不太可能,但是在温度压力作用下,扣件支点间钢轨出现横向弯曲(碎弯)和上拱现象,对轨道平顺性带来不利影响[15]。

无砟轨道结构层的变形伤损主要表现为结构层间的离缝,板式无砟轨道的离缝要求如表 1-12 所示。双块式无砟轨道层间不得有离缝;所有无砟轨道在路基上的支承层或底座板与路基面间要紧密接触,不得有离缝,防止水浸入后导致路基病害,进而影响路基、轨道的平稳性。

表 1-12 无砟轨道离缝控制标准

无砟轨道类型	伤损部位	判定项目	评定等级/mm		
			Ⅰ	Ⅱ	Ⅲ
CRTS Ⅰ型板式无砟轨道	锚穴封端	宽度	0.2	0.5	1.0
	底座伸缩缝	宽度	1.0	2.0	3.0
	CA 砂浆充填层	宽度	1.0	1.5	2.0
		横向深度	20~50	50~100	≥100
		对角长度	20~30	30~50	≥50
	凸形挡台周围填充树脂	宽度	1.0	2.0	3.0
CRTS Ⅲ型板式无砟轨道	锚穴封端	宽度	0.2	0.5	1.0
	底座伸缩缝	宽度	1.0	2.0	3.0
	自密实混凝土充填层	宽度	0.5	1.0	1.5
		横向深度	20~50	50~100	≥100
		对角长度	20~30	30~50	≥50

1.5 高速铁路无砟轨道平稳性控制关键技术问题

季冻区与其他地区在气候环境上的差异主要是温度,表现为冬季负温低、持续时间长,夏季短时温度高、波动范围大,因此,季冻区高速铁路无砟轨道平稳性控制需要解决的关键技术问题是路基温度效应(冻胀效应)和无砟轨道温度效应问题。

1.5.1 路基温度效应控制关键技术问题

我国高速铁路路基和混凝土关于温度区划的标准相一致,其中,严寒地区是指累积年最冷月平均气温低于或等于-8℃的地区,寒冷地区是累积年最冷月平均气温高于-8℃、低于或等于-3℃的地区,微冻地区是指累积年最冷月平均气温高于-3℃、低于或等于2.5℃的地区[16]。按照上述温度区划标准,我国东北和西北地区属于严寒季冻区,华北地区属于寒冷季冻区,而日本北部的新干线和德国、北欧地区的高速铁路分布地区基本上相当于我国的寒冷地区,俄罗斯部分地区的高速铁路位于严寒季冻区。

与国内外季冻区代表性高速铁路相比(表 1-13),我国季冻区高速铁路有两个显著的特点。一是冬季运营速度高。以哈大高速铁路为代表的我国严寒季冻区高速铁路冬季最高运营速度为 300 km/h,最大旅行速度为 256 km/h,而处于寒冷季冻区的德国纽伦堡—慕尼黑高速铁路除新建的纽伦堡—因戈斯塔特段 89 km 线路最高运营速度为 300 km/h 外,其余线路最高运营速度为 200 km/h;日本北海道新干线开通运营的新青森—新函馆段 54 km 长的青函海底隧道运营速度只有 140 km/h,实际运营速度达到 260 km/h 的线路并不长;瑞典和俄罗斯季冻区高速铁路最高运营速度为 250 km/h。相比较来说,哈大高速铁路的旅行速度还要高于除德国外的其他高速铁路最高运营速度。二是系统地采用了无砟轨道。除设计速度 350 km/h 的线路采用无砟轨道外,在设计速度 250 km/h 的线路上也采用了无砟轨道;不仅区间正线应用无砟轨道,在车站正线、到发线、道岔区均应用了无砟轨道,而国外高速铁路主要在区间正线应用无砟轨道。

表 1-13 国内外季冻区典型高速铁路沿线气候条件比较

环境条件	中国	日本	德国	瑞典	俄罗斯
代表性线路	哈尔滨—大连	新青森—新函馆	纽伦堡—慕尼黑	克拉姆福什—于默奥	莫斯科—圣彼得堡
设计速度/(km/h)	350	260	350	250	250
冬季最高运行速度/(km/h)	300	260	300	250	250
线路长度/km	921	149	165	190	646
轨道结构形式	无砟轨道	无砟轨道	新建线路无砟轨道,即有线有砟轨道	有砟轨道	有砟轨道
最低温度/℃	-40	-30	-23	-38.7	-36.2
最冷月平均最低温度/℃	-25	-7	-4	-9	-12
低温持续时间/月	5	4	4	6	5
最大冻结深度/m	3.0	1.0	0.7	—	1.0
最大气温差/℃	80.3	69.5	60.1	71.9	72.2

无砟轨道具有高平顺、高稳定的优点,但同时也存在可维修性差、对基础变形要求严苛的问题。由于我国东北地区天然土壤冻胀量可达 100~300 mm,甚至可超过 400 mm,路基冻胀变形与无砟轨道毫米级不平顺控制要求及冬季高速运营的矛盾十分突出,亟须解决两个关键技术问题:

一是高速铁路路基粗粒土填料冻胀机理及控制问题。由于我国季冻区高速铁路最大冻结深度达到 3 m,即使采用冻胀率不超过 1‰ 的不冻胀填料填筑路基,最大冻胀量也可达到 30 mm,不能满足毫米级控制的要求,这就需要采用冻胀率更小的粗粒土填料。从理论上来说,粗粒土粒径较大,其颗粒表面化学能较小,表面极少存在薄膜水,并且由于土体的孔隙率较大,冻结过程主要是由于其孔隙液态水结晶转变成固态水,并不产生或者极少产生水分正向迁移,粗粒土产生较大的冻胀采用传统的水分迁移理论难以解释。因此,需要在粗粒土冻胀机理上有突破才能提出冻胀控制的措施。

二是高速铁路路基冻胀效应作用下无砟轨道平稳性保持问题。季冻区路基冻融是一个周期性变化过程,冬季严酷环境下路基冻胀将引起轨道高低不平顺的增大,为高速行车安全和乘坐舒适性带来不利影响。由于无砟轨道维修主要使用扣件的调整量来实现,一般情况下扣件的调高量为+26 mm、-4 mm,调低量大大低于调高量,而且在冬季极端低温下开展施工作业,测量、调整等工作质量受到严重影响,亟须研究冬季无砟轨道平顺性保持问题。

1.5.2 无砟轨道温度效应控制关键技术问题

作为最早建成高速铁路并投入运营的国家,日本新干线单元板式无砟轨道已经出现伤损破坏和材料劣化等问题。2010年日本研究人员对位于寒冷地区长约3.3 km高架桥上的预应力轨道板和使用40余年的东北新干线盛冈地区CA砂浆充填层的调研评估表明,轨道板近半数出现劣化现象,掉块及粉化比较常见(图1-25);受光照时间较长的部分出现的劣化较多;混凝土抗压强度满足设计要求,但弹性模量降低较多;出现劣化的轨道板混凝土强度较正常轨道板的强度低;靠近端部的CA砂浆充填层干密度较小,饱和含水率和空隙率较高,抗压强度降低较为明显,甚至低于设计强度1.8 MPa,剥离掉块及白色粉状物析出等问题突出(图1-26)。

图1-25 日本新干线轨道板的伤损

图1-26 日本新干线CA砂浆层的伤损

根据日本新干线养护维修规则,CA砂浆层的维修分为A、B、C三级,A级为对砂浆层缺损20~50 mm、砂浆层与轨道板间隙1.0~1.5 mm的进行跟踪观察,B级为对砂浆层缺损50~100 mm、砂浆层与轨道板间隙1.5~2.0 mm的进行计划修补,C级为对砂浆层缺损100 mm及以上、砂浆层与轨道板间隙2 mm及以上的迅速修补。图1-27为东北新干线板下CA砂浆填充层和凸形挡台周围CA砂浆填充层的劣化统计分析结果,约70%的充填层出现了不同程度的劣化,B级和C级的数量占1/2以上。

东北新干线大宫、仙台和北上地区充填层伤损等级比例如表1-14所示,随着气温降低,CA砂浆损伤比例逐渐增大,需要立即修补的C级所占比例显著增加,验证了寒冷地区CA砂浆更容易出

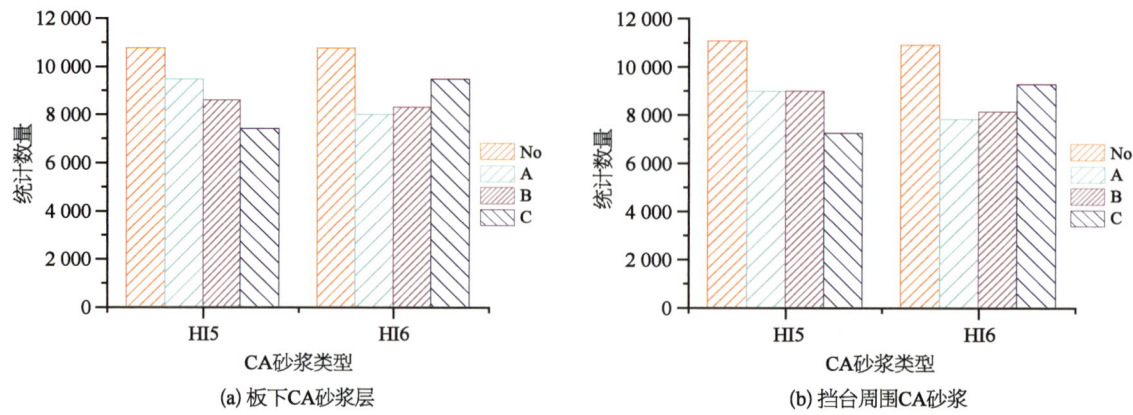

(a) 板下CA砂浆层　　　　　(b) 挡台周围CA砂浆

图 1-27　日本东北新干线 CA 砂浆层劣化现象统计结果

表 1-14　日本东北新干线 CA 砂浆不同级别伤损所占比例　　　单位：%

伤损分级	A级	B级	C级	无级别
大宫充填层	1	3	0	96
仙台充填层	27	39	15	19
北上充填层	28	21	42	9
大宫凸形挡台	6	38	0	56
仙台凸形挡台	8	6	9	77
北上凸形挡台	13	4	2	81

现劣化缺损的事实。日本分析认为 CA 砂浆老化及加速老化的原因在于冻融作用引起的材料劣化、轨道板温度变化所引起的翘曲变形、列车荷载作用下轨道板下 CA 砂浆层的破损和列车重复荷载长期作用下的疲劳伤损，以及长钢轨爬行引起的巨大纵向力导致凸形挡台周围 CA 砂浆受损。

轨道板、板下 CA 砂浆充填层、凸形挡台周围充填层出现不同程度的劣化后，轨道养护维修工作量将大为增加。如表 1-15 所示，位于日本北部的东北新干线与位于南部的山阳新干线相比，CA 砂浆充填层维修工作量显著增加，高程维修工作量增加 5%，相应的扣件维修工作量增加 12.1%。

表 1-15　日本新干线板式轨道主要维修工作　　　单位：%

线路名称	轨面调平	方向调整	扣件	充填层	其他
山阳新干线（板式轨道 281 km，50%）	22.2	2.8	14.5	3.0	57.5
东北新干线（板式轨道 534 km，88%）	27.2	2.2	26.6	15.9	28.1

德国由于施工工艺或温度的原因，双块式无砟轨道的道床板收缩裂纹一般在混凝土浇筑 1～2 个月后出现，如图 1-28(a) 所示，主要集中在双块式轨枕与道床的新旧混凝土界面上，尤其在双块式轨枕四角的裂纹最为常见。另外，路基地段纵向连续的道床板混凝土贯通裂纹也较为普遍。Rheda 2000 型无砟轨道在俄罗斯线路上使用 8 年后的状况如图 1-28(b) 所示，不仅在双块式轨枕

周围出现常见的八字纹,在枕端外的裂缝也比较多。道床板产生裂纹以后,随着雨水的渗入,冬季将产生冻胀,夏季雨水与列车荷载耦合作用将加速对道床板产生更大的破坏。

(a) 德国高速铁路应用状况　　　　　　　　　(b) 俄罗斯铁路应用状况

图 1-28　德国、俄罗斯无砟轨道的伤损形式

我国秦沈客运专线在狗河特大桥(长度为 741 m)和双河特大桥(曲线桥,长度为 740 m)上铺设了单元板式无砟轨道。2003 年线路开通运营以后,CA 砂浆充填层即出现伤损现象,开裂、破碎及掉块问题比较普遍[图 1-29(a)]。2008 年 10 月,在滨绥铁路成高子火车站无砟轨道试验段开展了总计为 130 m 的 CA 砂浆试验,由于采用模铸式施工,出现的主要问题是 CA 砂浆与轨道板之间出现离缝,并有大量析出物,部分砂浆出现开裂、脱落、破损现象[图 1-29(b)]。

(a) CA砂浆层伤损　　　　　　　　　　　(b) 轨道板下离缝

图 1-29　试验段无砟轨道状态

秦沈客运专线和成高子试验段 CA 砂浆的伤损,除了 CA 砂浆自身质量问题外,模铸式施工将轨道板与 CA 砂浆层黏结在一起,当轨道板因温度梯度作用产生翘曲后,轨道板将与 CA 砂浆层产生分离,同时轨道板在升温降温作用下产生伸缩,CA 砂浆层在轨道板爬行状态下产生拉应力,出现断裂、破碎、粉化及脱离现象。因此,CRTS Ⅰ 型板式无砟轨道正式应用时,CA 砂浆采用砂浆袋

施工,通过土工布制作的砂浆袋将CA砂浆层与轨道板、底座板隔离,消除了温度效应对无砟轨道的影响。但是,由于季冻区温度变化幅度和温度梯度大于其他区域,如图1-30所示,CA砂浆层离缝、开裂、掉块问题依然存在,而且裂缝随运营时间的增加而明显扩大,局部出现裂缝联通,从轨道板下窜出;底座板出现了混凝土粉化问题,经现场取芯试验,严重粉化地段混凝土强度不能满足C40设计强度等级要求,芯样顶部强度明显低于芯部强度,表明底座板顶部混凝土已经受到冻融作用的影响,抗压强度降低;严重粉化地段的混凝土芯样吸水率明显高于一般粉化和未粉化地段,含气量明显低于一般粉化和未粉化地段,混凝土的抗冻性严重不足,底座板混凝土强度不足和抗冻性不良是导致底座板粉化伤损的主要原因。

(a) CA砂浆层窜出　　　　　　　　　　(b) 底座板粉化

图1-30　季冻区CA砂浆层与底座板的伤损

层间离缝是无砟轨道常见病害,尤其在板式无砟轨道结构中发生比较多。不仅CRTSⅠ型和Ⅱ型板式无砟轨道板下CA砂浆充填层与轨道板和底座板间有离缝,而且CRTSⅢ型板式无砟轨道板下自密实混凝土充填层与轨道板和底座板间也有离缝产生;不仅自密实混凝土充填层下泛浆问题突出(图1-31),而且轨道板和自密实混凝土充填层受力状况也发生变化,界面上下产生的裂纹较多(图1-32)。

图1-31　自密实混凝土层下的泛浆

(a) 板底毛细裂纹　　　　　　　　　　　(b) 界面上下裂纹

图 1-32　复合板中间界面上的裂纹

从国内外季冻区高速铁路无砟轨道应用状况可以看出,在温度荷载作用下,无砟轨道结构效应和材料劣化问题十分突出,需要解决极低温度下保持结构和材料的耐久性、极大温差条件下结构强度安全性和变形稳定性等科学问题和技术难题。

参考文献

[1] 中华人民共和国住房和建设部.JGJ 118—2011 冻土地区建筑地基基础设计规范[S].北京:中国建筑工业出版社,2012.
[2] 陈博,李建平.近 50 年来中国季节性冻土与短时冻土的时空变化特征[J].大气科学,2008,32(3):432-443.
[3] 王宁,臧淑英,张丽娟.近 50 年来黑龙江省冻土厚度的时空变化特征[J].地理研究,2018,37(3):622-634.
[4] 晁华,徐红,王当,等.近 50 年来辽宁省冻土的时空变化特征[J].气象科技,2017,45(1):115-120.
[5] 中华人民共和国铁道部.TB 10015—2012 铁路无缝线路设计规范[S].北京:中国铁道出版社,2013.
[6] 郑景云,卞娟娟,葛全胜,等.中国 1951—1980 年及 1981—2010 年的气候区划[J].地理研究,2013,32(6):987-997.
[7] Japan Overseas Rolling Stock Association. The SHINKANSEN-Japan's high-speed railway system[M]. 2nd ed. Tokyo, 2004.
[8] Erik Kjellström.最近和未来欧洲气候变化的特征[J]. Ambio,2004,33(3-5):174-179.
[9] 江凯,冯涛,王茂靖,等.莫喀高速铁路沿线季节冻土冻胀特性分析[J].高速铁路技术,2017,8(5):1-4.
[10] 韩龙武,蔡汉成,程佳,等.莫斯科—喀山高速铁路沿线季节性冻土冻融特征[J].交通运输工程学报,2018,6(3):44-55.
[11] 罗林,张格明,吴旺青,等. 轮轨系统轨道平顺状态的控制[M]. 北京:中国铁道出版社,2006.
[12] LOPEZ PITA A. The Vertical Stiffness of the Track and the Deterioration of High-Speed Lines[J]. Revista de Obras Publicas, 2001, No.3414.
[13] DB Systemtechnik-Oberbautechnik. AKFF4-2002, Requirements Catalog for the Construction of the Slab Track 4th Revised Edition[S]. Frankfurt: DB Netz AG NST-Produktmanagement Technik.
[14] 中华人民共和国铁道部.TG/GW 115—2012 高速铁路无砟轨道线路维修规则[S].北京:中国铁道出版社,2012.
[15] 肖杰灵,郭利康,刘学毅.无砟轨道钢轨碎弯成因分析[J].铁道建筑,2009(2):93-96.
[16] 中华人民共和国交通部国家铁路局.TB 10621—2014 高速铁路设计规范[S].北京:中国铁道出版社,2015.

第 2 章

季冻区高速铁路路基温度变形特征及机理

季冻区高速铁路无砟轨道需要承受列车荷载、温度荷载和基础变形荷载的作用。其中基础变形荷载除沉降变形荷载外,冬季路基的温度变形荷载是季冻区独有的,它是一种循环荷载,冬季冻胀上拱,春季融化回落,而其他类型的基础变形荷载总是向着一个方向发展。一般情况下,冬季冻胀上拱带来的危害远大于春季的融化回落,因此对路基温度变形的研究主要是其负温下的冻胀。

本章以哈大高速铁路工程为背景,通过对大量观测、监测数据的分析,探明了路基温度场特征、温度变形时空分布规律及其与冻结深度之间的关系,发现了高速铁路路基浅层冻胀的特点;试验研究了高速铁路路基基床表层级配碎石冻胀的微观结构特征,发现了粗粒土填料中细颗粒呈簇团分布且是主要持水结构的特征,揭示了高速铁路路基细颗粒簇团冻胀机理,为路基冻胀变形控制提供了理论支撑。

2.1 工程概况

哈大高速铁路是中国首条严寒地区高速铁路,于 2012 年底竣工运营。在施工期路基冻胀观测基础上,2012—2015 年对沿线路基进行了连续跨越 3 个冬季的冻胀监测,得到我国严寒季冻区高速铁路路基温度场特征和冻胀变形时空分布的基本规律。这些实测数据及其反映的规律非常具有代表性,为严寒地区高速铁路路基冻胀研究和控制提供了依据。

2.1.1 地质与气候特点

哈大高速铁路位于东北三省的中部,其中哈尔滨市位于北纬 45°50′,大连市位于北纬 39°,总体呈南北走向,连接 3 个省会城市和大连、营口、鞍山、辽阳、铁岭、四平、松原 7 个地级行政区,与秦沈和京沈客运专线构成了东北地区最为重要的进出关大通道,是我国"四纵四横"高速铁路网的重要组成部分。线路全长 921 km,其中路基长度为 237 km、桥梁长度为 657 km、隧道长度为 10 km,设计速度为 350 km/h,正线采用 CRTS I 型板式无砟轨道。

哈尔滨至沈阳段长度为 538 km,地势总体呈中间高、南北低,地形较为平坦,以吉林省陶家屯为界,可分为辽河平原、松嫩平原两个主要地貌单元。其中松嫩平原为松花江及其支流冲洪积形成,地势南高北低,波状起伏,由河漫滩、一级阶地、断续的二级阶地、波状黄土台地和岗阜状平原组成。陶家屯至铁岭段由剥蚀缓丘与冲洪积平原构成,地形波状起伏,缓丘与带状河谷冲积平原相间;铁岭至沈阳间地形平坦开阔,主要为一级阶地,局部可见二级阶地。辽河平原夹于辽东、辽西山地丘陵间,主要由辽河及其支流冲洪积而成,地势自北向南缓倾。

沈阳至大连段长度为 383 km,穿越辽东丘陵区和辽河平原区,沿线经过低山缓丘、剥蚀平原微丘、滨海平原、冲洪积平原等地貌单元。其中沈阳至大石桥段为冲洪积、冲积平原,地形平坦开阔,局部地段地势稍高,略有起伏,主要为辽河、太子河、浑河及其支流冲洪积形成,地势稍低地段为现代河床、河漫滩和一级阶地。大石桥至大连段以剥蚀丘陵为主,地形起伏变化较大,沟谷及洼地发育,植被覆盖率较高,金州西侧、复州湾,以及九寨至大石桥段为滨海平原,地形平坦开阔,大部分地段地势低洼,受金州湾、普兰店湾、辽东湾海水侵蚀、堆积而成,其上养殖场较多。

沿线地下水主要为第四系松散岩类孔隙水和基岩裂隙水。辽河平原、松花江冲积平原以及沿线较大河流形成的带状河谷平原,多为较厚砂砾石含水层,水量丰富,补给来源主要为地表水及大气降水,水位受地表河流水位变化影响较大,排泄方式多以泄流或蒸发为主;高平原台地表层为黏性土层及黏性土层的砂砾石夹层,含少量孔隙潜水,主要受大气降水补给,水量小,埋深变化大,水力联系弱,水位受季节影响大,以蒸发排泄为主;沿线基岩裂隙水赋存于各种节理裂隙中,水量依岩性及节理裂隙发育程度而异,主要受大气降水或上覆含水层补给,一般通过泉水泄流及蒸发、蒸腾等方式向外界排泄。

沿线气候由北向南在气温、湿度、雨量等方面逐渐变化(表2-1),年平均气温 4.4~10.5℃,最冷月平均气温 -23.2~-0.9℃,极端最高温度 36.5~39.8℃,极端最低温度 -39.9~-19.3℃,平均相对湿度 62%~65%,年平均降雨量 481.8~682.7 mm,土壤最大冻结深度 93~205 cm,最大积雪厚度可达 17~30 cm。根据最冷月平均气温,沿线气候分区除大连地段为寒冷地区外,其余均为严寒地区。

表 2-1 哈大高速铁路沿线主要城市气象资料

城 市	年平均气温/℃	最冷月平均气温/℃	极端最高气温/℃	极端最低气温/℃	年平均降水量/mm	土壤最大冻结深度/cm
哈尔滨	4.9	-19.2	36.7	-34.6	541.1	205
双 城	4.4	-18.1	38.5	-39.0	481.8	205
扶 余	4.6	-23.2	38.6	-37.3	502.2	197
德 惠	4.9	-16.9	39.8	-39.9	511.0	182
长 春	5.7	-15.1	38.0	-36.5	570.4	169
公主岭	6.2	-14.4	36.5	-35.5	573.9	156
四 平	6.7	-13.5	37.3	-34.6	632.7	148
昌 图	6.8	-12.9	36.5	-32.8	624.9	150
开 原	7.0	-13.4	37.1	-37.9	660.6	137
铁 岭	8.0	-17.5	37.6	-34.6	660.4	166

(续表)

城 市	年平均气温/℃	最冷月平均气温/℃	极端最高气温/℃	极端最低气温/℃	年平均降水量/mm	土壤最大冻结深度/cm
沈 阳	8.4	−11.5	36.1	−32.9	682.7	148
营 口	9.5	−8.5	36.8	−28.0	670.0	118
鞍 山	10.6	−8.1	36.7	−25.6	674.7	118
大 连	10.5	−3.9	37.8	−19.3	658.0	93

2.1.2 路基结构形式

路基结构主要采用标准形式,部分地段基床表层厚度由标准的 0.4 m 增加到 0.55 m,基床底层如果在冻结深度范围内则采用非冻胀填料,在冻结深度以下采用一般的 A、B 组填料。基床底层顶面铺设一层防渗复合土工膜(两布一膜),复合土工膜上、下各铺设厚 0.05 m、0.10 m 左右的中粗砂作为垫层。路基面采用纤维混凝土封闭。基床表层的级配碎石和基床底层的非冻胀填料中细颗粒含量要求低于 5%,填筑压实后细颗粒含量低于 7%。路堑采用路堤式结构形式,当挖方地段基床范围内为冻胀性土或风化软质岩时,对基床厚度范围进行挖除换填,基床表层和底层及两层间中粗砂垫层与防渗复合土工膜设置与路堤相同。当挖方地段基床范围内岩层较好时,采用 0.7 m 高的路堤形式,基床表层采用级配碎石,下铺防渗复合土工膜和中粗砂垫层。当地下水出露或埋深较浅时,于两侧侧沟以下设置渗水盲沟等降低地下水措施。路基面采用纤维混凝土封闭。

过渡段均采用倒梯形结构,长度均不小于 20 m,采用掺水泥级配碎石填筑。路桥、路隧过渡段倒梯形结构底宽不小于 5 m;路堤与涵洞过渡段的倒梯形结构底宽 2 m;涵洞顶部填土高度大于或等于 2 m 时,于其顶部及两侧各 2 m 范围填筑 1.5 m 厚的掺水泥的级配碎石;涵洞顶部填土高度小于 2 m 时,其顶面至基床表层范围内填筑掺水泥级配碎石。

2.1.3 路基冻胀的监测

路基冻胀的现场监测采用人工观测和实时监测 2 种方式。人工观测沿线路方向一般 50 m 左右布设一个监测断面,对冻胀变形量进行测量,目的是查明路基冻胀变形沿线路分布情况。自动监测选择典型路基段进行,包括分层冻胀变形量、不同深度地温、填料含水率等指标的全过程监测,主要目的是为路基冻胀过程和机理的分析提供数据。

1. 人工观测

人工观测每个断面分别在线路左、右线无砟轨道的凸形挡台上及路基左右两侧路肩上各布设 1 个测点(图 2-1 和图 2-2),共 4 个监测点。凸形挡台为混凝土刚性结构,其变形可作为线路中心路基的总体变形。考虑到路基冻胀对水准点的影响,利用路基两端大桥及路基中间小桥或

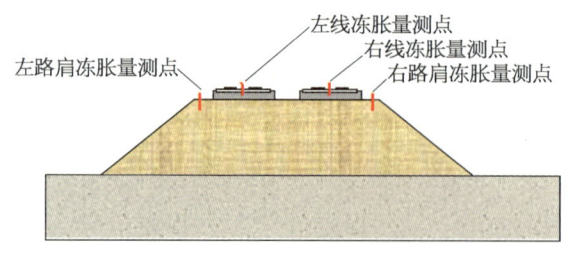

图 2-1 人工观测断面测点布置示意图

涵洞顶上的CPⅢ点为水准基点建立监测高程控制网,用精密电子水准仪自动记录观测模式进行二等水准人工高程测量,要求每千米水准测量偶然中误差不大于1.0 mm,每千米水准测量全中误差不大于2.0 mm,检测已测段高差之差为$\pm 6R^{1/2}$[R为检测测段长度(km)],往返测不符值为$\pm 4K^{1/2}$[K为测段水准路线长度(km)],附合路线或环线闭合差为$\pm 4L^{1/2}$[L为水准路线长度(km)]。

(a) 凸形挡台上测点

(b) 路肩上测点

图 2-2 现场冻胀观测点的布设

冻胀变形测量按变形测量三等执行[1],冻胀变形监测点的高程中误差为±1.0 mm,相邻变形监测点的高程中误差为±0.5 mm。变形监测网执行等级为三等,相邻基准点高差中误差不大于1.0 mm,每站高差中误差不大于0.3 mm,往返较差、附合或环线闭合差和检测已测高差较差分别为$0.6n^{1/2}$ mm、$0.8n^{1/2}$ mm(n为测站数)。

2. 实时监测

自动实时监测内容包括不同位置和深度的变形、温度和水分,观测断面典型的测点布置如图2-3所示,在线路中心、左右路肩、坡脚及坡脚外自然土体中设置监测点,监测深度为3.5 m,传感器在基床表层内及基床底层上部布置较密,下部布置间隔较大。全线自南向北在瓦房店、鲅鱼圈、鞍山、沈阳、铁岭、开原、毛家店、四平、公主岭、德惠、扶余、双城、王岗13个区段设置了59个

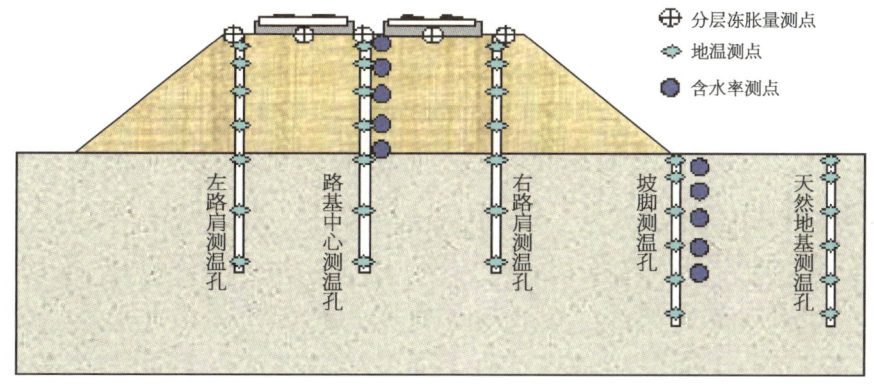

图 2-3 自动实时监测断面测点布置示意图

监测断面。

路基冻胀变形监测采用分层变形监测方法。如图2-4(a)所示,传感器由法兰盘、位移计、测杆和锚固头组成,每个监测孔内设置1个传感器,锚固头用混凝土浇注在需要监测的层位上。当监测层位发生变形时,测杆带动位移计进行测量,得到监测层位相对路基面(法兰盘)的位移。地温和水分测量采用温度与水分传感器进行监测,根据监测的需要在监测孔内不同位置上布置传感器,用多传导电缆将传感器连接起来,在地表面连接到采集器[图2-4(b)、(c)]。

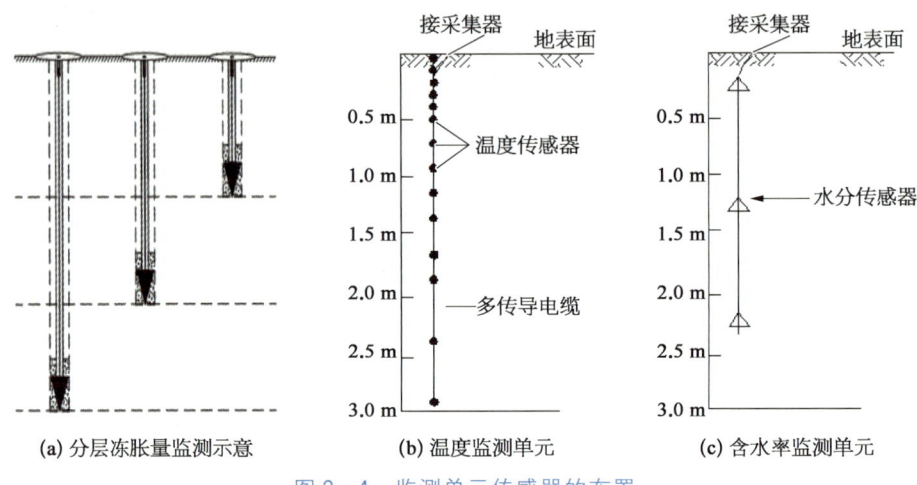

图2-4 监测单元传感器的布置

每个监测区段设置一个气象站,测试风雨和气温情况,并配置一套数据采集及传输系统和太阳能供电系统。数据采集及传输系统主要包括数据采集模块、无线传输模块和电源管理模块,其中数据采集模块和无线传输模块是核心模块,其合理设计很好地解决了路基温度、冻胀变形、含水状况采集精度,工作温度通过室内低温适应性试验,可达到-40~50℃,确保了系统长时间超低温稳定可靠不间断工作。采集系统采用远程控制模式,可根据实际情况智能设定采样频率,冻胀期间监测频率可达到1次/5 min,夏季采样频率为1次/2 h。

2.2 路基温度场特征

负温是路基冻胀的必要条件。当温度降至0℃以下,土体中的水将结晶生成为冰,其密度从水的0.999 9 g/m³减小到冰的0.916 8 g/m³,体积增加9.06%,密度减少8.31%,因此,负温下含水土体的冻胀是一种普遍的自然现象,掌握气温和地温变化规律是研究路基冻胀规律的基础。

2.2.1 气温变化规律

哈大高速铁路开通以后的气温观测结果如图2-5所示,从大连到哈尔滨,随着纬度的增大,冬季气温逐渐降低,寒冷地区的气温比温暖地区低5℃以上,严寒地区的气温比温暖地区一般低10℃以上,3个气温区域依次差异5℃以上;同一地区最冷月最低气温比平均气温要低5℃以上;而最冷月观测数据与统计数据相比,除铁岭和扶余外,其余观测点上实测气温要低于统计数据。在观测的3个冬季中,2012年冬季气温最低,2013年和2014年冬季气温差异不显著,德惠至哈尔滨2013年气温低于2014年。

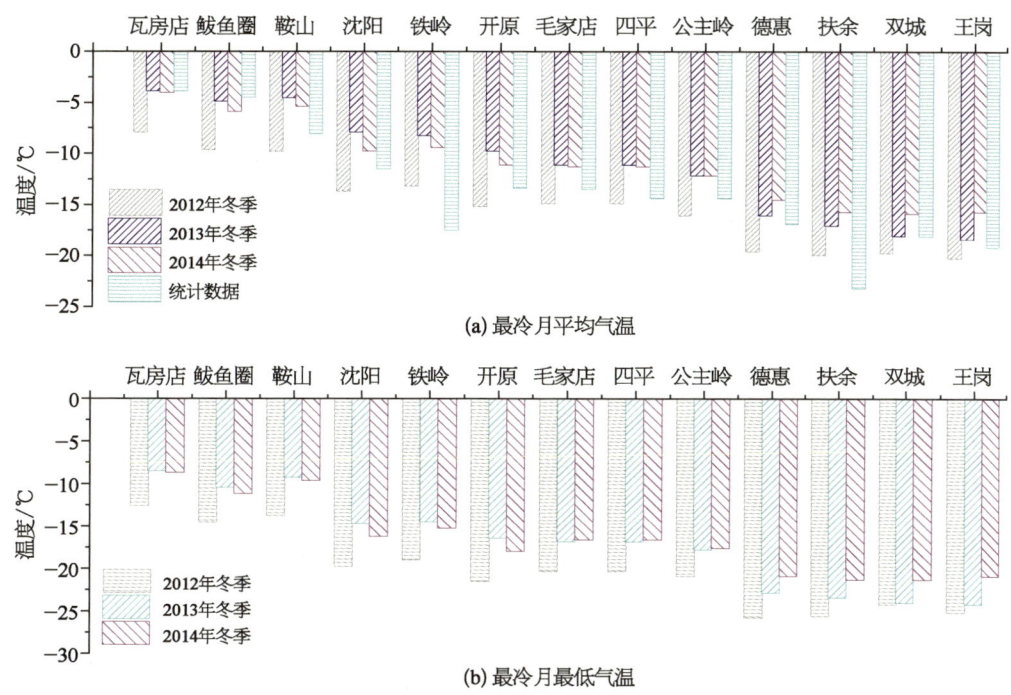

图2-5 哈大高速铁路监测点冬季最冷月气温及其沿线分布

选择2个温度区域典型城市气温情况进行进一步分析。图2-6为现场实测气温曲线,可以将气温变化分为4个阶段,7月达到最高气温,从9月开始降低,到12月中下旬以后降温速率减小,最低温度有继续降低趋势,1月达到最低气温,这个阶段平均负温基本保持稳定状态;2月以后处于升温状态,7—8月平均正温基本保持稳定状态。统计数据表明,最冷月平均气温扶余地区为-20.9℃、大连地区的瓦房店为-3.7℃。相比日本、德国最寒冷高速铁路线上的函馆为-7.0℃、法兰克福为-2.0℃。就目前而言,哈大高速铁路是世界上最寒冷的高速铁路。

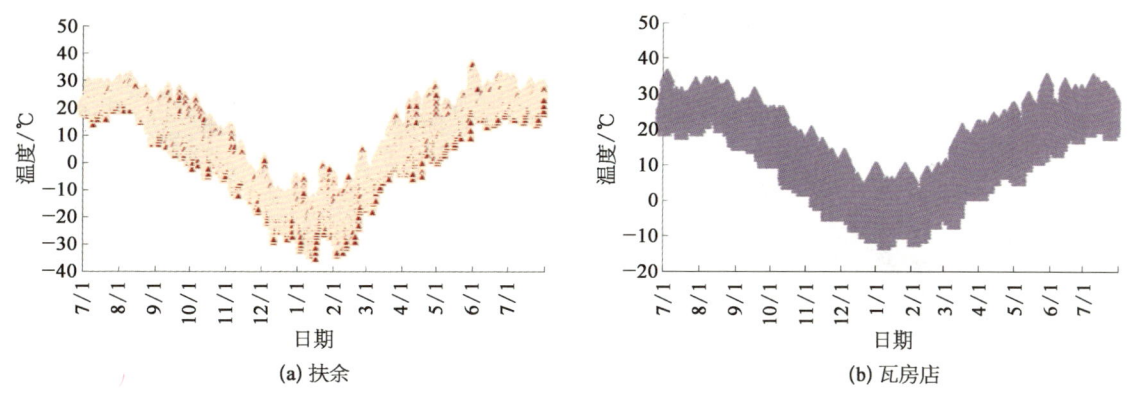

图2-6 2012—2013年实测气温变化曲线

除了负温作为路基冻胀的必要条件外,气温下降速度对路基冻胀量也有直接的影响。冻土试验结果表明[2],当冷端的冷却速度较小时,土体总冻胀量是随着冷端面温度的降低和试验持续时间的增长而增大,冷却速度继续增大,则平均冻胀速度稳定值将减小,即冻结速度快,冻胀量小;相反,则冻胀量大。从水分迁移来看,气温骤冷且冷却强度很大时,土的冻结迅速从表面向下推移,即冻结速度很快,土中弱结合水及毛细水来不及向冻结区迁移,就在原地冻结成冰,毛细通道也被冰晶体堵塞,水分迁移和积聚不会发生,在土层中看不到冰夹层,只有散布于土体孔隙中的冰晶体,这时土体无明显冻胀。如果气温下降缓慢,冷却强度较小,但负温持续时间较长,就会促使未冻水不断地向冻结区迁移积聚,在土体中出现冰夹层,从而产生明显的冻胀现象。如图 2-6 所示,从 9 月到 12 月,严寒地区和寒冷地区的降温速率分别为 0.5℃/d 和 0.3℃/d,2 个区域相差 0.2℃/d。

2.2.2 地温变化特征

气温主要受大气层吸收太阳辐射的影响,在地表附近,增加了由于对流而从辐射表面带至空气的热量,因此不同的风速、风向,地表温度与气温有很大的差异。热量从地表向下传递时,则是热传导模式,与土的性质有密切关系。所以,路基地温的变化取决于辐射、对流和热传导 3 种热量传递模式。

根据地表温度与不同深度地温实测数据,得到其时程曲线如图 2-7 所示。从地温与季节的关系可以看出,路基中不同深度的地温时变曲线有如下特征:

(1) 路基中不同深度的地温曲线与气温曲线都表现出随季节的波动,大致呈正弦或余弦曲线变化。

(2) 地温上下波动的幅值随深度的增大而减小,体现了夏季热量从路基表面向路基深部传递、冬季热量从路基深部向路基表面的传递都需要一定的时间过程。总的趋势是冬季路基深度方向由浅到深温度均处于降低阶段,深处的温度要高于浅处;夏季则反之。而在 3 月和 4 月间的春季及 10 月和 11 月间的秋季,路基内各个深度的地温与此时的日平均气温大致相同。

(3) 路基中地温曲线峰值出现的时间比气温峰值出现的时间有所滞后,深度越大,滞后时间越长。哈大高速铁路沿线路基表面下深度 150 cm 处冬季最低温度出现的时间比最低日平均气温出现的时间约滞后 1~2 个月。

(4) 从地温的日波动和年波动特征来看,自路基表面向下可以分为地温日波动、年波动较大、年波动较小与恒定 4 个区域。其中,地温日波动区域位于路基面下深度约 20~50 cm 范围内,受气

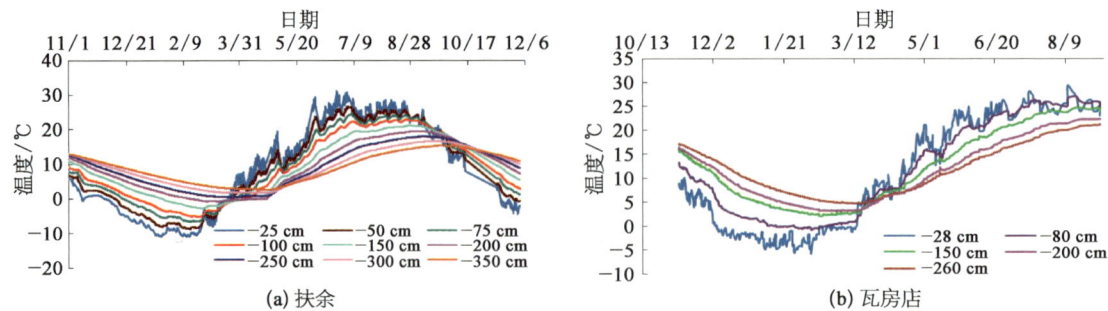

图 2-7 路基中不同深度地温的时变曲线

温波动性变化影响较大,24 h 内地温都有明显变化;地温年波动较大区域位于深度 150～200 cm 以内,地温不再受气温日波动的影响,但年变化幅度仍然较大(图 2-8);地温年波动较小区域位于深度 10 m 以内,年波动幅值逐渐减小;恒定地温区域位于深度 10 m 以下,地温年变化幅值很小,可以认为地温恒定(图 2-9)。

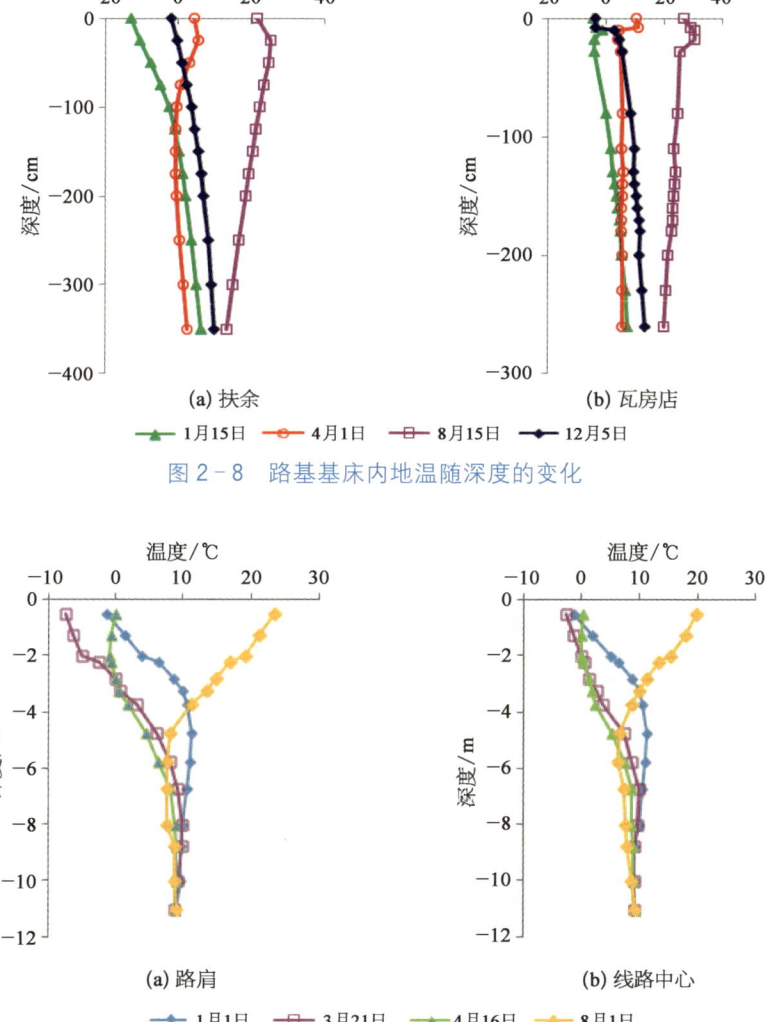

图 2-8 路基基床内地温随深度的变化

图 2-9 沈阳段某路基断面更深范围内地温随深度的变化

路基地温梯度的变化在最大冻结深度附近出现最大值(图 2-10)。在升温阶段,深部温度低于浅部温度,负温度梯度绝对值最大;在降温阶段,深部温度高于浅部温度,正温度梯度值最大。该区域是路基内部热交换最为活跃地区。在图 2-10 所示双城站附近填筑高度 5.4 m 的路堤上,路肩处路基地温梯度变化明显大于线路中心路基地温梯度的变化,主要原因在于路肩处邻近边坡,路基浅部在垂向和横向都与外部环境有热交换产生。

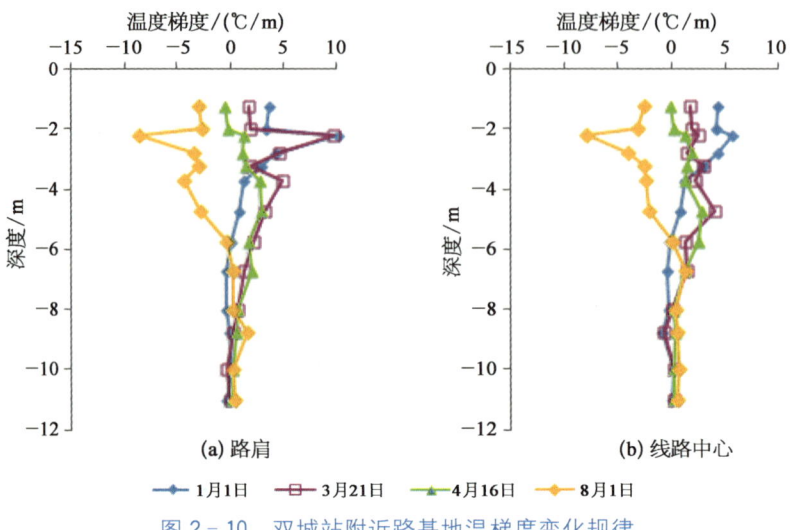

图 2-10 双城站附近路基地温梯度变化规律

2.3 路基温度变形规律

2.3.1 温度变形经时特征

路基冻胀变形是随着负温的出现而产生的。哈大高速铁路进入 11 月以后,负温出现并逐渐增大,路基冻结深度随之增加,冻胀变形逐渐增大,如图 2-11 和图 2-12 所示,呈现随时间发展、稳定、回落的规律性变化。根据温度变形经时曲线,可以将其划分为初始冻胀、快速冻胀、平稳冻胀和融化回落 4 个阶段。

(1) 初始冻胀。一般持续 20~45 d,冻胀量呈波动性变化。

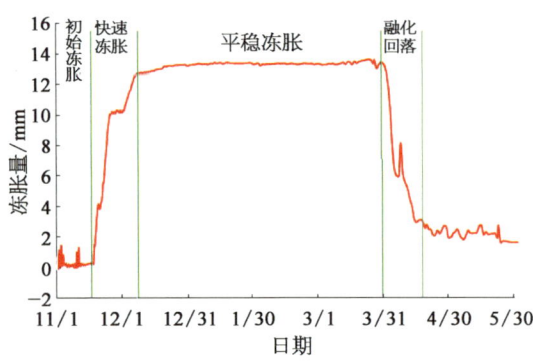

图 2-11 路基温度变形典型经时曲线

(2) 快速冻胀。一般持续 20 d 左右,在此期间冻胀快速发展,产生的冻胀量占总冻胀量的 95% 以上,冻胀速率最大能够达到 0.5 mm/d,0.2 mm/d 以下的占 76%,0.3 mm/d 以下的占 93%。

(3) 平稳冻胀。持续时间为 70~110 d,在此期间新增的冻胀量仅占总冻胀量的 5% 左右。在平稳冻胀阶段末期,冻胀曲线往往出现一定的波动,在波动中冻胀量略有升高。

(4) 融化回落。冻胀上拱是单向的从路基表层向深部逐步冻结的过程,而融化回落则是随着气温和地温升高,路基浅层和深层的冻结层同时开始融化的过程。因此,融化回落的速度一般很快,可以达到冻胀速率的 1.5 倍。路基冻胀回落以后,受填料特性影响,一般存在一定的残余变形。

路基温度变形与气温变化关系密切。如图 2-13 所示,选择哈大高速铁路北部和南部 2 个温度区有代表性的路基温度变形曲线与气温变化曲线进行叠加,可以看出,2 个温度区的气温—冻胀

第 2 章 季冻区高速铁路路基温度变形特征及机理

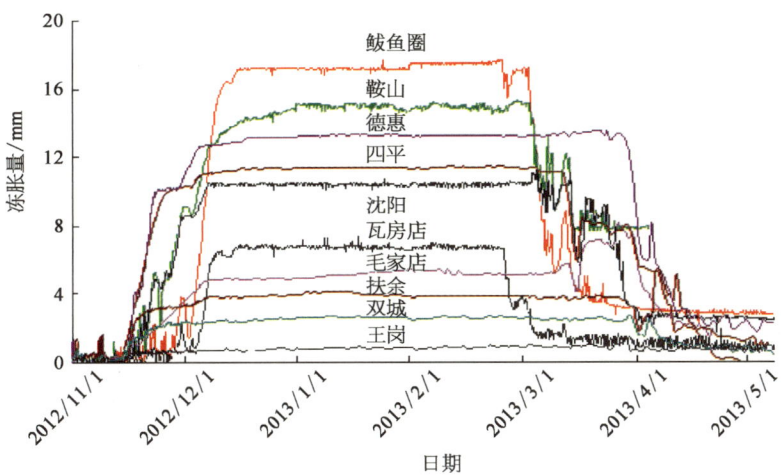

图 2-12 路基温度变形随时间变化实时监测结果

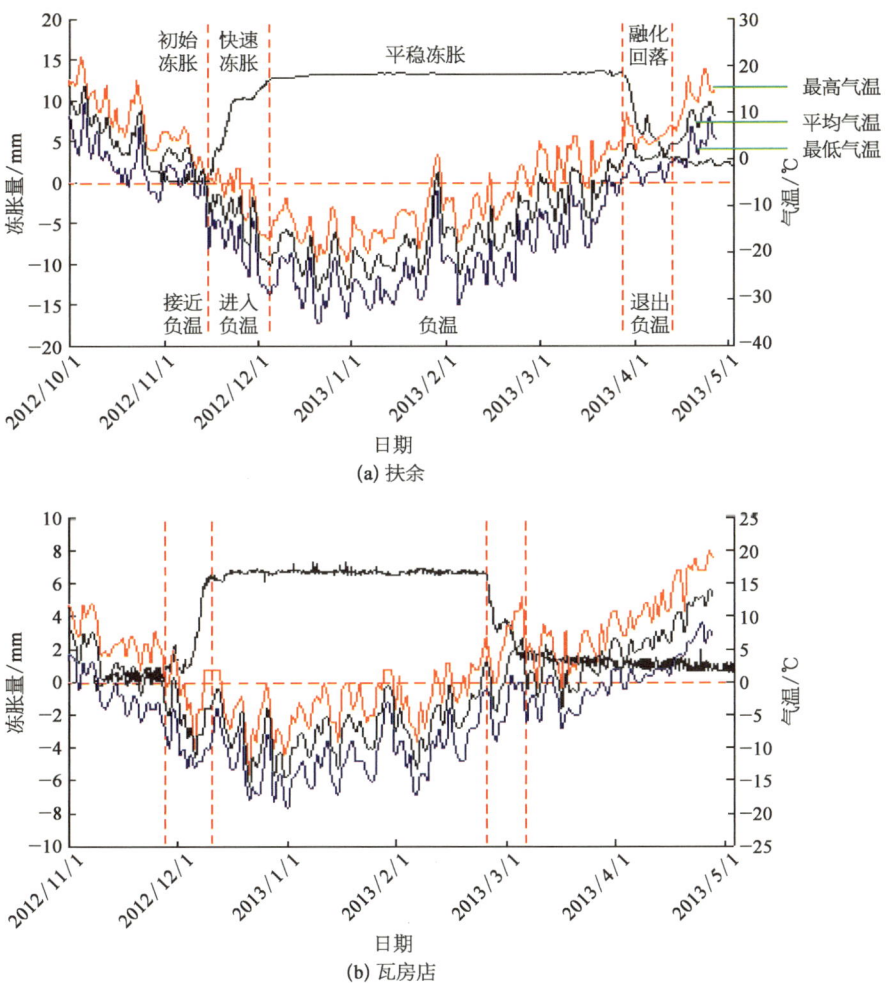

图 2-13 路基温度变形和气温时变曲线

量—时间曲线具有相同的特征,即快速冻胀一般在最高气温进入负温时开始发生,融化回落一般从平均气温总体保持在0℃以上时开始。根据气温变化特征与温度变形发展的关联关系,在路基温度变形过程中气温的变化也分为4个阶段:

(1) 气温接近负温阶段。路基的冻胀变形随气温在0℃上下波动而反复,波动范围基本在5 mm以内。本阶段与温度变形时变曲线的初始冻胀阶段相对应。

(2) 气温进入负温阶段。随着气温降低且在0℃以下持续时间增长,冻结深度逐渐增加,冻胀变形快速增长,本阶段持续10~20 d左右。本阶段与温度变形经时曲线的快速冻胀阶段相对应。

(3) 气温保持恒定负温阶段。随着大气温度持续保持在0℃以下,冻结深度超过表层厚度,冻胀变形增长减缓,速率减小,冻胀变形稳定发展,基床底层与基床表层冻胀变形逐渐分开,基床表层冻胀变形基本稳定不变,变形主要为深层冻胀变形。在本阶段末期,冻胀量曲线往往出现波动,冻胀量略有上升。这主要是由于该阶段日最高气温上升到0℃以上,部分地表冻土融化,对下部冻结土体的约束力减小,导致曲线的波动和冻胀量增大。本阶段与温度变形经时曲线的平稳冻胀阶段相对应。

(4) 气温退出负温阶段。随着大气温度升高至0℃以上并持续一段时间以后,路基冻土层开始双向融化,监测位置发生融沉变形。本阶段与温度变形经时曲线的融化回落阶段相对应。

路基冻胀回落以后的残余变形是路基材料特性和结构特性的反映。从图2-14可以看出,全线路基残余变形量在0 mm以下的测点比例占70%,在±2 mm间的测点比例达到85%,变形大于2 mm的测点仅占1.8%,变形超过5 mm的测点仅有0.1%,说明全线路基经过一个冻融循环后绝大部分能够回落到初始状态,回落幅度与冻胀高度基本一致;部分地段受列车荷载作用,密实度产生了变化,出现了轻微的下沉现象;极个别地段产生了一定的冻胀残余变形,没有恢复到初始状态。路基和路堑在路基变形量超过5 mm或-5 mm的测点比例相同,过渡段地段回落后路基高程都在5 mm以内。总体上来说,采用粗粒土填料填筑的高速铁路路基冻融循环是一个弹性变形过程,但在长期荷载作用下,随着填料中粗大颗粒的磨损粉化,细颗粒增加,冻融循环后的残余变形将会增大,对轨道平顺性带来不利影响。

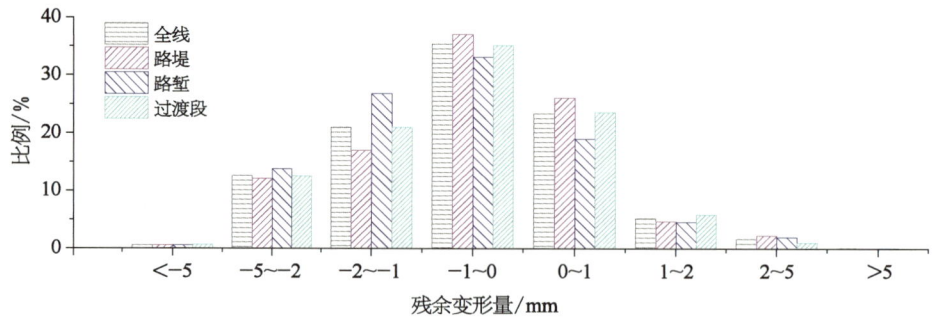

图2-14 融沉后残余变形分布特征

2.3.2 温度变形的空间分布特征

哈大高速铁路全线路基段共设置5 000多个人工观测断面、20 000多个人工观测点。2012年线路开通前完成观测点的设置,以11月初第一次观测作为初始值,随后每隔2个月进行一次测量,根据测量结果计算冻胀变形量和融化回落量。

1. 最大冻胀变形量的沿线分布

哈大高速铁路路基已经采取了较高标准的防冻胀措施,因此其冻胀变形量总体上得到了控制,但小幅值的冻胀仍普遍存在,个别位置冻胀量较大。全线 20 000 多个观测点均有冻胀变形,全线测点最大冻胀量的平均值为 5 mm,小于路基冻胀控制要求的 6 mm 限值[3]。按各测点的最大冻胀量分级统计(图 2-15),全线路基最大冻胀量在 6 mm 以下的测点比例为 78.2%,最大冻胀量超过 10 mm 的测点占 6.2%。

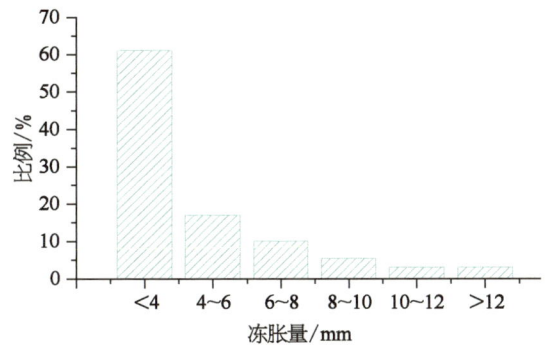

图 2-15　路基冻胀幅值分布特征　　　　图 2-16　单元路基冻胀统计值的沿线分布

沿线路方向每 20 km 划分为一个单元,取单元内各测点最大冻胀量的最大值为单元路基冻胀最大值,取单元内各测点最大冻胀量的平均值为单元路基冻胀平均值。各单元路基冻胀最大值和平均值的分布情况见图 2-16。单元路基冻胀平均值基本控制在 8 mm 以内,大连至瓦房店均小于 4 mm,其余地段除个别单元外均超过 4 mm。多数单元路基冻胀最大值超过 10 mm。说明较大冻胀量在全线都有不同程度的分布,总体上较大冻胀段呈散布状。路基冻胀量与对应地区的最大冻结深度和冬季最低气温的关联性不明显。

2. 冻胀变形与路基结构的对应关系

由于路基施工开挖改变了原有的水流径路,地下水和地表水将形成新的径流和漫流体系,路堑下往往会成为地下水的汇聚场所,如果不采取截排水措施,路堑处冻胀一般要大于路堤冻胀。由图 2-17 可以看出,路堤、路堑和过渡段冻胀量小于 6 mm 的比例分别为 68.6%、73.9% 和 87.1%,冻胀量小于 8 mm 的比例分别为 83.6%、83.4% 和 93.9%,冻胀量超过 10 mm 的比例分别为 8.8%、10.5% 和 2.4%。路堑和路堤的冻胀量 8 mm 以下测点占比基本接近,表明路堑采取路堤同样的结构形式以及实施渗水盲沟等措施后,其冻胀变形是可控的。但是,冻胀量超过 10 mm 的比例,路堑高于路堤,其在冻胀变形控制方面的难度要高于路堤。

过渡段采用掺水泥的级配碎石填筑后,超过 10 mm 的测点比例仅为 2.4%,对冻胀量的控制效果非常显著。根据统计资料,哈大高速铁路全线

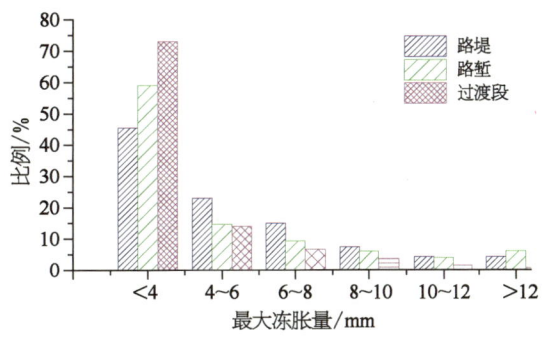

图 2-17　不同路基类型各级冻胀的比例分布

无砟轨道地段共计有 408 处各类涵洞,涵洞中心路基冻胀量的平均值为 0.8 mm,有 166 座涵洞上路基没有产生冻胀变形,冻胀量在 4 mm 以内的有 206 处,冻胀量在 4 mm 以上的有 36 座;全线路涵、路桥过渡段有 1 077 处,冻胀量超过 10 mm 的仅有 18 处。

3. 冻胀变形与底座板缝对应关系

CRTS Ⅰ型板式无砟轨道的底座板每 3~4 块轨道板长度为 1 个单元,单元之间设置伸缩缝,伸缩缝用硅酮或聚氨酯材料封闭。底座板直接坐落于路基基床表层之上。如果伸缩缝封闭材料失效,降水会从伸缩缝处下渗,将对路基冻胀产生影响。

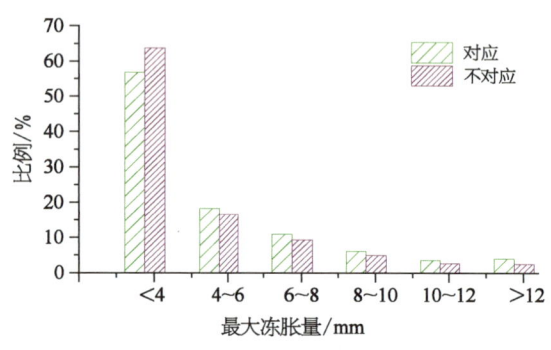

图 2-18 对应板缝与不对应板缝处各级冻胀的比例分布

全线凸形挡台测点中,有 3 921 个测点与该处底座板的伸缩缝位置相对应,5 720 个测点处无伸缩缝。图 2-18 是测点处有无底座板缝情况下路基最大冻胀变形的分布情况。最大冻胀变形量在 6 mm 以内时,底座板接缝对应和不对应的测点比例分别为 75.2% 和 80.4%;最大冻胀变形量大于 10 mm 时,底座板缝对应和不对应的测点比例分别为 7.6% 和 5.2%,表明底座板接缝和冻胀变形有一定的关联性。

4. 冻胀变形在深度上的分布特征

为了探明冻胀变形在深度上的分布特征,对同一监测断面的冻胀量监测数据和温度监测得到的冻结深度数据进行联合分析。如图 2-19 所示,在时间 $t=i$ 时冻结深度为 z_i,对应的冻胀量为 δ_i,该断面进入平稳冻胀阶段后冻胀量为 δ_{max}。称 δ_i/δ_{max} 为此时的冻胀变形完成率,记为 u_i,联合分析可以得到冻胀完成率 u_i 与冻结深度 z_i 的关系。图 2-20 为根据观测数据得到的 u_i-z_i 曲线,当冻胀完成率为 80% 和 90% 时,冻结深度达到 150 cm 的监测点比例分别为 98.3% 和 94.8%,高速铁路路基冻胀主要产生在基床上部。

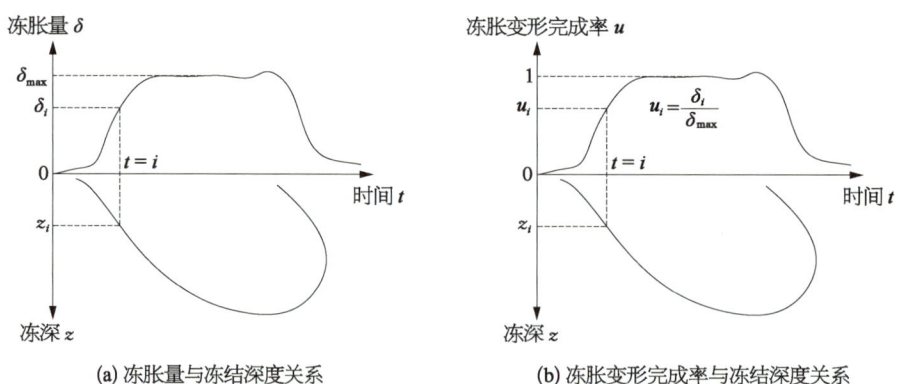

(a) 冻胀量与冻结深度关系   (b) 冻胀变形完成率与冻结深度关系

图 2-19 冻胀变形与冻结深度的经时曲线

根据图 2-20 的 u_i-z_i 曲线,结合路基结构分层,可以按冻胀变形发生的深度位置特征把路基冻胀分为基床表层冻胀、深层冻胀和复合型冻胀 3 种类型。

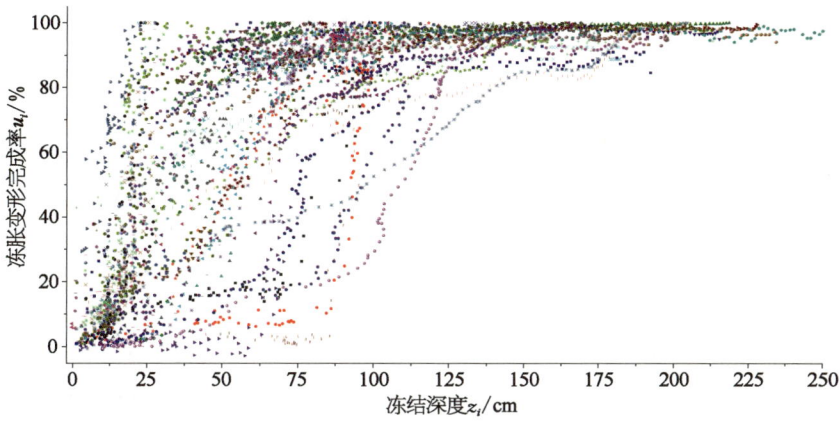

图 2-20　冻胀变形完成率与冻结深度关系

（1）基床表层冻胀。如图 2-21(a) 所示，当冻结深度超过 20 cm 时，路基冻胀变形快速增加；当冻结深度达到 60 cm 左右时，路基冻胀变形量达到总冻胀变形量的 95% 以上，冻胀变形主要产生在基床表层范围内。冻结深度超过 80 cm 以后，路基冻胀变形基本保持稳定。

（2）深层冻胀。如图 2-21(b) 所示，当路基冻结深度小于 50 cm 时，冻胀变形基本无发展；当冻结深度超过 50 cm 以后，冻胀变形开始快速增大；当冻结深度达到 90～100 cm 时，冻胀发展较快并达到最大值，基床表层中的冻胀变形很小，冻胀变形主要产生在基床表层以下的冻结深度范围内。该类型冻胀主要与地下水有关，一般发生在有地下水迁移的区段。

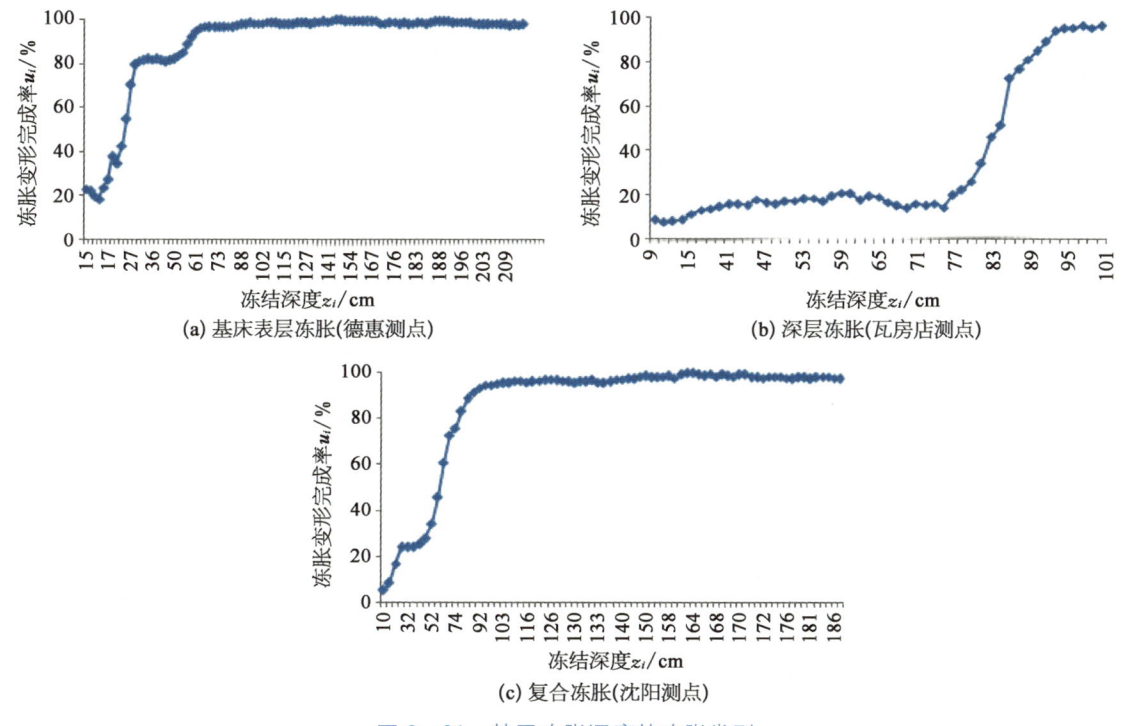

图 2-21　基于冻胀深度的冻胀类型

(3) 复合型冻胀。如图 2-21(c)所示，路基冻胀变形与冻结深度同步发展，冻结深度在路基基床表层范围内发展时，冻胀变形快速增加；冻结深度超过基床表层进入基床底层时，路基冻胀变形进一步发展，基床表层和基床表层以下土体中均有较明显的冻胀发生。

由于基床表层和基床底层分层填筑时，各层填料本身性质、含水率和碾压密实度的差异，同为深层冻胀或复合冻胀，不同断面的曲线线形不尽相同。在图 2-22(a)中，鲅鱼圈某路堤断面冻胀主要发生在深度 40~80 cm 的基床底层上层，而瓦房店某路堤断面的冻胀则主要出现在 70~110 cm 的深度范围内；在图 2-22(b)中，鞍山某路堤冻胀在深度 0~150 cm 范围内均有发生，但随着深度的增加，冻胀量逐渐减小，而鲅鱼圈某路堑冻胀则集中在 0~40 cm 和 70~90 cm 两个深度范围内。

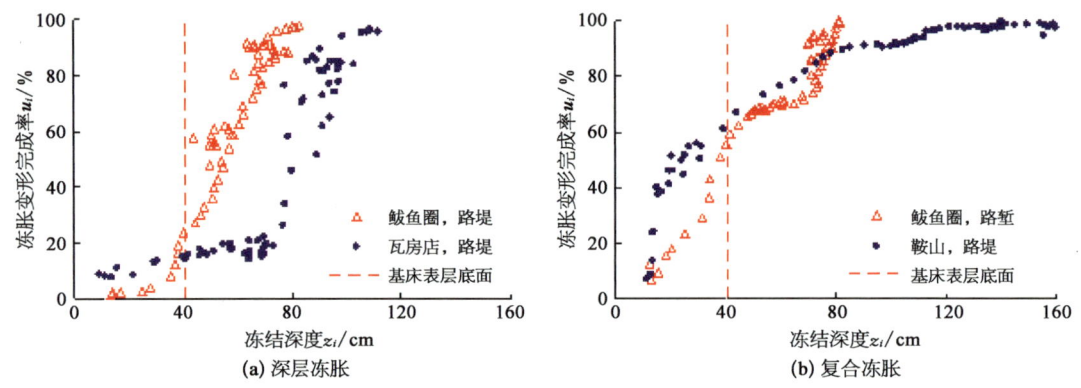

图 2-22 不同测点相同冻胀类型的比较

根据图 2-21 的 u_i-z_i 曲线，可以得到如图 2-23 所示的基床表层冻胀量占总冻胀量比值的沿线分布特征，最小值为 48%，最高达到 100%，平均为 73%，从而可以看出控制基床表层的冻胀变形是高速铁路路基冻胀控制的关键。

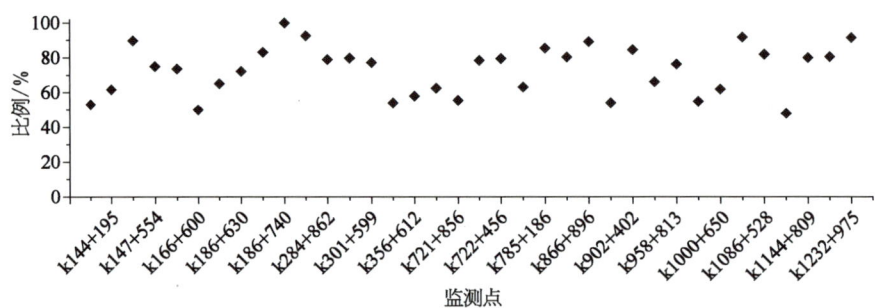

图 2-23 基床表层冻胀量平均值占比分布

2.4 路基冻结深度变化特征

2.4.1 冻结深度经时特征

根据路基中不同深度的温度测试结果，可以得到冬季每日地温由负温变为 0℃ 的深度值，即为当日路基的冻结深度。整个冬季中最大的冻结深度即为该路基断面的最大冻结深度 z_f。图 2-24 为全线不同路基监测断面冻结深度的时变曲线。自大连至哈尔滨，随着纬度的升高，冬季气温降低，入冬时间提前，而入春时间逐渐延后，这也导致了从南到北的冻结深度时变曲线总体上呈现出层层嵌套的关系：各条冻结深度时变曲线线形大致相同，但从南到北冻结开始发展的日期逐渐提前，冻结深度值逐渐增大，融化的时间逐渐延后。各条冻结深度-时间曲线上冻结深度最大点之间的连线大致为直线，可以称之为最大冻结深度到达线。大致从 1 月下旬至 3 月上旬，自大连到哈尔滨依次达到最大冻结深度。以最大冻结深度到达线为界，可以把冻结深度-时间曲线划分为左右两个区段，分别对应冻结深度发展的 2 个阶段。第一阶段为冻结深度持续发展阶段。其特征为冻结深度一直持续增大到最大值，冻结深度发展速率从大连向哈尔滨方向逐步增大，一般在 1.1~2.9 cm/d。第二阶段为双向融化阶段。其特征为深层冻结线位置逐步上升，而表层同时出现融化现象，深层融化线上升速度为 1.3 cm/d 左右，表层融化线融化速率为 3.9 cm/d 左右。

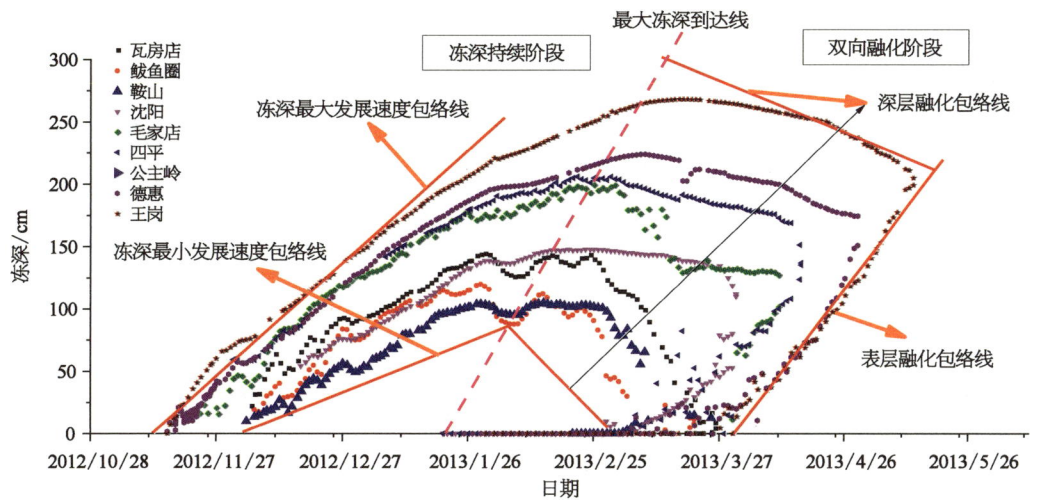

图 2-24　全线不同监测断面冻结深度发展曲线

2.4.2　冻结深度的空间分布特征

1. 最大冻结深度的沿线分布

冻结深度与路基温度直接相关，从大连向哈尔滨随着纬度的增大，冬季气温逐渐降低，路基冻结深度也逐步增大。如图 2-25 所示，大连至营口的瓦房店和鲅鱼圈监测点最大冻结深度在 150 cm 以内，营口至沈阳地区最大冻结深度在 200 cm 左右，沈阳至哈尔滨地区最大冻结深度达到 250~300 cm。由于 3 个冬季中，2012 年冬季气温最低，2014 年冬季气温总体上相对最高，相应地，实测最大冻结深度也表现为 2012 年冬季最大，2014 年冬季较小。

2. 冻结深度增大系数

由于高速铁路路基填料的导热系数比天然土壤高、路堤或路堤式路堑均高出地面，以及路基断面形状的特殊性，除采取保温措施的路基外，其余路基实测最大冻结深度普遍大于当地标准冻结深度。由图 2-25 可以看出，由于鲅鱼圈部分路基采取了保温措施，在 2013 年和 2014 年冬季出

图2-25 哈大高速铁路路基冻结深度及其沿线分布

现实测最大冻结深度小于标准冻结深度的情况,其余地段路基最大冻结深度均大于标准冻结深度,其中最冷的2012年冬季,实测最大冻结深度普遍比标准冻结深度大50~100 cm。

将路基实测最大冻结深度z_f与标准冻结深度z_F之比称为冻结深度增大系数,沿线各路基段的冻结深度增大系数k_f分布特征如图2-26所示。其中2012年冻结深度增大系数为1.2~1.6,平均值为1.4;2013年冻结深度增大系数为1.0~1.4,平均值为1.2;2014年冻结深度增大系数为1.0~1.4倍,平均值为1.1。冻结深度增大系数可作为冻胀设计和计算参考指标。

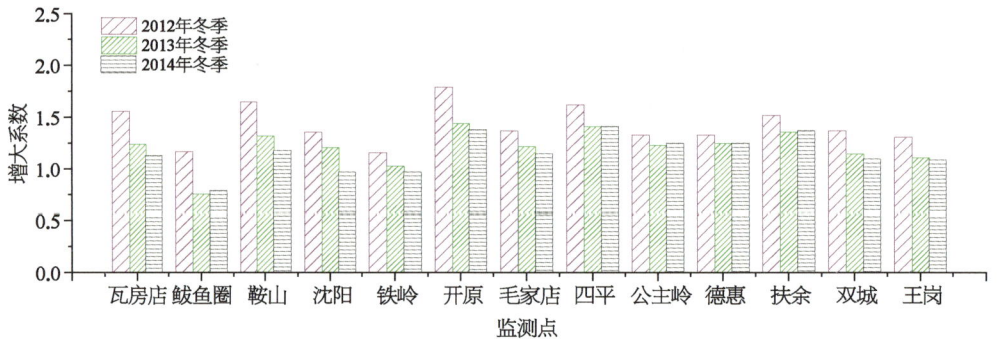

图2-26 冻结深度增大系数的沿线分布

3. 冻结深度与冻结指数的关系

冻结深度的发展变化与气温密切相关,但气温波动较大,很难直观地反映出对冻结深度的影响特性。因此,采用冻结指数来分析气温对路基冻结深度的影响较为合理。图2-27为2012—2014年3个冬季的冻结指数变化规律,从大连到哈尔滨,气温逐步降低,负温时间逐渐增多,冻结指数随之增大。图2-28为冻结深度与冻结指数之间的关系,3年的监测数据回归后得到最大冻结深度z_f与冻结指数F呈线性关系:

$$z_f = 0.071F + 113.5 \quad R^2 = 0.80$$
$$z_f = 0.095F + 87.6 \quad R^2 = 0.82 \qquad (2-1)$$
$$z_f = 0.107F + 69.9 \quad R^2 = 0.78$$

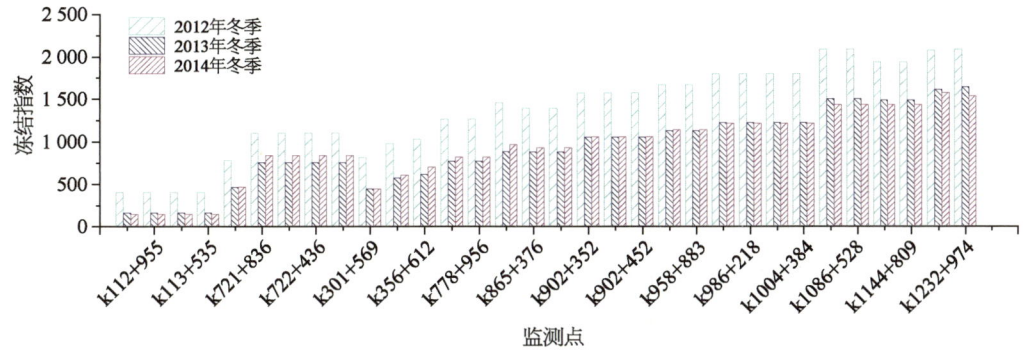

图 2-27　冻结指数变化规律

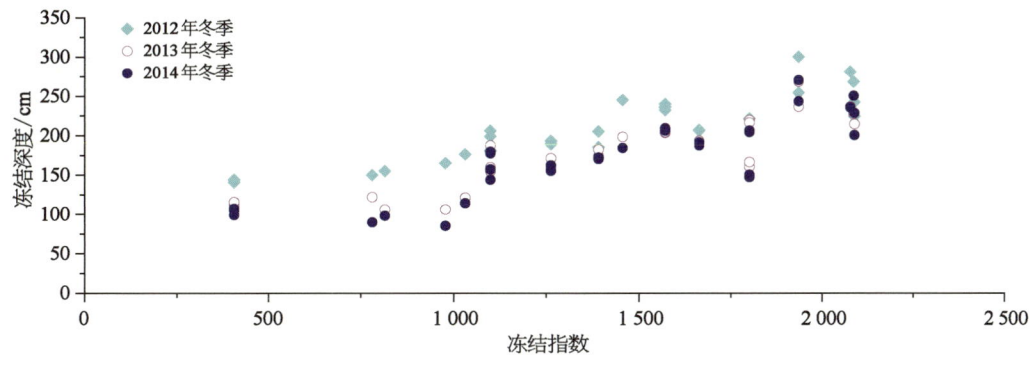

图 2-28　实测路基最大冻结深度与冻结指数的关系

随着冻结指数的增大，冻结深度线性增加，从而在评价冻胀影响时，常将冻结指数作为重要的指标。

2.5　高速铁路路基冻胀机理

在路基温度变形问题中，只有控制路基冬季负温下冻结不变形或小变形，才能做到暖季融化回落不存在残余变形。因此，控制路基冬季冻胀是路基温度变形控制的主要目标。

国内外对土体冻胀的研究起源于寒区资源的开发，经过 100 多年的研究和探索，特别是近 50 年来，基于理论和试验研究，提出了毛细理论和冻结缘理论等解释冻胀机理的经典冻胀理论。根据经典冻胀理论，冻胀的发生必须具备一定外在条件和内部条件。外在条件是存在冻结温度以及水分补给，且温度梯度与水力梯度一致。内部条件是土壤有一定的渗水和持水能力。封闭土样不产生显著冻胀是由于没有水补给；粗粒土不产生冻胀是由于其不具有持水能力，黏土中冻胀量小是由于其渗透系数很小；而粉土在合适的温度梯度、水力梯度下，可以产生大量冻胀。高速铁路路基采用粗粒土填筑，一般认为，粗粒土的土颗粒粒径较大，其颗粒表面化学能较小，表面极少存在薄膜水，并且由于土体的孔隙率较大，冻结过程主要是由于其孔隙液态水结晶转变成固态水，并不产生或者极少产生水分正向迁移。因此，传统的冻胀理论关注的是液态水的向上迁移和相变，不能解释粗粒土中的冻胀。而高速铁路路基冻胀主要发生在基床范围内，尤其是路基基床表层的冻胀量占比达到 70% 以上，研究基床范围内的粗粒土，特别是基床表层的级配碎石冻胀机理，是揭示高速铁路路基冻胀产生原因的主要途径。

2.5.1 土体冻胀经典理论与模型

土体经典冻胀理论以水分迁移为核心,主要揭示水分迁移动力及作用机制,形成了毛细理论和冻结缘理论。在冻胀计算模型方面,Harlan 于 1973 年提出了正冻土的水热耦合模型;20 世纪 80 年代,基于冻结缘理论,出现了著名的刚性冰模型和分凝势模型;20 世纪 90 年代以来,提出了建立在质量、动量和能量及熵平衡定律基础上的热力学模型。

1. 毛细理论

1885 年俄国工程师斯图金伯格提出了冻土水分迁移假说,即冻结孔隙的毛细管理论,认为毛细作用可引起水分迁移,并对土体冻胀有重要影响。1916 年美国地质学家 Taber 否定了以往普遍认为的冻胀是由于土中水冻结以后体积膨胀而引起的观点,提出了结晶力作用导致水分迁移的理论。1920 年至 1930 年,Taber[4] 把水分迁移到形成冰透镜体均视作"分子黏聚力"的作用,对冰透镜体的生长机理给出了一个较为合理的解释,并且认为土颗粒、含水率、孔隙大小与孔隙比及冷却速率为冰分凝主要影响因素;美国学者 Beskow[5] 认为抽吸压力与毛细上升高度有关,并给出毛细上升高度与土颗粒大小、地下水位的关系。1961 年英国物理化学家 Everett[6] 在避免了一些几何形态假设的前提下,建立了比较完善的表面张力模型,并且对于单透镜体生长时的冻结压力的上限进行了定量估计。

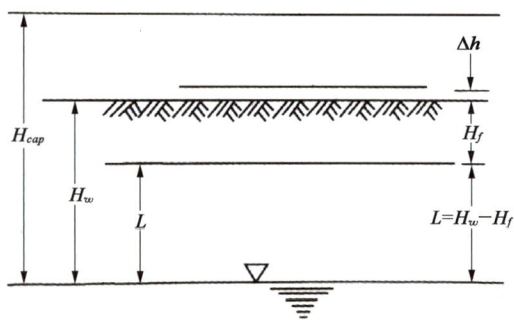

图 2-29 毛细作用作为推动力的土体剖面图

毛细理论经过 70 多年的研究发展,形成了较为完整的体系,被称为第一冻胀理论。毛细理论可以概括为水分迁移的动力来自冻胀压力和抽吸压力的作用,一旦冰透镜体底面产生的抽吸力降低到其原始值时,没有水进入冰透镜体,冰透镜体生长及冻胀现象将停止。

Beskow 认为在一定的毛细压力梯度 i 下,水分以平均速度 V_m 流动到冰晶体处,如图 2-29 所示,从而有

$$i = \frac{P_{cap}}{(\rho_w / L)} = \frac{H_{cap} - L}{L} \tag{2-2}$$

式中　P_{cap} ——毛细水压力;
　　　ρ_w ——水的重度;
　　　L ——冻结深度下限至地下水位的高度,$L = H_w - H_f$;
　　　H_{cap} ——毛细水上升高度;
　　　H_w ——地下水位深度;
　　　H_f ——土冻结面深度。

$$V_m = k_s i = \frac{k_s P_{cap}}{\rho_w L} = \frac{k_s (H_{cap} - L)}{L} = \frac{k_s [H_{cap} - (H_w - H_f)]}{H_w - H_f} \tag{2-3}$$

式中 k_s——土体渗透系数。

假定一维问题时的冻胀量 Δh 与一段时间 t 内自地下水被吸附到冰晶体处的水分体积 V 相当,此时土中吸来的水分体积为

$$V = \frac{\Delta h}{1+\alpha} = \frac{\Delta h}{1.09} \tag{2-4}$$

式中 α——水冻结成冰时的体积膨胀系数,约为 9%。

若 t 为上升水流的持续时间,故其平均抽吸速度 V_m 为

$$V_m = \frac{V}{t} = \frac{\Delta h}{1.09t} \tag{2-5}$$

式(2-6)带入式(2-4)可得

$$H_{cap} = \frac{\Delta h(H_w - H_f)}{1.09tk_s} + (H_w - H_f) \tag{2-6}$$

$$P_{cap} = \rho_w \left[\frac{\Delta h(H_w - H_f)}{1.09tk_s} + (H_w - H_f) \right] \tag{2-7}$$

一般情况下,孔隙中出现毛细水上升时土颗粒最小粒径为 0.1 μm,更细的孔隙中水不能流动,毛细水上升高度可近似用下式计算

$$H_{cap} = 0.3/d \tag{2-8}$$

式中 d——土颗粒直径。

由式(2-8)可以看出,对于同类土,其毛细水上升高度 H_{cap} 基本在相同范围内。其中,中砂为 0.15~0.35 m,细砂和砂类土为 1.0~1.5 m,粉质黏土为 3.0~4.0 m,黏土超过 8 m。

由式(2-3)可知,对某类土而言,H_{cap} 是相对恒定的,L 越小,P_{cap}/ρ_w 越大,表明毛细压力越大。L 是影响毛细作用强弱的关键因素,因为冻结土层内不会发生毛细抽吸作用,显然只有当 $L \leqslant H_w - H_f$ 才有可能发生毛细抽吸力的作用。同时,由于土层地下水位深度 H_w 决定向冻结区供水距离的远近、渗透系数 k_s 决定流向冻结区的水流速度、孔隙度直接决定能否产生毛细压力,三要素均是影响毛细抽吸力的重要因素。

Everett 等提出针对多孔介质中冰透镜体生长时的平衡热动力学方程

$$P_i = P_w + \frac{2\sigma_{aw}}{r_{iw}} \tag{2-9}$$

式中 P_i——冰透镜体底部的稳定冻胀压力;

P_w——孔隙水压力;

σ_{aw}——空气水界面的表面张力;

r_{iw}——冰水界面的曲率半径。

毛细理论存在的不足是无法解释不连续冰透镜是如何形成的,并且低估了细粒土中的冻胀压力。

2. 冻结缘理论

Miller[7] 提出了冻结缘理论,即第二冻胀理论。如图 2-30 所示,冻结缘理论认为在已形成的

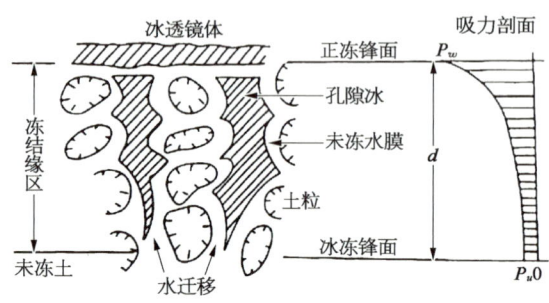

图 2-30 正冻结土中冻结边缘区略图

冰透镜体和冻结锋面之间存在一个冰水共存的区域,称之为冻结缘。冻结缘区的上界面为冰透镜体锋面或冰分凝锋面,其下界面为冰冻锋面。水分迁移和孔隙水冻结成孔隙冰均在冻结边缘区发生。冻结边缘区的上部接近冰透镜体下的分凝面处的温度要低于区域的下界冻结锋面温度,故此在区域上部孔隙冰的成冰量要多于下部。孔隙冰含量不断增长时,土颗粒周围的未冻水膜外的弱结合水也参与冻结,使未冻水膜不断减薄,尤其在冻结边缘区上部的正冻锋面区域未冻水膜变薄尤甚,变薄的水膜产生吸力,明显大于冻结边缘区下冻结锋面区域的水压力。这样,在冻结缘区的上下就形成了吸力(压力)梯度,使土体水源不断地从未冻区向冰透镜体锋面方向处迁移聚集并冻结。水分的迁移速度为

$$V_m = k_f (P_w - P_u)/d \tag{2-10}$$

式中 k_f——冻结边缘区的平均导水率;
P_w、P_u——冻结边缘区上下界面处的土体水吸力;
d——冻结边缘区的厚度。

整个冻结作用发生在冻结边缘区内正冻结锋面一侧,边缘区内只有孔隙水冻结形成孔隙冰,而边缘区内的土颗粒周围的水膜未冻结,故边缘区内不出现冻胀。土体水在吸力梯度的作用下,是通过边缘区的未冻水膜向冰透镜体处聚集并冻结成冰而产生冻胀。

3. 冻胀计算模型

1) 水动力学模型

Harlan[8] 首先提出了土体冻结过程中的水热耦合模型,在热学、水动力学、物质守恒和能量守恒的基础上,建立了温度场和水分场的耦合方程,描述了部分冻结土的水热迁移问题,一维冻结过程的质量和能量控制方程为

$$\begin{aligned}\frac{\partial}{\partial x}\left(\rho_w k(x, t, \varphi) \frac{\partial \Phi}{\partial x}\right) &= \frac{\partial(\rho_w \theta_u)}{\partial \tau} + \Delta S \\ \frac{\partial}{\partial x}\left(\lambda(x, t, \tau) \frac{\partial t}{\partial x}\right) - C_w \rho_w \frac{\partial(v_x t)}{\partial x} &= \frac{\partial(\bar{C} t)}{\partial \tau}\end{aligned} \tag{2-11}$$

式中 ρ_w——水的密度;
x——空间坐标;
t——温度;
φ——土水势;
k——导湿系数,是空间、温度、土水势的函数;
λ——导热系数,是空间坐标、温度、时间的函数;
C_w——水的体积比热容;
v_x——水流速度;

$\overline{C}$——等效体积比热容;

Φ——总水头,定义为 $\Phi = \varphi + G_a + G_z$ (G_a 为空气压力,G_z 为重力势);

θ_u——未冻水含量;

τ——时间;

ΔS——单位时间内体积含冰量的变化。

对于冻胀量的计算,水动力学模型认为,土体中的含冰量超过某一临界值,土体即产生冻胀,且冻胀量等于超出的冰体积。水动力学模型形式简单、计算方便,能够对土体冻结过程中的温度场、水分重分布进行研究,得到了广泛的应用和发展。

水动力学模型的不足之处在于,没有考虑外荷载对于土体冻结过程的影响,没有考虑形成的分凝冰会造成冻土性质间断性差异,简单地认为水分通量发散性最大处即为最暖分凝冰所在位置。

2) 刚性冰模型

基于冻结缘理论,O'Neill 和 Miller[9] 提出了刚性冰模型,主要针对饱和刚性孔隙土体为研究对象计算冻胀,其最重要的假设是冻结缘中的孔隙冰与正生长的冰透镜体刚性紧密连接成整体,当冻胀发生时,孔隙冰能随冰透镜体生长而移动,因此,冻胀速度应与刚性冰体移动速度一致。

刚性冰模型的基本方程为热量、质量守恒方程,与水热耦合模型不同,在质量守恒方程中考虑了冰晶的移动

$$(\rho_i - \rho_w)\frac{\partial I}{\partial t} - \frac{\partial}{\partial x}\left[\frac{k}{g}\left(\frac{\partial u_w}{\partial x} - \rho_w g\right) - \rho_i V_i I\right] = 0$$

$$\sum (\rho c \theta)_n \frac{\partial T}{\partial t} - \frac{\partial}{\partial x}\left(K_h \frac{\partial T}{\partial x}\right) - \rho_i L\left(\frac{\partial I}{\partial t} + V_i \frac{\partial I}{\partial x}\right) = 0$$

(2-12)

式中 ρ_i——冰密度;

ρ_w——水密度;

I——饱和冻土中的冰含量;

k——导湿系数;

g——重力加速度;

u_w——冰水相压力差;

V_i——冻胀速率;

ρ_n——各组分密度;

c_n——各组分比热容;

θ_n——各组分体积含量;

T——温度;

K_h——导热系数;

L——相变潜热。

对于冰晶移动速度 V_I 的联系方程,可以通过活动透镜体底端的质量守恒建立

$$V_I = -k\left(\frac{\partial u_w}{\partial x} - \rho_w g\right) \Big/ \rho_i g(1-I)$$

(2-13)

也可以通过活动透镜体以下主动区的质量守恒建立

$$V_I = \frac{1}{\gamma_i}v(x_w) + \frac{\Delta\rho'}{\rho_i}\frac{d}{dt}\int_{x_b}^{x_w} I dx \qquad (2-14)$$

式中 γ_i——冰重度；

$v(x_w)$——土柱暖端吸水速度；

x_w——土柱暖端坐标；

x_b——透镜体暖端坐标；

$\Delta\rho'$——冰水密度差。

于是便形成了刚性冰模型系统的基本方程,任何一个以冻胀为直接目的的模型必须要对透镜体的形成机理进行解释,并引入到模型中去,刚性冰模型通常定义一个有效应力

$$\sigma_n = \chi u_w + (1-\chi)u_i \qquad (2-15)$$

式中 χ——权重,与未冻水含量有关,在对比透镜体的形成与非饱和土拉伸破坏行为后,Miller 指出在冻结缘中,当某点的土的有效应力降为 0,即有效应力足以抵挡外荷载时,冻结缘内就会萌生新的冰透镜。

刚体冰模型主要针对土体冻胀问题,对分凝冰分层冻胀预测较好,但其计算复杂,且常常难以收敛。此外,部分学者认为孔隙冰也是一种固体颗粒,其作用与土颗粒类似,不应与冰透镜体看作一同运动,冻土中的应力状态与未冻土有所区别;分凝冰形成判定准则认为等效孔压力大于外荷载时,土颗粒之间脱离接触且土骨架断裂,但是模型中涉及的许多物理参数难以测得,因此该模型的应用受到一定的限制。

3) 分凝势模型

分凝冻胀认为冻胀最基本的原因是在冰-水界面上,土粒和薄膜水层支撑着冰透镜体的重量,薄膜水层中的似固体应力决定着土的冻胀应力,薄膜水层顶部与土颗粒之间有一定的空隙,当冰透镜体冻结时,水必须从相邻区域被抽吸过来以保持薄膜水的最原始的厚度。

Konard 和 Morgenstern[10,11]最早提出将分凝势作为冻结土的特征指标。通过近似分析及实验验证指出,在达到稳态条件时,最后一个透镜体的分凝温度与冷端的温度无关,冻结缘内的平均渗透系数此时是个常数,当达到末透镜体形成后的稳态时,末透镜体暖端吸水速度与主动区内的温度梯度成正比,该比例系数后来被称为分凝势,即

$$SP = V_m / grad T_f \qquad (2-16)$$

式中 SP——分凝势；

V_m——冻结缘区内水分迁移速度；

$grad T_f$——冻结缘区内温度梯度。

Konard 和 Morgenstern 通过实验及热力学分析,发现分凝势也是冻结缘内平均吸力的函数,并且分凝势参数随着吸力的增加而减少,由此,冻结路径将会对稳态后的分凝势参数有影响。考虑荷载对透镜体的分凝温度及冻结缘内平均渗透系数的影响,达到稳态后的分凝势与外荷载、冻结锋面的吸力及冻结缘的冷却速率有关,并且给出了一个简单的计算原位冻胀的方法。

$$SP = f(P_u, P_e, \mathrm{d}T_f/\mathrm{d}t) \tag{2-17}$$

式中 P_u——冻结锋面吸力;

P_e——施加在最暖端冰透镜体上的压力;

$\mathrm{d}T_f/\mathrm{d}t$——冻结缘区内的冷却速度。

在野外实际情况下,$\mathrm{d}T_f/\mathrm{d}t$ 很小,约为 0.005℃/h;在未冻土内高渗透性和低迁移速度下,$P_u \cong 0$,因此,式(2-17)可近似为

$$SP = f(P_e) \tag{2-18}$$

且其关系可很好地表示为

$$SP = SP_0^{-aP_e} \tag{2-19}$$

式中 SP_0——零荷载时的分凝势;

a——常数。

正冻土中分凝冻胀速度

$$\mathrm{d}h_s/\mathrm{d}t = 1.09 V_m = 1.09 SP(P_u, P_e, \mathrm{d}T_f/\mathrm{d}t) Grad T_f \tag{2-20}$$

也可由式(2-20)得到

$$\mathrm{d}h_s/\mathrm{d}t = 1.09 SP_0^{-aP_e} Grad T_f \tag{2-21}$$

分凝势模型是在工程中应用较多的模型,其不足之处在于,在瞬态冻结时分凝势与冻结冷却速率及冻结锋面抽吸力之间的关系不唯一,从而不适用两端恒速降温的冻结模式;而且不能预测实验室中常遇到的冻结初期的排水现象;在实验室情况下,冷却速率和冻结锋面处的抽吸力对冻胀速率有较大影响,在现场条件下影响却不大;半经验的分凝势方法并没有将分凝势参数与一般土体参数建立关系。

4) 水热力耦合模型

水热力耦合模型忽略重力作用及对流换热的影响,提出土体一维冻结过程中的质量、能量控制方程[12]

$$\begin{gathered}
\frac{\partial \theta_u}{\partial \tau} + \frac{\rho_i}{\rho_w} \frac{\partial \theta_i}{\partial \tau} = \frac{\partial}{\partial x}\left(k \frac{\partial u_w}{\partial x}\right) + \frac{\partial}{\partial z}\left(k \frac{\partial u_w}{\partial z}\right) \\
C \frac{\partial t}{\partial \tau} = \frac{\partial}{\partial x}\left(\lambda \frac{\partial t}{\partial x}\right) + \frac{\partial}{\partial z}\left(\lambda \frac{\partial t}{\partial z}\right) + L\rho_i \frac{\partial \theta_i}{\partial \tau}
\end{gathered} \tag{2-22}$$

式中 θ_u——体积含水量;

τ——时间;

ρ_i——冰的密度;

ρ_w——水的密度;

θ_i——体积含冰量;

k——导湿系数;

u_w——孔隙水压力;

C——比热容;

t——温度；

λ——导热系数。

应用 Clapeyron 方程描述土体中孔隙水压力与温度之间的关系

$$\frac{u_w}{\rho_w} - \frac{P_i}{\rho_i} = L \ln \frac{t_k}{t_0} \tag{2-23}$$

式中　P_i——冰压力；

　　　t_k——热力学温度。

水热力耦合模型没有考虑分凝冻胀，采取了与水动力学模型相同的做法，即当冻结土体中的体积含冰量大于某一临界值时产生冻胀。

5) 水热耦合分离冰模型

水热耦合分离冰模型将土体分为已冻区、冻结缘、未冻土区，并假设 3 个区域内温度为线性分布，只要关注两个界面处的能量质量变化即可(图 2-31)[13]。饱和颗粒土一维冻结过程中，水热耦合分离冰冻胀模型的控制方程为

$$C_v \frac{\partial t}{\partial \tau} = \frac{\partial}{\partial x}\left(\lambda \frac{\partial t}{\partial x}\right) + L\rho_i \frac{\partial \theta_i}{\partial \tau}$$

$$\frac{\partial}{\partial x}\left(k \frac{\partial P}{\partial x}\right) = \frac{\partial \theta_u}{\partial \tau} + \frac{\rho_i}{\rho_w}\frac{\partial \theta_i}{\partial \tau} \tag{2-24}$$

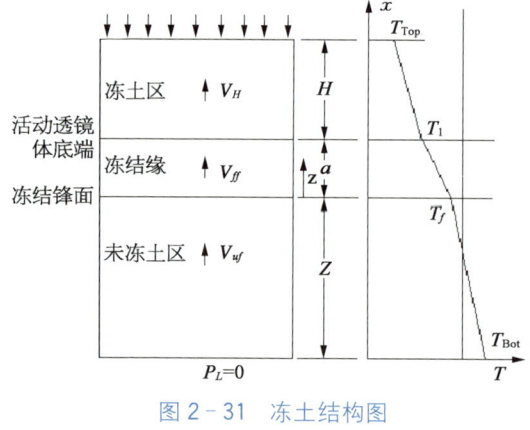

图 2-31　冻土结构图

式中　C_v——体积比热容；

　　　t——温度；

　　　τ——时间；

　　　λ——导热系数；

　　　x——空间坐标；

　　　ρ_i——冰的密度；

　　　ρ_w——水的密度；

　　　k——导湿系数；

　　　P——等效水压力；

　　　θ_i——体积含冰量；

　　　θ_u——体积含水量。

冻胀量计算式为

$$h = \int_{t_1}^{t_2} V_i d\tau \tag{2-25}$$

式中　V_i——分凝速率。

水热耦合分离冰冻胀模型建立了能够描述水热迁移瞬态过程的数学方程，并采用固-液交界面水膜压力改进了分凝冰形成准则。但其没有考虑外荷载对土体冻结过程的影响；采用刚性孔隙假设，没有考虑在实际冻结过程中，土体孔隙会随水分迁移而发生变化；分凝冰形成准则的物理意义不清。

2.5.2 粗粒土冻胀研究现状

土体一般按粒径大小可分为 3 类,其中粒径大于 60 mm 的颗粒质量比超过 50％的土为巨粒土,粒径大于 0.075 mm 的颗粒质量比超过 50％的土为粗粒土,粒径小于 0.075 mm 的颗粒质量比不低于 50％的土为细粒土。从工程意义上来说,粒径范围在 0.075～60 mm 的颗粒质量比大于 50％的土石混合料为粗粒土。我国季冻区高速铁路路基基床表层采用的级配碎石,基床底层采用的 A、B 组填料,要求粒径 0.075～63 mm 的土粒质量比控制在 93％以上,均为粗粒土。

目前,针对粗粒土冻胀问题,对其影响的主要因素有土质、水分、温度和荷载。

1. 土质的影响

土质通过级配、密实度、塑限、液限、渗透性和矿物成分影响土体冻胀。其中颗粒粒径对土体冻胀性影响显著,当土的粒径由大变小时,其比表面积由小变大,颗粒与水的作用及土在冻结过程中水分迁移的能力也随之加大,土的冻胀量增大。当粒径为 0.002～0.05 mm 时,土体具有最大的冻胀性,冻结期间向冻结前缘带的水分迁移非常强烈,可形成厚度不等的冰透镜体,属强冻胀或超强冻胀;当粒径小于 0.002 mm 时,土颗粒的分散性增大导致水分迁移量减小,冻胀性也相应减弱。

纯净的粗粒土在冻结过程中不会发生水分向冻结锋面迁移,而是出现向下排水的现象,这使得其在冻结过程中冻胀量很小或不冻胀;当粗粒土中含有细颗粒且随着细颗粒含量不断增加时,由于相同质量的细粒土比表面积远大于粗粒土,使得土与水的相互作用能力不断增大,相应土的冻胀敏感性也不断增大。当粒径为 0.002～0.05 mm 时,土体具有最大的冻胀性,冻结期间向冻结前缘带的水分迁移非常强烈,可形成厚度不等的冰透镜体,属强冻胀或超强冻胀,因此,一般将粒径 0.05 mm 或 0.075 mm 以下的土粒定义为细颗粒。由于不同工程冻胀控制标准的差异,国内外制定的细颗粒含量限值差异较大(表 2-2),我国运营速度不大于 160 km/h 的普速铁路,路基冻胀的控制标准为不超过 150 mm,填料冻胀性分为五类,其中第Ⅰ类为不冻胀土(表 2-3),平均冻胀系数不大于 1％,对应的粗粒土要求粉黏粒含量不大于 15％。

高速铁路路基冻胀主要发生在基床表层,采用符合寒区高速铁路路基基床表层级配碎石的填料开展试验(图 2-32),得到细颗粒含量与冻胀率的关系。如图 2-33 所示[14],当细颗粒含量低于 3％时,级配碎石的冻胀率在 0.2％左右,基本不冻胀。当细颗粒含量超过 3％以后,级配碎石冻胀

表 2-2 不产生冻胀的细粒土含量界限值

国家、部别		细颗粒含量限值
国 外	德 国	砾石(细颗粒含量≤8％)
	日 本	砾石(细颗粒含量≤15％),砂(细颗粒含量≤5％)
	法 国	砾石(细颗粒含量≤5％)
	美 国	砾、砂(细颗粒含量≤5％)
	瑞 典	砾石(细颗粒含量≤3％～10％)
	波 兰	粗粒土(细颗粒含量≤5％)
国 内	交通部	碎石类土、砾砂、粗砂、中砂(细颗粒含量<15％)
	建设部	细砂(细颗粒含量<10％)
	水利部	粗粒土(粒径小于 0.05 mm 的土含量≤6％)

表 2-3 铁路冻土分类标准

平均冻胀系数 $\eta/\%$	土的类别	冻前含水率 $\omega/\%$	冻结期地下水位距冻结面的最小距离/m
≤1	粉黏粒质量不大于15%的粗粒土(包括碎石类土、砾砂、粗砂、中砂)和粉黏粒质量不大于10%的细砂	不考虑	不考虑
	粉黏粒质量大于15%的粗粒土;粉黏粒质量大于10%的细砂	$\omega \leqslant 12$	>1.0
	粉砂	$\omega \leqslant 14$	>1.0
	粉土	$\omega \leqslant 19$	>1.5
	黏性土	$\omega \leqslant \omega_P + 2$	>2.0

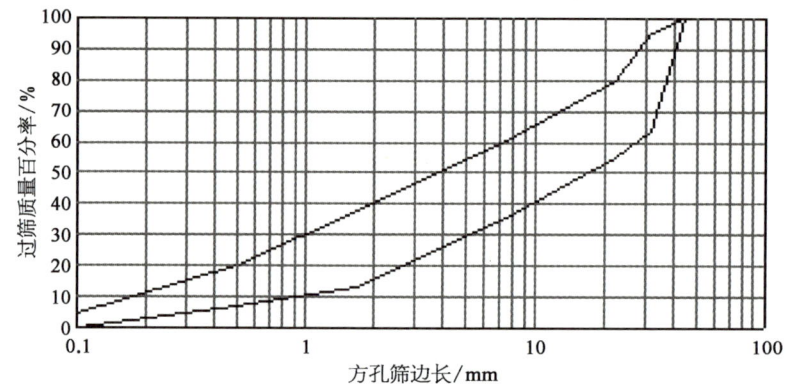

图 2-32 无轨道铁路基床表层级配碎石粒径级配曲线

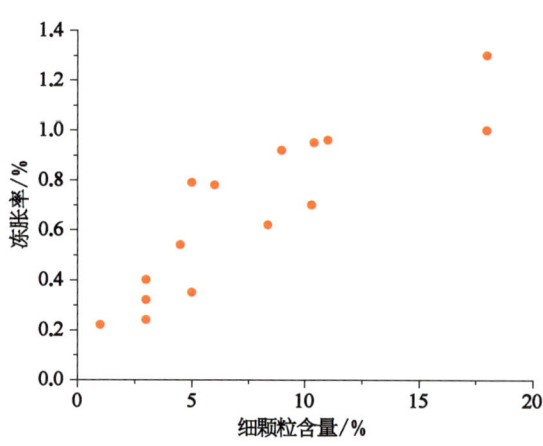

图 2-33 高速铁路级配碎石试验结果

率急剧增加;细颗粒含量小于7%的粗粒土填料,其冻胀量较小。故我国季冻区冻结深度内的路基填料要求细颗粒含量不超过5%,压实后不超过7%。但是现场实施中也发现,细颗粒含量降低到一定程度后会导致路基压实性能变差,压实指标难以达到标准的要求,细颗粒含量为9%时,可以将冻胀变形控制在标准范围以内,且压实效果比较好[15]。

试验还发现,随着细颗粒含量的增多,粗粒土的冻胀敏感性增加,抗剪强度有所损失。冻结状态下粗粒土的强度应由本身粗细颗粒的强度、颗粒之间的咬合力和黏聚力、冻结的孔隙冰等共同承担[16]。随着温度的降低,未冻水含量减少,填充于孔隙中的冰晶体对强度的贡献递增。含水率的影响主要体现在增强土颗粒与孔隙冰之间的联结作用上。虽然冻结状态下粗粒土的强度有所提高,但伴随而来的是对土体结构更加明显的破坏作用。因此,在多次冻融循环的强风化作用下,细颗粒含量会因粗颗粒的破碎、粉化而增大[17]。

2. 水分的影响

水是土体冻胀的必要条件。在封闭系统中,只有当土体中的初始水分含量达到某一临界值时,土体才会发生冻胀,并且冻胀量随着土中含水量的增大而增大,最终趋向一个定值。而在开放系统中,粗粒土的冻胀性能将大大提高,特别是水分迁移作用显著,即当温度降至冰点以下时,孔隙中的水率先凝结成冰,但在土壤颗粒表面仍存在具有较低自由能的未冻水膜。因此,水势梯度和温度梯度在相同的方向上发展,促成冷端向暖端吸水,补充的水分再形成孔隙冰,随着孔隙冰的不断积累,它们最终会相互连接形成一个垂直于热量和水流方向的定向冰透镜[18],如图 2-34 所示。

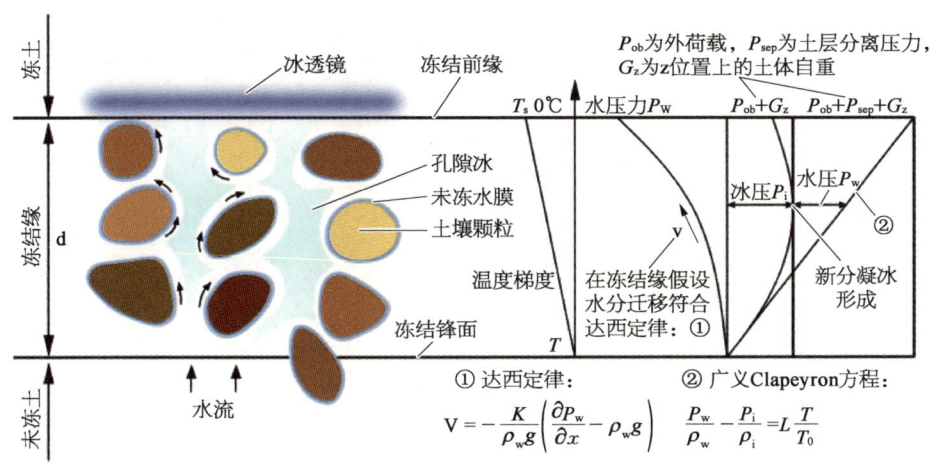

图 2-34　冰透镜的形成与冻结缘处 Clapeyron 方程的适用模型

借助 CT 技术对不同颗粒大小的粗粒土冰晶体的形成和消失过程进行观测[19],发现初始不透水冰层的形成位置位于土体表面附近。砂质土冻结时的渗透性试验[20]结果表明,渗透性与冰晶体体积之间存在此消彼长的关系,固定密实度为 0.4 时,随着初始含水量在 2%～7%范围内变化,孔隙冰的饱和度在 3%～60%范围内变化,土体渗透系数自 6 mm/min 降低到 0.07 mm/min。级配碎石冻胀试验[21]结果表明,对冻胀性能影响程度大小顺序为含水率、孔隙率和细颗粒含量。室内和现场监测[22]结果均表明,在封闭系统中,只有当土体中的初始含水量达到某一临界值时,土体才会发生冻胀,并且冻胀量与含水量有正相关关系,但最终会趋向一个定值。

采用符合寒冷地区高速铁路路基基床表层级配碎石的填料开展试验,得到体积含水率与冻胀率的关系。如图 2-35 所示,当级配碎石体积含水率低于 12%时,冻胀率随含水量变化不敏感;当体积含水率大于 12%后,随着体积含水率的增加,级配碎石冻胀率显著增加。

持水率能反映现场路基在雨季之外较长期的最高含水率状态。对寒区高速铁路路基级配碎石和 A、B 组填料的持水率试验[23]结果表明,其细颗粒含量越少,持水率越低;级配碎石的持水率基本上在 3%～8%。

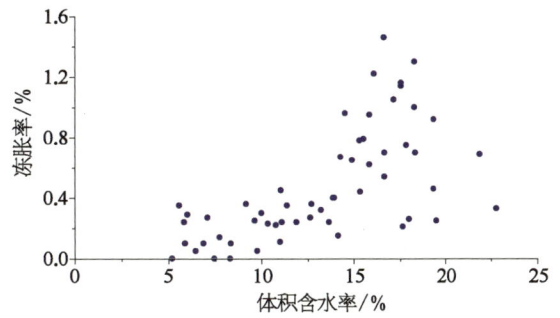

图 2-35　级配碎石体积含水率与冻胀率的关系

图2-36是根据寒区高速铁路路基填料试验数据绘制的以细颗粒含量、含水率为横纵坐标的冻胀率等值线图，A、B组填料和级配碎石的冻胀率均随含水率和细颗粒含量的提高而增大。细颗粒含量相同时，含水率越大，冻胀率越大；同样，含水率相同时，细颗粒含量越大，冻胀率越大。在冻胀率或细颗粒含量很小时，冻胀率增长的梯度较小；随着冻胀率或细颗粒含量的提高，冻胀率增长的梯度逐渐增大；之后，随着冻胀率或细颗粒含量的继续提高，冻胀率增长的梯度逐渐减小。

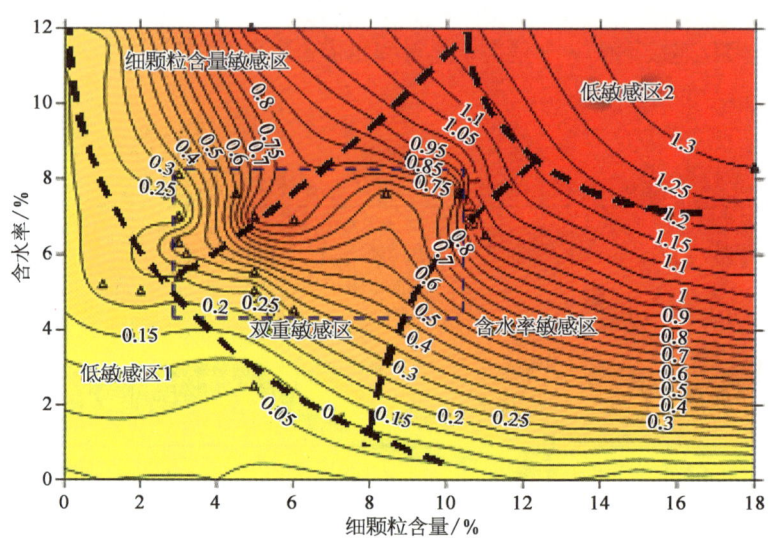

图2-36 级配碎石和A、B组填料的冻胀率-细颗粒含量-含水率关系

注：▲为试验数据点；等值线数值表示冻胀率，单位为％

根据细颗粒含量和含水率对冻胀率影响的敏感程度不同，可以把图2-36分为5个区域：

（1）低敏感区1。当填料的细颗粒含量和含水率均较低时，细颗粒含量和含水率的变化对冻胀率的影响都不大，即填料的冻胀率对细颗粒含量和含水率都不敏感，并且这个区域中填料的冻胀率很小。

（2）低敏感区2。当填料的细颗粒含量和含水率都高于一定的数值时，填料中细颗粒含量和含水率进一步增加不会引起冻胀率的快速上升，填料的冻胀率对细颗粒含量和含水率都不敏感，但这个区域内填料的冻胀率很大。

（3）含水率敏感区。当填料的细颗粒含量较高而含水率较低时，如果细颗粒含量继续增大，冻胀率增大不明显，但冻胀率会随着含水率的上升而迅速增大。此时填料的冻胀性对含水率更敏感，而对细颗粒含量的敏感性较差。

（4）细颗粒含量敏感区。当填料的含水率较高而细颗粒含量较低时，如果含水率继续增大，冻胀率增大不明显，但冻胀率会随着细颗粒含量的提高而迅速增大。此时填料的冻胀性对细颗粒含量更敏感，而对含水率的敏感性较差。

（5）双重敏感区。双重敏感区位于图2-36的中部，此时，细颗粒含量和含水率的增大都会导致填料冻胀率的进一步上升，填料的冻胀性对细颗粒含量和含水率都较为敏感。

图2-36中部矩形虚线框所示范围为路基级配碎石和A、B组填料常见的细颗粒含量和含水

率区间,该范围基本处于细颗粒含量敏感区和双重敏感区内。

不同细粒含量和不同含水率的级配碎石冻胀率试验结果如图 2-37 所示。增加相同的质量百分比,细颗粒含量增大引起的冻胀率增幅明显高于含水率增大引起的冻胀率增幅。由于细颗粒比重是水比重的近 2.7 倍,因此若用体积比增量进行对比,细颗粒含量对冻胀率的影响将更加显著。

水分的补给来源可分为两种。一是大气降雨和融雪在白天渗透到路基或排水沟回流形成的自上而下供水机制。由于昼夜温差,冻融循环温度在 0℃ 上下波动,使其即使在高温时段冰透镜也不能完全融化,融冰与渗水被保存其上,夜间温度降低到冻结点以下时,会导致冻胀现象的产生,但这种机制只能解释日平均气温在冻结点附近波动的冻胀现象(初始波动和融沉变形阶段[24])。另外,渗流水也有可能进入到粗粒土中(透过土工膜),在负温来临前增加了初始含水率,但因粗粒土的持水性能很差,所产生的冻胀量也非常有限。二是自下而上的供水机制,其影响关键在于地下水距表层粗粒土填料的深度,毛细上升的最大高度决定了地下水到冻结前缘的最小距离,故在一定范围内,地下水位越高,对粗粒土冻胀的影响越深远。有研究者[25,26]推测,高速列车压载的反复作用会在深富水路基下产生超静孔压力,由于在寒冷季节冻结前缘上方的土层已被冻结,下部形成一个较为密封的区域,导致这种压力不易消散,地下水被持续不断地"泵送"到冻结缘,促进了微冻胀期间热质交换的过程,造成较大的冻胀量。

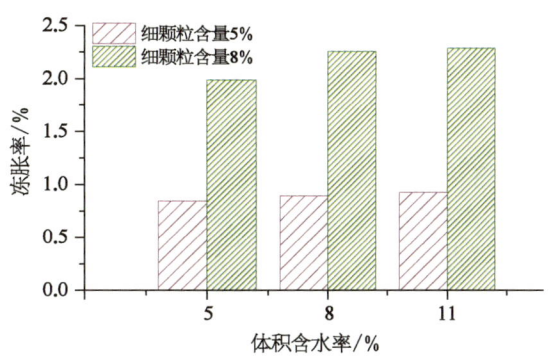

图 2-37 级配碎石中细颗粒含量和含水率与冻胀率关系

干旱地区土体冻胀问题打破了对冻胀三要素的认识,特别是水作为冻胀的必要条件,在干旱地区的冻胀难以用以 Philip 和 de Vries 模型为基础的传统水热耦合迁移理论来解释,因为 Philip 和 de Vries 模型认为土中液态水及气态水迁移都是由基质势梯度和温度梯度驱动,而水气密度与基质势和温度相关,遵循热力学平衡;基质势又与含水率相关,即土水特征曲线。因此,水气冷凝会使土中液态水含量增加,同时减小基质势,增大相对湿度,进而抑制了水气运移。所以,传统的水热迁移理论上总存在一个水热气的平衡点,土体内水分不会无限增加,非饱和路基饱和乃至发生冻胀不可能发生。

为揭示干旱地区路基冻胀机理,我国学者提出了以水汽迁移为核心的"锅盖效应"理论。水汽迁移在冻结的非饱和土水平衡中发挥着重要的作用,将覆盖层下方水分积聚甚至达到饱和的现象称为"锅盖效应"(图 2-38)[27,28],并分为两类:"第一锅盖效应"是在温度梯度下水汽遇冷凝结积聚的过程,但水分仅做短暂的停留,最终以液态水的形式排出或者返回,含水率不会大幅度增加;"第二锅盖效应"是相变成冰的水汽迁移,从一个新的角度解释了粗粒土微冻胀的内在机理,认为当近地表温度降到冻结点以下时,覆盖层下的水汽通过液化和凝结而转化成冰,冰的形成将进一步降低水汽密度并提升基质吸力,加速近地面的水汽传输,导致路基产生大幅度冻胀。

在"锅盖效应"基础上,出现了"冰箱效应"(图 2-39)[29],即类似于冰箱里的冰层在有湿润空气进入冰箱的条件下会不断增厚,负温条件下非饱和冻土内气态水迁移、凝华,导致不透水覆盖层下

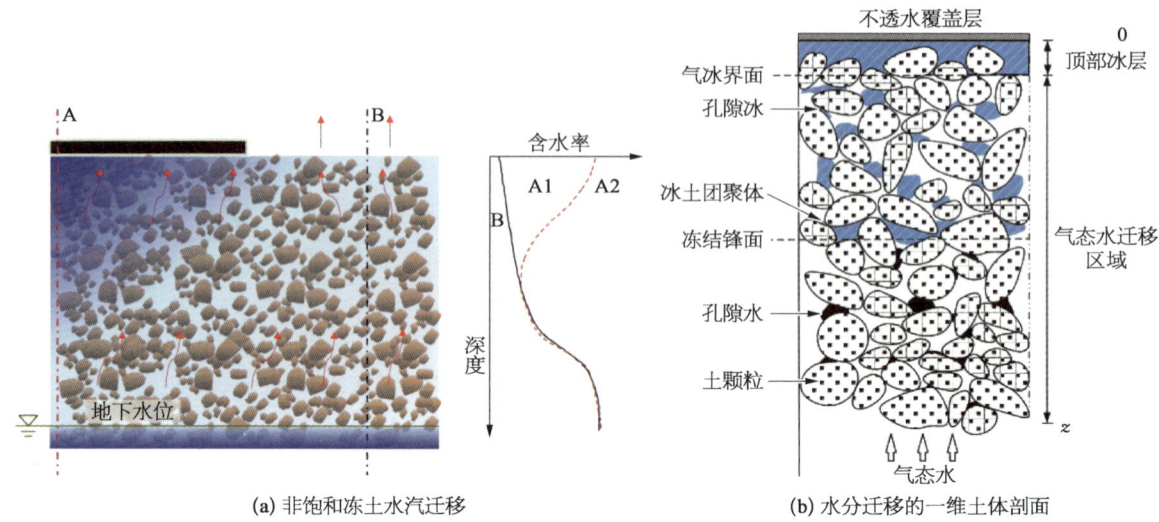

图 2-38 现有理论对两类锅盖效应的对比

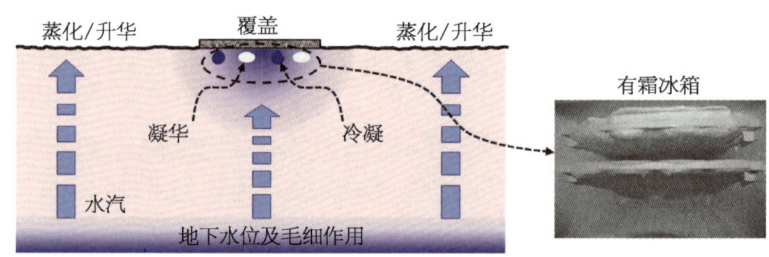

图 2-39 冻胀的"冰箱效应"

冰量富集,类似于老冰箱内的积冰过程。"冰箱效应"只与温度梯度、土的透气性、空气湿度有关,与土的颗粒大小、持水特性无关。

目前国内外的岩土工程设计体系都重视液态水的影响,而几乎未曾考虑气态水的迁移、聚集和相变问题,"冰箱效应"致灾过程易被忽视。传统岩土工程设计仅考虑防水隔水,较少涉及防气隔气,因此"冰箱效应"具有重要工程意义。另外,"冰箱效应"涉及水热气在负温条件下非饱和土内的迁移,传统冻土力学仅考虑液态水的迁移,忽视气态水的作用,而非饱和土力学往往只研究正温土体的性质,对负温条件下含有孔隙冰的非饱和土极少涉及,因此"冰箱效应"的研究涉及非饱和土与冻土的交叉创新研究,属于新兴研究领域,具有重要学术价值。

因为纯净砂在排水和冻胀敏感性方面通常被认为是一种良好的岩土材料,因此,选择粗颗粒纯净石英砂作为试验材料。试验探究了一系列因素对冻害的影响规律,包括初始含水率、干密度、边界温度、供水方式和时间条件,探索了冻害致灾规律。

(1) 在一定的温度边界下,纯净的石英砂同样会积聚大量的冰,导致土体中总含水率大幅增加(图 2-40),而积冰主要由气态水-冰凝华作用形成。这一结果挑战了粗粒土是冻胀非敏感性材料的传统认知。所以当气态水流动成为非饱和土中水分迁移的主要机制时,传统的冻胀敏感性标准并不适用。

(a) 试样顶部的层状冰

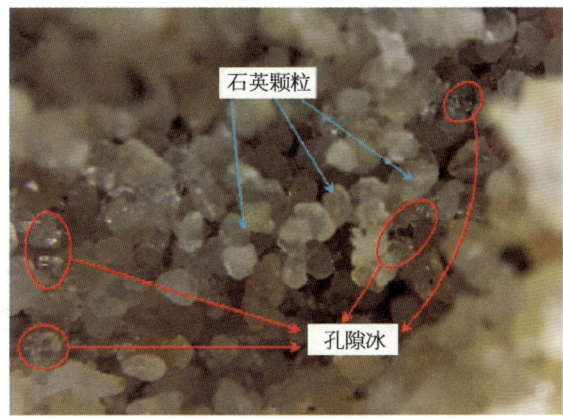
(b) CCD照相机下冻结区非饱和土体的形态

图2-40 粗粒土试验结果

(2) 土样中若有足够的初始含水率或底端有足够的水汽补给,试样顶部负温盘下会有大量的冰聚集。

(3) 粗粒土冻结过程中可以发生液态水和气态水的相逆流动。在试验土样中,液态水由于重力作用而向下渗流,而气态水在温度和湿度梯度作用下向上迁移。

(4) 在某些试验条件下,在冻结锋面附近存在第二个含水率峰值。在初始液态水含量为零的土样中不出现第二个峰值,即只有土体中有足够的初始液态水含量时才能产生第二个冻结锋面。

(5) 土体初始含水率越高,冻结锋面的冰含量越大。另外,初始含水率对试样底部气态水的补给量也有影响(图2-41)。增加温度梯度有助于促进气态水在土体中迁移。梯状降温模式比恒定控温模式能得到更多的气态水补给量。

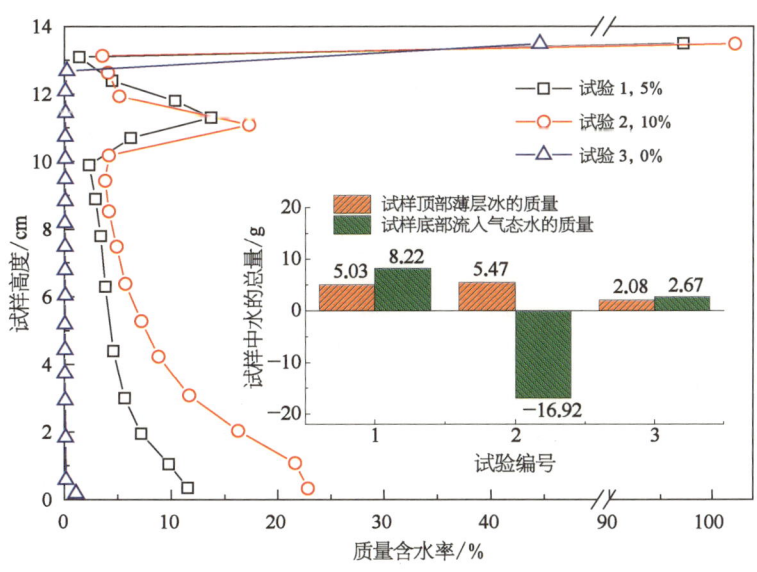

图2-41 初始含水率对总含水率分布的影响

在试验的基础上,综合考虑水分的蒸发、冷凝和冻结3个相变过程,建立了非饱和冻土水汽迁移与相变的数学模型,提出了描述"冰箱效应"的数学理论,模型的主控方程为物质方程和能量平衡方程,分别为

$$\frac{\partial \theta}{\partial t} = \frac{\partial \theta_L}{\partial t} + \frac{\partial \theta_v}{\partial t} + \frac{\rho_i}{\rho_w}\frac{\partial \theta_i}{\partial t} = \frac{\partial}{\partial z}\left[K'_{lh}\left(\frac{\partial h}{\partial z}+1\right) + K_{LT}\frac{\partial T}{\partial z} + K_{vh}\frac{\partial h}{\partial z} + K_{vT}\frac{\partial T}{\partial z}\right]$$

$$C_p\frac{\partial T}{\partial t} - L_i\rho_i\frac{\partial \theta_i}{\partial t} + L_w\rho_w\frac{\partial \theta_v}{\partial t} = \frac{\partial}{\partial z}\left[\lambda'(\theta)\frac{\partial T}{\partial z}\right] - C_L\frac{\partial q_L T}{\partial z} - C_v\frac{\partial q_v T}{\partial z} - L_w\rho_w\frac{\partial q_v}{\partial z}$$

(2-26)

模型包含其他参数方程,如非饱和土的土水特征曲线(SWCC)方程、非饱和冻土冻结特征曲线(SFCC)方程、非等温液态水渗透系数 K_{LT}、基质势梯度下的液态水渗透系数 K'_{Lh}、温度梯度下蒸汽渗透系数 K_{vT} 和基质势梯度下的蒸汽渗透系数 K_{vh} 等。基于有限元和有限差分数值方法,对理论模型进行数值求解,再现了"冰箱效应"的形成和发展过程,如图2-42所示。可以看出,温度梯度下的气态水迁移并凝华成冰会造成覆盖层下土体接近饱和含水率;一定表层深度范围内,土体含

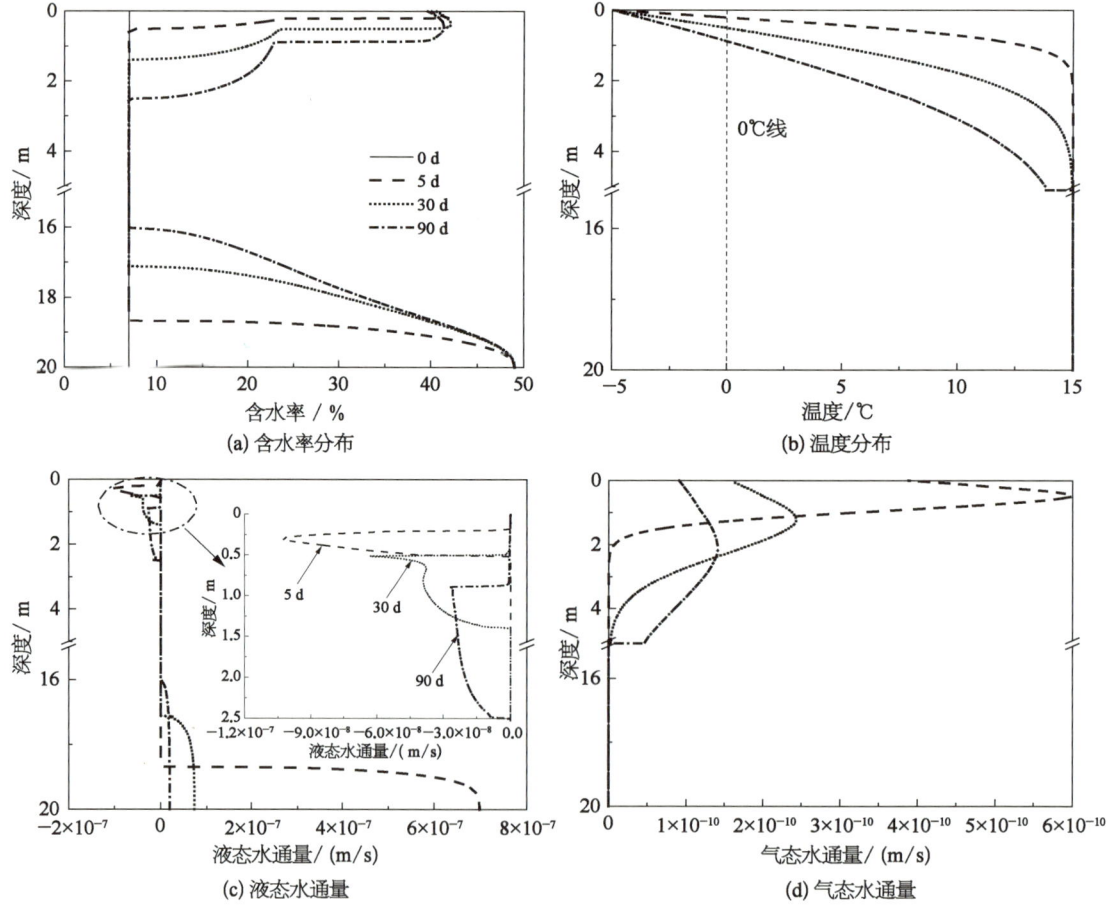

图 2-42 覆盖条件下粉土地基冻结 90 d 后的模拟结果

水率增加存在两个陡升段：一个由气态水迁移引起；另一个由冻结相变对水气的产生抽吸作用引起。在干旱季冻区进行工程建设需对"冰箱效应"引起足够重视。

3. 温度的影响

温度对冻胀的影响表现为温度降低速率和温度梯度两个方面。当温度降低速度较快时，土中的弱结合水和毛细水来不及向冻结区域迁移积聚就被冻结成冰，毛细水的补给通道也被冰层所堵塞，水分的迁移和积聚无法继续进行。当温度降低较慢时，负温持续时间较长，在外界补水条件下，粗粒土中的毛细水不断向冻结锋面迁移积聚，土中出现明显的冰晶体，从而导致冻胀现象的产生。开放条件下单向冻结试验[30]表明，冻结速率对冻胀量有显著影响，以 0.2℃/h 降温时的冻胀率是 1.0℃/h 的 1.77 倍。

关于温度梯度对微冻胀的影响，相关学者得到了差异的结论，对各影响因素的灰色关联度分析[31]结果表明，在冻结点以下，温度梯度对冻胀程度的影响相对较小；封闭式顶板下非饱和粗粒土的单向冻结试验[32]表明，较大的温度梯度有助于水汽的迁移。产生差异性的原因可能在于不同矿物成分的导热性能差异较大，如石英导热系数是其同类的 3 倍有余[33]，在其他条件相同时，冰透镜的位置主要取决于粗颗粒的物理性质。

另外，在土体三相体系中，热量传递遵循"优势流"原则。其优先顺序是固体颗粒、水、空气。冰和水的导热系数相差近 4 倍[34]。在冻结过程中，冰晶和未冻水会填充孔隙，造成热传导路径改变(图 2-43)。因此，根据粗粒土的工程特性，在研究温度因素对微冻胀的影响时，应以多孔介质理论作为依据，同时考虑由相变和填充所引起热传导路径的改变才更为适合。

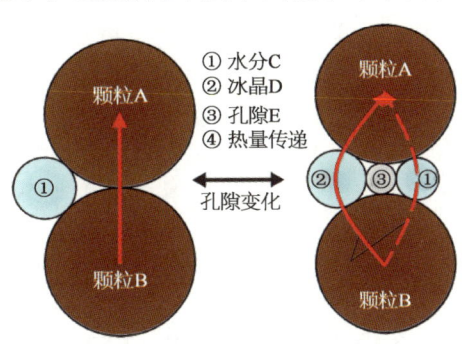

图 2-43　粗粒土微冻胀过程中热传导路径改变简化模型

注：图中红色线条为④

4. 荷载的影响

荷载对粗粒土冻胀有一定的抑制作用，其原因在于外部荷载导致土体颗粒之间的接触应力增加[35]，水分补给受到了自上而下应力梯度的影响[36]，抵消了部分以温度梯度或毛细力所引起的自下而上的水分迁移，土粒的初始含水率和水分冻结温度会降低[37]，冻结缘更近于地表，冻结深度随之减小。当荷载增加到一定值时，冻结面不能吸水，中断了未冻区水分向冻结前缘的转移，土体冻胀停止，此时的荷载称为中断压力。通常情况下，路基上部荷载与行车荷载很难达到中断压力，因此，随着温度持续降低，冻结深度增大，冻胀仍可能发生。

寒区高速铁路路基填料试验[38]结果表明，细颗粒含量为 4.9% 的填料的冻胀率和上覆压力之间基本为线性关系(图 2-44)，上覆压力越大，冻胀率越小，该填料上覆压力超过 100 kPa 以后将不会产生冻胀。相似试验[39]发现，随着外荷载值的增大，填料的冻胀率逐渐减小，当静荷载

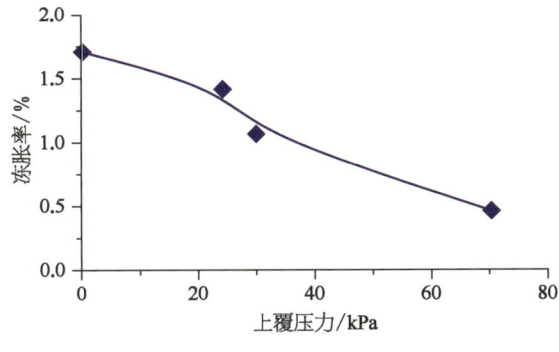

图 2-44　冻胀率与上覆压力的关系

值等于动荷载幅值的一半时,动、静荷载影响基本相同。

现场实测结果表明,深路堑和高路堤形式下的路基土体冻胀量差异较大,其原因是路堤中土体水分迁移条件比路堑相差很多,产生冻胀量相比较要小。另外,高路堤因上部结构对路基产生的压应力较路堑要大很多,存在外部约束抑制作用,使其冻胀量减小。

关于粗粒土冻胀研究,基本达成以下共识:

(1) 粗粒土的冻胀敏感性会随着细颗粒的含量增加而增强,随着土体中的细颗粒含量的增加,土体在冻结过程中水分的迁移能力增强,土体的冻胀性随之增强。

(2) 在封闭系统中,粗粒土的冻胀性随着初始含水率的增加而增加,并最终趋于稳定;而在开放系统中,粗粒土的冻胀性能将大大提高。

(3) 当温度降低速度较快时,土中的弱结合水和毛细水分来不及向冻结区域迁移积聚就被冻结成冰,毛细水分的补给通道也被冰层所堵塞,水分的迁移和积聚无法继续进行;当温度降低较慢时,负温持续时间较长,在外界补水条件下,粗粒土中的毛细水分不断向着冻结锋面迁移积聚,土中出现明显的冰晶体,从而导致冻胀现象的产生。

(4) 在上覆压力作用下,冻胀力受到抑制,促使水分迁移的应力梯度减小,从而减小了土体的冻胀量。

总体上来说,关于粗粒土填料冻胀的研究,基本共识是细颗粒是其冻胀变形源,但从机理上既有研究更多地关注于水分迁移,将水分相变产生的体积增大认为是形成宏观冻胀的根本原因,从而忽视了由于颗粒的位置调整,包括相邻颗粒间的错动并伴有一定的转动以后,引起粗粒土骨架位移产生的结构变形[40,41]。

2.5.3 高速铁路路基填料冻胀的微观结构特征

土体小于 5 μm 的单元体称为微观结构单元体,它主要由单独颗粒、颗粒间孔隙、团聚体等组成。土的微观结构特征一般包括微观结构单元体的大小、形态、表面特征,以及它们之间的相互关系的形态学特征、土颗粒和孔隙的空间排布的几何学特征、土颗粒间的连接特征及连接力的能量学特征 3 个方面。早在 1925 年,著名土力学家太沙基(K. Terzaghi)就指出,在评价土体的工程性质时,必须注意考虑其微观结构。随着研究手段的进步,土体微观结构研究已经由定性向定量发展[42-46]。因此,为研究高速铁路路基填料中粗粒土骨架结构变形时推动颗粒错动、转动等位移的力的来源,基于冻胀三要素,需要应用微观结构研究方法,研究填料中细颗粒、孔隙和水分的分布特征。

1. 微观结构研究方法

土的微观结构研究程度与所用的观察手段密切相关。在 20 世纪 20 年代以前,关于土的微结构的知识主要建立在假想的土颗粒排列的基础上。到 20 世纪 50 年代后期,光学显微镜、X 线衍射和电子显微镜相继被用来观察土的微观结构,土结构的真实形貌才不断揭开。随着 20 世纪 60 年代晚期扫描电镜和土样制备技术的发展,对黏性土微观结构的认识也进一步提高。从 20 世纪 70 年代开始,计算机图像处理技术不断发展,一些专门用于定量分析土的微观结构的软件包被开发,从而加快了土的微观结构的定量研究进程。到 20 世纪 80 年代中期,计算机断层扫描仪(CT)开始应用到地质学中分析岩石的性质和特征,能够无损伤地探测多孔地质介质及其内部液体的物理和化学性质[47-53]。

为研究级配碎石中细颗粒、孔隙及水分分布特征,运用了 X-CT、压汞及核磁共振试验技术。

1) X 射线计算机断层扫描

典型的 X 射线计算机断层扫描(X-ray Computed Tomography,X-CT)系统主要由 X 射线源、机械扫描系统、数据采集系统和数据处理系统 4 部分构成。如图 2-45 所示,将被检测物体置于 X 射线源与平板探测器之间,具有一定能量的 X 射线束穿过被测物体后发生衰减,由探测器接收穿过被测物体的 X 射线,通过被测物体的旋转可以获得不同位置的 X 射线强度值,由于填料中各组分物理密度不同,从而通过分析可以形成碎石、浆体、孔洞等重构图。与传统的测试手段相比,优势在于样品尺寸更具代表性,无须进行干燥等处理,可进行连续观察,可呈现三维空间图像[54,55]。

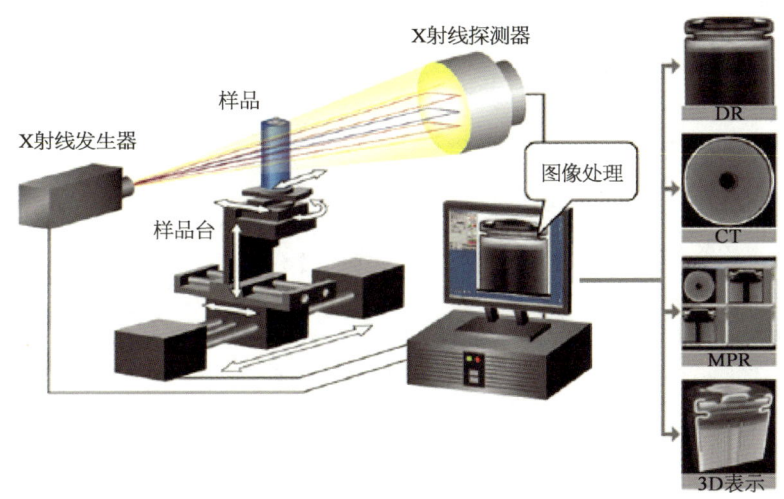

图 2-45　X-CT 装置示意图

X-CT 技术的物理原理是基于 X 射线与物质的相互作用。射线束穿过物体时,由于粒子与物质的相互作用,一部分入射粒子被物质散射,从而入射方向上的射线强度会减弱。一束初始强度为 I_0 的 X 射线穿越密度为 ρ、厚度为 D 的均匀物质后,根据 Beer-Lambert 定律,其剩余强度为

$$I = I_0 e^{-\mu D} \tag{2-27}$$

式中　I_0——X 射线初始强度(eV);
　　　I——X 射线投射后强度(eV);
　　　μ——X 射线衰竭系数(1/m);
　　　D——物质厚度(m)。

射线衰竭系数 μ 与物质密度和原子序数有关

$$\mu = \rho[\sigma(E)] + b\frac{Z^{3.8}}{E^{3.2}} \tag{2-28}$$

式中　ρ——物质密度(kg/m³);

σ——Klein 系数,与能量有关;

E——射线能量(eV);

b——常数,9.8×10^{-24};

Z——有效原子序数。

对于非均匀的物质(各相衰减系数不同),X 射线穿透物质时整体衰减系数的计算是将物质分割成 n 个小单元进行求解。当所划分单元尺寸足够小时,每个单元可视为均匀介质,射线强度衰减为不同物质吸收作用的指数和

$$I = I_0 e^{-\mu_1 \Delta x} e^{-\mu_2 \Delta x} e^{-\mu_3 \Delta x} \cdots e^{-\mu_n \Delta x} = I_0 e^{\sum_{n=1}^{N} -\mu_n \Delta x} \tag{2-29}$$

式中 μ_i——不同物质的 X 射线衰竭系数(1/m);

Δx——单元厚度(m)。

对式(2-29)取对数后得到

$$P = -\ln\left(\frac{I}{I_0}\right) = \sum_{n=1}^{N} \mu_n \Delta x \tag{2-30}$$

当单元尺寸无限缩小时,式(2-30)可写成积分形式

$$P = \int_L \mu_n \mathrm{d}x \tag{2-31}$$

其中,L 为沿着 x 轴方向的直线。一般的表达式中,I 和 μ_n 都是位置 (y,z) 的函数,对于特定的断层,二维的位置坐标 (y,z) 变成了一维的坐标 (y)。如果射线方向的坐标仍用 x 表示,μ_n 应该写成 $\mu(x,y)$,式(2-31)写成

$$P = p(y) = \sum_{n=1}^{N} \mu(x,y) \Delta x \tag{2-32}$$

由式(2-29)~式(2-32)可以看出,横断面足够小的单能 X 射线的入射能量 I_0 与其沿着 x 轴方向衰减后的出射 X 射线强度 I 比值的负对数有着级联的线性关系。由于 I_0 与 I 都是实际测得的物理量,P 值就很容易计算得到,它被称为 X 射线穿透物质后的投影。在测量单元缩小以后,数值上等于 X 射线路径上衰减系数的线积分。然后,通过实际测量的投影数据,得到不重叠的断层投影图像,也就是物体某个断面上对于特定能量 X 射线的衰减系数的分布 $\mu(x,y)$,即通常所说的 CT 数。

数据处理最核心的工作是图像重建与分析。图像重建就是由测得的投影数据计算得到 CT 图像。将样品按一定大小和坐标人为地划分成很小的体积元(体素),对划分好的体素进行空间位置编码(或称为坐标排序),形成具有坐标排序的体素阵列。CT 图像重建技术就是求出每个体素的衰减系数值在欲成像断层上的分布矩阵,然后对获取的投影数值进行傅里叶变换,从而获得衰减系数值的二维分布,再把各个像素的 CT 值转换为对应像素的灰度值或直接将线吸收系数转化为灰度值,即得到图像的灰度分布。将连续的二维图像进行叠加便可获得三维的图像。

2) 压汞法

压汞法(Mercury Intrusion Porosimetry,MIP)测试土体的孔隙分布主要依据汞对一般固体的

非浸润性,在没有压力作用时不会流入固体孔隙的原理,即欲使汞进入孔隙需施加外压力,外压力越大,汞能进入的孔半径越小。在不断增压的情况下,进汞体积作为外压力函数时,即可得到在外力作用下进入试验样品中的汞体积,从而测得样品的孔径分布。假设孔隙为圆柱形,根据孔隙产生浸润面积所需要的功与迫使汞进入孔隙所需要的功相等的原则,可以推导出 Washburn 方程[56]

$$-\gamma S\cos\theta = -\gamma \cdot 2\pi rL\cos\theta = p\pi r^2 L \tag{2-33}$$

$$d = -\frac{4\gamma\cos\theta}{p} \tag{2-34}$$

式中　S——单位体积汞的表面面积(即孔外堆积的汞的面积减少量);

　　　r——孔的半径;

　　　L——圆柱孔的长度;

　　　γ——汞的表面张力;

　　　θ——接触角;

　　　p——汞进入半径为 r 的孔所需要的最小压力;

　　　d——孔的直径。

汞的表面张力和接触角与温度和汞的纯度有关,在室温下汞的表面张力 $\gamma=0.470\sim0.490$ N/m,多数情况下接触角 $\theta=125°\sim150°$,试验时可取 $\gamma=0.480$ N/m,$\theta=140°$,则有

$$d = \frac{1.5}{p} \tag{2-35}$$

从而可以增大外压力,汞将逐渐进入孔径更小的孔,从而在连续改变测试压力时,可以测出不同大小的孔的进汞量,进而得到孔径分布。

试验时记录的是压力和进汞量,得到如图 2-46 所示的进汞体积-压力曲线。由式(2-34)将图 2-46 横坐标换算为孔径,得到如图 2-47 所示的进汞体积-孔径曲线。对图 2-47 的曲线进行微分处理,得到如图 2-48 所示的孔径分布微分曲线。

假设样品必须不含墨水瓶形孔和外施压力下不变形,无须应用孔模型就可以从图 2-47 所示的孔体积-孔径曲线计算出进汞孔的比表面积

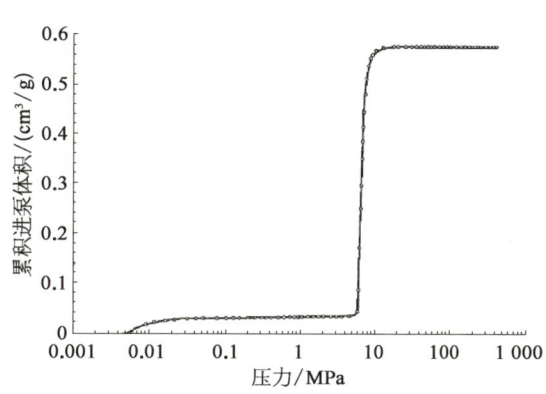

图 2-46　进汞体积与压力关系曲线

$$S = \frac{1}{\gamma\cos\theta}\int_{V_{\text{Hg},0}}^{V_{\text{Hg,max}}} pdV \tag{2-36}$$

式中　$V_{\text{Hg},0}$——初始进汞体积;

　　　$V_{\text{Hg,max}}$——最终进汞体积;

　　　$V=V(p)$——图 2-48 的函数。

通过进汞量可以计算出孔隙率

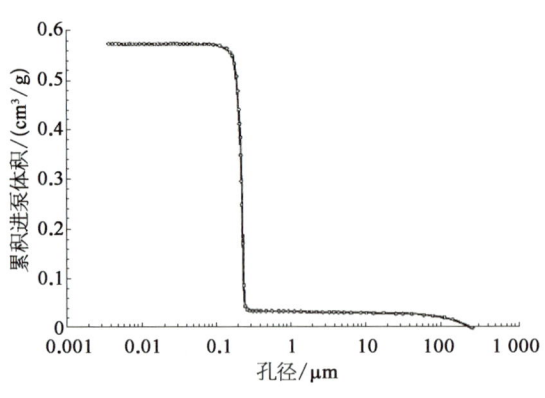
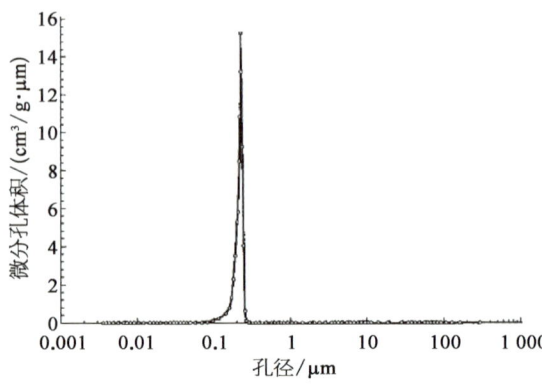

图 2-47 孔体积与孔径关系曲线　　图 2-48 微分孔体积与孔径关系曲线

$$n = 100\left(\frac{V_a}{V_b} + \frac{V_a - V_b}{V_c - V_b}\right) \qquad (2-37)$$

式中　n——孔隙率；

　　　V_a——进汞总体积；

　　　V_b——进汞稳定后的体积；

　　　V_c——最大进汞压力对应的进汞体积。

孔径分布特征是级配碎石微观结构特性研究的一个重点目标，其含义是填料中各类大小孔隙体积的分布情况。由图 2-48 可以看出，孔隙体积增加的速率刚开始迅速增大，达到顶峰后又迅速减小，其中微分曲线峰值对应的孔径就是最可几孔径。最可几孔径的物理意义是试样中出现概率最大的孔径，临界孔径是指压入汞的体积明显增加时所对应的最大孔径。在压力和压入汞体积的曲线上，临界孔径对应于汞体积屈服的末端点压力。一般固体材料包含不同尺寸的孔隙，较大的孔隙之间由较小的孔隙连通，临界孔径就是能够将较大的孔隙连通起来的各类孔隙中的最大孔级，反映材料中孔隙的连通程度和渗透路径的曲折程度。

3）核磁共振技术

核磁共振（Nuclear Magnetic Resonance, NMR）技术是应用原子核的磁化特征所产生的核磁共振信号进行测量分析的技术。

原子是一种元素能保持其化学性质的最小单位。它是由处于中心的原子核和核外电子云构成的，并且原子核由带正电的质子和不带电的中子组成。核磁共振是磁场中的原子核对电磁波的一种响应，即原子核被周围磁场磁化后，就会对射频产生响应。自旋的质子遇到磁场后，犹如陀螺被外力作用开始旋转，并且质子旋转轴会在固定磁场中一直围绕着磁场的方向旋转下去，这一过程被称为拉莫尔进动。也即在外界射频磁场作用的时候，原子核与磁场相互作用，具有一定净磁矩和角动量的原子核便会绕着外磁场的方向进动，同时会伴随产生一个可以测试的核磁信号。

核磁共振主要是由原子核的自旋运动引起的。不同的原子核，自旋运动的情况不同，核磁共振的产生是有条件的，其原子核的中子数和质子数必须满足有一项或者两项同时为奇数，才能产生核磁共振信号，常见的氢核 ^{1}H、碳 ^{13}C、氮 ^{14}N、钠 ^{23}Na 等都能产生核磁共振信号。在实际的科研实践中发现，大多数原子核在施加外部射频磁场时，引起的核磁共振信号普遍较小，不利于信号的采集和分析，误差较大，只有一个质子而没有中子的氢核^{1}H是一个特例，通过对比发现，氢核^{1}H不仅在自然界中的含量最为丰富，而且测试的灵敏度最高，在外磁场作用下产生较大的磁矩，并能监测到较强的核磁共振信号，从而决定了氢核(质子)是核磁共振测试中的首选。氢原子核像其他大多数原子核一样具有角动量或者是自旋，其质子好比一个能产生磁场的电流环，它的南北两极的连线即自旋轴，因此，可以把氢核看作一个微小的磁针，原子核的自旋轴即磁轴，在没有外部磁场源作用时，大量的氢原子在一起，氢原子核的自旋轴方向是随机不确定的，如图2-49所示。

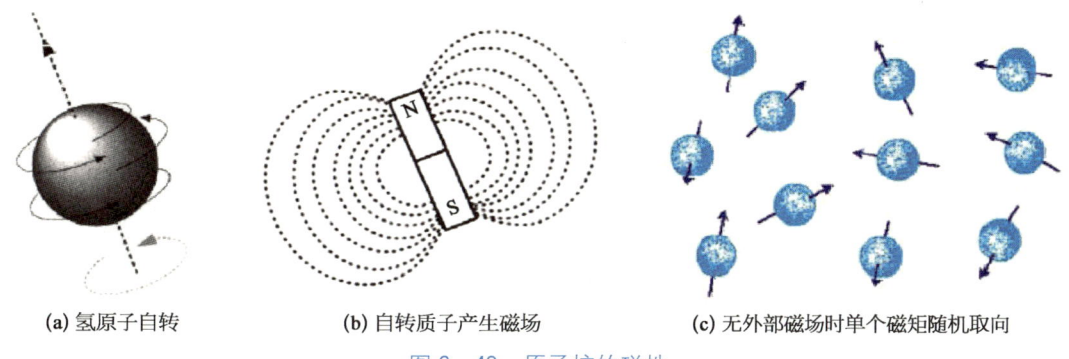

(a) 氢原子自转　　(b) 自转质子产生磁场　　(c) 无外部磁场时单个磁矩随机取向

图2-49　原子核的磁性

处于稳定磁场中的原子核自旋时受到两个作用，磁场力迫使原子核的磁矩沿着磁场方向就位，而分子的热运动力阻碍磁矩调整位置，最后磁矩与稳定磁场重叠并达到一个动平衡，此时沿磁场方向的磁化强度最大，而与磁场垂直方向的磁化强度平均为零。如果原子核系统受到一个不同方向的电磁场作用，磁化强度就会偏离原来的平衡位置，产生与原磁场方向垂直的横向磁化强度，同时与原磁场平行的纵向磁化强度将减小。当这个外加的电磁场撤去之后，原子核系统的不平衡状态并不能维持下去，而要向平衡状态恢复，这种向平衡状态恢复的过程即为弛豫过程，这个过程所需的时间称为弛豫时间。

原子核在从激化状态向平衡排列状态恢复的过程中，恢复到纵向磁化强度的时间称为纵向弛豫时间T_1(又称自旋-晶格弛豫时间)，横向磁化强度消失的时间称为横向弛豫时间T_2(又称为自旋-自旋时间)。纵向弛豫时间遵循指数递增规律，通常将宏观纵向磁化矢量M_z从零升始恢复到最大值的63%时所需要的时间作为T_1值[图2-50(a)]；横向弛豫时间遵循指数递减规律，通常将横

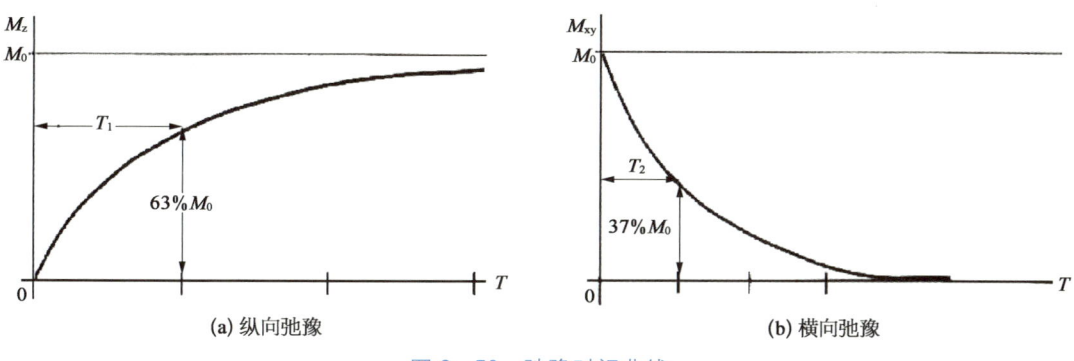

(a) 纵向弛豫　　(b) 横向弛豫

图2-50　弛豫时间曲线

向磁化矢量 M_{xy} 从最大值衰减至最大值的 37% 时所需要的时间作为 T_2 值[图 2-50(b)]。

核磁共振在岩土工程中应用广泛[57-61]。对于岩土介质体中的流体来说,弛豫机制可分为自由弛豫、表面弛豫、扩散弛豫 3 种类型。自由弛豫是流体固有的弛豫特性,弛豫时间的大小主要取决于流体物理性质(物质成分、黏度等)及其流体周围环境(温度、压力等)因素的影响,多孔介质中孔隙水的自由弛豫的横向和纵向弛豫时间基本一致。表面弛豫发生在岩土介质体的固—液接触面上,弛豫时间的大小一般由岩性参数(ρ)和孔隙表面积(S)两部分决定,针对确定某一岩土体,岩性参数是固定的,因此通常用岩土介质体的比表面积(S/V)来反映表面弛豫时间的快慢

$$\frac{1}{T_{1S}} = \rho_1 \left(\frac{S}{V}\right)_{pore}$$
$$\frac{1}{T_{2S}} = \rho_2 \left(\frac{S}{V}\right)_{pore} \tag{2-38}$$

式中　T_{1S}——纵向表面弛豫时间;
　　　T_{2S}——横向表面弛豫时间;
　　　　S——孔隙表面积;
　　　　V——孔隙体积;
　　　　ρ_1——岩土体纵向表面弛豫率;
　　　　ρ_2——岩土体横向表面弛豫率。

在梯度磁场中,采用较长的回波间隔时,部分流体(水、轻质油)会表现出明显的扩散弛豫,一般只影响横向弛豫时间 T_2。

在岩土体的多孔介质中,流体的自由、表面及扩散弛豫时间是同时存在的,因此,孔隙中流体的横向弛豫时间和纵向弛豫时间可用公式表达为

$$\frac{1}{T_1} = \frac{1}{T_{1B}} + \frac{1}{T_{1S}}$$
$$\frac{1}{T_2} = \frac{1}{T_{2B}} + \frac{1}{T_{2S}} + \frac{1}{T_{2D}} \tag{2-39}$$

式中　T_1 和 T_2——孔隙中流体的纵向弛豫时间和横向弛豫时间;
　　　T_{1B} 和 T_{2B}——纵向和横向的自由弛豫时间;
　　　T_{1S} 和 T_{2S}——纵向表面弛豫时间和横向表面弛豫时间;
　　　　T_{2D}——横向扩展弛豫时间。

粗粒土孔隙水中自由弛豫速率($1/T_{2B}$)和扩散弛豫速率($1/T_{2D}$)的值很小,可以忽略不计,从而有

$$\frac{1}{T_2} = \rho_2 \left(\frac{S}{V}\right)_{pore} = \rho_2 \frac{F_s}{R} \tag{2-40}$$

式中　F_s——几何形状因子,对球形孔隙,$F_s=3$,对柱状孔隙,$F_s=2$;
　　　R——孔径。

由式(2-40)可以看出,孔隙内水的弛豫时间与孔隙空间大小及形状有关,孔径越小,比表面积越大,表面相互作用的影响越强烈,T_2时间也越短。信号强度ρ_2与T_2成反比,T_2越小,ρ_2越大,从而可以应用于孔隙水分布特征的试验测试。

2. 细颗粒分布特征

应用 X-CT 及图像处理技术开展试验研究。试样采用取自哈齐高速铁路取土场的级配碎石配制(图 2-51),采用特制的有机玻璃筒作为容器,便于观察试样的状态及 X 射线穿透,有机玻璃筒外径为 65 mm,壁厚 5 mm,筒内直径 Φ55~60 mm。先对试件进行冻结试验。冻结试验分恒温和冻结两个步骤,试样冻结开始前,首先将试样在 1℃恒温下放置 12 h,待试样内部整体温度均达到 1℃时,缓慢降温至-30℃,开始试样的冻结过程,冻结时间为 48 h。在整个冻结试验过程中实时采集试样内部温度和顶端位移,计算冻胀率。冻结试验完成时,试样仍处于完全冻结状态,此时取出试样进行保温处理并迅速安装在 X-CT 实验设备样品架上,进行冻结试件的 X-CT 扫描试验。

(a) 细颗粒(<0.075 mm)掺料

(b) 不同细颗粒掺量的试件

图 2-51 试件的制备

X-CT 扫描试验中,为减少端部效应的影响,选取试件中间 2/3 高度范围之内的数据为有效数据,切片间距为 0.06 mm,每个试样得到 400 张左右 900×900 像素的断层切片,如图 2-52(a)所示。通过少量的人工对比分析,可以得出切片灰度图像中孔隙、冰晶、细颗粒和粗颗粒等不同物质灰度值范围,如表 2-4 和图 2-52(b)所示,其中粗颗粒为 X-CT 图像中的高灰度块体,成分为碎石、砂粒等粗粒土;细颗粒为 X-CT 图像中的中高灰度体,成分为细颗粒土及细颗粒土区域内的微孔隙和微冰晶;孔隙为 X-CT 图像中的低灰度块体,成分为空气或液态水;冰晶为 X-CT 图像中的中低灰度体,成分为固态水。

表 2-4 不同物质灰度值

物质名称	灰度值	物质名称	灰度值
孔隙、水	1~74	细颗粒	95~130
冰晶	74~95	粗颗粒(碎石、砂粒)	130~255

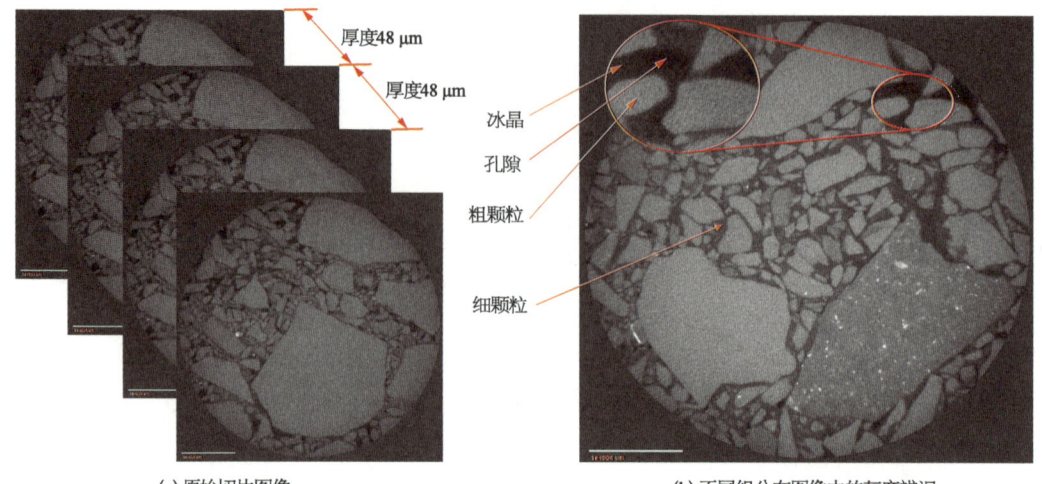

(a) 原始切片图像 (b) 不同组分在图像中的灰度辨识

图 2-52 X-CT 扫描切片灰度图像

图像处理采用动态阈值分割法[62]。阈值分割法是最常用、最简单的图像分割方法，适用于目标和背景占据不同灰度级范围的图像。其基本原理是通过设定不同的特征阈值，把图像像素点分为若干子集，使子集各点具有一致属性，而相邻子集有相似属性。当图像有阴影、照度不均、对比度不同、突发噪声、背景灰度变化等时，如果只用一个固定的全局阈值对整幅图像进行分割，则不能兼顾图像各处情况而影响分割效果。动态阈值就是用与像素位置相关的一组阈值来对图像各部分分别进行分割，因此该方法也叫变化阈值法或自适应阈值法。这类算法的时间复杂性和空间复杂性比较大，但是抗噪能力强，对一些用全局阈值不易分割的图像有较好的效果。由图 2-53 看出，该算法较好地分离开骨料和土颗粒，为进一步统计分析提供了基础。

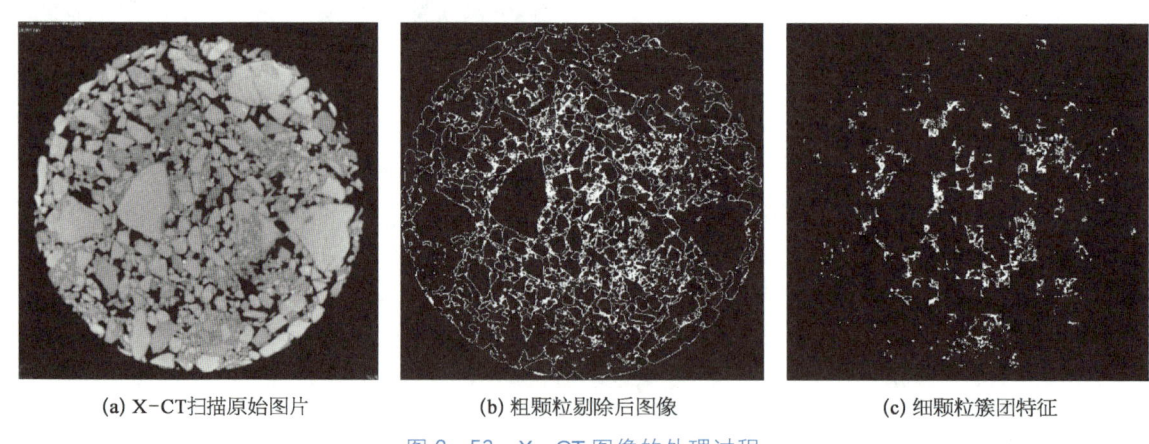

(a) X-CT 扫描原始图片 (b) 粗颗粒剔除后图像 (c) 细颗粒簇团特征

图 2-53 X-CT 图像的处理过程

应用基于动态阈值分割的方法对图像进行切割处理，可得到图 2-53(b) 剔除粗颗粒后的图像，其中剩余白色像素点即为细颗粒。可以看出细颗粒非均匀地分布在粗颗粒土填料试样的孔隙中，在粗颗粒骨架孔隙中呈现一种局部团聚的趋势，在某些部位分布较为集中，形成细颗粒团聚体，称为细颗粒簇团。细颗粒的这种团聚现象符合其比表面积大、表面带电荷、易吸附微小颗粒的特性。如果将图像中 20×20 像素的网格作为一个小区域,除去粗颗粒所占面积后,细颗粒的面积占该区域面积达到 80% 以上,则定义在该区域的细颗粒形成簇团结构,判定方法如图 2-54 所示,可以得到如图 2-53(c)所示的簇团分布图。

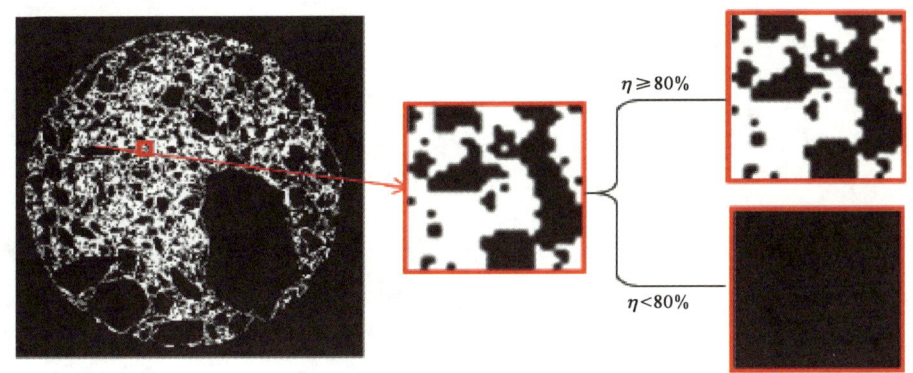

图 2-54　细颗粒簇团判定方法

在一个小区域内,将发生团聚的区域保留而剔除未发生团聚的区域,保留的细颗粒所占原始图像中总的细颗粒比例即为簇团率(η_c),所有切片图簇团率的平均值即为样品簇团率

$$\eta_c = \frac{T_{fr}}{T_{ft}} \times 100\% \tag{2-41}$$

式中　T_{fr}——簇团算法处理后的图像中细颗粒像素总数;
　　　T_{ft}——原始图像中细颗粒像素总数。

根据以上定义,可以遍历图像中的像素网格,提取试样中的细颗粒簇团。分析结果如表 2-5 所示。可以看出,采用阈值分割处理后的图像能够直观地看出细颗粒(图中的白点)的分布特征。当细颗粒含量较小时,形成的簇团比较少;随着细颗粒含量的增大,形成的簇团量增多。

表 2-5　细颗粒图像处理过程及结果

细颗粒含量/%	原始图	粗颗粒剔除后细颗粒分布图	细颗粒簇团分布图
0			
3			

（续表）

细颗粒含量/%	原 始 图	粗颗粒剔除后细颗粒分布图	细颗粒簇团分布图
5			
7			
11			
15			
20			
30			

根据试验,得到细颗粒簇团率 η_c 与含量 η_f 的关系,如图 2-55 所示。可以看出,簇团率随细颗粒含量的变化呈明显的分段特征,以试验数据进行回归,得到

$$\eta_c = \begin{cases} 0.04\eta_f + 0.02 & 0\% \leqslant \eta_f \leqslant 3\% \\ 0.59\eta_f - 1.24 & 3\% < \eta_f \leqslant 15\% \\ 0.25\eta_f + 3.77 & 15\% < \eta_f \leqslant 30\% \end{cases}$$

(2-42)

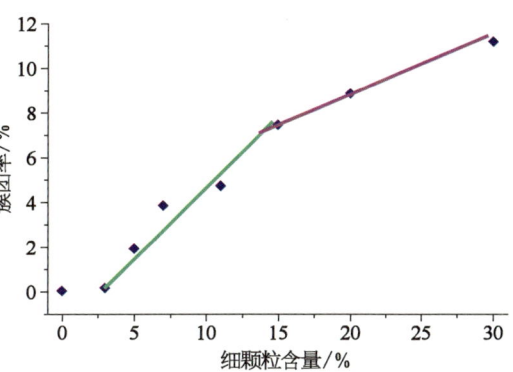

图 2-55 细颗粒簇团率与其含量的关系

当填料中细颗粒含量在 3% 以下时,细颗粒簇团率很低;当填料中细颗粒含量为 3%~15% 时,簇团率随细颗粒含量的增加快速增大,拟合直线的斜率由上一个阶段的 0.04 增加到 0.59;当填料中细颗粒含量超过 15% 时,簇团率增加趋势变缓,拟合直线的斜率由上一个阶段的 0.59 减小到 0.25。从对簇团率影响的结果来看,细颗粒含量 3%~15% 是最敏感的范围。

除细颗粒簇团率外,簇团连通性也是评价簇团率、预测冻胀率的一个重要参数。簇团连通性是指相互连通簇团的面积之和,它表征的是簇团的共同作用及小簇团形成大簇团的趋势。如图 2-56 和图 2-57 所示,当细颗粒含量低于 7% 时,细颗粒簇团把粗颗粒骨架分隔,连通面积很小,主要是形成独立的小簇团;当细颗粒含量超过 11% 以后,簇团的连通性增加,大簇团和较大簇团数量增多,中小簇团数量减少;特别是当细颗粒含量超过 15% 以后,簇团的连通面积发生数量级上的增多,大簇团数量增加趋于平缓,较大簇团数量继续增多,中小簇团数量继续减少,当细颗粒含量达到 30% 时,可以用肉眼观察到明显的簇团结构。

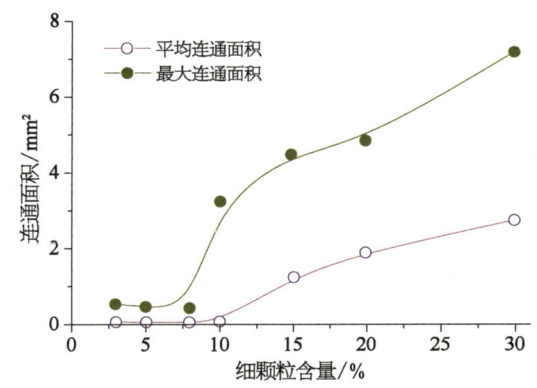

图 2-56 最大和平均簇团面积随细颗粒含量的变化

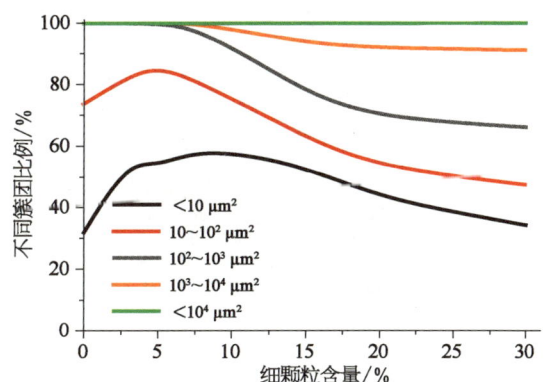

图 2-57 填料中不同大小簇团所占比例

3. 孔隙分布特征

土体中细小颗粒和一些微小矿物颗粒通过土粒间的胶结力和吸附力相连接,形成一定的土颗粒集合体。这些形态各异、大小不同的集合体具有一定的外部轮廓和刚度,从而具有大小不同的土体孔隙。一般情况下,将土体中的孔隙根据颗粒间位置可分为大颗粒骨架孔隙(大孔隙)、聚集体间的孔隙(中孔隙)、聚集体内的粒间孔隙(小孔隙)和晶层间孔隙(微孔隙);不同土质颗粒间孔隙的

孔径不同,黏土在 2 μm 以下,粉土为 2～20 μm,沙土在 20 μm 以上;直径超过 100 μm 的孔隙,保持储存水分能力逐步消失,经常被空气所占据,一般将 30 μm 以上的孔隙称为排水孔,0.2～30 μm 的孔隙称为储水孔,0.1 μm 以下的孔隙主要为结合水孔隙(图 2-58)。

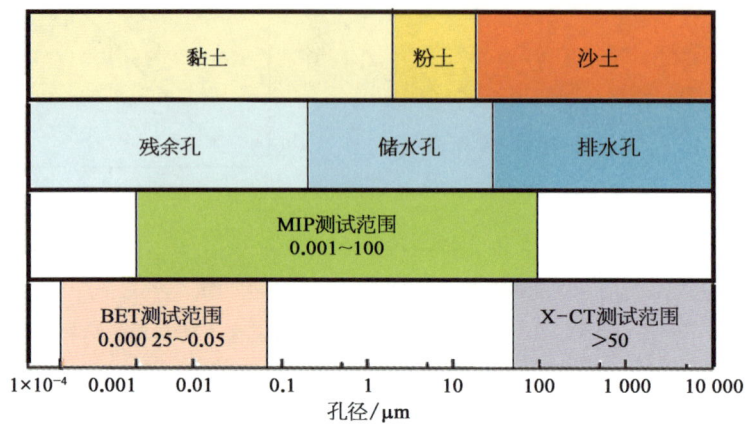

图 2-58 细颗粒土孔隙分类及测试方法

高速铁路路基填料的孔隙分布如图 2-59 所示,包括骨架间孔隙、骨架与细颗粒界面间孔隙、细颗粒簇团间孔隙和细颗粒间孔隙。根据微观孔隙结构研究结果[63-65],一般情况下,骨架间孔隙的孔径达到 100 μm 以上,簇团间孔隙的孔径为 10～100 μm,簇团内孔隙的孔径为 0.4～10 μm,颗粒间孔隙的孔径为 0.03～0.4 μm,颗粒内孔隙的孔径在 0.03 μm 以下。

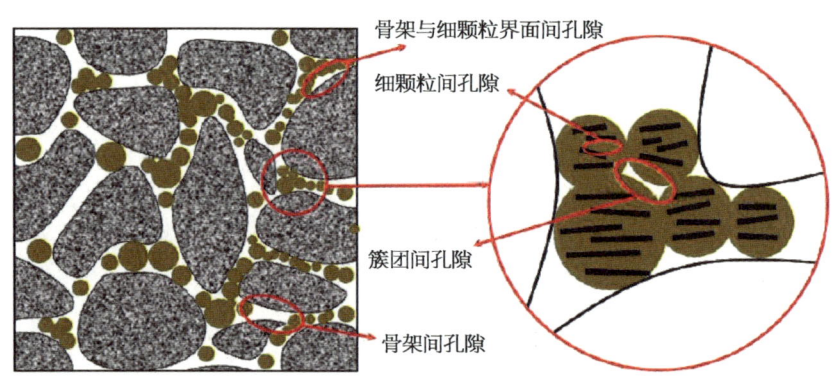

图 2-59 粗粒土填料孔隙结构图

X-CT 测试范围为 50～10 000 μm 的孔隙,压汞法测试范围为 0.001～100 μm 的孔隙。由于填料中的液态水主要为孔隙水,因此,对 0.2～30 μm 的储水孔分布特征的研究更为重要。图 2-60 为压汞试验得到的孔隙与细颗粒含量的关系,进汞量(小孔隙量)随着细颗粒含量的增加而逐渐增多。当细颗粒含量为 0% 时,主要是孔径 100 μm 大小的孔隙有进汞量,其余孔径基本无进汞量,表明级配碎石中没有细颗粒充填时,基本没有小孔隙;随着细颗粒含量的增加,孔径 0.1～10 μm 的孔隙比例越来越多,孔径 100 μm 的孔隙随之减少;当细颗粒含量不超过 3% 时,最可几孔径为 100 μm,为压汞试验测试孔径上限;当细颗粒含量超过 5% 以后,最可几孔径随着细颗粒含量的增多而减小,分布在 0.93～0.77 μm 范围内。从压汞试验结果可以看出,级配碎石中的中小孔隙主要是细颗粒簇团内的孔隙。

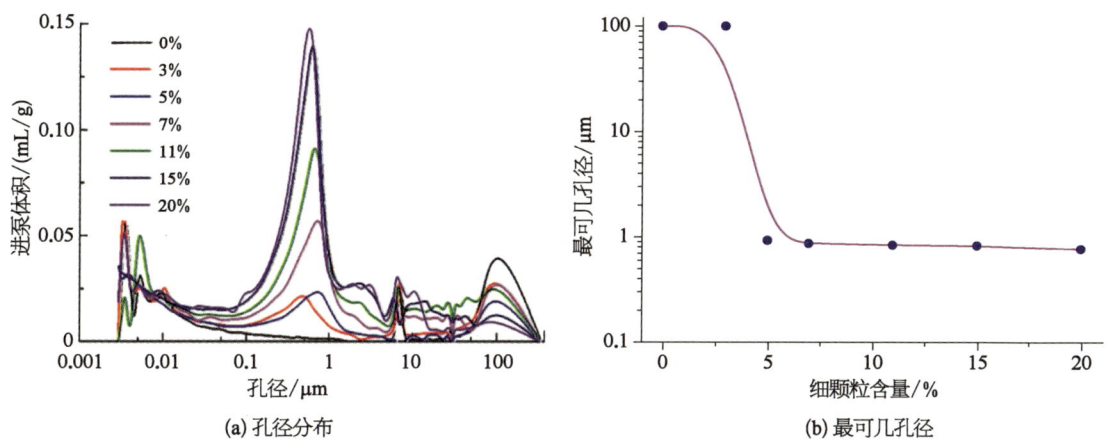

图 2-60 压汞试验孔隙随细颗粒含量变化特征

图 2-61 是 X-CT 试验和压汞试验得到的级配碎石全孔隙分布特征,按孔径大小可分为孔径大于 100 μm 的大孔隙群和孔径小于 1 μm 的小孔隙群。其中,大孔隙群为骨架间孔隙,小孔隙群主要为细颗粒簇团内孔隙。

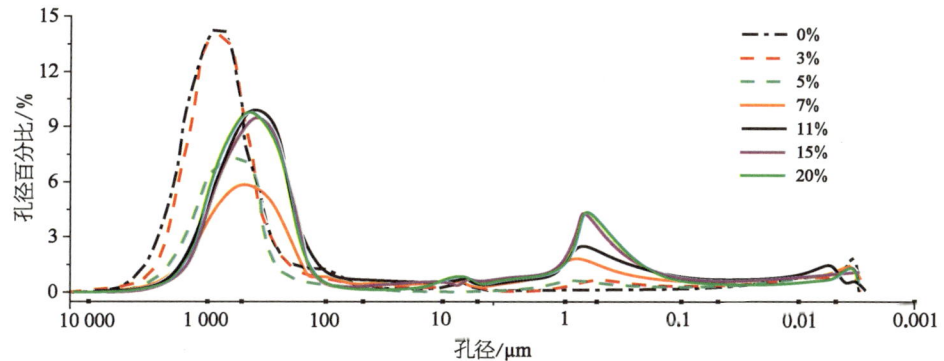

图 2-61 不同细颗粒含量下孔径分布规律

由于细颗粒簇团在骨架间填充的细颗粒形成,细颗粒含量增加以后,簇团率提高,不仅骨架间大孔隙被填充,最可几孔径减小,而且细颗粒簇团增多以后,受骨架约束,簇团间及簇团内孔隙被挤压,最可几孔径也随之减小。所以,当细颗粒含量在 3% 以内时,大孔隙群中最可几孔径为接近 1 000 μm 的毫米孔,小孔径孔隙数量较少;当细颗粒含量达到 5% 时,大孔隙群中不仅最可几孔径减小,对应的孔隙占比也随之减少,而小孔隙群中最可几孔径增大;当细颗粒含量达到 7% 时,大孔隙群中最可几孔径进一步减小,对应的孔隙占比进一步减少,小孔隙群中的最可几孔径减小,对应的孔隙占比增加较多;当细颗粒含量达到 11% 及以上时,大孔隙群中最可几孔径基本不变,小孔隙数群中最可几孔径减小且对应的孔隙占比增大。

所以,从孔隙结构分布特征来看,细颗粒含量不超过 5%,小孔隙群孔隙数量较少;细颗粒含量不超过7%,大小孔隙分布比较均衡,细颗粒簇团对骨架间孔隙主要是填充作用;当细颗粒含量达到11%及以上时,随着细颗粒簇团的增多,在填充骨架间孔隙的同时,对骨架产生挤胀作用,骨架间孔隙减少,骨架和簇团间孔隙增多,簇团与骨架为紧密接触状态,一旦簇团冻胀,就会推动骨架产生宏观冻胀。

4. 水分分布特征

水分分布特征采用核磁共振技术进行试验测试。采用聚四氟乙烯环刀制作试样,对细颗粒含量不同的试样进行了T_2谱测试,测试结果如图2-62所示。在该曲线上不同的T_2时间对应着被孔隙水占据的孔隙半径的大小,曲线下方的面积对应孔隙半径内的水分含量。由于孔径与T_2呈正相关关系,大孔径对应T_2的10~100 ms,较小孔径对应T_2的0.1~1 ms。曲线下方的峰面积代表对应T_2范围内的含水量,峰面积越大,含水量越大。可以看出,随着细颗粒含量的变化,试样中最大信号峰值对应的T_2值变化较大。细颗粒含量为20%、15%、8%和0%时,最大信号峰值对应的T_2值分别为0.45 ms、1.95 ms、3.91 ms、382.75 ms。有无细颗粒,信号强度和最大信号峰值对应的T_2值差别明显。细颗粒含量越大,信号强度越高,最大信号峰值对应的T_2值越小,表明随着细颗粒含量的增加,水分主要分布在半径较小的孔隙中。T_2曲线下的峰面积与细颗粒含量关系密切,没有细颗粒时,峰面积最小;细颗粒含量越大,峰面积越大,表明随着细颗粒含量的增大,试样中的含水量增大。

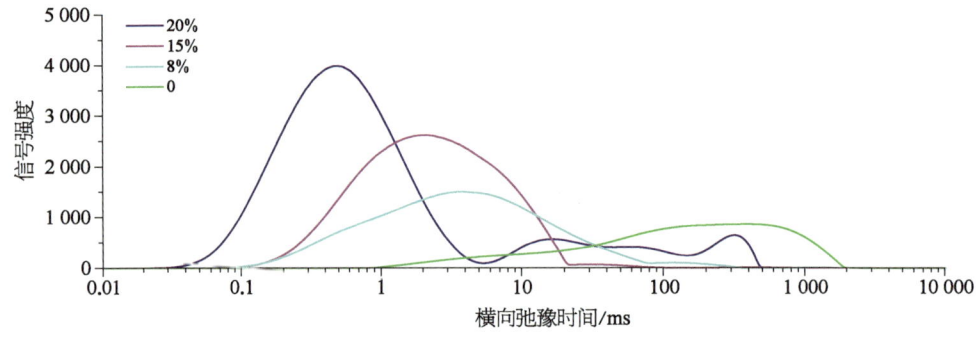

图2-62 填料的T_2谱试验结果

和图2-61相对照,T_2谱中横向弛豫时间0.1~1 ms的峰值与小孔隙群相对应,而小孔隙群主要分布在细颗粒簇团内,因此,细颗粒簇团是粗粒土填料中的主要持水结构。

2.5.4 高速铁路路基填料冻胀机理分析

1. 细颗粒簇团冻胀机理

通过试验得到冻胀率与簇团率的关系如图2-63所示,在簇团率为0~2%时,冻胀率在0.2%左右;簇团率超过2%以后,冻胀率随簇团率呈线性增加关系。簇团率与冻胀率之间的关系比较简单,簇团率越大,冻胀率越大。其主要原因在于簇团既是细颗粒团聚体,又是填料主要持水结构,是粗粒土填料的冻胀源。

通过X-CT扫描图像分析,得到如图2-64所示级配碎石冻结后冰晶体分布特征(图中绿色部分为冰晶体),可以看到冰晶仅在骨架间细颗粒簇团中产生,主要是原位冻胀,冻结完成后,冻胀

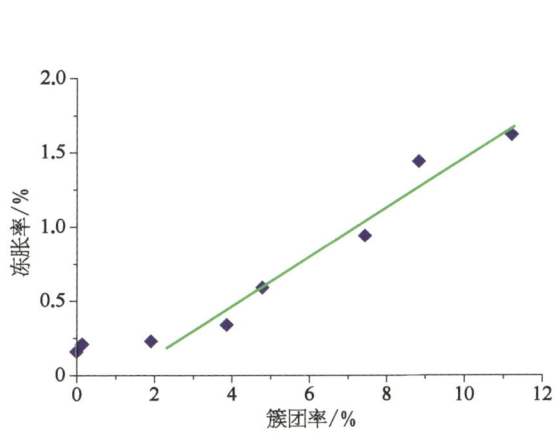

图 2-63 级配碎石冻胀率与簇团率的关系　　　　图 2-64 级配碎石饱水度 50% 时断面图像中冰晶分布

量将不再随时间增大,在级配碎石中呈散布状分布。而细粒土冻结后,冰晶分布呈现明显的聚集特征,如图 2-65 所示,L1 到 L4 之间的薄层状构造区,上部冰透镜体较薄,冰透镜体厚度在冻胀过程中变化较小,下部冰透镜体较厚,冰透镜体厚度在冻胀过程中变化较大;L4 到 L5 之间最暖端厚层冰透镜体的分凝作用导致未冻区产生冻结。细粒土以聚冰带为主要冰晶分布特征的形态是天然地层或房屋建筑等其他工程地基土冻胀后的常见形态,分凝冻胀是其土体冻胀的主要分量,在水分迁移和成冰作用两个物理过程的驱动下,冻胀量会随时间不断增长。级配碎石的原位冻胀和细粒土的分凝冻胀的差异,在冻胀变形经时曲线上的反映,主要是高速铁路路基冻胀变形经时为平台型曲线,经过初期快速冻胀后冻胀量随时间趋于缓慢增大趋势,而天然地层冻胀变形经时则是缓升型曲线,冬季经时变化是持续增大的趋势。

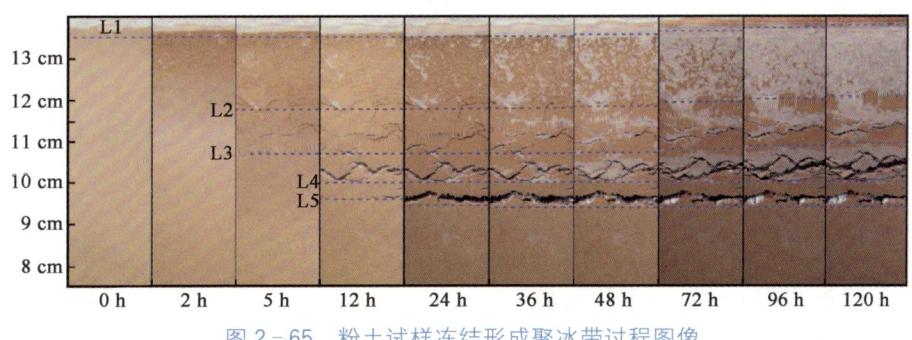

图 2-65 粉土试样冻结形成聚冰带过程图像

通过对级配碎石微观结构的研究,可以揭示高速铁路路基粗粒土填料细颗粒簇团冻胀机理:

(1) 土体由复杂的颗粒体系组成,在级配碎石中,粗颗粒(粒径大于 0.1 mm)与水的结合作用较弱,对于粒径小于 0.075 mm 的细颗粒与水的结合作用则较强,尤其是粒径小于 0.002 mm 的黏性颗粒,其表面带负电荷,在土粒周围形成电场,吸引水分子带正电荷的氢离子一端,使其定向排列,形成结合水膜,如图 2-66 所示。结合水膜使细颗粒团聚在一起,形成细颗粒簇团。

(2) 细颗粒簇团对骨架间孔隙具有填充和挤胀作用,导致骨架间大孔隙减少,疏排水功能下降;而簇团内不仅黏性颗粒周围有结合水膜存在,而且簇团间小孔隙增多,储水能力增强,在冻结温度下簇团冻结成冰晶体,体积膨胀推动其他颗粒的位移,引起路基宏观上的冻胀。

(3) 细颗粒簇团冻胀是路基冻胀的动力源,当细颗粒含量较低(小于3%)时,不能形成较多的簇团,分散的细颗粒冻结成冰以后不足以推动粗颗粒产生较大的位移,不会形成明显的宏观冻胀现象;当细颗粒含量超过5%(簇团率超过2%)后,簇团明显增多,簇团率随之增大,冻胀率也显著增加。

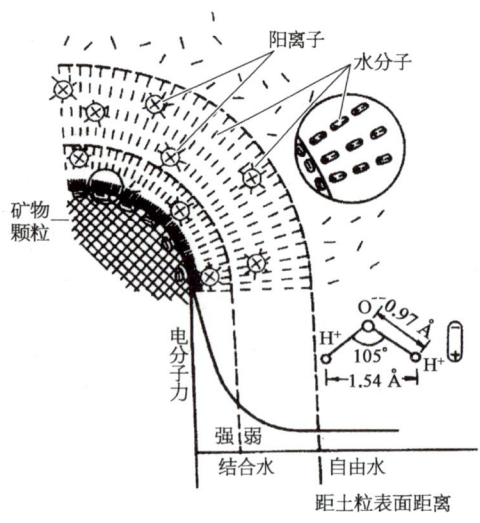

图2-66 黏土矿物与水分子的相互作用

2. 细颗粒簇团冻胀模型及分析

在高速铁路路基填料中,细颗粒形成簇团结构后,在冻结状态下可视为新的颗粒,从而较原细颗粒具有显著的尺度效应,可以应用颗粒流模型进行计算分析。

1) 细颗粒簇团冻胀作用模型

建立细颗粒簇团概念,将路基填料中的颗粒简化为由细颗粒簇团和骨架大颗粒组成。簇团和骨架间的关系采用弹簧阻尼进行模拟,如图2-67所示,其法向接触关系等效为弹簧阻尼装置,切向接触关系等效为弹簧、阻尼及滑动装置。通过单元间的法向重叠量及切向位移来计算颗粒间的接触力。

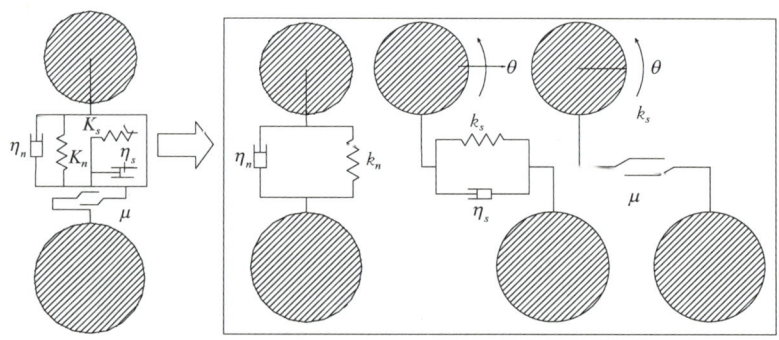

图2-67 颗粒间作用模型

对于每个颗粒,均满足如下的平衡方程

$$m\frac{d^2 u_n}{dt^2} + \eta_n \frac{du_n}{dt} + F_n = 0$$

$$m\frac{d^2 u_s}{dt^2} + \eta_s \frac{du_s}{dt} + F_s = 0 \quad (2\text{-}43)$$

$$I\frac{d^2 \theta}{dt^2} + \eta_s \frac{d\theta}{dt} + M = 0$$

式中　m——颗粒的质量；
　　　I——颗粒的转动惯量；
　　u_n 和 u_s——颗粒的法向和切向的相对位移矢量；
　　η_n 和 η_s——颗粒的法向和切向阻尼系数；
　　F_n 和 F_s——颗粒的法向、切向力分量；
　　　M——颗粒的外力矩。

颗粒法向和切向力的增量为

$$\Delta F_n = k_n \Delta u_n n_i$$
$$\Delta F_s = k_s \Delta u_s \tau_i \tag{2-44}$$

式中　k_n 和 k_s——颗粒的法向和切向接触刚度；
　　Δu_n 和 Δu_s——颗粒的法向和切向位移增量；
　　n_i、τ_i——两颗粒质心连线方向的单位法向量及垂直于质心连线方向的单位切向量。

2）颗粒接触模型

采用 Hertz-Mindlin 接触模型模拟骨架和簇团接触关系。在冻胀过程中，骨架不产生冻胀，仅簇团发生冻胀。冻胀前簇团与骨架相切且不发生重叠侵入；当簇团冻结膨胀引起体积增大后，与骨架产生了相互侵入及空间重叠，冻结后簇团与骨架接触关系如图 2-68 所示。

在图 2-68 中，R_1 和 R_2 分别为冻胀后细颗粒所形成的簇团与粗粒土颗粒的半径，$\Delta\delta_n$ 为等效半径增量，并建立等效接触半径 R、等效弹性模量 E、等效泊松比 ν 等概念。

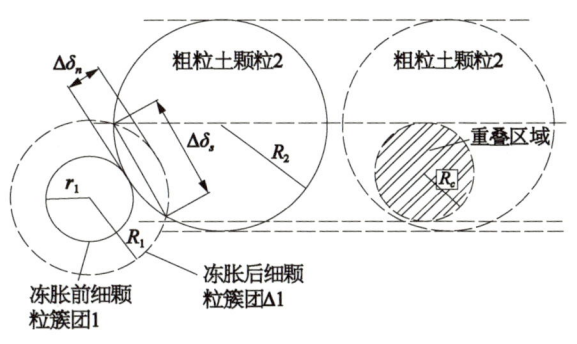

图 2-68　冻胀后簇团与骨架接触关系

$$\frac{1}{E} = \frac{1-\nu_1^2}{E_1} + \frac{1-\nu_2^2}{E_2} \tag{2-45}$$

$$\frac{1}{\nu} = \frac{1}{\nu_1} + \frac{1}{\nu_2} \tag{2-46}$$

$$\frac{1}{R} = \frac{1}{R_1} + \frac{1}{R_2} \tag{2-47}$$

$$\Delta\delta_n = R_1 - r_1 = r_1 \alpha \tag{2-48}$$

$$\Delta\delta_s = 2R_c \tag{2-49}$$

式中　r_1——细颗粒簇团冻胀前半径；
　　　α——簇团冻胀率；
　　　R_c——两颗粒重叠区半径；
　　E_1 和 E_2——细颗粒簇团和粗粒土骨架的弹性模量；

ν_1 和 ν_2——细颗粒簇团和粗粒土骨架的泊松比。

由于簇团尺寸和骨架相比存在量级上的差异,可取 $R=R_1$。

在颗粒接触面的法向方向,基于 Hertz 接触本构模型的簇团冻胀所产生的冻胀力 ΔF_n 可由细颗粒簇团冻胀后的等效半径增量表示 $\Delta \delta_n$ 为

$$\Delta F_n = k_n \Delta \delta_n^{\frac{3}{2}} \tag{2-50}$$

$$k_n = \frac{2E}{3(1-\nu^2)} \sqrt{R_1} \tag{2-51}$$

将式(2-48)代入式(2-50)得

$$\Delta F_n = \frac{2E}{3(1-\nu^2)} \sqrt{R_1 (\alpha r_1)^3} \tag{2-52}$$

则在颗粒接触面的切向方向,Mindlin、Deresiewicz 认为当两颗粒单元发生接触时,单元由接触表面的圆周相对位移经接触面逐渐发展至颗粒内部。当接触面的相对剪切位移增量时,则颗粒间切向力的增量可表示为

$$\Delta F_s = k_s \Delta \delta_s = 8 \left(\frac{2-\nu_1^2}{G_1} + \frac{2-\nu_2^2}{G_2} \right) \sqrt{R_1 \Delta \delta_n} \Delta \delta_s \tag{2-53}$$

将式(2-48)和式(2-49)代入式(2-53)则有

$$\Delta F_s = 16 \left(\frac{2-\nu_1^2}{G_1} + \frac{2-\nu_2^2}{G_2} \right) \sqrt{\alpha r_1 R_1} R_c \tag{2-54}$$

式中 G_1 和 G_2——细颗粒簇团和粗粒土骨架的剪切模量,表示为

$$G_i = \frac{E_i}{2(1+\nu_i)} \quad (i=1, 2) \tag{2-55}$$

由式(2-49)可以得出,簇团冻胀产生的法向冻胀力与其大小和冻胀率呈正相关关系,由式(2-54)可以得出,切向冻胀力与簇团接触半径呈线性关系,与簇团冻胀率呈正相关关系,因此,在一个计算分析时步内,两颗粒质心空间位置不发生变化的情况下,簇团半径和簇团冻胀率越大,产生的法向和切向冻胀力均增大。

3) 离散元迭代计算过程

离散元法把散体物料的宏观运动离散为单个单元的运动,基于颗粒之间的接触本构关系,获得每个单元当前时步的合外力、力矩,并依据牛顿第二定律,针对每个单元建立独立的运动方程,从而得到每个单元下个时步的位移,进而实现离散元模型的循环迭代。颗粒的运动方程为

$$\begin{gathered} \sum F = m\ddot{u} \\ \sum M = I\ddot{\theta} \end{gathered} \tag{2-56}$$

式中 $\ddot{u}$、$\ddot{\theta}$——对单元位移及转角求导所得到的线加速度及角加速度;

m——颗粒的质量;

I ——颗粒的转动惯量;

$\sum F$ ——颗粒单元外力的合力;

$\sum M$ ——颗粒单元的合外力矩。

采用中心差分法对运动方程进行求解,令 $\ddot{u}_t$、$\ddot{\theta}_t$ 分别为 t 时刻单元的线加速度及角加速度,则有

$$\ddot{u}_t = \frac{\partial \dot{u}_t}{\partial t} = \frac{F}{m}$$
$$\ddot{\theta}_t = \frac{\partial \dot{\theta}_t}{\partial t} = \frac{M}{I}$$
(2-57)

将式(2-57)中的加速度用中心差分格式来表示,则有

$$\frac{\partial \dot{u}_t}{\partial t} = \frac{\dot{u}_{t+\Delta t/2} - \dot{u}_{t-\Delta t/2}}{\Delta t}$$
$$\frac{\partial \dot{\theta}_t}{\partial t} = \frac{\dot{\theta}_{t+\Delta t/2} - \dot{\theta}_{t-\Delta t/2}}{\Delta t}$$
(2-58)

式中 Δt ——迭代时步长。

速度 $\dot{u}_{t+\Delta t/2}$、$\dot{u}_{t-\Delta t/2}$ 可由位移 u 表示为

$$\dot{u}_{t+\Delta t/2} = \frac{u_{t+\Delta t} - u_t}{\Delta t}$$
$$\dot{u}_{t-\Delta t/2} = \frac{u_t - u_{t-\Delta t}}{\Delta t}$$
(2-59)

将式(2-59)再进行一次中心差值得到速度的差分方程

$$\dot{u}_t = \frac{\dot{u}_{t+\Delta t/2} + \dot{u}_{t-\Delta t/2}}{2} = \frac{u_{t+\Delta t} - u_{t-\Delta t}}{2\Delta t}$$
(2-60)

将式(2-59)带入式(2-58)中得到加速度的差分方程

$$\ddot{u}_t = \frac{u_{t+\Delta t} + u_{t-\Delta t} - 2u_t}{(\Delta t)^2}$$
(2-61)

对式(2-57)进行数值积分,$t+\Delta t$ 时刻的速度可表示为

$$\dot{u}_{t+\Delta t} = \dot{u}_t + \ddot{u}_t \Delta t$$
(2-62)

即可求得单元的新位置为

$$u_{t+\Delta t} = u_t + \dot{u}_t \Delta t$$
(2-63)

同理可得单元在下个时刻的转角为

$$\theta_{t+\Delta t} = \theta_t + \dot{\theta}_t \Delta t$$
(2-64)

式中,$\dot{\theta}_t$ 可表示为

$$\dot{\theta}_t = \frac{\dot{\theta}_{t+\Delta t/2} + \dot{\theta}_{t-\Delta t/2}}{2} = \frac{\theta_{t+\Delta t} - \theta_{t-\Delta t}}{2\Delta t} \tag{2-65}$$

由此即可得到单元的下个时步的位移与转角增量,通过不断的循环迭代,当累计时步达到预定要求时,即完成计算过程。

4) 离散元模型的建立及验证

由于土体颗粒的外形对颗粒间的咬合力、颗粒间孔隙分布等均具有一定的影响,基于大量CT扫描结果,对粗粒土的形状特征进行了分析,并基于形状分析结果,提出了10种典型颗粒外形,对各种土体颗粒进行模拟,如图2-69所示。

图2-69 典型土体颗粒外形

在试验中通常采用细颗粒含量对土体的颗粒分布特性进行描述,但由于小于0.075 mm的细颗粒相对于粗粒土骨料而言,其体积通常不在一个数量级,即使相同的细颗粒含量,土样的冻胀率也可能受到土体中粗粒土颗粒的形状、排列方式等因素的影响。

为分析这一特性,建立了两组细颗粒含量均为17%,但粗骨料级配不同的试验进行冻胀分析,其中第一组试样中粗骨料粒径较大,试样孔隙率14.6%;第二组粗骨料级配中小颗粒含量较多,孔隙率仅为3.8%,如图2-70所示。

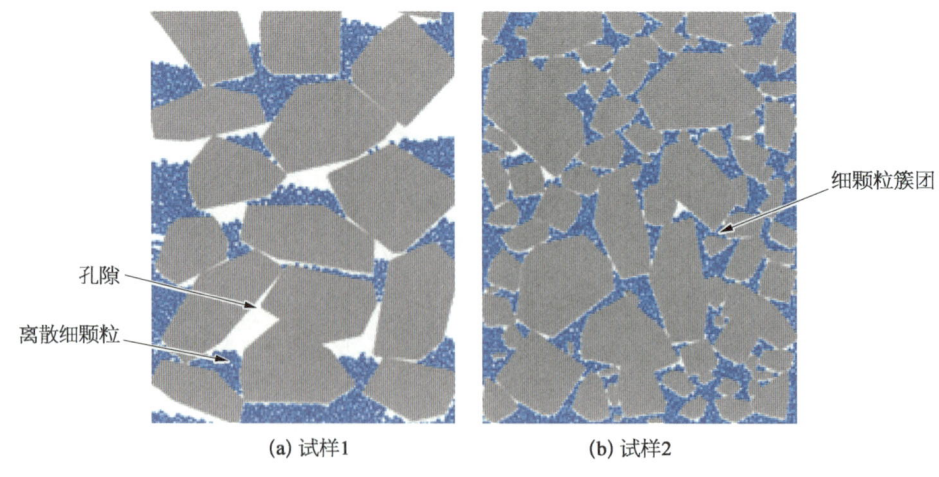

(a) 试样1 (b) 试样2

图2-70 细颗粒含量17%的试验

两组试样在冻胀过程中,冻胀量随细颗粒体积冻胀增大率的变化曲线如图 2-71 所示。在细颗粒含量同为 17% 的情况下,孔隙较大的试样 1 的冻胀率为 3.6%,而孔隙较小的试样 2 的冻胀率则为 7.1%,两者相差约 50%;试样 1 颗粒间的平均接触力增量仅为 3%,而孔隙率较小的试样 2 颗粒间的平均接触力增量则为 17%。通过对比分析冻胀前后颗粒间的接触状态变化规律可以发现,试样 1 在冻胀后,粗骨料颗粒间相互接触,细颗粒冻胀的表现形式为填充粗骨料之间的孔隙,但并未引起粗骨料骨架的抬升,因此其接触力及冻胀率均较低;试样 2 由于细颗粒填充了粗骨料之间的孔隙,粗骨料间的接触关系由粗骨料-粗骨料接触形式转化为粗骨料-细颗粒-粗骨料接触形式,即细颗粒对粗骨料骨架形成了颗粒"干涉"现象。因此导致了细颗粒含量相同的情况下,两组试样的冻胀率相差约 1 倍的现象。

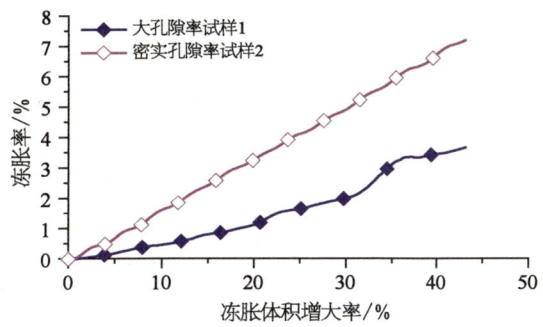

图 2-71 细颗粒含量 17% 两组试样冻胀率

由此可知,细粒土引起土体冻胀的程度与其是否在粗粒土骨架之间形成"干涉"有关,即当细颗粒含量达到所在粗骨料骨架中颗粒形成"干涉"的临界含量后,细颗粒含量才会与冻胀率呈现出正相关关系,并非由细粒土的含量单一因素所决定。而颗粒簇团率的概念实际考虑了细颗粒含量与粗骨料孔隙两方面因素,能更准确地描述土体内细颗粒、粗颗粒、气的三相分布。因而更适合作为描述土体冻胀行为的基准变量。

为更准确地分析簇团率对土体冻胀机理的影响规律,就需要保证不同数值模型中粗粒土的粒径级配及颗粒分布排列规律基本一致,仅控制细颗粒簇团率这一单一变量。拟采用拟合空间几何算法实现不同细颗粒簇团率条件下粗粒土颗粒的一致性分布,解决这一数值模拟及室内试样中的难题。根据室内实验参数及所采用的粗、细颗粒土的实际级配,建立不同簇团率条件下一致分布粗骨料土体冻胀细观数值模型如图 2-72 所示。在冻胀仿真过程中,通过细颗粒体积随时间逐渐膨胀的方式以模拟土体的冻胀行为。

依据室内试验结果对理论模型的关键参数进行标定及验证,验证后的模型参数如表 2-6 所示。

表 2-6 数值模型仿真参数表

参 数 名 称	取 值
细粒土粒间摩擦系数	0.01
粗粒土之间摩擦系数	0.31
粗、细粒土之间摩擦系数	0.2
细粒土切、法向刚度/(N/m)	8.6×10^5
粗粒土切、法向刚度/(MN/m)	4.3×10^5
细颗粒冻胀体积膨胀率	1.46

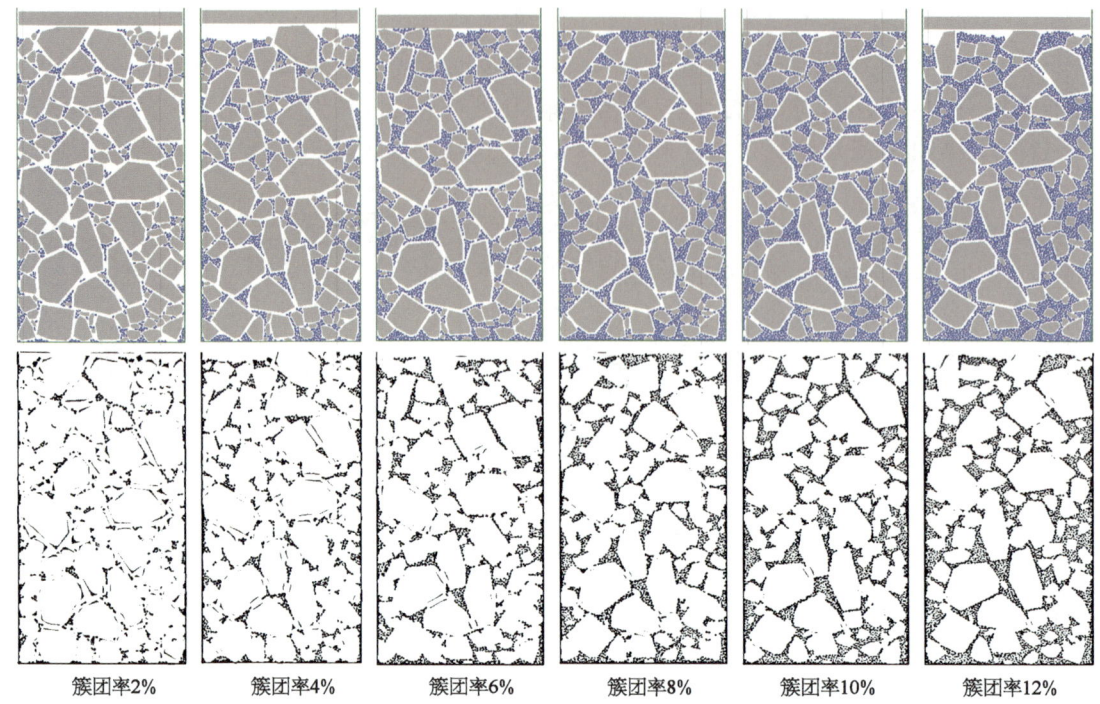

图2-73 不同簇团率土体试样

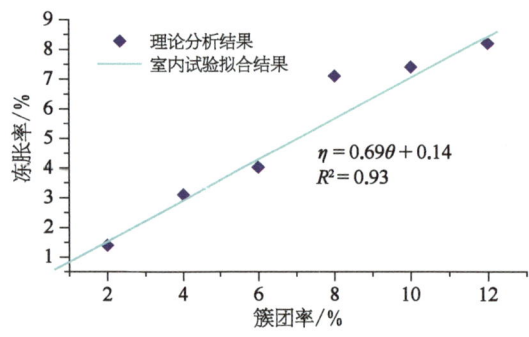

图2-73 理论分析结果与室内试验拟合结果对比

采用表2-6中的仿真参数得到的数值模型理论分析结果与室内试验拟合结果对比如图2-73所示。

5）土体颗粒冻胀位移机理

模拟计算结果如图2-74所示，建立的理论模型能较好地模拟真实情况，具有足够的精确度，且土体的簇团率与冻胀量呈 R^2 为0.93的强正相关关系。从6组模型的冻胀前后细颗粒位移矢量图及云图可以看出，当簇团率在2%以下时，细颗粒未能在粗骨料之间形成"干涉"，粗骨料之间的接触形式仍然以粗骨料-粗骨料接触形式为主，因此细颗粒的位移形式主要为沿粗骨料颗粒间的孔隙方向"流动"，冻胀所引粗骨料"骨架抬升"十分有限。而当簇团率8%以上时，细颗粒簇团形成，对粗骨料形成了明显的"骨架抬升"现象，粗细颗粒整体向上运动，形成冻胀现象。

此外，颗粒的冻胀位移量受试样的深度影响显著，即处于试样底部的颗粒冻胀量较小，试样顶部的颗粒冻胀量较大。这主要由两方面原因造成，一是试样顶部为小压力的方向，下部颗粒的位移在垂直向上方面具有累积效应；二是上部颗粒自重对下部颗粒形成了"上覆荷载"效应，抑制了土体颗粒的冻胀位移。

6）土体颗粒冻胀对接触力的影响机理

为深入研究在冻胀过程中土体颗粒冻胀力的分布规律及荷载传递机理，对粗骨料及细颗粒在

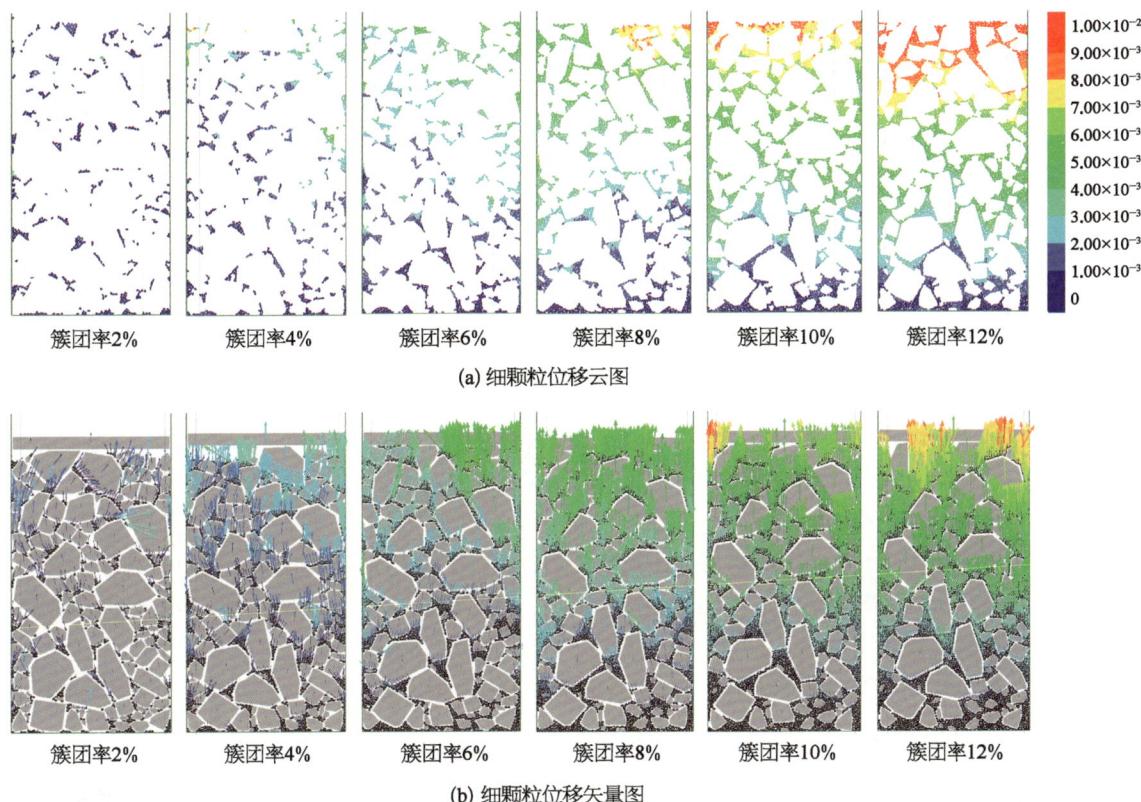

(a) 细颗粒位移云图

(b) 细颗粒位移矢量图

图 2-74 不同簇团率条件下冻胀前后颗粒位移云图及矢量图

冻胀过程中所受到的冻胀接触力进行分析,粗骨料所受的冻胀接触力云图如图 2-75 所示,骨料所受到的接触力和颗粒的粒径呈正相关关系,主要是由于大粒径的粗骨料颗粒与更多的细颗粒接触,从而受到更大的接触合力。细颗粒所受的冻胀接触力云图如图 2-76 所示,细颗粒簇团所受到的冻胀接触力与簇团半径并无显著的相关性,即并非传统认知观念中簇团半径与接触力成正相关关系的结论。通过对位移云图与接触力云图进行对照分析,结果表明,该现象的形成可能与粗骨

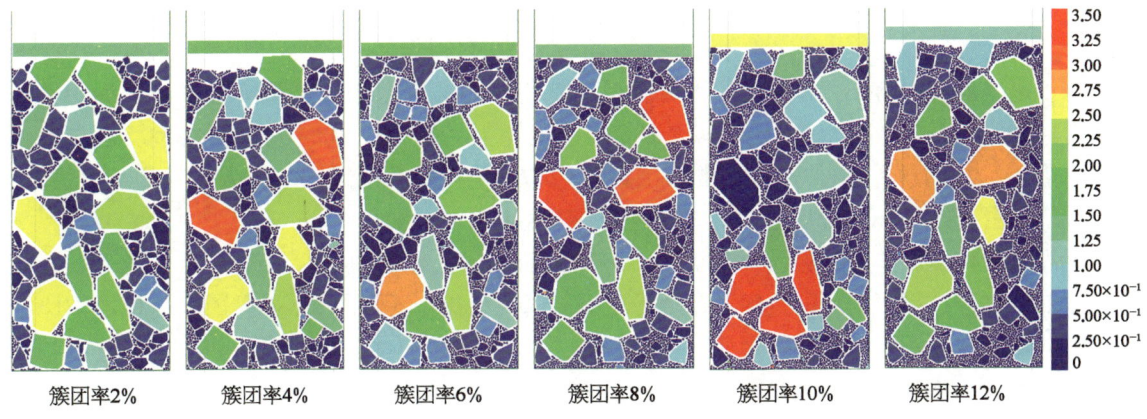

图 2-75 不同簇团率条件下冻胀后粗粒土骨料应力云图

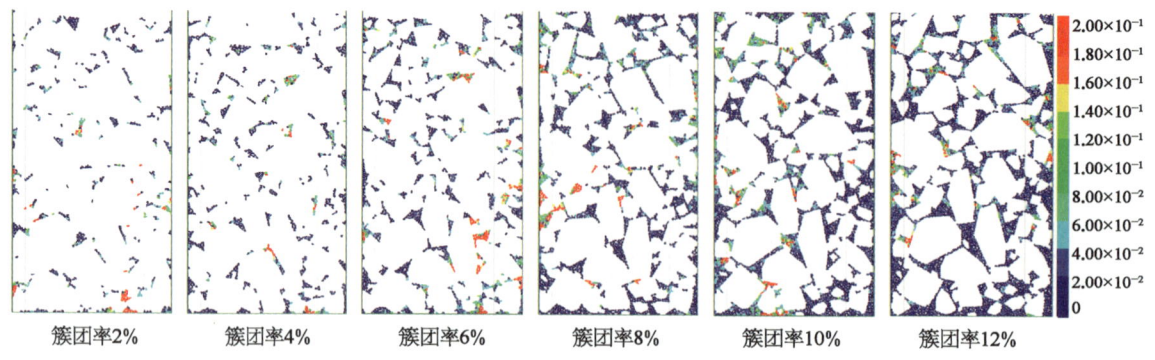

图 2-76 不同簇团率条件下冻胀后细颗粒接触力云图

料周围颗粒的嵌挤情况有关。对此,建立微观的粗骨料-细颗粒簇团相互作用机理理论分析模型开展研究工作。

7) 粗粒土及细颗粒簇团微观作用机理

为研究粗、细粒土的微观冻胀机理,并充分考虑粗骨料的嵌挤情况,对嵌缝上部的粗骨料颗粒自由位移(对应上部粗骨料仅受重力)和固结位移(对应有上覆荷载或上部粗粒土骨料嵌挤密实)两种情况进行分析。

不同细颗粒簇团半径典型粗-细粒土细观相互作用模型中上部粗粒土大颗粒在自由位移条件下,冻胀后颗粒的位移矢量图如图 2-77 所示。

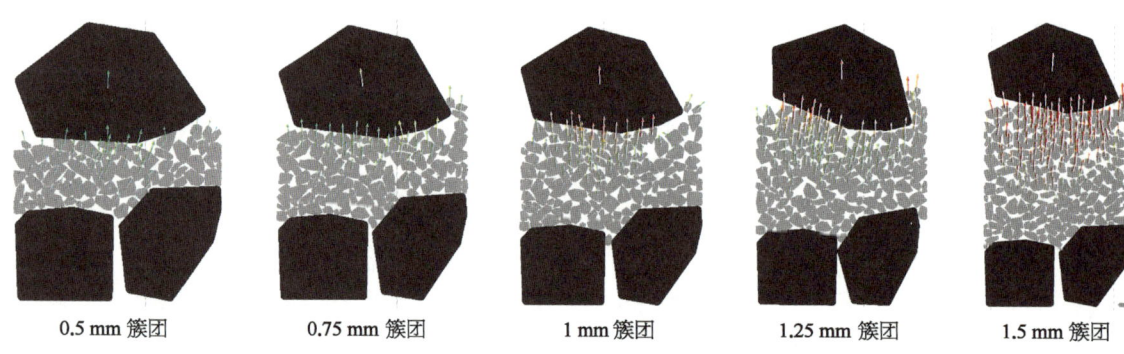

图 2-77 不同细颗粒簇团半径条件下冻胀前后颗粒位移矢量图

在仅考虑自重的条件下,上部粗骨料颗粒的垂直细观冻胀量与细颗粒簇团半径之间的关系如图 2-78 所示,可以看出簇团半径与冻胀量呈绝对相关系数为 0.97 的正相关关系。但在土体无上部附加荷载的边界条件下,冻胀前后细颗粒间的平均接触力随簇团半径无显著的相关性,如图 2-79 所示,这一结论与图 2-77 的研究结果相互佐证。

为深入分析冻胀前后细颗粒簇团半径对土体颗粒冻胀过程中力学行为的影响规律,图 2-80 对冻胀前后细颗粒簇团内部的接触力进行了分析。可以看出,冻胀后细颗粒簇团内部接触力比冻胀前呈现出了在簇团底部集中的特性,并未呈现冻胀前上部颗粒由细颗粒簇团接触力链支承的特性,说明冻胀所产生的冻胀应力通过位移重新分布得到了放散,这也就解释了图 2-78 中在土体无上部附加荷载的边界条件下,冻胀前后细颗粒间的平均接触力随簇团半径无显著的相关性的原因。

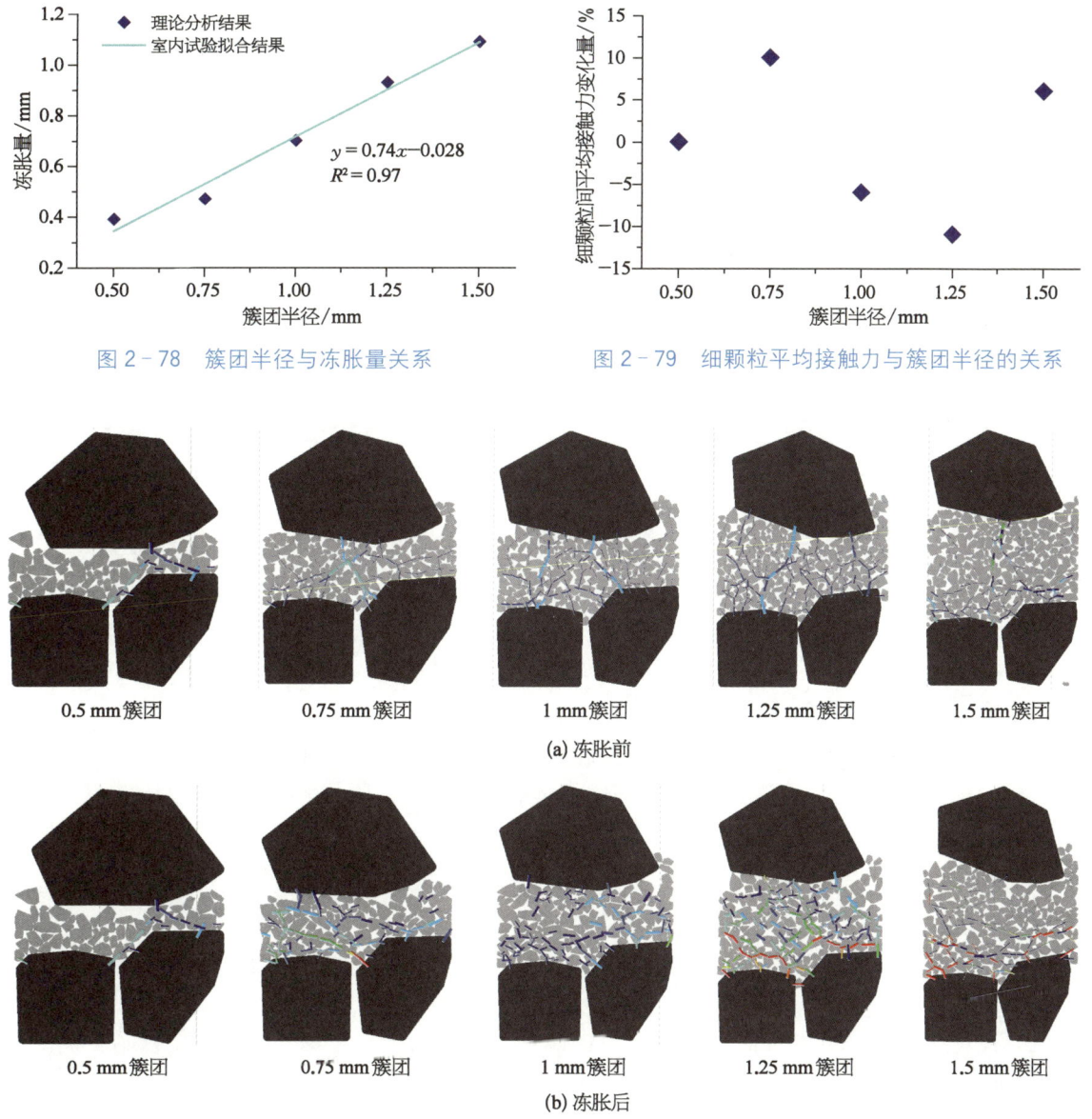

图 2-78 簇团半径与冻胀量关系

图 2-79 细颗粒平均接触力与簇团半径的关系

图 2-80 冻胀前后细颗粒簇团内部应力分布规律

在工程实际中,冻胀土体上部通常存在结构物的上覆荷载,因而研究上部粗骨料大颗粒固结位移条件下簇团半径对冻胀力的影响规律更具工程意义,因此对固结上部粗骨料大颗粒条件下,冻胀前后不同簇团半径中的应力分布规律进行了分析,所得到的结果如图 2-81 所示。可以看出,冻胀力分布与上部无荷载条件下的应力分布呈现出了较大的差异,图 2-80 中冻胀后细颗粒簇团内部的接触力主要集中在下部颗粒上方,冻胀使颗粒整体向上的位移引发细骨料颗粒间应力重新分布导致下部粗骨料颗粒、细颗粒与上部粗骨料之间并未呈现出接触力链,而图 2-81 的颗粒冻胀后由于上部颗粒的位移限制作用,颗粒间的冻胀力急剧增大。

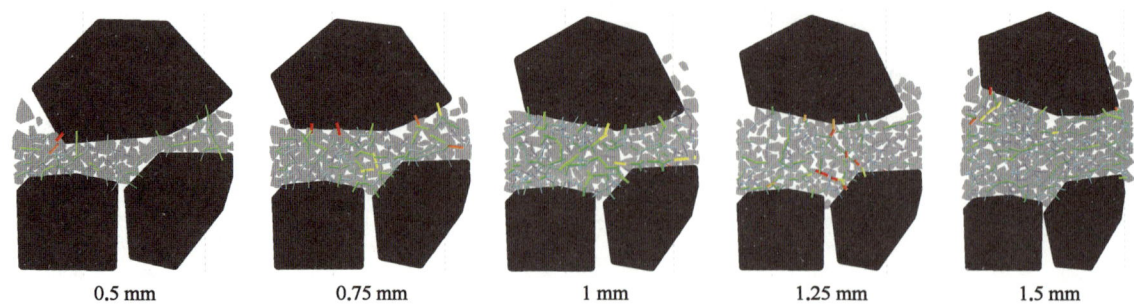

图 2-81 冻胀前后细颗粒簇团内部应力分布规律

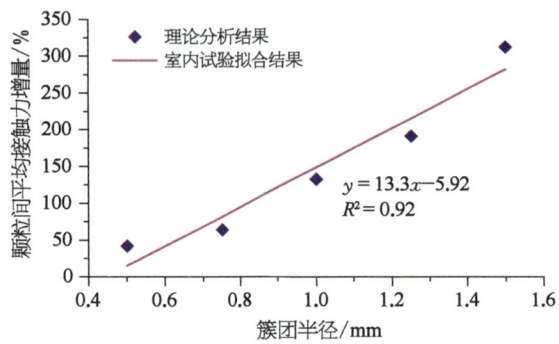

图 2-82 冻胀前后细颗粒簇团内部应力分布规律

通过对粗骨料间的细颗粒簇团平均接触力进行分析,所得到的结果如图 2-82 所示,在固结上部粗粒土颗粒位移的条件下,颗粒间的平均接触力随簇团半径增大而增大,且服从绝对相关系数为 0.92 的正相关关系。

8) 小结

采用拟合空间几何算法实现了不同细颗粒簇团率条件下粗粒土颗粒的一致性分布,解决了数值模拟及室内试样中的难题,进一步揭示了细颗粒簇团冻胀机理。

模拟结果表明,细颗粒引起土体冻胀的程度与粗骨料的孔隙以及其是否在粗粒土骨架之间形成"干涉"有关,即当细颗粒含量达到所在粗骨料骨架中颗粒形成"干涉"的临界含量后才会引起粗骨料的骨架抬升,细颗粒含量进而才会与冻胀率呈现出正相关关系,并非由细颗粒含量单一因素所决定。而颗粒簇团率的概念实际考虑了细颗粒含量与粗骨料孔隙两方面因素,能更准确地描述土体内细颗粒、粗颗粒、气的三相分布,因而更适合作为描述土体冻胀行为的基准变量。

颗粒的冻胀位移量受试样的深度影响显著,即处于试样底部的颗粒冻胀量较小,试样顶部的颗粒冻胀量较大,这主要由两方面原因组成,一是试样顶部为小压力的方向,下部颗粒的位移在垂直向上方面具有累积效应;二是上部颗粒自重对下部颗粒形成了"上覆荷载"效应,抑制了土体颗粒的冻胀位移。

填料的冻胀量与细颗粒簇团率呈绝对相关系数为 0.92 以上的正相关关系。在土体无上部附加荷载的边界条件下,冻胀前后细颗粒间的平均接触力随簇团半径无显著的相关性。位移云图与接触力云图的对照分析结果表明,该现象形成的主要原因是冻胀所产生的冻胀应力通过骨架抬升得到了放散。

参考文献

[1] 中华人民共和国铁道部.TB10601—2009 高速铁路工程测量规范[S].北京:中国铁道出版社,2009.
[2] 刘加军.季节性冻土地区铁路路基冻害及防治措施研究[J].石家庄铁道学院学报,2003,16(S1):114-116.

[3] 赵国堂.严寒地区高速铁路无砟轨道路基冻胀管理标准的研究[J].铁道学报,2016,38(3):1-8.
[4] TABER S. The mechanics of frost heaving[J]. J. Geol.,1930(38):303-317.
[5] BESKOW G. Soil freezing and frost heaving with special application to roads and railroads[C]. The Swedish Geological Society Year Book No.3, Northwestern University, 1935.
[6] EVERETT D H, HAINES J M. Capillary properties of some model pore systems with special reference to frost damage[J]. Bull. Rilem, 1965(27):31-36.
[7] MILLER R D. Lens initiation in secondary heaving[C]. Proceedings of the International Symposium on Frost Action in Soils, 1977, 2:16-18.
[8] HARLAN R L. Analysis of coupled heat-fluid transport in partially frozen soil[J]. Water Resource Research, 1973, 9(5):1314-1323.
[9] O'NEIL K, MILLER R D. Exploration of a rigid ice model of frost heave[J]. Water Resources Research, 1985, 21(3):281-296.
[10] KONRAD J M, MORGENSTERN N R. The segregation potential of a freezing soil[J]. Canadian Geotechnical Journal, 1981(18):482-491.
[11] KONRAD J M, MORGENSTERN N R. A mechanistic theory of ice lens formation in fine-grained soils[J]. Canadian Geotechnical Journal, 1980(17):473-486.
[12] SHEN MU, BRANKO LADANYI. Modeling of coupled heat, moisture and stress field in freezing soil[J]. Cold Regions Science and Technology, 1987(14):237-246.
[13] GILPIN R R. A model of the "liquid-like" layer between ice and a substrate with applications to wire regelation and particle migration[J]. J. Colloid Interface Sci., 1979, 68(2):235-251.
[14] 叶阳升,王仲锦,程爱君,等.路基的填料冻胀分类及防冻层设置[J].中国铁道科学,2007,28(1):1-7.
[15] 王天亮,岳祖润.细粒含量对粗粒土冻胀特性影响的试验研究[J].岩土力学,2013,34(2):359-364,388.
[16] 王青志,朱鑫鑫,刘建坤,等.寒区高速铁路基粗颗粒填料大型直剪试验研究[J].铁道学报,2016,38(8):102-109.
[17] NURMIKOLU A, KOLISOJA P. The Effect of Fines Content and Quality on Frost Heave Susceptibility of Crushed Rock Aggregates Used in Railway Track Structure[C]. Proceedings of the 9th International Conference on Permafrost, June 29-July 3, 2008, Fairbanks, USA.
[18] 许健,牛富俊,李爱敏,等.季节冻土区保温法抑制铁路路基冻胀效果研究[J].铁道学报,2010,32(6):124-131.
[19] FOURIE W J, BARNES D L, SHUR Y. The formation of ice from the infiltration of water into a frozen coarse grained soil[J]. Cold Regions Science and Technology, 2007(38):118-128.
[20] KOMAROV V D. On permeability of frozen coils to water[M]. Tsytovich N A. Laboratory investigations of frozen soils. Moscow: USSR Academy of Sciences, 1957:142-149.
[21] 聂志红,刘源,王翔.客运专线基床表层级配碎石冻胀影响因素的试验研究[J].铁道科学与工程学报,2013(3):59-62.
[22] 张以晨,李欣,张喜发,等.季冻区公路路基粗粒土的冻胀敏感性及分类研究[J].岩土工程学报,2007(10):1522-1526.
[23] 叶阳升.寒区铁路路基防冻胀结构及设计参数研究[R].北京:中国铁道科学研究院,2011.
[24] YANG G T, YAN H Y, CAI D G, et al. Experimental Study on Frost Heave of High-speed Railway Subgrade in the Seasonally Frozen Region[J]. Japanese Geotechnical Society Special Publication, 2016, 2(38):1699-1702.
[25] SHENG DAICHAO, ZHAO GUOTANG, ZHANG SHENG, et al. Possible Frost Heave Mechanisms in an Unsaturated High-speed Railway Formation[C]. Sixth International Conference on Unsaturated Soils. London, UK: Taylor & Francis Group, 2014:3-14.
[26] ZHANG SHENG, SHENG DAICHAO, ZHAO GUOTANG, et al. Analysis of Frost Heave Mechanisms in a High-speed Railway Embankment[J]. Canadian Geotechnical Journal, 2016, 53(3):520-529.
[27] 张升,贺佐跃,滕继东,等.非饱和土水汽迁移与相变:两类"锅盖效应"的试验研究[J].岩土工程学报,2017,39(5):961-968.
[28] 姚仰平,王琳.影响锅盖效应因素的研究[J].岩土工程学报,2018,40(8):1373-1382.

[29] 严晓东.严寒地区高速铁路线路维护技术研究[R].哈尔滨：哈尔滨铁路局集团有限公司,2019.
[30] Du X Y, Ye Y S, Zhang Q L, et al. Experimental Research on Frost Heaving Characteristics of Coarse Grained Soil Filler of High Speed Railway Subgrade in Cold Region[C]. 2014 International Conference on Mechanics and Civil Engineering (icmce-14). Paris: Atlantis Press, 2014.
[31] Wang Q, Liu J, Zhu X, et al. The Experiment Study of Frost Heave Characteristics and Gray Correlation Analysis of Graded Crushed Rock[J]. Cold Regions Science and Technology, 2016(126): 44-50.
[32] BAI R Q, LAI Y M, ZHANG M Y, et al. Water-Vapor-Heat Behavior in a Freezing Unsaturated Coarse-grained Soil with a Closed Top[J]. Cold Regions Science and Technology, 2018(155): 120-126.
[33] 谈云志,喻波,胡新江,等.非饱和土热导率预估模型研究[J].岩土工程学报,2013,35(S1):129-133.
[34] 原喜忠,李宁,赵秀云,等.非饱和(冻)土导热系数预估模型研究[J].岩土力学,2010,31(9):2689-2694.
[35] ZHANG X, ZHAO C F, ZHAI W M. Dynamic Behavior Analysis of High-speed Railway Ballast under Moving Vehicle Loads Using Discrete Element Method[J]. International Journal of Geomechanics, 2017, 17(7): 14-20.
[36] GUAN H, WANG D Y, MA W, et al. Study on the Freezing Characteristics of Silty Clay under High Loading Conditions[J]. Cold Regions Science and Technology,2015(110):26-31.
[37] WANG D Y, WANG Y T, MA W, et al. Study on the Freezing-induced Soil Moisture Redistribution under the Applied High Pressure[J]. Cold Regions Science and Technology, 2018(145): 135-141.
[38] 叶阳升.寒区铁路路基防冻胀结构及设计参数研究[R].北京：中国铁道科学研究院,2011.
[39] 田亚护,刘建坤,彭丽云.动、静荷载作用下细粒土的冻胀特性实验研究[J].岩土工程学报,2010,32(12):1882-1887.
[40] 左永振,程展林,丁红顺.CT技术在粗粒土组构研究中的应用[J].人民黄河,2010,32(7):109-111.
[41] OLOVIN B A. Permeability of perennially frozen soils[M]. Novosibirsk, Russia: Nauka, 1993.
[42] TOVEY N K. Quantitative analysis of electron micrographs of soil structure[C]. In: Proc. of the Int. Sym. On Soil Structure[C]. Gothenburg: [sn.], 1973.
[43] PYEK KNNSLEY D. Petrohrapgic examination of sedimentary rocks in the SEM using back-scattered electron detectors[J]. J. Sed. Petr., 1984(54): 877-888.
[44] 吴义祥.工程粘性土微观结构的定量分析[J].中国地质科学院院刊,1991(23):143-153.
[45] 胡瑞林.黏性土微观结构定量模型及其工程地质特征研究[M].北京：地质出版社,1995.
[46] SHI BIN, WU Z, INYING H, ea al. Preparation of soil specimens for SEM analysis using freeze-cut-drying[J]. Bulletin of Engineering Geology and the Environment, 1999, 58(1): 1-7.
[47] 孙银磊,汤连生,刘洁.非饱和土微观结构与粒间吸力的研究进展[J].岩土力学,https://doi.org/10.16285/j.rsm.2019.0613.
[48] 孔令荣,黄宏伟,HICHER P Y,等.上海淤泥质黏土微结构特性及固结过程中的结构变化研究[J].岩土力学,2008,29(12):3287-3292.
[49] 江福河.压汞法对不同深度软土固结的微观孔隙特征研究[J].科学技术与工程,2011,11(31):7701-7706.
[50] 张先伟,孔令伟.利用扫描电镜、压汞法、氮气吸附法评价近海黏土孔隙特征[J].岩土力学,2013,34(S2):134-142.
[51] 张泽,周泓,秦琦,等.冻融循环作用下黄土的孔隙特征试验[J].吉林大学学报(地球科学版),2017,47(3):839-847.
[52] PETROVIC A M, SIEBERT J E, RIEKE P E. Soil Bulk Density Analysis in Three Dimensions by Computed Tomographic Scanning1[J]. Soil Science Society of America Journal, 1982, 46(3): 445-450.
[53] 蒲毅彬.CT用于冻土实验研究中的使用方法介绍[J].冰川冻土,1993,15(1):196-198.
[54] 孙国文,张丽娟.CT技术用于水泥基材料微观结构表征的国内外研究进展[J].混凝土,2015(12):8-12.
[55] 潘利,蒋金洋,赵国堂,等.基于X-CT技术对严寒地区高速铁路基微冻胀填料级配碎石冻胀过程微结构演变分析[J].材料导报,2016,30(Z1):176-181.
[56] 张英,邴慧.基于压汞法的冻融循环对土体孔隙特征影响的试验研究[J].冰川冻土,2015(1):169-174.
[57] BROWN R I S, FATT I. Measurements of fractional wettability of oil field rocks by the nuclear magnetic relaxation method[J]. Trans. AIME 207, 1956: 262-264.
[58] 王为民,李培,叶朝辉.核磁共振弛豫信号的多指数反演[J].中国科学(A辑),2001(8):730-736.

[59] 周科平,李杰林,许玉娟,等.冻融循环条件下岩石核磁共振特性的试验研究[J].岩石力学与工程学报,2012,31(3):731-737.
[60] 谭龙,韦昌富,田慧会,等.冻土未冻水含量的低场核磁共振试验研究[J].岩土力学,2015,36(6):1566-1572.
[61] 赵国堂,蒋金洋,崔颖辉,等.高速铁路路基填料中细颗粒分布特征及其对冻胀的影响[J].铁道学报,2017,39(10):1-9.
[62] 吴一全,孟天亮,吴诗娅.图像阈值分割方法研究进展20年:1994—2014[J].数据采集与处理,2015,30(1):1-23.
[63] 徐永福,刘斯宏,董平.粒状土体的结构模型[J].岩土力学,2001,22(3):366-372.
[64] 吴芝兰,曲永新.微团聚体分析在工程地质研究中的应用[J].工程地质学报,1997,5(3):282-288.
[65] 周晖,房营光,禹长江.广州软土固结过程微观结构的显微观测与分析[J].岩石力学与工程学报,2009,28(S2):3830-3837.

第 3 章

季冻区高速铁路路基冻胀效应及其控制

路基冻胀变形作为一种自然现象在季冻区普遍存在,在高速铁路路基上以基床表层的冻胀变形为主,产生的机理是以级配碎石填料中细颗粒簇团的冻胀力为动力源,推动填料骨架位移产生宏观变形。由于基床表层的冻胀变形直接作用于无砟轨道底部,将对轨道的平稳性产生直接影响。

本章通过建立路基冻胀变形传递模型,研究了路基冻胀变形对无砟轨道平稳性的影响规律,提出了高速铁路无砟轨道抗路基冻胀技术;根据控制路基不冻胀、微冻胀的原则,提出了基于细颗粒簇团率控制的透水型和防水型路基防冻胀结构,以及适用于低矮路基、地下水丰富地区的混凝土基床结构,形成了高速铁路路基冻胀控制成套技术;通过哈齐高速铁路现场试验,验证了3种路基防冻胀结构能够有效控制严寒季冻区高速铁路路基的冻胀。

3.1 无砟轨道路基冻胀变形传递模型

路基冻胀模拟实际上比较复杂,既有热量在土层中的传导过程,也有热-水耦合作用,更重要的是上层土体冻结后,其物理力学参数将发生变化,可能从松散的颗粒结构冻结成梁或板结构,当下层土体冻结膨胀时向上的作用是一种结构作用,而不是散粒体的颗粒运动。为简化计算,将路基中土体冻结膨胀过程导致的路基面上拱作为激励,分析上拱变形在无砟轨道传递过程中的力学特征。

如图 3-1 所示,无砟轨道作为层状结构,在路基面冻胀激励作用下将产生弯曲变形,底座板和支承层可能会出现离缝现象,结构层层间也会产生分离或离缝问题。板式无砟轨道中的轨道板由于抗弯刚度较大,将会在板端出现更大的离缝,钢轨也会在板端形成类似硬弯变形,导致钢轨轨面周期性的不平顺(图 3-2)。

路基冻胀引起无砟轨道结构层弯曲变形后,将在无砟轨道结构层的顶部形成拉应力区。由于冻胀变形从下向上传递,底座板和支承层首先承受上拱变形的作用,其顶面可能会因为拉应力超过容许应力而出现裂纹,特别是支承层采用低强度、高弹模混凝土材料后,发生开裂问题将更为突出。而且,双块式无砟轨道采用连续结构或大单元结构,类同于超大或特大跨度桥梁,其受弯曲作用后支承层和道床板顶部将出现更大的拉应力。对于在底座板顶面设置凹槽结构的 CRTS Ⅲ 型

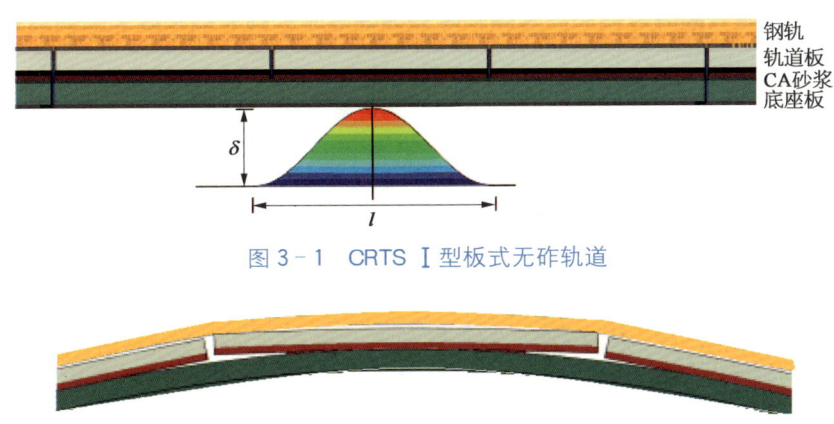

图 3-1　CRTS Ⅰ型板式无砟轨道

图 3-2　路基冻胀传递下板式无砟轨道结构层层间关系变化

板式无砟轨道来说,凹槽结构会出现拉应力集中区,从而产生开裂现象。

根据冻胀变形传递特点,在建立有限元模型计算时,将 CRTS Ⅰ型板式轨道的轨道板、CA 砂浆填充层、底座板等层间及轨道板与凸形挡台周边填充层间设置为可分离的接触;CRTS Ⅲ型板式轨道的轨道板与自密实混凝土层间共节点,自密实混凝土层与底座板间设置为可分离的接触;考虑长期使用后层间接触状态的劣化,双块式无砟轨道的道床板与支承层间设置为可分离的接触;底座板/支承层与路基面间均为可分离的接触。采用梁单元模拟钢轨,空间实体单元模拟无砟轨道结构层,三向弹簧单元模拟扣件。

在路基面施加反余弦式路基冻胀变形曲线[1,2],表示为

$$f = \frac{\delta}{2}\left(1 - \cos\frac{2\pi x}{\lambda}\right) \tag{3-1}$$

式中　δ——路基冻胀变形的最大幅值;
　　　λ——路基冻胀变形的波长。

钢轨为 60 kg/m 钢轨,密度为 7 800 kg/m³,泊松比取 0.3,弹性模量取 210 GPa;扣件垂向刚度取 30 kN/mm,横向和纵向刚度简化后均取 45 kN/mm,所有的接触间摩擦系数均取 0.5;路基面支承刚度取 76 MPa/m;混凝土材料密度均取 2 500 kg/m³,泊松比取 0.2。其他计算参数如表 3-1 所示。

表 3-1　无砟轨道计算基本参数

参　数	弹性模量/GPa	长度/m	宽度/m	厚度/m
CRTS Ⅰ型轨道板	36.0	5.0	2.4	0.19
CRTS Ⅲ型轨道板	36.0	5.6	2.5	0.20
CA 砂浆填充层	0.3	5.0	2.4	0.05
自密实混凝土填充层	32.5	5.6	2.5	0.10
CRTS Ⅰ型底座板	32.5		3.0	0.30

(续表)

参　　数	弹性模量/GPa	长度/m	宽度/m	厚度/m
CRTS Ⅲ型底座板	32.5		3.1	0.30
道床板	32.5		2.8	0.26
支承层	10.0		3.2	0.30

3.2　路基冻胀变形对无砟轨道的影响

我国高速铁路还没有建立路基冻胀变形控制标准。在普速铁路上一般将路基冻胀量为 4 mm 以下的称为轻微冻胀,冻胀量为 4～25 mm 的称为弱冻胀,冻胀量达到 25～50 mm 的称为冻胀,冻胀量达到 50 mm 以上的称为强冻胀;高速公路以路面平整度控制为依据,采用混凝土路面时容许路基冻胀量为 20 mm,采用沥青混凝土路面时容许路基冻胀量为 40 mm。由于轨道上拱不平顺对高速行车安全性和舒适性的影响比沉降不平顺大,对路基冻胀量的要求要高于路基沉降变形的控制标准,特别是无砟轨道养护维修的主要手段是采用扣件进行调整,而扣件的调整量一般是＋26 mm、－4 mm,其调整上拱变形的能力也远低于调整沉降变形的能力,因此,高速铁路路基冻胀变形在中短波时控制在 6 mm 以内,在长波长条件下应控制在 20 mm 以内[1]。

3.2.1　CRTS Ⅰ型板式无砟轨道受力特征

计算分析中,底座板长度取 3 块轨道板长度,冻胀变形位置考虑底座板中部和端头两个位置,冻胀变形波长取 5～120 m,峰值取 4～20 mm。

1. 路基冻胀变形传递特征

无砟轨道作为层状结构,在路基冻胀变形自路基面经结构层向钢轨传递过程中,结构层的变形主要是弯曲变形。当路基冻胀变形波长不同、发生的位置不同时,结构层弯曲变形大小不同,并引起层间接触关系的变化,传递到钢轨轨面形成的轨道不平顺波长和峰值存在差异。因此,可以用结构层间的离缝及轨道不平顺的峰值和波长大小评价路基冻胀变形的传递特征。

离缝是路基冻胀作用下无砟轨道常见问题。当路基冻胀发生在底座板板端时,底座板板端被顶起形成悬臂梁结构,由于底座板为钢筋混凝土结构,具有一定的刚度,在冻胀变形波长较小时,底座板并不跟随路基冻胀变形形状而上拱。如图 3-3(a)所示,路基冻胀变形波长为 10 m 时(顶起一块底座板的冻胀变形波长为 5 m),顶起的底座板悬臂梁在路基面上投影长度,即底座板上拱位移波形曲线的波长达到了 17 m,大于冻胀变形波长,从而导致底座板位移波形只在板端与冻胀变形波形有重叠,其余部分与路基面分离,形成板下空隙,这个空隙即为底座板下的离缝;由于轨道板长度仅为底座板长度的 1/3,同时有 CA 砂浆层的存在,轨道板主要跟随底座板位移,但是由于轨道板与底座板刚度的差异,轨道板板端支承下导致了空隙的存在,从而导致轨道板下的离缝。如图 3-3(b)所示,路基冻胀变形波长达到 20 m 时,底座板悬臂梁长度并没有较大的增加,从而使底座板位移波形与路基冻胀变形波形重叠区增加,底座板与路基面空隙减小,底座板下离缝减少;

底座板板端对应的轨道板位移波形也与底座板一致,邻近波脚处的轨道板处于一端支承在路基面上,一端随底座板上拱位移,从而在轨道板中部形成离缝。

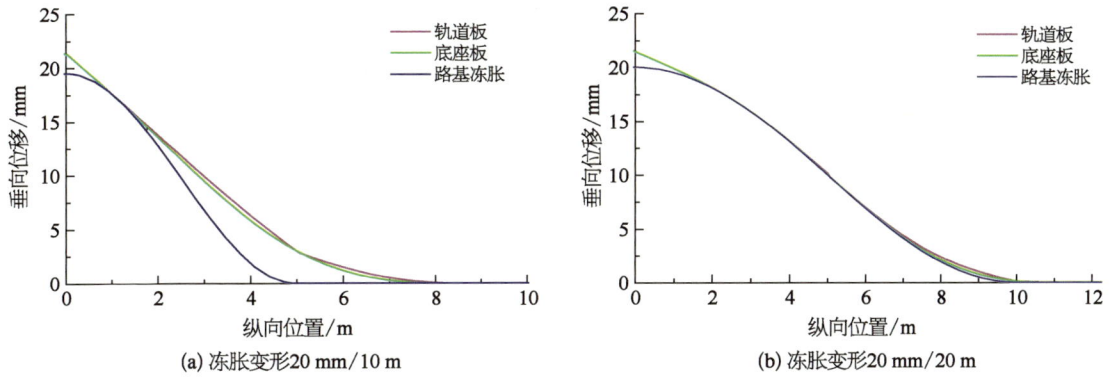

图 3-3　冻胀作用在底座板板端时结构层垂向位移

冻胀发生在底座板板端时形成的结构层离缝主要取决于底座板悬臂梁的位移波形。如图 3-4 所示,当冻胀变形波长较小时,悬臂梁位移波形和冻胀变形波形一致性差,引起的结构层离缝较大;随着冻胀变形波长的增大,悬臂梁长度增加,在自重和上覆重量作用下,底座板波形曲线与冻胀变形曲线趋于一致,结构层间的离缝逐渐减小。由于轨道板和 CA 砂浆层主要跟随底座板位移,轨道板和底座板间相对位移较小,因此,轨道板下的离缝远小于底座板下的离缝。冻胀变形波长超过 60 m 以后,结构层间离缝趋于零。

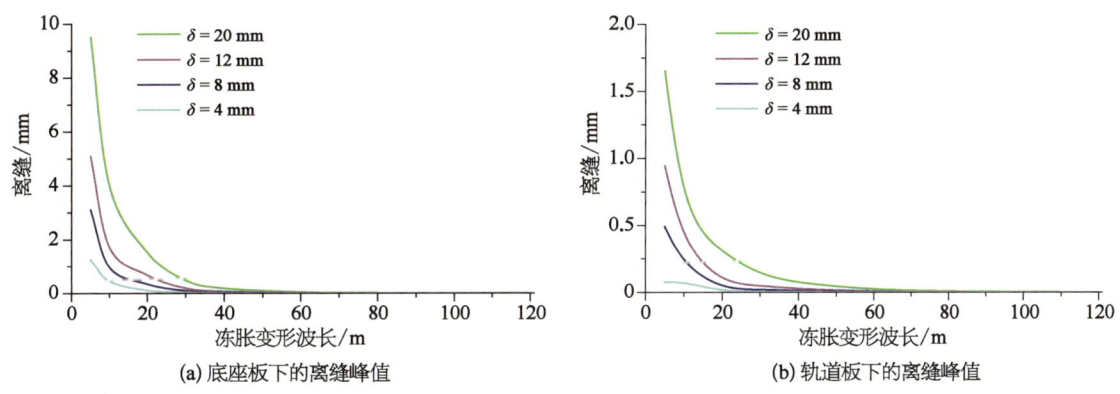

图 3-4　冻胀作用在底座板板端时离缝值和波长的关系

当路基冻胀发生在底座板中部时,底座板被顶起后形成类似于简支梁结构,底座板的离缝特征与简支梁的矢跨比相关。如图 3-5(a)所示,当路基冻胀变形波长为 10 m 时,影响范围为 1 块底座板(长度 15 m),冻胀变形峰值区与底座板位移峰值区重叠,冻胀变形在底座板上作用点与图 3-3(a)不同,引起的底座板位移曲线波长较小,挠曲刚度较大,底座板下离缝较大;底座板中部上对应轨道板的中部,底座板上拱后轨道板主要产生翘起位移,从而形成轨道板下离缝。当路基冻胀变形波长增加到 20 m 时,如图 3-5(b)所示,冻胀将影响到 3 块轨道板,其中冻胀变形峰值区上的底座板位移波形与冻胀变形波形基本一致,而相邻的底座板板端受到影响,形成悬臂梁效应,底座板下的离缝主要在此处产生,由于此处为冻胀变形波脚处,冻胀变形幅值很小,因此,引起的离缝值显著减小;轨道板的离缝还发生在底座板中部上的轨道板板端,随着底座板幅值变化率的增加,板端翘起量相应减小,离缝值也逐渐减小。

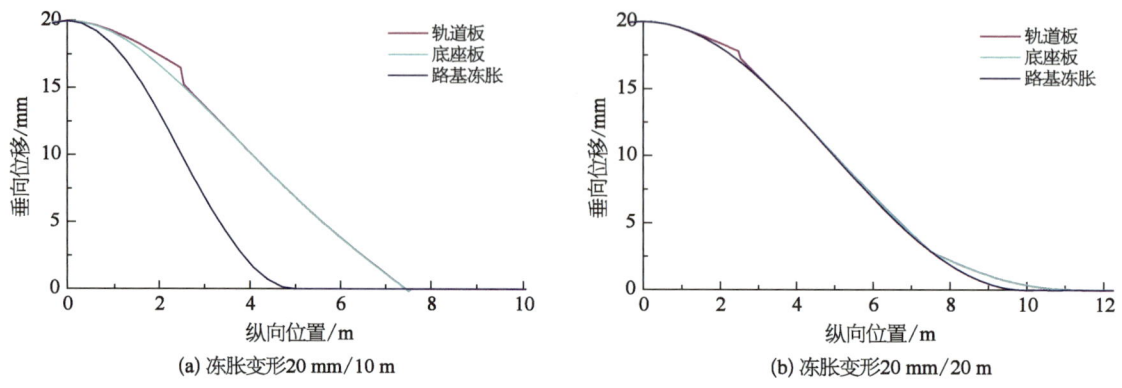

图 3-5　冻胀作用在底座板中部时结构层垂向位移

冻胀作用在底座板中部与板端的差异,在于前者在峰值区上的底座板形成的结构为简支梁,冻胀变形峰值作用点在底座板中部,随着冻胀变形波长的增加,简支梁矢跨比的减小,底座板位移波形与冻胀变形波形趋于一致;冻胀变形波脚附近受到影响的底座板,由于冻胀变形幅值的减小,冻胀作用效应减弱。如图 3-6 所示,在冻胀变形波长超过 20 m 以后,底座板下的离缝趋于零;而轨道板下离缝主要是底座板中部正上方轨道板的板端翘起位移,只有底座板上拱位移幅值变化率很小的情况下,板端翘起才不会产生,因此,只有冻胀变形波长超过 60 m 以后,轨道板下的离缝才趋于零。

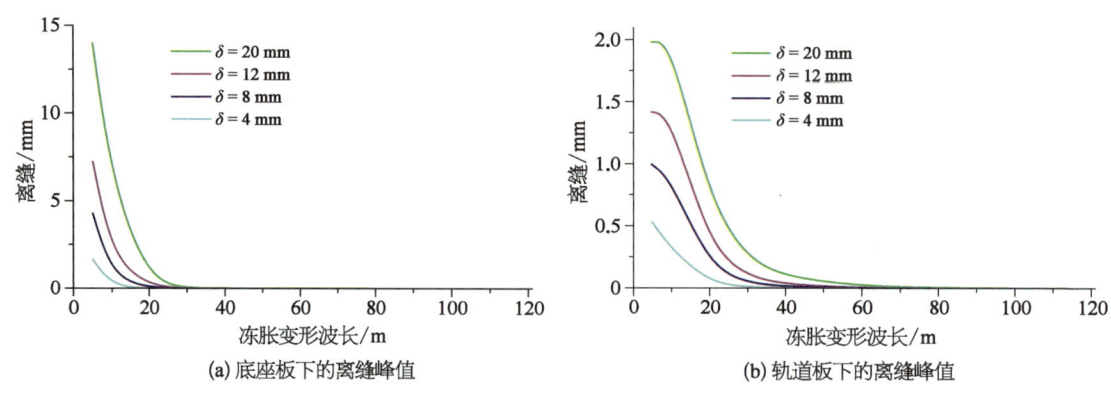

图 3-6　冻胀作用在底座板中时离缝值和波长的关系

假定结构层间空隙达到 0.1 mm 时作为离缝开始产生的标志,如图 3-7(a)所示,当冻胀发生在底座板板端时,底座板先于轨道板产生离缝,在冻胀变形波长 20 m 以内时,底座板和轨道板均在较小的冻胀变形下产生了离缝;在冻胀变形波长达到 50 m 以上时,结构层间基本不产生离缝。如图 3-7(b)所示,当冻胀发生在底座板中部时,轨道板先于底座板产生离缝,而且轨道板随冻胀变形波长的增加,产生离缝时的冻胀量变化率小于底座板,表明轨道板比底座板更容易产生离缝。

底座板在冻胀变形波长 20 m 以后基本上不产生离缝,而轨道板在冻胀变形波长 40 m 以上时才基本不产生离缝。

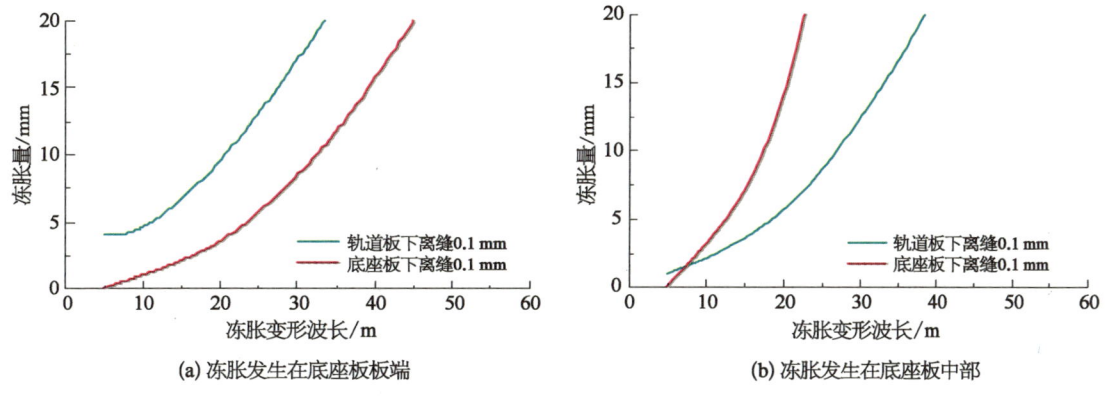

图 3-7 离缝产生时冻胀变形的波长和峰值

图 3-8 为路基冻胀变形传递对轨道不平顺峰值影响规律,图中 u_{ts} 为轨道不平顺峰值与冻胀变形峰值之差。当冻胀发生在底座板板端时,底座板成为悬臂梁结构,冻胀变形作用点距离板端一定距离,形成底座板和轨道板以冻胀峰值区与底座板接触区为支点的翘起,底座板与支点处冻胀波形角度和距离的不同,板端翘起量不同,引起的轨道不平顺峰值大小不同。如图 3-8(a)所示,当冻胀变形波长小于 10 m 时,底座板和轨道板在接缝处为长度不到 5 m 的悬臂结构,底座板和轨道板端部出现较大的上翘变形,由于影响钢轨的范围很小,受约束作用最大,扣件压缩变形最大,引起轨道不平顺峰值小于冻胀变形峰值,u_{ts} 为负值;当冻胀变形波长增大以后,悬臂结构长度增加,轨道结构与路基冻胀的跟随性增强,在悬臂结构长度 10 m(冻胀变形波长 20 m)左右时,钢轨随板端翘起上拱量达到最大;在冻胀变形波长 40 m 以后,轨道不平顺峰值与路基冻胀变形峰值相一致,u_{ts} 趋近于零。

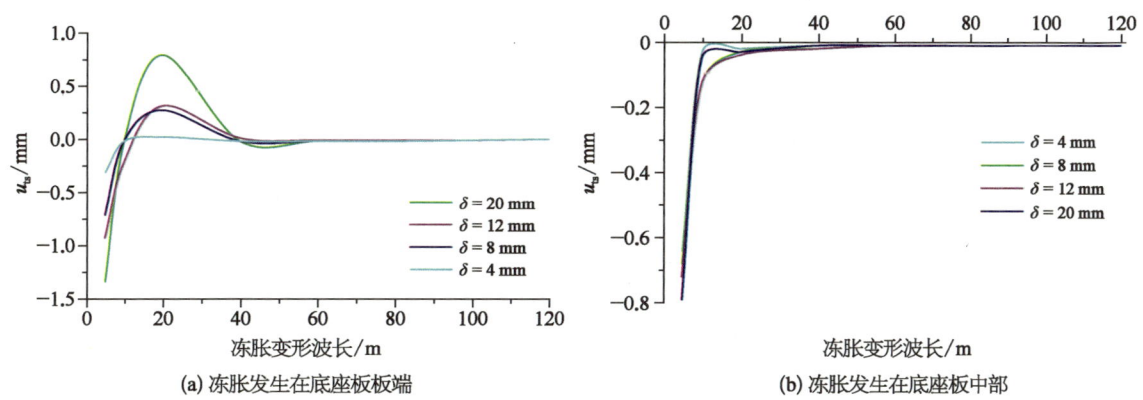

图 3-8 冻胀对轨道不平顺峰值的影响

在图 3-8(b)中,当冻胀发生在底座板中部时,对应的轨道板在板端产生翘起位移,轨道板中部扣件处于受压状态,轨道不平顺峰值一直小于冻胀变形峰值,而且由于底座板中部上拱与冻胀变形协同性较好,轨道板与底座板间离缝很小,总体上冻胀变形对轨道不平顺影响很小。

图3-9为路基冻胀变形传递对轨道不平顺波长影响规律。当路基冻胀变形波长不超过20 m时,引起的轨道不平顺波长大于路基冻胀变形波长,并随冻胀变形峰值的增加而增大;当路基冻胀变形波长超过20 m以后,轨道不平顺波长随路基冻胀变形峰值的增加而增大,但增大趋势趋缓。冻胀发生在底座板板端时,轨道不平顺波长随路基冻胀变形峰值增加呈增大趋势,主要与底座板和轨道板板端翘起量增大有关。结合轨道不平顺峰值受路基冻胀变形传递的影响,单元底座板和轨道板的板端效应,对轨道不平顺影响较大。

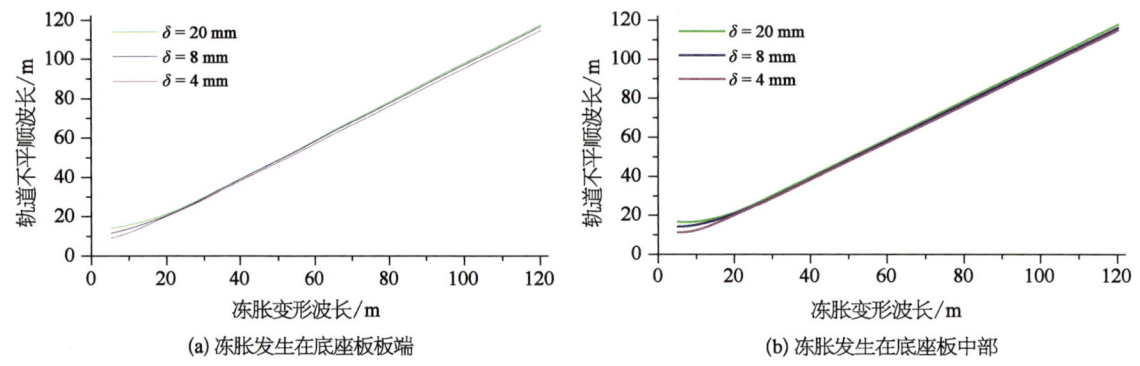

图3-9 路基冻胀对轨道不平顺波长的影响

路基冻胀变形传递的计算分析结果表明,对于层状结构的无砟轨道,由于路基冻胀变形波长影响底座板和轨道板上拱变形曲线的形状,从而对传递特征的影响最为重要,在中短波长条件下,底座板和轨道板自身弯曲刚度发挥重要作用,结构层变形波形重叠性差,层间离缝问题突出;在长波长条件下,结构层跟随变形增强,轨道不平顺波长和峰值与路基冻胀趋于一致。路基冻胀发生位置的影响非常明显,当路基冻胀发生在底座板板端时,波长20 m的冻胀变形将引起轨道不平顺峰值的增加量最大。

2. 冻胀作用下无砟轨道拉应力变化规律

受路基冻胀上拱的影响,底座板和轨道板要产生弯曲变形,在顶面产生正弯矩,且冻胀发生在底座板中部时最大,此时可以将底座板视为简支梁结构,底座板弯矩与冻胀变形矢跨比(δ/λ)有关,如图3-10所示,基本呈正比,随着矢跨比的增加,底座板弯矩增大。当矢跨比达到一定值以后,弯矩趋缓或趋于稳定。矢跨比的这个定值与冻胀变形峰值有关,峰值越大,矢跨比定值越大,定值对应的弯矩值也越大。轨道板跟随底座板上拱变形,其顶面弯矩变化规律与底座板相似,随冻胀变形的矢跨比增加而分段线性增大,在矢跨比达到一定值时趋缓或趋于稳定。比如在冻胀变形峰值20 mm条件下,矢跨比达到1/500时底座板和轨道板的弯矩均趋于稳定。由于CA砂浆层的缓释作用,特别是轨道板单元长度小于底座板,其弯矩值小于底座板。

图3-11是结构层顶部弯矩与冻胀变形波长和峰值的关系。根据冻胀变形形成的矢跨比对结构层弯矩的影响规律,波长越小、峰值越大,则底座板矢跨比越大,从而导致结构层弯矩增大;随着冻胀变形波长的增大,底座板矢跨比迅速减小,结构层弯矩迅速减小,冻胀变形波长的显著影响范围为20 m以内。

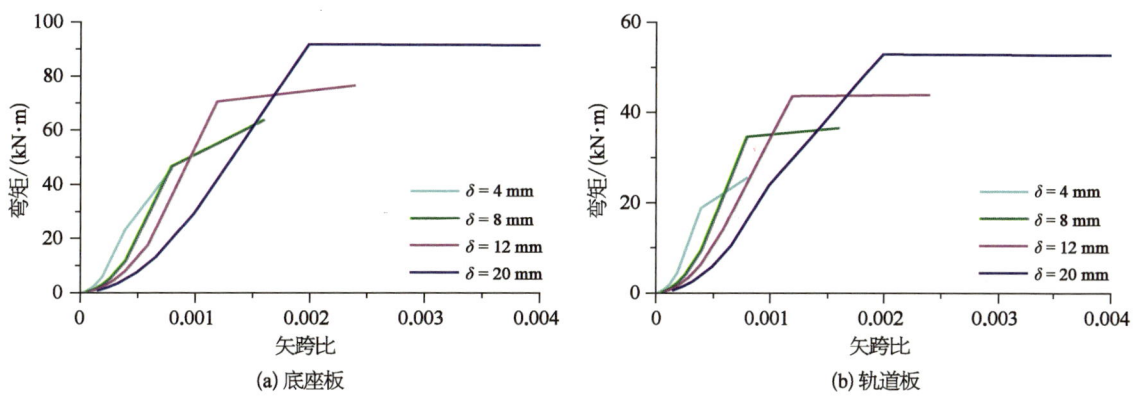

图 3-10　底座板和轨道板顶部弯矩与矢跨比的关系

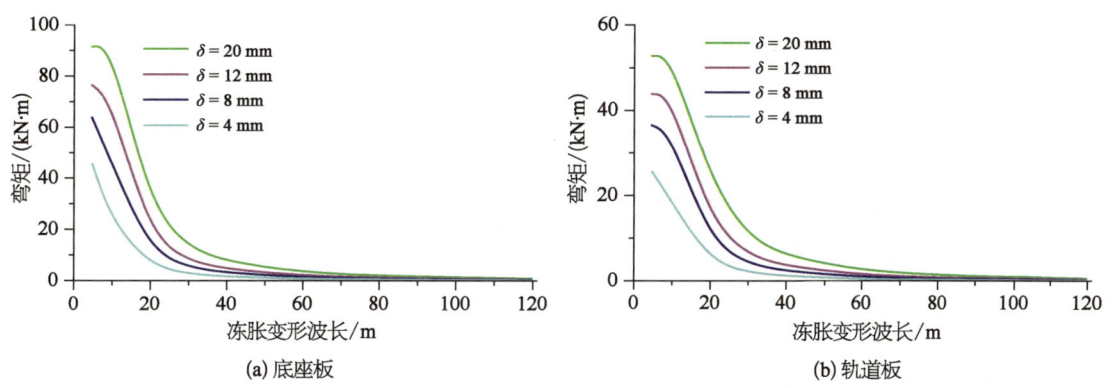

图 3-11　底座板和轨道板顶部弯矩变化规律

底座板和轨道板的拉应力与正弯矩成正比,正弯矩越大,产生的拉应力越大,因此,底座板和轨道板顶面最大拉应力随冻胀变形的规律与正弯矩变化规律一致,冻胀变形形成矢跨比对最大拉应力影响最为显著,如图 3-12 所示,冻胀变形波长越小,越容易形成较大的矢跨比。对底座板来说,如果要控制其顶面最大拉应力不超过容许应力,冻胀变形波长为 20 m 时的矢跨比控制在 1/1 000 以内,而冻胀变形波长在 15 m 以内时,则需要控制矢跨比不超过 1/2 000。对于轨道板来说,要控制其顶面最大拉应力不超过容许应力,在冻胀变形波长 15 m 以内时,需要控制矢跨比不超过 1.5/1 000。

图 3-13 为结构层顶面最大拉应力与冻胀变形波长和峰值的关系,与图 3-12 相比,最大拉应力与冻胀变形波长及峰值的关系更加直观。在结构层顶面,随着冻胀变形波长的增大,最大拉应力迅速衰减,当冻胀变形波长达到 20 m 以上时,底座板和轨道板不会发生拉应力超过容许应力的问题。可以将冻胀变形波长 20 m 定义为 CRTS I 型板式无砟轨道的冻胀作用的敏感波长。在冻胀作用敏感波长内,要控制最大拉应力不超过容许应力,对底座板来说,需要在冻胀变形波长为 10 m 时,最大冻胀变形量控制在 5 mm 以内;对于轨道板来说,在冻胀变形波长 10 m 以内时,最大冻胀变形量需要控制在 8 mm 以内。

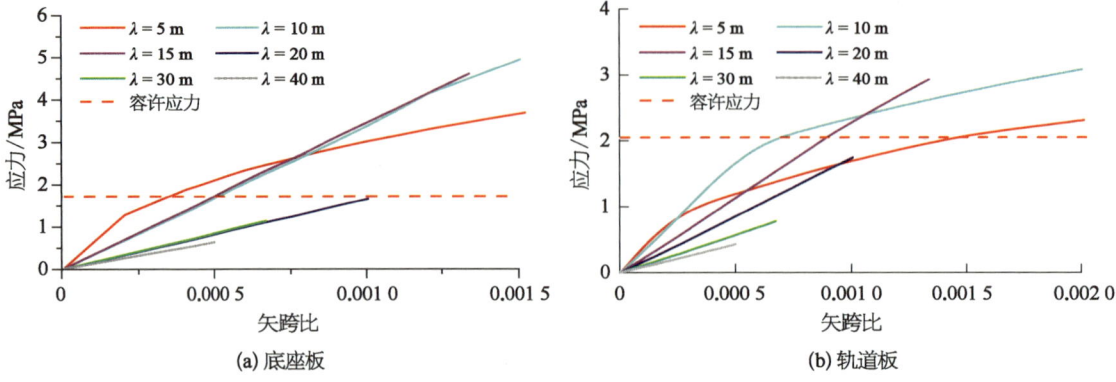

图 3-12 底座板和轨道板拉应力与矢跨比的关系

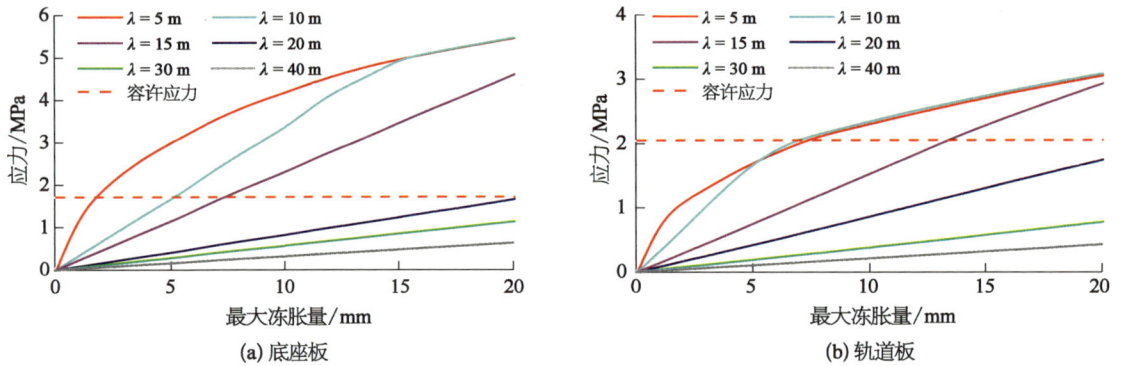

图 3-13 底座板和轨道板拉应力变化规律

计算结果表明,底座板直接承受路基冻胀变形荷载的作用,当路基冻胀变形波长较小时,底座板承受冻胀变形上拱导致的"硬弯"效应形成很大的正弯矩和拉应力,即使冻胀量很小,也容易出现最大拉应力超过容许应力的问题。

总体上来说,路基冻胀变形荷载作用效应与其作用位置有关,当路基冻胀发生在底座板板端时,主要影响结构层间的离缝和轨道不平顺的大小;当路基冻胀发生在底座板中部时,将导致底座板和轨道板产生最大的拉应力。但是,路基冻胀变形荷载作用效应的大小则取决于冻胀变形波长,在冻胀变形波长 20 m 以内时,引起的离缝和轨道不平顺最大,底座板和轨道板顶面拉应力极易超过容许应力。

3.2.2　CRTS Ⅲ型板式无砟轨道受力特征

计算条件与 CRTS Ⅰ型板式无砟轨道相同,主要分析冻胀变形传递特征和无砟轨道结构层受力特征。

1. 路基冻胀变形传递特征

CRTS Ⅲ型板式无砟轨道与 CRTS Ⅰ型板式无砟轨道相比,主要是轨道板与自密实混凝土填充层形成的复合板厚度增加 0.11 m,弯曲刚度增大;缺少凸形挡台及树脂填充层的约束,端部效应增加;以两布一膜替代 CA 砂浆填充层,缓冲性能发生变化,从而在路基冻胀顶起后,其上拱变形相应发生变化。

如图 3-14 所示,当路基冻胀发生在底座板板端时,底座板下离缝随冻胀变形波长和峰值大小的变化规律与 CRTS Ⅰ 型板式无砟轨道相同,但是由于无砟轨道结构层刚度增大,路基冻胀上拱顶起底座板形成的悬臂梁长度大于 CRTS Ⅰ 型板式无砟轨道,底座板下的离缝量也相应增大。轨道板下的离缝在冻胀变形波长 20 m 以内时波动性较大,在冻胀变形波长 5~10 m 条件下,冻胀变形峰值不超过 4 mm 时导致结构层波长增大到 12 m 左右,仅影响底座板板端两侧各 1 块轨道板(轨道板长度为 5.6 m),板端翘起位移发生在悬臂梁支点附近[图 3-15(a)],导致的离缝值随着冻胀变形波长的增大而减小;冻胀变形峰值超过 4 mm 而小于 20 mm 时引起的结构层波长增大将影响底座板板端两侧各 1 块半轨道板,其中底座板板端上方的 1 块轨道板与之接触比较紧密,仅在一端有翘起现象,在悬臂梁支点上方的轨道板一端翘起量比较大,但由于这块轨道板中部在路基上,受悬臂梁强制上拱的效应减弱[图 3-15(b)],离缝量减小;随着冻胀变形峰值的进一步增大或变形波长增加到 20 m,悬臂梁上拱变形影响到底座板两侧各 2 块轨道板,其中悬臂梁支点处轨道板板端翘起效应增强,离缝达到最大值。随着冻胀变形波长超过 20 m 以后,底座板悬臂梁长度增大,轨道板主要跟随底座板上拱,两者间的离缝量逐渐减小。

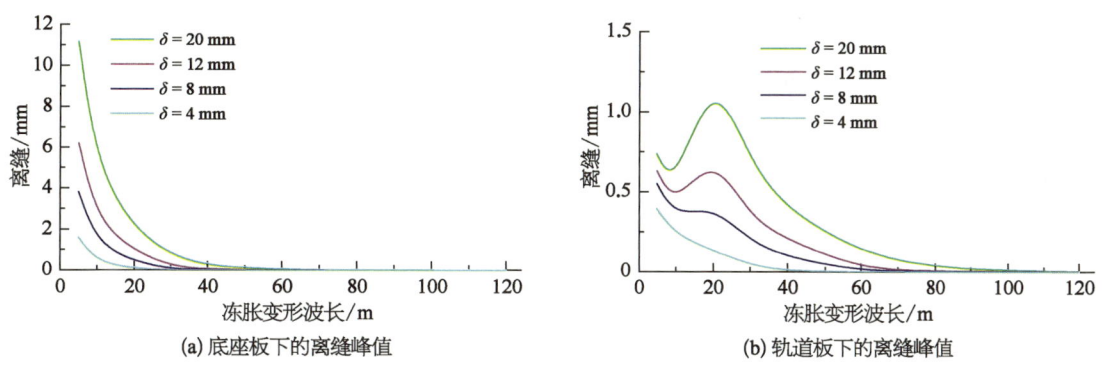

图 3-14 冻胀作用在底座板板端时离缝值和波长的关系

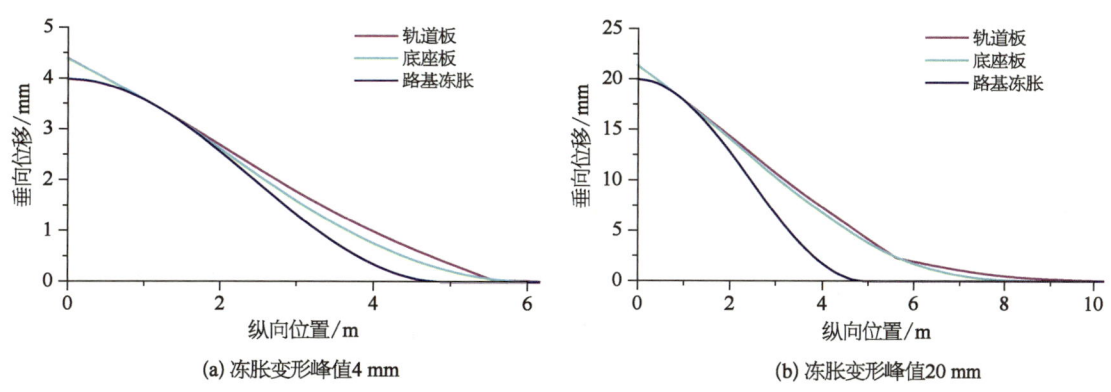

图 3-15 冻胀变形波长 10 m 条件下轨道板和底座板垂向位移

如图3-16所示,当冻胀发生在底座板中部时,底座板和轨道板下的离缝均随冻胀变形波长的增大而减小,其中底座板下的离缝值衰减很快,在冻胀变形波长超过20 m以后趋近于零,同时,轨道板下离缝相比底座板来说很小,但衰减很慢,在冻胀变形波长超过60 m以后才趋近于零。冻胀变形发生在底座板中部,底座板被顶起后相当于一个上拱的简支梁,其挠曲变形特征与冻胀变形峰值和底座板上拱后形成的变形波长之比(矢跨比)及轨道复合板和底座板组合刚度有关,但总体上随矢跨比的减小,离缝值减小。轨道板的离缝主要来自板端的翘起和中部悬空,如图3-17所示,在冻胀变形波长较小时,不仅冻胀变形峰值区正上方的轨道板板端效应显著,相邻轨道板处于两端支承、中间悬空状态;随着冻胀变形波长的增大,冻胀变形峰值区正上方的轨道板仍然有板端翘起位移,只是翘起位移量逐渐减小,其余轨道板与底座板结合较好,主要是跟随变形。

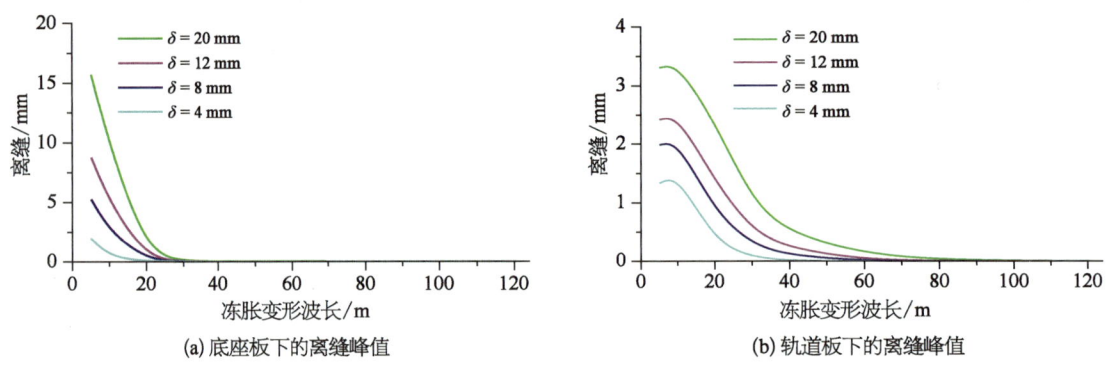

图3-16 冻胀作用在底座板中部时离缝值和波长的关系

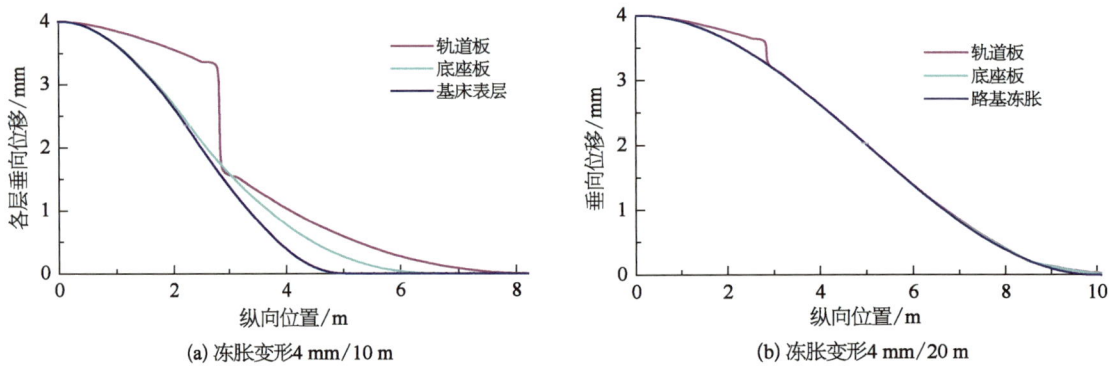

图3-17 冻胀发生在底座板中部时结构层垂向位移

假定结构层间空隙达到0.1 mm时作为离缝开始产生的标志,如图3-18(a)所示,当冻胀发生在底座板板端时,底座板先于轨道板产生离缝,在冻胀变形波长30 m以内时,底座板在较小的冻胀变形下产生了离缝;在冻胀变形波长达到40 m以上时,在既有监测最大冻胀变形量条件下基本不产生离缝。而轨道板下离缝由于复合板刚度增大,在冻胀变形波长40 m以内时,即使冻胀变形量比较小也导致了其离缝,而且,在既有监测最大冻胀变形量条件下,冻胀变形波长达到60 m以上时才不会出现离缝。当冻胀发生在底座板中部时,如图3-18(b)所示,底座板下离缝条件是冻胀变形波长20 m以内时,较小的冻胀变形量就会导致离缝,在冻胀变形波长达到30 m以上时基本不产生离缝;而轨道板下的离缝主要来自板端翘起,其离缝产生条件与冻胀变形发生在底座板板端时基本一致。所以,与 CRTS Ⅰ 型板式无砟轨道相比,CRTS Ⅲ 型板式无砟轨道的离缝问题更容易发生。

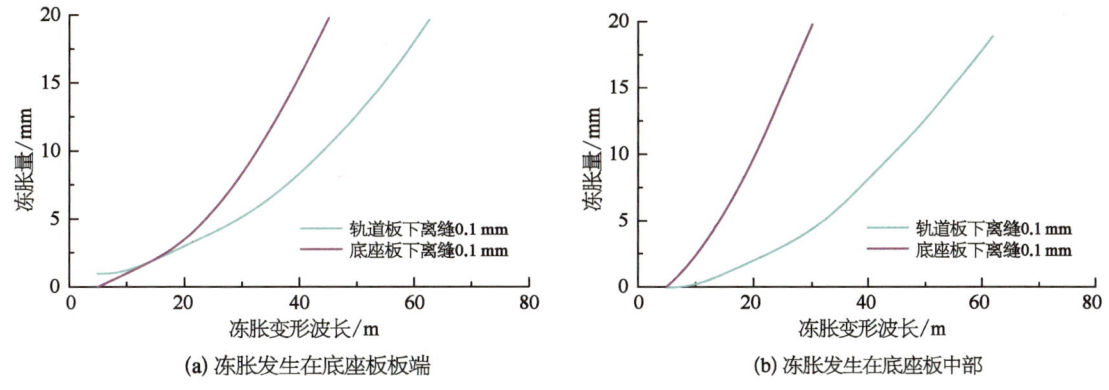

图 3-18　离缝产生时冻胀变形的波长和峰值

图 3-19 为路基冻胀变形传递对轨道不平顺峰值影响规律。在图 3-19(a)中,当冻胀发生在底座板板端时,轨道不平顺峰值随冻胀变形的变化与轨道板下离缝特征相似,当冻胀变形波长小于 10 m 时,底座板和轨道板在接缝处为长度不到 5 m 的悬臂梁结构,底座板和轨道板端部出现较大的上翘变形,由于钢轨受影响范围很小,受约束作用最大,扣件压缩变形最大,引起轨道不平顺峰值小于冻胀变形峰值,其差值 u_{ts} 为负值;当冻胀变形波长增大到 20 m 时,底座板悬臂梁支点处轨道板板端翘起量最大,引起的轨道不平顺峰值增加值 u_{ts} 最大;在冻胀变形波长 80 m 以后,轨道不平顺峰值与路基冻胀变形峰值相一致,u_{ts} 趋近于零。

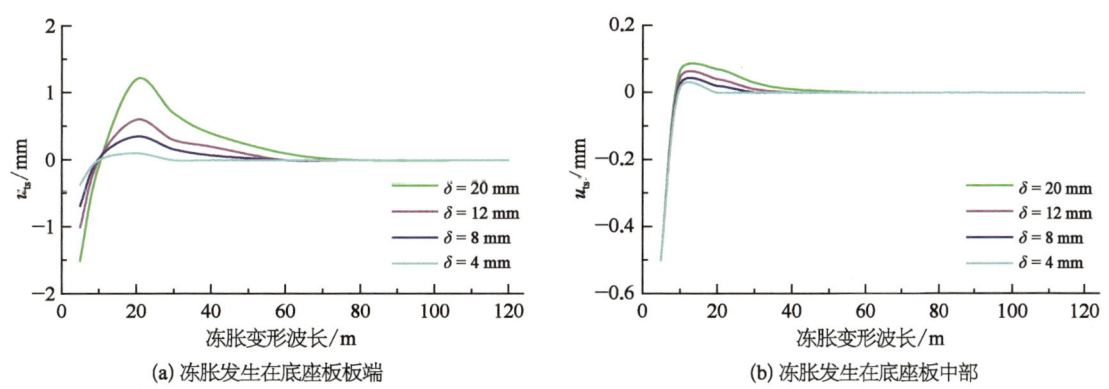

图 3-19　冻胀对轨道不平顺峰值的影响

在图 3-19(b)中,当冻胀发生在底座板中部时,对轨道不平顺峰值影响很小。冻胀变形波长 10 m 以内时,路基上拱引起底座板和轨道板等上拱变形,钢轨作为连续结构对上拱起到一定的约束作用,扣件产生压缩变形,从而引起轨道不平顺峰值小于路基冻胀变形峰值;当冻胀变形波长超过 10 m 以后,冻胀变形峰值区上方轨道板板端翘起引起轨道不平顺峰值增大,随着冻胀变形波长的增加,轨道不平顺与冻胀变形趋于一致。

图 3-20 为路基冻胀变形传递对轨道不平顺波长影响规律。当路基冻胀变形波长不超过 20 m 时,引起的轨道不平顺波长大于路基冻胀变形波长,并随冻胀变形峰值的增加而增大;当路基冻胀变形波长超过 20 m 以后,轨道不平顺波长随路基冻胀变形峰值的增加而增大,但增大趋势趋缓。

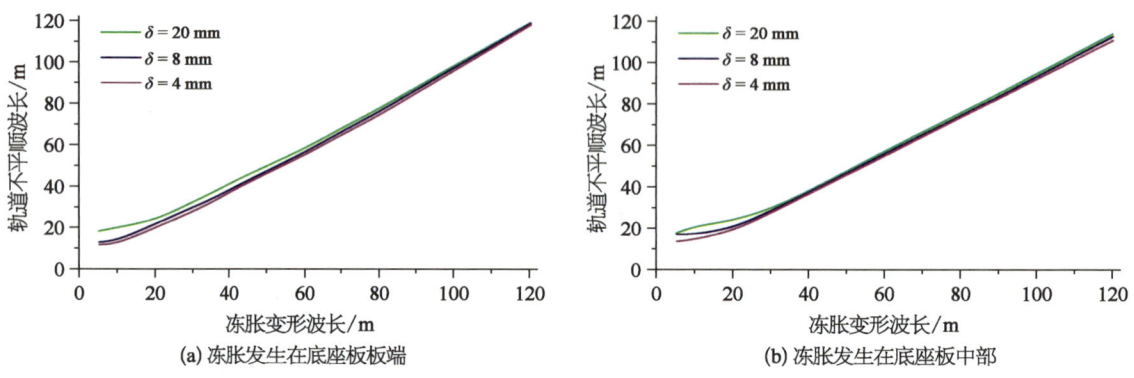

图 3-20　路基冻胀对轨道不平顺波长的影响

路基冻胀变形在 CRTS Ⅲ 型板式无砟轨道中的传递规律与 CRTS Ⅰ 型板式无砟轨道基本一致,由于前者采用了复合板式结构,而且中间没有后者的 CA 砂浆缓冲层,导致轨道板板端翘起影响更为显著,引起轨道不平顺峰值的增大,离缝问题更为突出。

2. 冻胀作用下无砟轨道拉应力变化规律

CRTS Ⅲ 型板式无砟轨道受力特征与 CRTS Ⅰ 型板式无砟轨道基本一致,当冻胀产生在底座板中部时,底座板和轨道板顶面的正弯矩最大。如图 3-21 所示,矢跨比达到一定值后,结构层顶面弯矩基本处于稳定状态,不再随矢跨比的增加而变化,表明结构层变形完全是跟随变形。在冻胀变形峰值为 20 mm 时,处于稳定状态转变的矢跨比在 1/500 左右,与 CRTS Ⅰ 型板式无砟轨道的矢跨比影响规律基本相同。

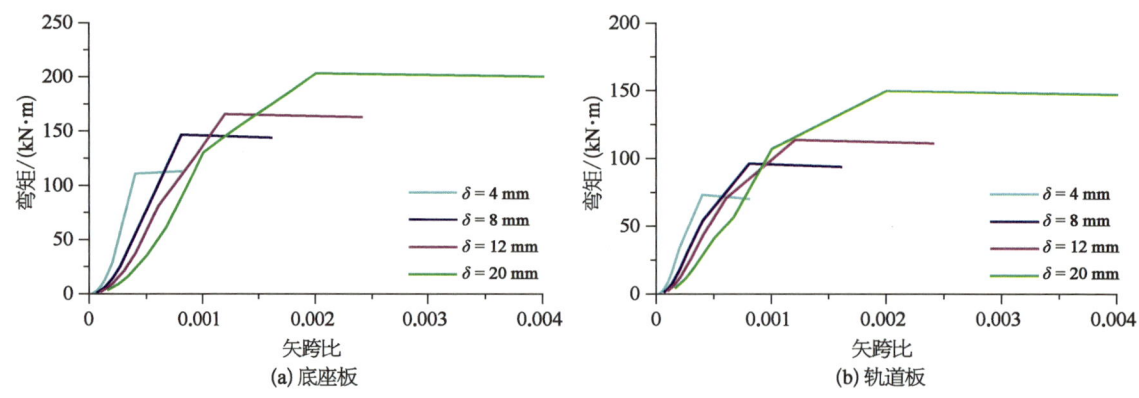

图 3-21　底座板和轨道板顶面弯矩与矢跨比的关系

如图 3-22 所示,结构层顶面弯矩随冻胀变形波长和峰值的变化规律与 CRTS Ⅰ 型板式无砟轨道一致。由于没有 CA 砂浆层的缓释作用,底座板和复合轨道板组合的层状结构刚度大于 CRTS Ⅰ 型板式无砟轨道,因此,底座板和轨道板顶面的正弯矩远大于 CRTS Ⅰ 型板式无砟轨道。

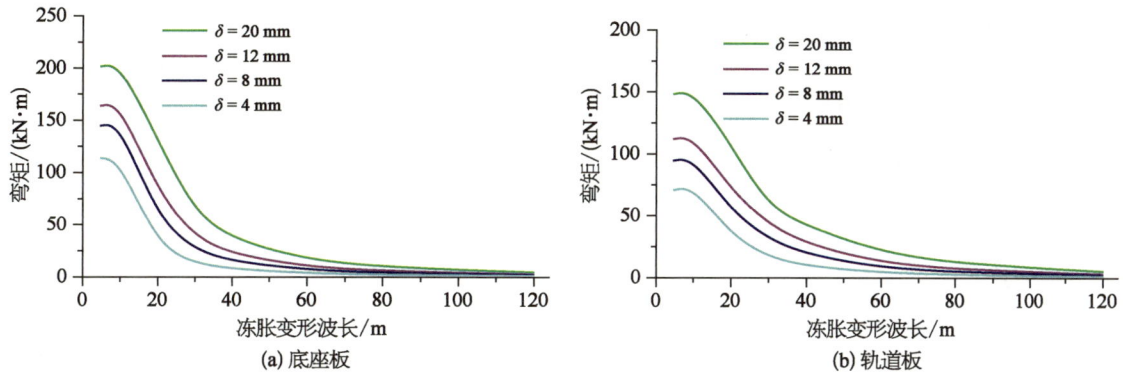

图 3-22　底座板和轨道板正弯矩变化规律

对底座板显著影响的冻胀变形波长为 20 m 以内,对轨道板显著影响冻胀变形波长为 30 m 以内。

由于 CRTS Ⅲ型板式无砟轨道的底座板和复合板承受的正弯矩大于 CRTS Ⅰ型板式无砟轨道,其顶面产生的最大拉应力也相对较大。如图 3-23 所示,CRTS Ⅲ型板式无砟轨道冻胀作用敏感波长达到 30 m。在冻胀作用敏感波长内,要控制最大拉应力才能不超过容许应力。对底座板来说,当冻胀变形波长为 10 m 时,最大冻胀变形量要控制在 2 mm 以内;当冻胀变形波长为 20 m 时,最大冻胀变形量也要控制在 10 mm 以内。对轨道板来说,当冻胀变形波长在 10 m 以内时,最大冻胀变形量需要控制在 4 mm 以内;当冻胀变形波长达到 20 m 时,需要将最大冻胀量控制在 12 mm 以内。

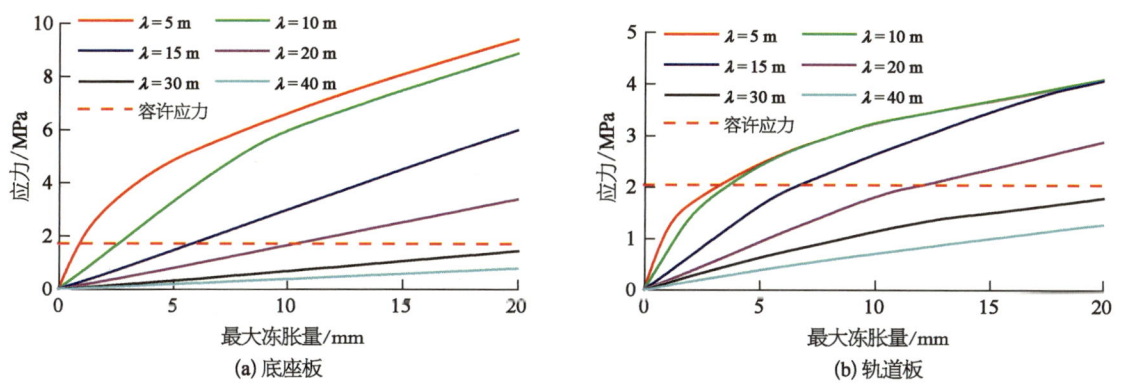

图 3-23　底座板和轨道板拉应力变化规律

CRTS Ⅲ型板式无砟轨道的底座板最大拉应力高于 CRTS Ⅰ型板式无砟轨道的原因,除了组合刚度大及层间联结因素外,应力在 2 个限位凹槽中间和周围的底座板上集中也是重要原因。如图 3-24 所示,由于限位凹槽削减了该处底座板截面,导致截面惯性矩及中性轴发生了变化,成为底座板的薄弱环节。

CRTS Ⅲ型板式无砟轨道受路基冻胀变形的影响规律与 CRTS Ⅰ型板式无砟轨道基本一致,主要差别是前者抗弯刚度的增大,带来轨道板板端翘起效应显著,在路基冻胀变形波长达到 20 m 时,层间离缝和轨道不平顺峰值受影响最大,同时,冻胀作用敏感波长增大到 30 m,底座板和轨道板在中短波长冻胀变形条件下容易出现拉应力超过容许应力的问题。

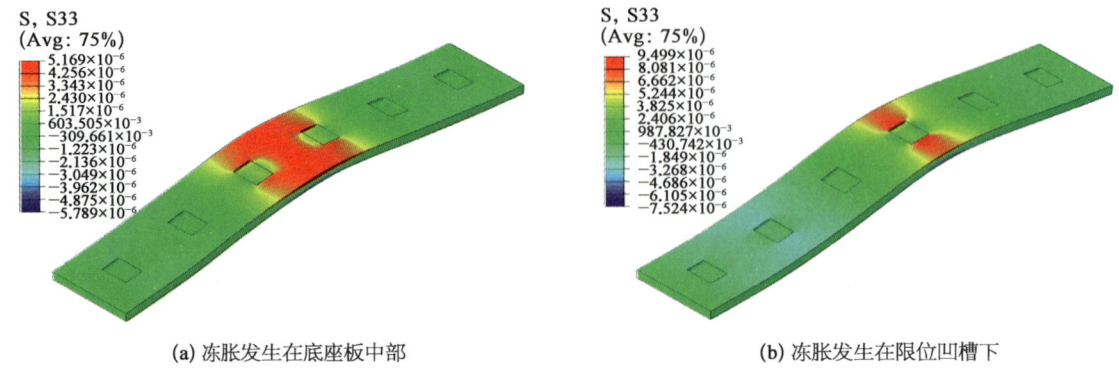

(a) 冻胀发生在底座板中部 (b) 冻胀发生在限位凹槽下

图 3-24 CRTS Ⅲ型板式无砟轨道底座板纵向应力云图

3.2.3 双块式无砟轨道受力特征

路基上双块式无砟轨道结构为连续支承层和道床板结构,计算分析中没有考虑支承层和道床板接缝影响;支承层弹性模量要求控制在 5 000~10 000 MPa 范围内,计算中分别考虑了 5 000 MPa 和 10 000 MPa 两种情况;冻胀变形波长取 5~120 m,峰值取 4~40 mm。

1. 路基冻胀变形传递特征

双块式无砟轨道支承层一般采用水硬性材料或低弹模素混凝土材料现场浇筑。当支承层弹性模量为 10 000 MPa 时,在路基冻胀变形作用下,结构层离缝如图 3-25 所示,支承层下离缝随冻胀变形波长增加到 20 m 以后趋近于零,道床板作为连续结构主要跟随支承层变形,道床板下的离缝值相比于支承层大大减少,并在冻胀变形波长达到 40 m 以后趋近于零。

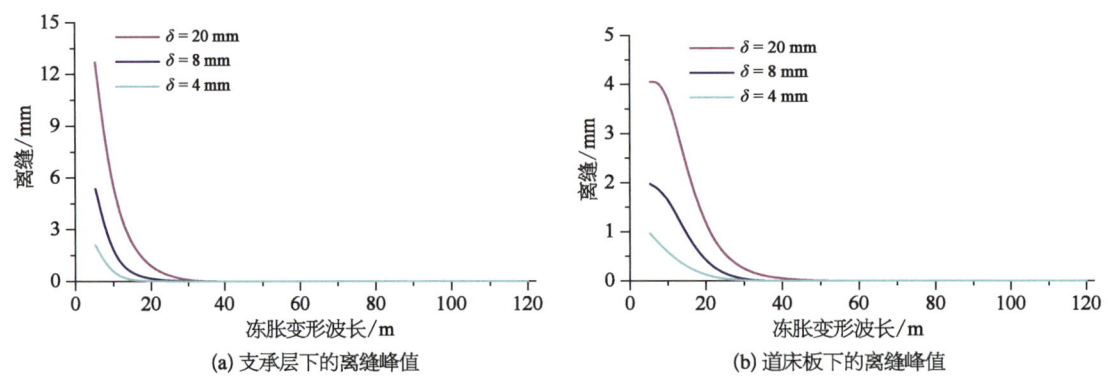

(a) 支承层下的离缝峰值 (b) 道床板下的离缝峰值

图 3-25 冻胀作用在板端时离缝值和波长的关系

如果支承层弹性模量控制在 5 000 MPa,随着抗弯刚度的减小,其与路基面冻胀变形的跟随性增强,离缝值较弹性模量 10 000 MPa 时减小,如图 3-26 所示,由于道床板抗弯刚度没有变,此时,道床板下的离缝值较支承层弹性模量 10 000 MPa 时增加近 1 倍。

由于双块式无砟轨道没有设置任何限位装置,仅靠层间摩阻力保持其稳定性,而且作为连续混凝土结构,温度荷载作用下热胀冷缩对其稳定性和强度安全影响很大,如果考虑年复一年的路基冻胀变形作用,结构层间的离缝将大大削弱层间的联结关系,成为无砟轨道失稳的主要因素。

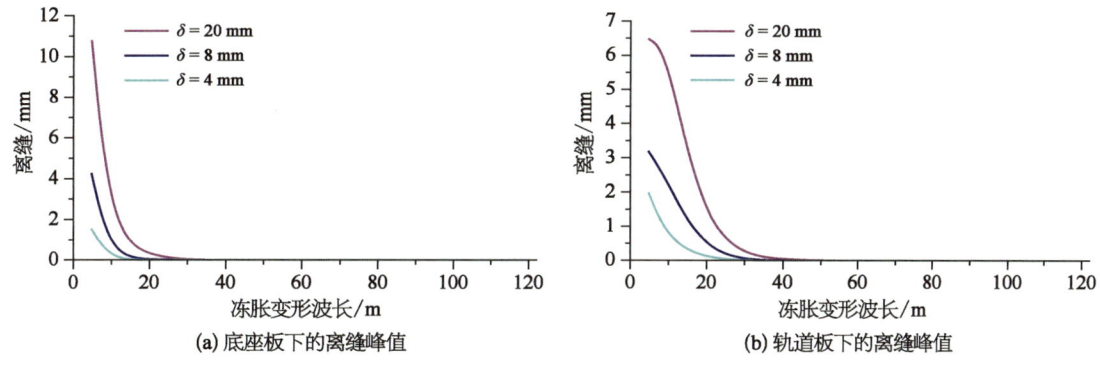

图 3-26　冻胀作用在板端时离缝值和波长的关系

所以,德国在铺设双块式无砟轨道时,在线间和路肩上都堆满道砟,以增加道床的横向阻力,利于道床板横向稳定性的保持。

2. 冻胀作用下无砟轨道拉应力变化规律

无砟轨道结构层受冻胀变形作用产生上拱弯曲时,结构层顶面的正弯矩除了受矢跨比影响外,还受结构层厚度及层间联结关系的影响。如图 3-27 和图 3-28 所示,双块式无砟轨道支承层

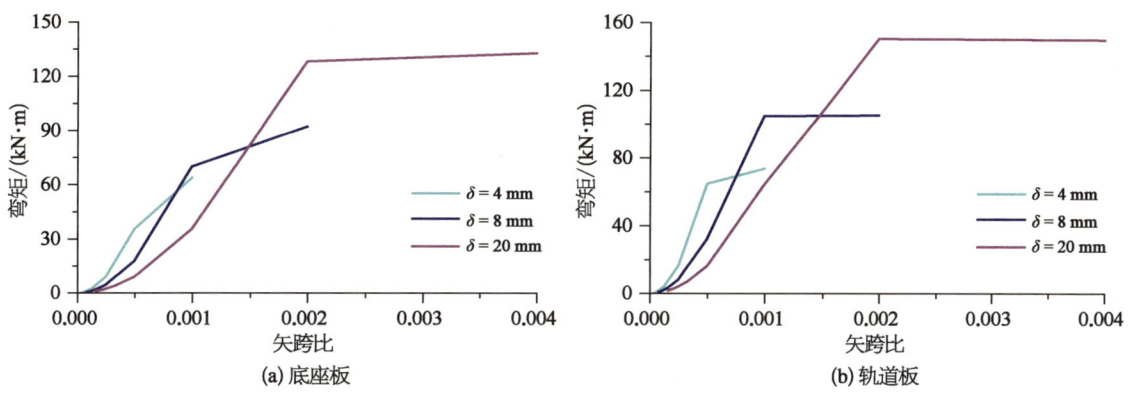

图 3-27　支承层弹性模量 10 000 MPa 时结构层顶面弯矩与矢跨比的关系

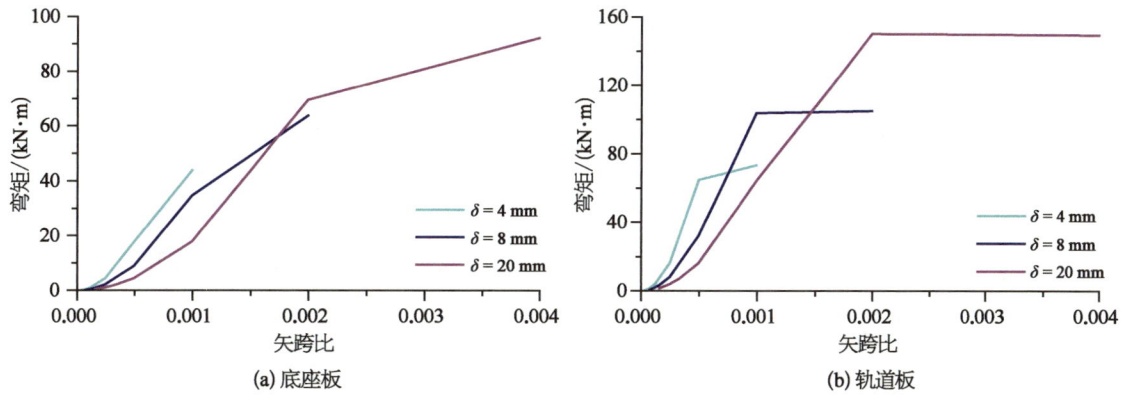

图 3-28　支承层弹性模量 5 000 MPa 时结构层顶面弯矩与矢跨比的关系

和道床板间的联结性相比 CRTS Ⅰ型和Ⅲ型板式无砟轨道是最强的，结构层共同上拱弯曲变形特征明显，道床板顶面的正弯矩值高于支承层顶面的正弯矩，而 CRTS Ⅰ型和Ⅲ型板式无砟轨道轨道板顶面的正弯矩低于底座板顶面的正弯矩，表明后两种无砟轨道结构层间联结性能不紧密。支承层弹性模量对其弯曲效应有一定影响，当支承层弹性模量为 5 000 MPa 时，不仅支承层顶面弯矩减小，而且随着矢跨比的增加，支承层顶面弯矩随着冻胀变形矢跨比的增加处于持续增大状态。

如图 3-29 和图 3-30 所示，冻胀变形波长的显著影响范围对支承层来说为 20 m，对道床板来说为 30 m，与 CRTS Ⅲ型板式无砟轨道一致。

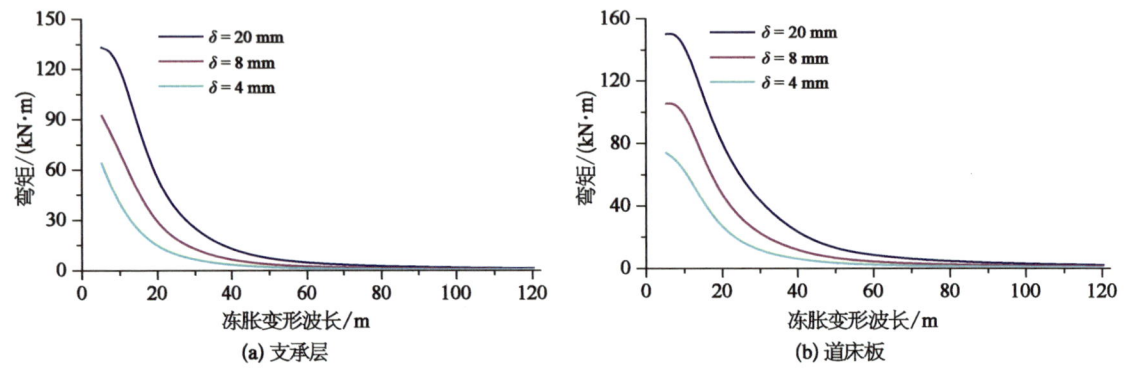

图 3-29　支承层弹性模量 10 000 MPa 时结构层正弯矩变化规律

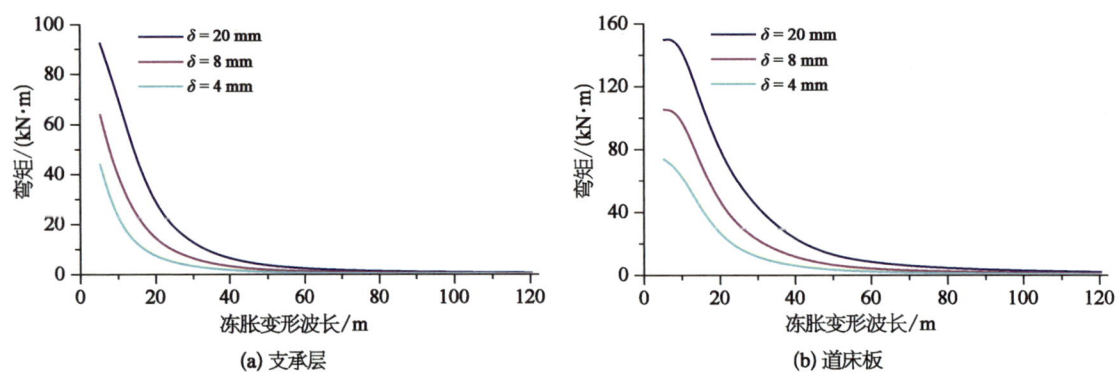

图 3-30　支承层弹性模量 5 000 MPa 时结构层正弯矩变化规律

当支承层弹性模量为 10 000 MPa 时，结构层顶面正弯矩最大，其在顶面产生的拉应力也最大。因此，以支承层弹性模量为 10 000 MPa 时的计算结果进行分析。如图 3-31 所示，由于支承层和道床板抗弯刚度差异较大，两者的冻胀作用敏感波长也有差异，其中支承层的冻胀作用敏感波长为 20 m，道床板的冻胀作用敏感波长为 30 m。要控制最大拉应力不超过容许应力，支承层在冻胀变形波长 10 m 时，最大冻胀变形量需控制在 5 mm 以内，道床板最大冻胀变形量需控制在 3 mm 以内。如果支承层采用水硬性材料浇筑，其为多孔介质材料，开裂对应用功能不会产生严重影响；如果采用低弹模素混凝土浇筑，作为低强度等级的混凝土，本身抗冻融能力比较差，开裂和冻融粉化共同作用，将使支承层失去其功能。道床板中除预制的双块式轨枕外，枕间配筋率相对较小，其抗裂性能主要取决于材料的性能，道床板中又存在大量新老混凝土界面，一旦拉应力超过材料容许

第 3 章　季冻区高速铁路路基冻胀效应及其控制

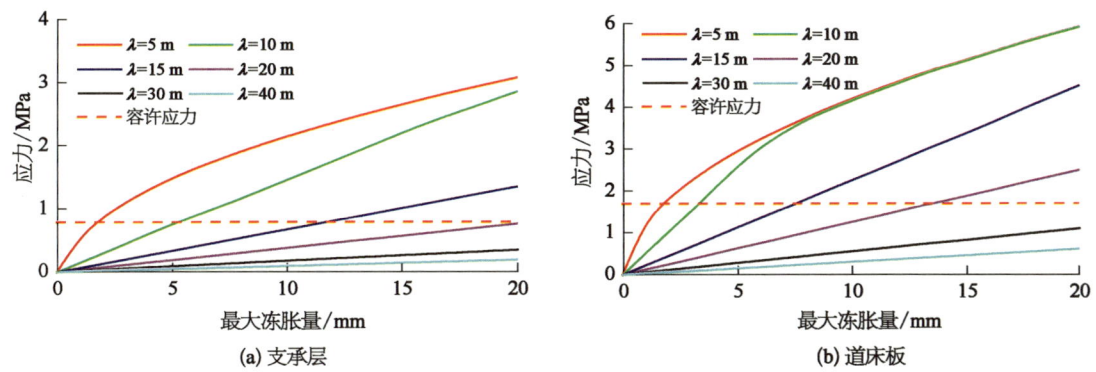

图 3‑31　支承层和道床板拉应力变化规律

应力,很容易产生裂纹。

双块式无砟轨道受冻胀变形传递的影响波长在 20 m 以内,但冻胀变形引起的离缝量比较大,对靠层间摩阻力限位并保持稳定的结构风险很大;冻胀作用敏感波长为 20~30 m,在冻胀变形波长 10 m 以内时,非常小的冻胀变形就会引起结构层拉应力超过容许应力问题,对于这种基本以材料抗裂为主的结构也会有很大风险。

3.3　季冻区无砟轨道平稳性控制技术

季冻区冬季路基冻胀变形产生的原因主要是填料中细颗粒含量超过控制标准、表水通过无砟轨道接缝处下渗,以及路堑和低路基地段地下水的影响等。由于高速铁路在设计、施工和质量管理等方面采取了严格的标准与措施,一般情况下问题产生在局部工点。统计结果表明,路基冻胀工点与无砟轨道接缝具有一定的相关性,与轨道板长度相关的周期性高低不平顺特征明显,现场监测得到的短波长路基冻胀变形比例较高。因此,在无砟轨道设计和养护维修中应主要考虑中短波长冻胀变形的作用。

3.3.1　路基冻胀变形影响的一般规律

冻胀变形对无砟轨道的影响主要表现为以下几个方面:

(1) 单元板式无砟轨道受路基冻胀变形作用时产生的离缝值较大,而且冻胀变形波长越小,产生的离缝值越大,其中底座板在冻胀变形波长 20 m 以后,离缝值趋近于零;轨道板则在冻胀变形波长 60 m 以后才不产生离缝。CRTS Ⅲ型板式无砟轨道与 CRTS Ⅰ型板式无砟轨道相比,底座板和轨道板离缝均较大。双块式无砟轨道结构层间的离缝在冻胀变形波长 20 m 以后已经趋近于零,但在冻胀变形波长较小时,支承层和道床板的离缝值均大于单元板式无砟轨道。

板式无砟轨道在轨道板离缝后可通过凸形挡台或凹槽限位,不会产生失稳问题,底座板的稳定则需要通过其与路基面的摩阻力保持,一旦产生较大离缝后,每年冻胀和融沉就会降低底座板的摩阻力,底座板稳定性受到影响。而双块式无砟轨道的限位主要靠结构层间的摩阻力保持,离缝产生后层间摩阻力降低,很容易产生失稳问题。

(2) CRTS Ⅰ型板式无砟轨道冻胀发生在底座板板端时,轨道不平顺在冻胀变形波长 10～40 m 范围内峰值较冻胀变形峰值有所增加,冻胀发生在底座板中部时,轨道不平顺峰值小于冻胀变形峰值。CRTS Ⅲ型板式无砟轨道由于组合刚度大、轨道板下无缓冲层,当冻胀发生在底座板板端或中部时,复合板板端翘起效应都比较明显,在冻胀变形波长 10～60 m 范围内,轨道不平顺峰值较冻胀变形峰值均有所增加。

冻胀变形对轨道不平顺波长的影响主要在冻胀变形波长 20 m 以内,随着冻胀变形波长的增加,轨道不平顺波长增大。冻胀变形波长超过 20 m 以后,轨道不平顺波长和冻胀变形波长一致。因此,两种板式无砟轨道相比,CRTS Ⅲ型板式无砟轨道不平顺受冻胀变形的影响较大。

(3) 路基冻胀条件下无砟轨道受力受冻胀变形波长的影响显著,结构层顶面最大拉应力随着冻胀变形波长的增大而衰减,当冻胀变形波长达到一个量值后,冻胀变形量的增加不会导致最大拉应力超过容许应力的发生,从而可以结合无砟轨道结构容许应力确定冻胀作用敏感波长,CRTS Ⅰ型和Ⅲ型板式无砟轨道的冻胀作用敏感波长分别为 20 m 和 30 m,双块式无砟轨道冻胀作用敏感波长支承层为 20 m,道床板为 30 m。

冻胀作用敏感波长越小,对无砟轨道受力越不利。要控制结构层顶面最大拉应力不超过其容许应力,对 CRTS Ⅰ型和Ⅲ型板式无砟轨道与双块式无砟轨道的底座板和支承层来说,当冻胀变形波长 10 m 时,冻胀变形需要分别控制在 5 mm、2 mm 和 5 mm;对于轨道板和道床板来说,需要将冻胀变形控制在 8 mm、4 mm 和 3 mm。三种无砟轨道相比较,在底座板和支承层方面,CRTS Ⅲ型板式无砟轨道对冻胀变形的要求极为苛刻;在轨道板和道床板方面,双块式无砟轨道对冻胀变形控制的要求非常高,这种毫米级的控制标准一般是对高速铁路轨道不平顺的要求,对于以土为材料的路基来说实现难度非常大。

3.3.2 路基冻胀效应控制技术路线

根据路基冻胀变形对无砟轨道影响的一般规律,提出无砟轨道路基冻胀效应控制可采取以下技术路线。

(1) 采用对季冻区夏季温度效应和冬季冻胀效应适应性强的无砟轨道结构形式。

3 种无砟轨道结构相比较,CRTS Ⅰ型板式无砟轨道对冻胀变形具有比较好的适应性;CRTS Ⅲ型板式无砟轨道组合刚度增大以后,结构层在冻胀变形下离缝增加、轨道不平顺峰值增大,以及底座板上凹槽周围应力集中,最大拉应力超过容许应力,在凹槽 4 个角附近产生裂缝问题;双块式无砟轨道在冻胀变形荷载作用下结构层离缝较大,无砟轨道赖以稳定的层间摩阻力降低,结构层在短波长冻胀变形影响下最大拉应力容易超过容许应力,导致道床板中众多新老混凝土结合面的开裂,对季冻区路基冻胀适应性差。

在季冻区夏季最大整体温度和温度梯度作用下,连续形式的双块式无砟轨道将出现较大的离缝和温度应力,采用大单元结构形式后,提高了抵抗温度效应的能力,但是,结合其抗冻胀变形能力,总体上不宜在季冻区运用。兰新高速铁路采用大单元双块式无砟轨道,前提条件是戈壁沙漠地区没有水的作用,不具备大范围产生冻胀的条件。目前,无砟轨道结构稳定性总体良好,但是大单元接缝伤损问题比较多,对无砟轨道长期稳定性的影响还需进一步监测分析。

CRTS Ⅰ型板式无砟轨道具有对路基冻胀效应和温度效应适用性好的特点,但在轨道板顶面存在拉应力超过容许应力的风险,CA 砂浆层的抗冻融能力是影响其在季冻区耐久性的主要因素;CRTS Ⅲ型板式无砟轨道具有和 CRTS Ⅰ型板式无砟轨道相似的适应性,同样也存在轨道板顶面拉应力超过容许应力的问题,还存在复合板端部自密实混凝土层底部拉应力超过容许应力的现象。因此,单元轨道板应采用双向预应力结构,进一步提升 CA 砂浆和自密实混凝土材料抗冻融能力。

(2) 优化 CRTS Ⅲ型板式无砟轨道结构,提高其抗冻胀变形的能力。

一是 CRTS Ⅲ型板式无砟轨道在季冻区应用时,底座板上的凹槽结构存在应力集中现象,将其优化为凸台结构后,如图 3-32 所示,底座板的顶面被加强,有利于抵抗拉应力作用。同时,复合板的拉应力在轨道板顶面,即使自密实混凝土层与底座板凸台结合部变成了凹槽结构,复合板底面被削弱,但由于复合板底面为受压面,对结构受力影响不大。

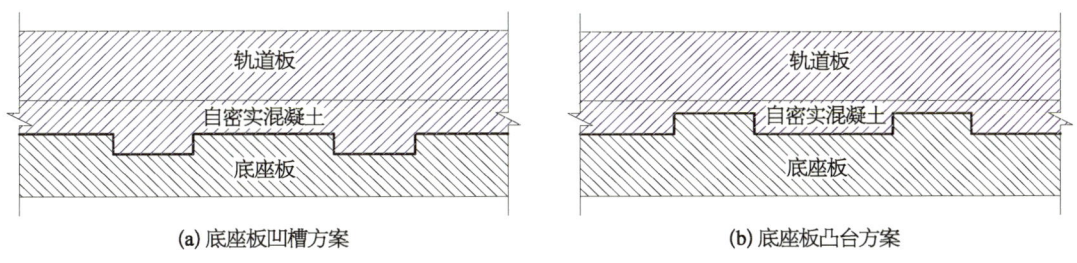

图 3-32　底座板限位方式优化示意图

凸台与凹槽限位下底座板最大拉应力随冻胀峰值变化规律如图 3-33 所示。采用凸台限位后,能够降低冻胀变形作用下底座板拉应力,在保证最大拉应力不超过容许应力的情况下,可降低冻胀变形的控制标准。图 3-34 为采用凸台限位后底座板顶面最大拉应力与凹槽限位时最大拉应力的比值随冻胀变形的变化规律。当冻胀变形波长达到 30 m 时,两种限位结构下最大拉应力基本一致;当冻胀变形波长为 10 m 和 20 m 时,最大拉应力比在冻胀量增大时都显著减小,其中冻胀变形波长为 10 m 时的最大拉应力比可减小到 0.65,即最大拉应力可减少 35%。

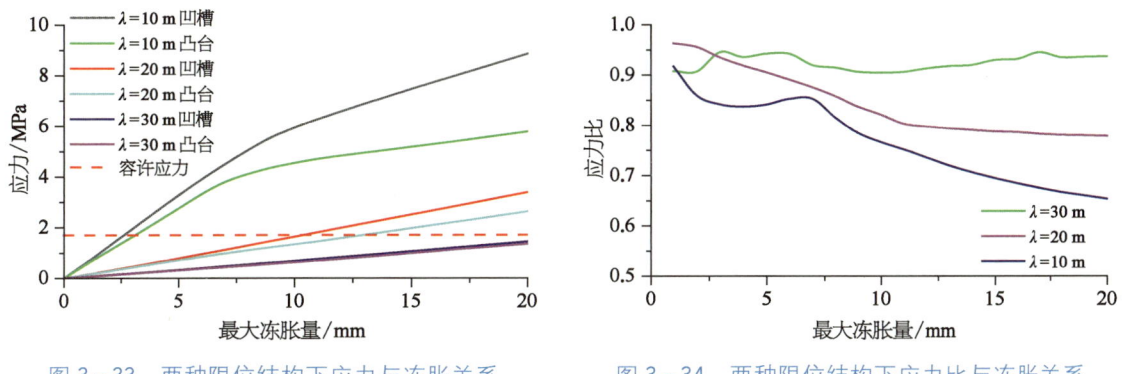

图 3-33　两种限位结构下应力与冻胀关系　　图 3-34　两种限位结构下应力比与冻胀关系

二是轨道结构垂向的刚度匹配对改善其受力和荷载传递非常重要。路基上 CRTS Ⅲ型板式轨道的底座板采用 C40 钢筋混凝土结构,其弹性模量与路基基床表面弹性模量比已经超过 200,而公路路面设计时,为减小受力和弯沉,一般要求层间刚度比为 2.5～12.5[3]。

我国高速铁路路基封闭层原设计采用沥青混凝土材料,分为高弹模和低弹模 2 种。高弹模沥青混凝土回弹模量为 8 000～10 000 MPa,低弹模沥青混凝土回弹模量为 1 000 MPa 左右,封闭层厚度为 10～15 cm。在底座板下增加沥青混凝土封闭层后可降低层间的刚度比,同时能够防止表水渗入路基中。

对设置沥青混凝土层前后 CRTS Ⅲ 型板式轨道在冻胀变形下的受力情况进行分析。计算时冻胀变形波长取 10 m,沥青混凝土层弹性模量取 1 000 MPa 和 8 000 MPa,厚度取 15 cm,宽度和路基面相同,纵向连续。增加沥青混凝土封闭层后,不同冻胀量下最大拉应力随冻胀量变化趋势如图 3-35 所示,限位仍采用凹槽方式。由图 3-35 可以看出,设置沥青混凝土封闭层后,底座板上应力显著降低,冻胀峰值越大,最大拉应力下降幅度越大;沥青混凝土层弹性模量越小,最大拉应力下降幅度越大;而且轨道板最大拉应力有所减小。

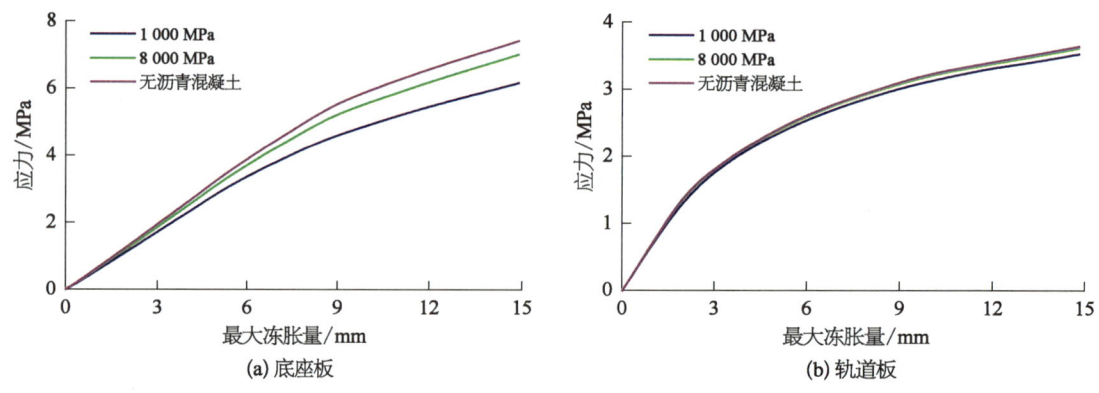

图 3-35　增设沥青层后最大拉应力与冻胀变形的关系

增设沥青混凝土封闭层后最大拉应力减小的原因是层间接触面状态的改变。如图 3-36 和图 3-37 所示,在冻胀变形波长 10 m 情况下,增设沥青混凝土封闭层后,轨道板下及底座板下的接触面积明显增加,接触面积的增加改善了结构层之间的支撑条件,降低了轨道板和底座板在冻胀峰位置处的应力。

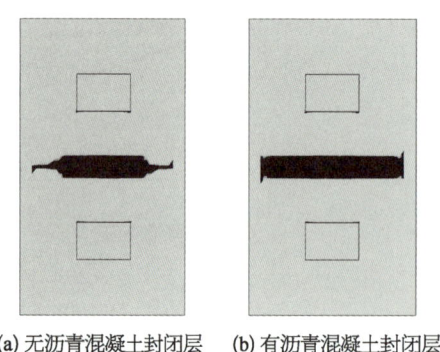 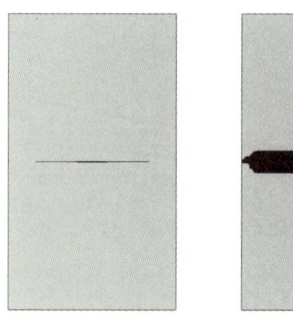 

图 3-36　轨道板下接触面积　　　　图 3-37　底座板下接触面积

三是为降低复合板和底座板的组合刚度,应强化复合板与底座板间隔离层的功能,通过隔离层水平剪切滑移、垂向压缩变形实现减振释能与隔离作用。试验[4]表明,随着隔离层刚度的增加,轮轨力有所增大,复合板振动加速度在 1.0 N/mm³ 以内时显著减小,底座板振动加速度在 0.5 N/mm³ 以内时快速增大(图3-38);复合板垂向位移随隔离层刚度增加而减小,并在隔离层刚度达到 5 N/mm³ 以后趋近于零(图3-39)。CRTS Ⅰ 型板式无砟轨道的轨道板中部垂向位移为 0.01~0.13 mm,板端垂向位移为 0.02~0.33 mm。隔离层刚度控制在 0.45 N/mm³ 以内时,其效果与 CA 砂浆层相当。

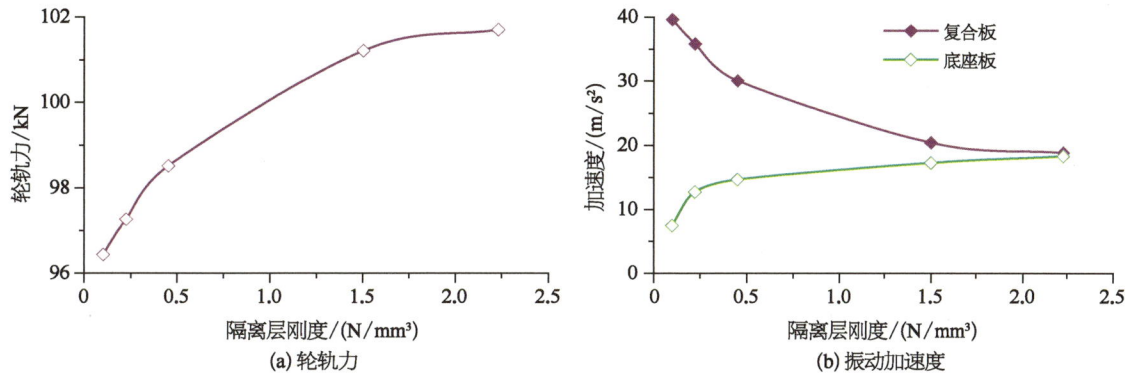

图 3-38　隔离层刚度对轨道结构动力响应的影响

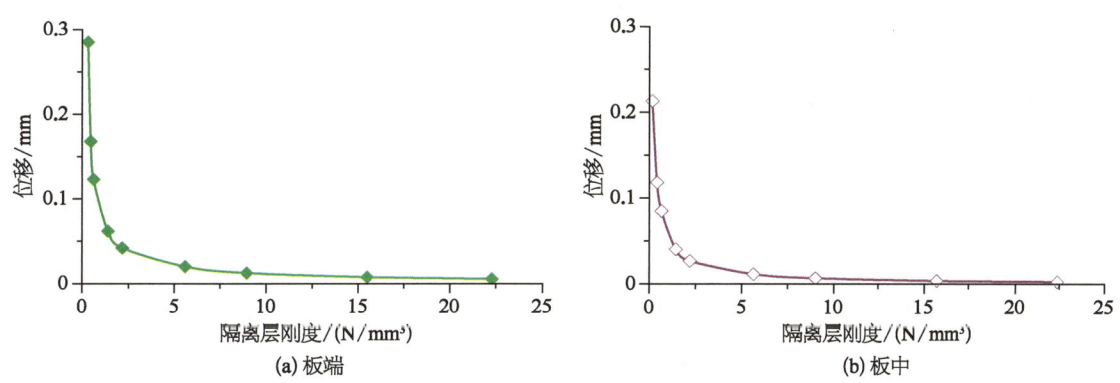

图 3-39　复合板最大竖向位移随隔离层刚度的变化

如果需要进一步提高隔离层的弹性,可将土工布用其他弹性垫层替代。现场试验[5]表明,当垫层刚度为 0.046 N/mm³ 时,在动车组高速通过时,复合板板中垂向位移为 0.43~0.50 mm,板端垂向位移为 0.43~0.59 mm;当垫层刚度为 0.06~0.12 N/mm³ 时,复合板垂向位移差异不大,板中为 0.19~0.38 mm,板端为 0.23~0.28 mm。弹性垫层的刚度小于 CA 砂浆层。

(3) 季冻区高速铁路无砟轨道平稳性的影响源是路基冻胀变形,应将采取措施控制路基冻胀作为季冻区高速铁路建设和运营的关键。因此,需要在掌握高速铁路路基冻胀规律的基础上,对哈大及其他高速铁路线路发生的较大路基冻胀问题进行深入研究,特别是季冻区高速铁路路基采用粗粒土填料及严格的填筑标准,并在防水方面做细致的设计,这就需要从粗粒土冻胀机理入手,探索高速铁路路基冻胀原因,从而采取有针对性的控制措施,保障无砟轨道的平稳性。

3.4 高速铁路路基冻胀控制技术

高速铁路路基细颗粒簇团冻胀机理的提出,为冻胀控制提供了依据,逐步形成了以透水型填料和防水性填料为核心的簇团率控制技术。其中,透水型填料通过控制细颗粒含量,降低填料中细颗粒簇团率,提高填料的渗透性能,降低路基中滞留水分,以减少路基的冻胀变形量。防水型填料通过对细颗粒簇团的化学改良,将簇团胶结成较大的颗粒,减少填料中的簇团率及其持水能力,减少路基的冻胀变形量。目标都是将细颗粒簇团率控制在合理的范围内,以控制路基不冻胀或微冻胀。针对特殊情况,主要是对地下水位较浅的低矮路基,研发了混凝土基床结构,以实现路基冻胀的可控。

3.4.1 透水型路基基床级配碎石

级配碎石属颗粒性材料,具有明显的颗粒性结构特征和非线性力学特性,其物理力学特性复杂,与碎石颗粒大小、形状及分布组合特征有关,且这些参量在荷载作用下将不断发生变化。路基压实后的级配碎石随粗细颗粒含量的变化形成如图 3-40 所示的 3 种典型的结构类型。其中,骨架密实型结构以粗骨料为主,骨料之间的孔隙以细颗粒充分填充;悬浮密实型结构以细颗粒为主,其含量一般超过 50%,粗骨料悬浮于细颗粒中;骨架孔隙型结构中粗骨料相互紧密接触,形成稳定的结构,细颗粒含量不足以填满粗骨料之间的孔隙。骨架孔隙型结构与骨架密实型结构相比,具有较高的孔隙率,内部排水条件好,对控制路基冻胀有利,但由于结构中细颗粒含量较少,填筑时难以通过碾压达到密实度的要求;悬浮密实型结构中细颗粒含量超过了 50%,其冻胀率远超过 1%,不适合作为寒区路基填料。3 种结构对比,只有骨架密实型结构既有利于冻胀控制,又能够满足路基填筑时密实度的要求。

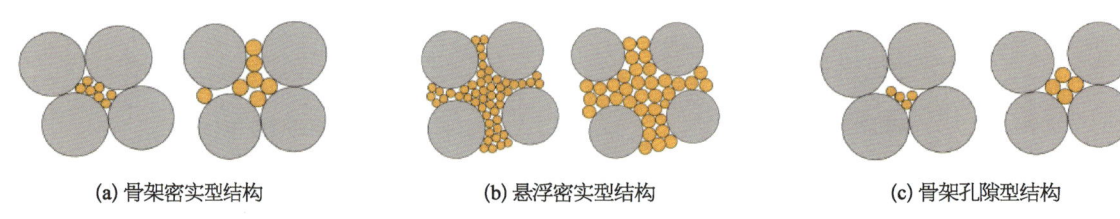

(a) 骨架密实型结构　　(b) 悬浮密实型结构　　(c) 骨架孔隙型结构

图 3-40　填料中颗粒间接触状态及结构形态

1. 多级嵌挤密实级配设计理论与方法[6-8]

为得到骨架密实型级配碎石结构,在级配设计上一般应用多级嵌挤密实级配设计方法,其目标是在保证空隙率最小的情况下,使颗粒之间处于最紧密堆积的状态,从而能使填料最大限度地发挥其结构的强度效应。其理论依据包括级配填充理论和粒子干涉理论。其中,级配填充理论认为,相同粒径的颗粒排列时形成的空隙率与其粒径的大小无关,仅取决于其不同的排列方式或个数;对于同粒径球体按一定的排列方式排列后,如果以适当尺寸的小球体填充到大球体之间的空隙,可使空隙率下降,空隙率下降的程度随填充球体的方式和数量的不同而不同,即间断填充比逐级填充得到的空隙率更小,间断级配较连续级配能形成更小的骨架间隙率,具有更加密实的骨架结构,其骨架空隙率与填充方式和各级集料的填充比例相关。粒子干涉理论则认为,要达到最大密实度,前一级颗粒之间的空隙应由次一级颗粒填充,剩余空隙再由更次一级颗粒填充,但填充的颗粒粒径不得大于其间隙的距离,否则大小颗粒之间势必发生干涉现象。

级配设计的检验一般采用贝雷(Bailey)法。贝雷法将集料分为粗、细两部分进行级配的设计与评价,粗、细集料划分是以集料最大公称尺寸 S 的 0.22 倍所对应的相近尺寸筛孔(称为第一控制筛孔)孔径 C_P 作为划分标准。

$$C_P = 0.22S \tag{3-2}$$

对细集料进一步划分以 C_P 的 0.22 倍作为分界点,称为第二控制筛孔孔径 C_S;对细级配的较细部分再进一步划分,以 C_S 的 0.22 倍作为分界点,称为第三控制筛孔孔径 C_T。此外,以 0.075 mm 筛孔作为集料级配设计的关键控制筛孔,有必要对细颗粒含量进行专门检验。因此提出将 0.075 mm 筛孔作为最小控制筛孔 C_M。

贝雷法要求细集料的用量应根据粗集料形成的空隙来决定,并依次推广到更细一级的集料,即小于 C_P 的集料不得撑开大于 C_P 的集料形成的骨架;小于 C_S 的集料不得撑开大于 C_S 的合成集料形成的骨架;小于 C_T 的集料不得撑开大于 C_T 的合成集料形成的骨架,依次类推。同时应保证各级粗集料体积与相应各级细集料体积之和为单位体积,检验集料间隙率是否符合要求,从而得到多级嵌挤密实型级配。因此贝雷法提出了粗集料比 CA_R、细集料粗比 FA_{CR} 和细集料细比 FA_{FR} 3 个判断指标,对大于 C_P 的粗集料级配以 CA_R 予以评价

$$CA_R = \frac{P_{S/2} - P_{C_P}}{100 - P_{S/2}} \tag{3-3}$$

式中　CA_R——粒径 $C_P \sim S/2$ 的集料含量与粒径大于 $S/2$ 集料含量的比值;

　　　$P_{S/2}$——最大公称粒径的 1/2 所对应筛孔的通过率;

　　　P_{C_P}——粗细集料分界点的第一个控制筛孔的通过率。

根据经验,CA_R 大于 1 时混合料不能形成良好的骨架结构,CA_R 小于 0.1 则混合料容易产生离析,且难以压实。所以,一般情况下 CA_R 取 0.4~0.8。

细集料中较粗部分与较细部分级配通过 FA_{CR} 和 FA_{FR} 进行评价。

$$FA_{CR} = P_{C_S}/P_{C_P} \quad FA_{FR} = P_{C_T}/P_{C_S} \tag{3-4}$$

式中　P_{C_S}——第二个控制筛孔的通过率;

　　　P_{C_T}——第三个控制筛孔的通过率。

一般情况下,FA_{CR} 和 FA_{FR} 取 0.25~0.50。

鉴于细颗粒含量对多级嵌挤密实级配混合料性能影响较大,故结合贝雷法的 FA_R 检验,提出了检验 0.075 mm 筛孔通过率的评价指标 FA_{PR}。

$$FA_{PR} = P_{C_M}/P_{C_T} \tag{3-5}$$

式中　P_{C_M}——最小控制筛孔的通过率。

应用多级嵌挤密实级配设计方法的级配设计和试验步骤为:

(1) 根据级配填充理论,骨架密实结构的混合集料应满足粗料形成的空隙由细料和结合料填

充,集料间隙率为

$$V_{CAi} = 1 - \frac{\rho_i}{\rho_i^j} \tag{3-6}$$

式中 V_{CAi}——集料间隙率;

ρ_i——第 i 档粗料的松方实度;

ρ_i^j——第 i 档料的毛体积密度。

(2) 根据级配填充理论和粒子干涉理论,将较低一级粒径为 D_1 的集料以不同比例填充到粒径为 D_0 的集料中,建立填充比例与间隙率的关系曲线,并在关系曲线上选取最小间隙率对应的集料比例作为不同粒径间形成嵌挤密实结构时的组成比例。

(3) 以粒径为 D_0 和 D_1 的集料形成的最密实嵌挤结构为基准,将下一级粒径为 D_2 的集料再以不同比例填充粒径为 D_0 和 D_1 的集料形成的骨架间隙,测定并计算不同比例关系对应的松方体积、密度及间隙率,建立填充比例与间隙率的关系曲线,以最小间隙率确定 3 级粒径之间形成嵌挤密实结构的最优组成比例关系。

(4) 和上述步骤一致,将更低一级粒径集料填充到该级以上各粒级已形成的嵌挤密实间隙中,并确定它们之间的合理比例。依次逐级填充,直至各级粗集料全部填充到已形成的嵌挤结构中,并最终得出形成粗集料嵌挤结构的各级粒径不同组成比例与间隙率的关系曲线,即粗集料的级配比例关系。

(5) 细集料主要是填充粗集料骨架间隙,使集料级配具有较大的密实度,因此作为填充料的细集料级配的间隙率,对集料级配的密实度也有较大的影响。为了使设计的细集料级配的间隙率足够小,并且也形成一定的嵌挤结构,对细集料的配合比也依据逐级填充理论来设计,具体步骤和上述步骤相同。

2. 透水型级配碎石级配曲线

应用多级嵌挤密实级配设计方法,在级配碎石理论级配确定过程中,结合空隙率特征,颗粒级配还要考虑不均匀系数 C_u 和曲率系数 C_c,并且要满足表 3-2 所示的压实度要求。

表 3-2 高速铁路基床表层压实标准

压 实 标 准	级 配 碎 石
压实系数 K	≥0.97
地基系数 K_{30} /(MPa/m)	≥190
动态变形模量 E_{vd} /(MPa)	≥55

不均匀系数 C_u、曲率系数 C_c 为

$$C_u = d_{60} / d_{10} \tag{3-7}$$

$$C_c = d_{30}^2 / (d_{60} \times d_{10}) \tag{3-8}$$

式中, d_{60} 为限制粒径,颗粒大小分布曲线上的某粒径,小于该粒径的土含量占总质量的 60%; d_{10} 为有效粒径,颗粒大小分布曲线上的某粒径,小于该粒径的土含量占总质量的 10%; d_{30} 为颗粒大小

分布曲线上的某粒径,小于该粒径的土含量占总质量的30%。

根据不均匀系数C_u和曲率系数C_c,可以将级配碎石的级配分为3种类型:$C_u<10$为均匀级配;$C_u\geq10$且$1\leq C_c\leq3$为良好级配;$C_u\geq10$且$C_c<1$或$C_c>3$为间断级配。

高速铁路粒径要求不均匀系数C_u不小于15,曲率系数C_c为1~3,处于良好级配范围。采用多级嵌挤密实级配理论和方法,得到满足骨架密实结构的级配与曲线,如表3-3和图3-41所示。

表3-3 拟定级配碎石多级嵌挤密实粒径级配

方孔筛孔边长/mm	0.075	0.5	1.7	7.1	22.4	31.5	45	63
过筛质量百分率/%	3~10	8~21	16~33	37~53	63~79	73~89	85~100	100

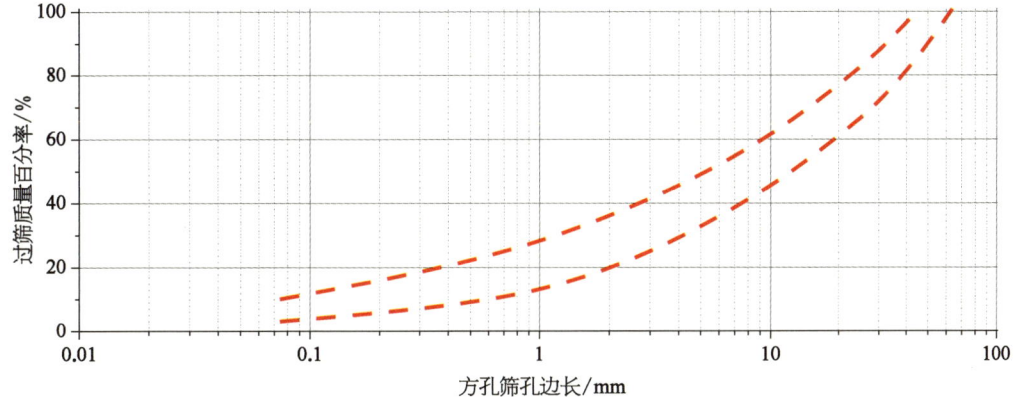

图3-41 拟定曲线级配碎石粒径级配曲线

在表3-2中,细颗粒含量低限符合不能形成簇团的条件,上限则处于簇团率快速增加区域。根据图3-42所示试验结果,粒径级配下限时,填料的冻胀率在0.2%以下,级配上限对应的填料冻胀率达到0.5%~1.0%。按照表3-2中的级配制作试件,实测得到级配碎石抗冻胀性能指标如表3-4所示,其渗透系数均满足大于5×10^{-5} m/s的要求,持水率均满足小于5.5%的要求。

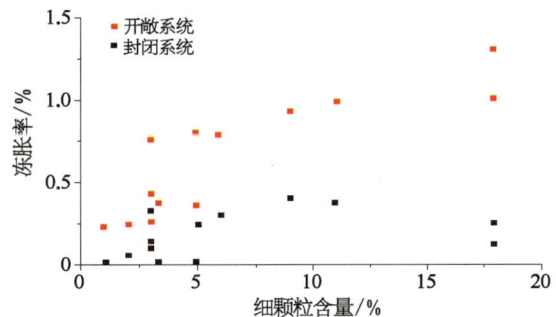

图3-42 开敞和封闭情况下细颗粒含量与冻胀率的关系

表3-4 拟定级配碎石抗冻胀性能指标试验结果

级配曲线	渗透系数/(m/s)	持水率/%
上限	5.13×10^{-5}	5.11
下限	3.42×10^{-4}	2.51

根据图 3-41 计算出级配碎石上限、下限两条曲线的不均匀系数及曲率系数。由式(3-7)和式(3-8),得到级配碎石上限 $C_u=58$, $C_c=1.15$;级配碎石下限 $C_u=26.7$, $C_c=1.54$,均能满足压实要求。

由于表 3-3 和图 3-41 中级配上限细颗粒含量不满足簇团及冻胀控制的要求,从而将 0.075 mm 以下细颗粒含量调整为控制在 3% 以下,压实后控制在 5% 以下,同时对级配曲线中 1.7 mm、7.1 mm、22.4 mm 粒径含量进行调整,修正后级配及曲线如表 3-5 和图 3-43 所示,即为透水型级配碎石。

表 3-5　严寒地区高速铁路基床表层级配碎石粒径级配建议方案

方孔筛孔边长/mm	0.075	0.5	1.7	7.1	22.4	31.5	45	63
过筛质量百分率/%	0～3(5)	8～20	16～33	37～53	63～79	73～89	85～100	100

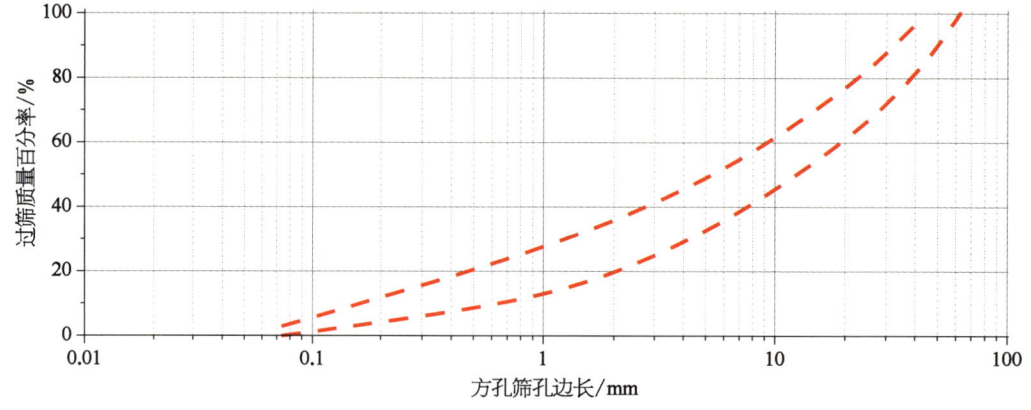

图 3-43　严寒地区高速铁路基床表层级配碎石级配标准

透水型级配碎石属于骨架密实结构,虽然细颗粒含量低至 3%,但由于粒径分布合理,能够保证其具有很好的压实度。所以,将表 3-4 中最大粒径由 63 mm 调整为 60 mm,作为 Ⅱ 型级配碎石纳入最新版本的《铁路路基设计规范》(TB 10001—2016),作为严寒季冻区基床表层级配碎石标准。

在 Ⅱ 型透水型级配碎石级配标准基础上,最新版本的铁路路基设计规范提出了 Ⅰ 型级配碎石的标准,其粒径级配如表 3-6 所示,0.02 mm 以下粒径质量百分率不大于 3%,0.075 mm 以下粒径质量百分率不大于 7%,在压实系数为 0.97 情况下,其渗透系数小于 1×10^{-6} m/s,在路基面上可以将雨水排走。

表 3-6　基床表层 Ⅰ 型级配碎石粒径级配

方孔筛孔边长/mm	0.075	0.5	1.7	7.1	22.4	31.5	45
过筛质量百分率/%	0～7	19～32	33～46	53～75	79～91	89～100	100

3.4.2 防水型路基防冻胀结构

防水型路基结构包括填料防水和路基面防水两部分。前者可以采用Ⅱ型以外的级配碎石，通过改良措施控制细颗粒簇团率，减少水的影响；后者通过路基面的防水措施，减少降水渗入路基基床中。

1. 水泥固化级配碎石防冻胀机理

高速铁路路基填料中的细颗粒土簇团是主要持水结构，填料防水就是通过水泥等胶凝材料在细颗粒簇团中的水化胶结作用，将其固化为中大颗粒，从而有效提高填料的抗冻性。

水泥在级配碎石中的作用通过试验进行分析，在细颗粒含量8%的级配碎石中分别掺加5%的粉煤灰和水泥，得到如图3-44的试验结果。掺加粉煤灰的级配碎石和纯级配碎石一样，超声波脉冲速度(UPV)随时间增加保持为恒定值，其中掺加粉煤灰的级配碎石UPV值高于纯级配碎石，表明粉煤灰在级配碎石中仅起到填充作用，级配碎石间的空隙填充后更加密实，UPV增大。掺加水泥的级配碎石UPV在初期保持不变，一定时间后迅速增加，最后趋于平稳并伴有小幅增加。UPV在掺水泥级配碎石中的变化，主要是水泥在级配碎石中水化过程的反映。如图3-45所示，当水泥掺入级配碎石时，水化开始之前，水泥的作用和掺粉煤灰相近，主要表现为填充作用，UPV和掺粉煤灰相同；随着水泥的迅速水化，产生的水化产物使得碎石之间相互胶结，整体结构更加密实，UPV不断增大，此时水泥主要起胶结作用；水泥水化进行一定程度后进入稳定期，水化趋势减慢，内部结构趋于稳定，但仍有水泥继续水化，UPV呈现平稳增加趋势。通过和纯级配碎石及掺等量粉煤灰的试验对比，可以看出水泥在级配碎石中同时发挥填充和胶结两种作用，初期为填充作用，随后主要表现为胶结作用。

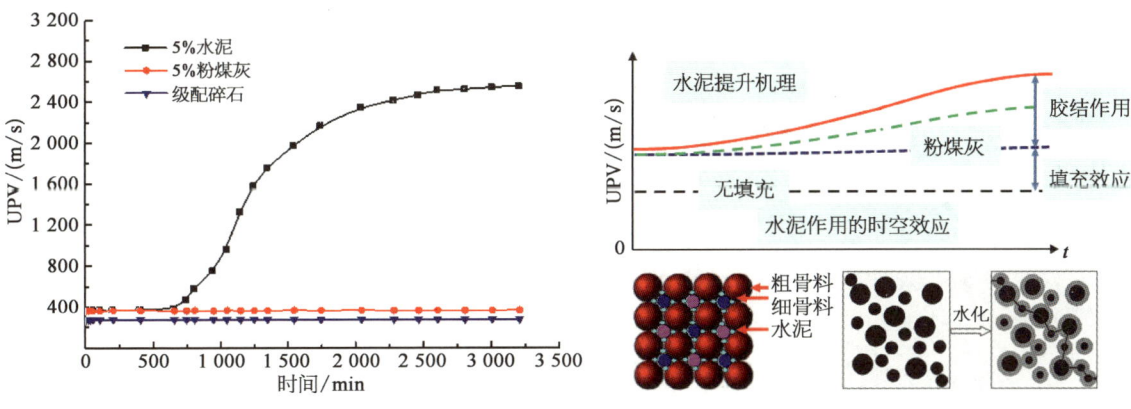

图3-44 三类级配碎石超声波检测结　　图3-45 水泥在级配碎石中的作用机理与原理分析

图3-46为水泥掺量5%情况下，固化级配碎石的孔隙结构分布X-CT和压汞试验测试结果。当细颗粒含量为0时，水泥颗粒进入到大孔隙中，发挥的主要是填充作用，大孔隙群中孔径较固化前减小，小孔隙明显增多，最可几孔径为0.1 μm，且0.1 μm以下孔径的孔隙占比较大。当细颗粒含量为3%~5%时，由于细颗粒团聚体主要为独立的小簇团，水泥颗粒进入簇团水化后，将小簇团胶结成较大颗粒，0.1~1 μm的孔隙增多，小孔隙群最可几孔径接近1 μm，大孔隙群最可几孔径减小。

当细颗粒含量为7%～11%时,簇团连通性增强,中大簇团数量增多,水泥颗粒在簇团中能够充分水化,胶结成较大体积的颗粒体,填充了骨架间孔隙,大孔隙群中最可几孔径进一步减小,小孔隙群中细颗粒簇团减少,孔径小于0.1 μm的孔隙增多。当细颗粒含量增加到15%及以上时,填料中主要是大簇团,水泥固化后形成的大颗粒体对骨架有挤胀作用,大孔隙群中的最可几孔径增大,小孔径孔隙量增加。

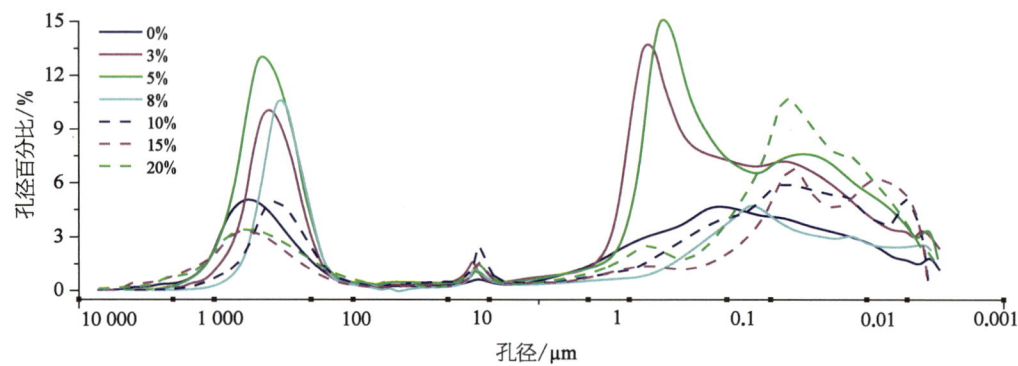

图3‑46　水泥固化级配碎石孔隙分布测试结果

2. 水泥掺量的影响

水泥掺量不同,对级配碎石的作用不同。根据图3‑47普通硅酸盐水泥不同掺量下级配碎石的试验结果,稳定期的UPV值随着水泥掺量的增加而增加,4种水泥掺量下级配碎石的UPV值分别为2 633 m/s、3 074 m/s、3 284 m/s、3 400 m/s,水泥掺量超过5%以后的UPV值明显大于3%的掺量。其原因在于水泥掺量越大,水化后生成的胶结产物越多,固相胶结作用越明显,掺加水泥的级配碎石内部结构越密实、孔隙率越低,因此超声波传播路径中固相路径更长,UPV值更大。同时,水化开始时间随着水泥掺量的增加而减少,水泥掺量3%和9%的级配碎石中水泥水化起始时间分别为900 min和600 min,主要是水泥掺量越多,在相同的时间内反应生成的水化产物越多,在级配碎石间形成固相胶结作用需要一定数量的浆体,3%掺量时水泥含量较低,需要更多的反应时间来形成网状联结结构,为使填料内部结构尽快密实,水泥掺量应不低于5%。

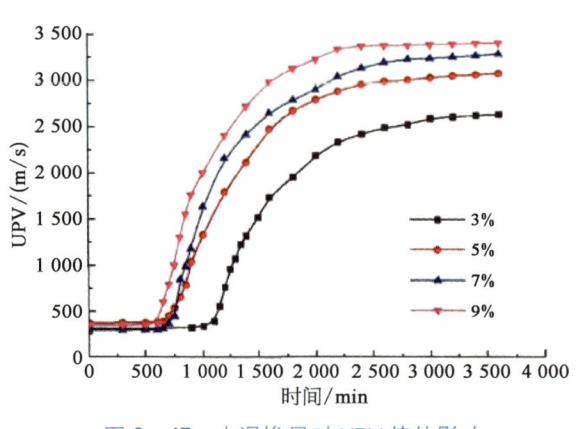

图3‑47　水泥掺量对UPV值的影响

从图3‑48和图3‑49可以看出,随着水泥掺量增加,级配碎石的强度增加,同时干燥收缩值也增大。从7 d强度来看,水泥固化级配碎石的抗压强度随水泥掺量增多而迅速增大,但14 d和28 d强度在3%～7%范围内变化不大。干燥收缩量在水泥掺量3%和5%时差异较小,增加到7%时收缩变形量有所增加。因此,从强度和收缩变形量控制出发,水泥掺量5%为比较合理的掺量。

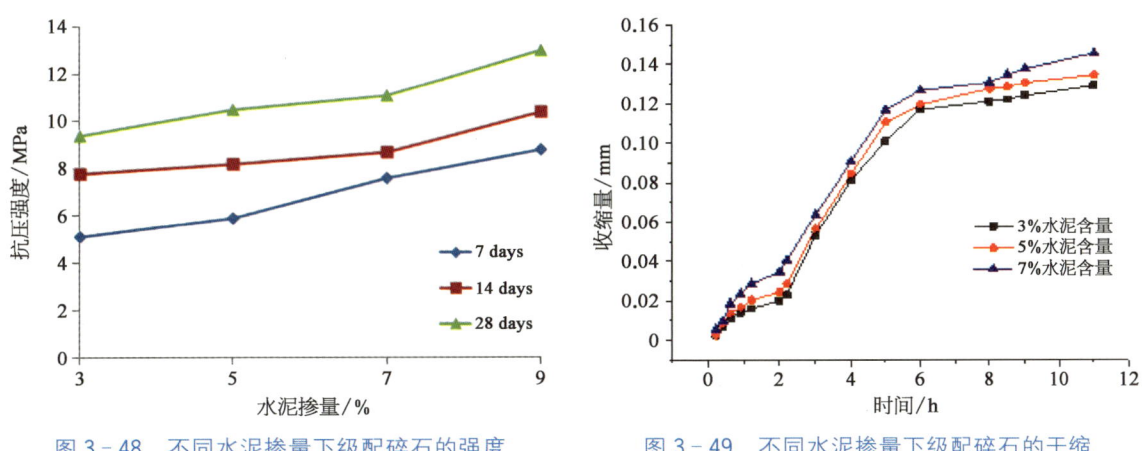

图3-48 不同水泥掺量下级配碎石的强度　　图3-49 不同水泥掺量下级配碎石的干缩

采用光纤光栅对水泥固化级配碎石冻胀性进行测试,图3-50为测试结果。在负温条件下,水泥固化级配碎石随着温度降低,一方面固相材料表现出冷缩变形特性;另一方面级配碎石内的水分冻结成冰将引起体积膨胀。在温度开始降低时,级配碎石中大部分孔隙内水分并没有开始结冰,而是材料本身的冷缩行为占主导地位,表现为负应变逐渐增加;随着温度的继续降低,水分结冰引起的体积膨胀大于级配碎石的自身收缩,表现为冻胀行为,应变开始增大,且增长速度很快。因此,含水量小的级配碎石没有足够的水分结冰使体积膨胀,故一直收缩;而含水量较高的级配碎石则表现为先收缩后膨胀的趋势。当水泥掺量为5%、含水率为10%时,不足以引起冻胀变形占主导,填料一直处于收缩状态;当含水率超过50%及以上时,后期的变形主要为冻胀变形[图3-50(a)]。当水泥掺量为7%、含水率在30%以下时,填料一直处于收缩状态,只有含水率在80%以上时,后期的冻胀变形才为主要的变形[图3-50(b)]。表明级配碎石掺加水泥以后,细颗粒簇团率得到控制,即使中大孔隙中存在一定的水分,单纯水的冻结引起的体积增加对填料的宏观冻胀变形影响不大,当水泥掺量增加时,除了水化作用外,填充的未水化的水泥在含水率增加时会继续发生水化作用,从而进一步固化细颗粒及其簇团,抵抗冻胀变形的能力得到提高。因此,综合考虑控制冻胀

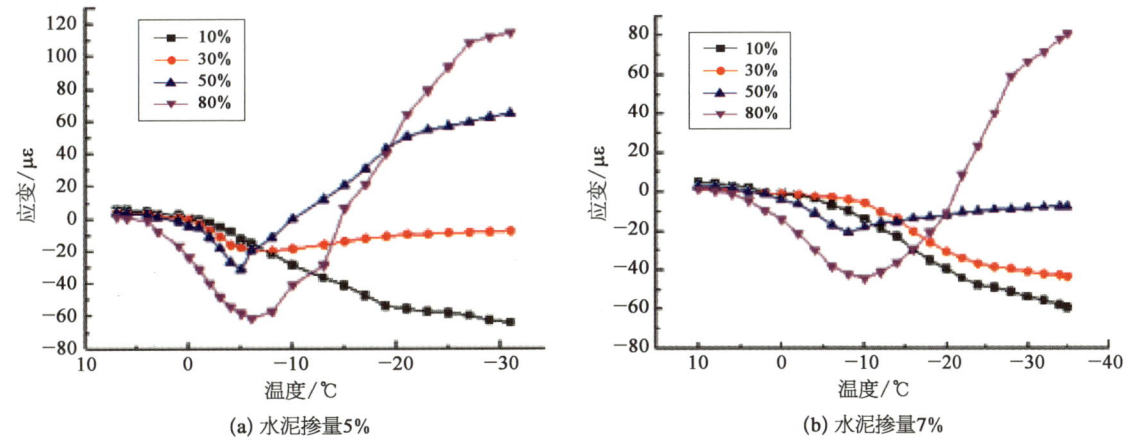

(a) 水泥掺量5%　　(b) 水泥掺量7%

图3-50 水泥固化级配碎石应变量随温度的变化规律

变形和收缩变形,水泥掺量宜控制在5%左右。

3. 路基面防水封闭层技术

1) 路基面封闭层应用现状

我国高速铁路路基面防水封闭层原设计为沥青混凝土材料,由于在路肩、线间狭小的空间内施工,大型装备无法使用,质量难以保证,从而在大部分高速铁路线路上采用水泥基混凝土作为防水封闭层材料。由于水泥基混凝土材料抗拉性能和变形适应能力差,封闭层开裂和起臌问题成为常见病害。同时,由于封闭层设置了大量纵横向结构缝,嵌缝材料与混凝土结合面黏结不牢产生的离缝现象比较常见,从而降低了封闭层的防水能力,导致冻胀、翻浆冒泥问题的发生。东北某高速铁路采用的纤维混凝土防水封闭层,开通运营第一个冬天过后,便产生了较多的纵横向开裂、不规则裂缝(图3-51)及粉化问题,不得不采取措施进行修补整治。

图3-51 东北某高速铁路纤维混凝土封闭层状况

沥青混凝土材料在公路路面和钢桥面防水方面已经得到广泛应用,在东北地区严寒季冬区也取得良好的应用效果。日本新干线将其作为防水层铺设在有砟轨道路基面上,我国季冻区高速铁路防水封闭层采用沥青混凝土材料是合理的选择。但是,沥青混凝土技术路线及标准、封闭层结构设计参数、施工条件和工艺装备对封闭层质量的影响非常大,某高速铁路沥青混凝土防水层的结构为1 cm稀浆封层和1 cm单层沥青表面处治,目前部分路段出现严重的裂缝、松散剥落、坑槽等病害,其中裂缝以横缝为主,间距为2～3 m,裂缝较宽(图3-52)。而某试验段沥青混凝土防水封闭层为厚约8 cm的连续密级配沥青混凝土,沥青混凝土材料采购于市政工程沥青拌和站,采用人工摊铺,小型钢轮压路机压实,施工于2005年11月上旬完成,目前状况如图3-53所示,防水封闭层表面较粗糙、外观平整密实,除外侧路基部分有5条细小横向裂缝外,整体性能良好,未见任何起皮、剥落、松散。

2) 沥青混凝土封闭层功能要求

路基防水封闭层作为防排水体系的重要组成部分,是阻止表面水向路基结构内部渗透的外部屏障,对减小冻胀、融沉病害具有重要的作用。考虑到基本工作条件与实施条件,季冻区高速铁路基沥青混凝土防水封闭层应具备以下基本功能:

(1) 沥青封闭层布设于两侧路基顶面及线间铺装,是防止表面水进入路基内部的重要屏障,兼具路基保温功能。

图3-52 某高速铁路沥青防水封闭层状况

图3-53 某试验段沥青防水层状况

(2) 沥青封闭层应具备持久的抗裂性与抗冻性,在低温环境下具有良好的柔韧性和松弛能力,且具有一定的抗反射裂缝能力与不均匀冻胀的适应能力。

(3) 沥青封闭层应具有良好的高温稳定性,夏季高温天气下不流淌或软化。

(4) 沥青封闭层应具有较高的耐候性,不因风化、老化或冻害因素导致粉化、碎裂或局部松散等病害而丧失其整体性,在列车高速通过时所引起的风荷载或局部负压状态亦不会出现起皮或剥落等现象。

(5) 沥青封闭层应与路基及其他相邻的构造物之间结合紧密,以防止水分从界面向路基渗透。

(6) 沥青混凝土应具备较好的体积填充或自密实特性,施工便利,有利于高速铁路工程施工组织与质量控制,且后期维护工作量小,养护维修快速、方便。

(7) 沥青封闭层的材料选择,需结合对当地的环境气候条件与现场实施条件,综合考虑防水功能性、低温抗裂性、高温稳定性与施工便利性等的性能均衡。

3) 沥青混凝土封闭层技术要求

根据对季冻区高速铁路路基沥青混凝土防水封闭层的功能要求,高速铁路路基两侧及线间封闭层结构应满足表3-7所示的技术要求。考虑到季冻区沥青混凝土封闭层主要设置在路基两侧及线间,基本不受荷载作用,其功能主要为防排水,设计时应控制的关键指标为空隙率和低温抗裂性,其中空隙率不大于3%,−10℃弯曲应变不小于3000 $\mu\varepsilon$。此外,从方便施工考虑,流动度不应大于60 s。

表3-7 沥青混凝土防水封闭层技术要求

技 术 指 标		技 术 要 求	试 验 方 法
沥青结合料 PG 等级		PG 70-34	流变学试验
结构厚度/cm		≥5.0	插入式直尺
防水性	外观	平整、密实	目测
	空隙率/%	≤3	T0706—2011

(续表)

技术指标		技术要求	试验方法
低温抗裂性	弯曲应变/(μm/m,−10℃)	≥3 000	T0715—2011
高温稳定性	马歇尔稳定度/(kN,60℃)	≥5.0	T0709—2011
	贯入度/mm	≤6	贯入试验(40℃)
	动稳定度/(次/mm)	≥800	轮辙试验 0.7 MPa(40℃,1 h)(视需要)
	累积变形/mm	≤8.0	
耐候性	冻融劈裂强度比/%	≥80	T0729—2000
	试件外观	无松散、剥落或碎块	冻融循环后目测
使用寿命/a		≥20	长期老化试验
与相邻构造物的联结	拉拔强度/(MPa,25℃)	≥0.2	拉拔试验
	剪切强度/(MPa,25℃)	≥0.5	剪切试验
施工便利性	流动度/s	≤60	刘埃尔流动度仪
	黏聚性	易成团、不松散	手搓成团

4) 沥青混合料的选型

沥青混合料是符合规格与级配组成的矿质混合料与适量的沥青材料在特定工艺条件下制备而成的一种混合物;沥青混合料经浇筑或铺筑成型并硬化后,所形成的具有一定强度的固体,称为沥青混凝土。根据材料组成与施工方法等特点,沥青混合料一般可分为沥青表面处治、沥青贯入碎石、冷拌沥青混合料与热拌沥青混合料。其中,热拌沥青混合料是黏稠石油沥青或相应的改性沥青胶结料与具有一定级配的矿质混合料,在高温加热的条件下经适当工艺拌制而成的均质混合物,是高级石油沥青建筑材料。采用热拌沥青混合料所形成的沥青混凝土,其整体性能与耐久性最佳,应用范围最广,适用于季冻区沥青混凝土防水封闭层。

根据矿质材料的级配形式与空隙率特征,我国常用的沥青混合料可以分为密级配(空隙率3%~6%)、开级配(排水式,18%以上)和半开级配(空隙率6%~12%)类型,能够满足空隙率要求的只有密级配混合料。

根据摊铺工艺,热拌沥青混合料可分为碾压式与非碾压式沥青混合料两大类。对于高速铁路无砟轨道路基面施工工作面情况,选择在成型过程中依靠自身流动性无须外力功即可达到设计密实状态的非碾压式沥青混合料比较合适。近年来在我国特大跨径钢桥中大量应用的浇筑式沥青混凝土,以及我国公路沥青路面施工技术规范中的砂粒式沥青混凝土均属于此类。

提出自密实沥青混凝土和半自密实沥青混凝土两种沥青封闭层方案。其中,自密实沥青混凝土以浇筑式沥青混凝土为参照,在确保防水、抗裂与耐久性等性能及施工流动性的情况下,通过控制矿粉用量、降低沥青用量等手段,降低建造成本。半自密实沥青混凝土以东北地区常用的细粒式连续级配沥青混凝土为基础,适当增加矿粉与沥青用量,同时采用合适的降黏措施,以增加施工流动性,实现自密实目标。

应用多级嵌挤密实级配设计方法,通过试验得到自密实和半自密实沥青混合料设计级配如表3-8和图3-54所示。其中,自密实沥青混合料的最佳油石比为8.5%;半自密实沥青混合料选用 90 号基质沥青,单面击实 25 次,最佳油石比为 6.2%;选用聚合物改性沥青,单面击实 25 次,最佳油石比为 6.5%。

表 3-8 自密实和半自密实沥青混合料设计级配

方孔筛孔边长/mm		13.2	9.5	4.75	2.36	1.18	0.6	0.3	0.15	0.075
过筛质量百分率/%	自密实沥青混合料	100	98.6	72.5	55.0	47.2	40.1	31.1	26.1	25.1
	半自密实沥青混合料	100	98.9	76.7	55.6	45.2	35.3	22.4	15.2	14.1

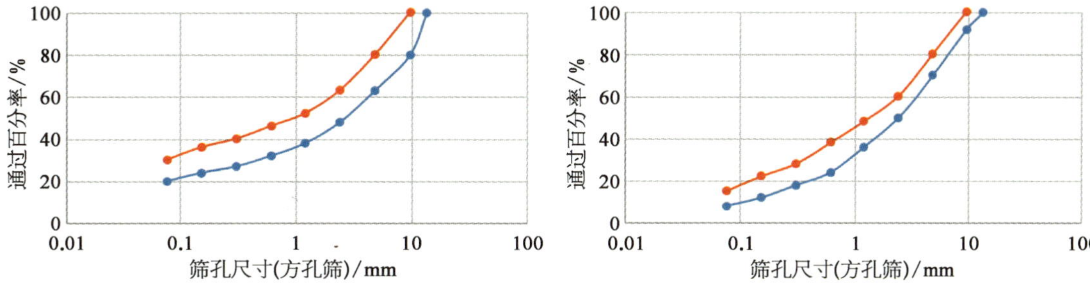

(a) 自密实沥青混合料　　(b) 半自密实沥青混合料

图 3-54 高速铁路路基防水封闭层自密实与半自密实沥青混凝土矿料级配范围

根据对沥青混合料的性能测试,确定以 PmB 作为沥青结合料。实测推荐级配混合料在最佳油石比时沥青混凝土的基本性能如表 3-9 所示,各项指标均满足技术要求。

表 3-9 实测沥青混凝土防水封闭层的技术性能

技术指标		技术要求	实测性能	
			自密实	半自密实
防水性	外观	平整、密实	平整、密实	平整、密实
	空隙率/%	≤3	1.3	2.0
低温抗裂性	弯曲应变/(μm/m,-10℃)	≥3 000	6 649	5 641
	线收缩系数	—	1.656~2.150	1.442~1.963
高温稳定性	马歇尔稳定度/(kN,60℃)	≥5.0	6.1	8.3
	贯入度/mm	≤6	2.49	—
	车辙试验/(次/mm)	≥800	2 548	2 593
	累积变形/mm	≤8.0	2.5	2.9
耐候性	冻融劈裂强度比/%	≥80	94.7	89.8
	试件外观	无松散、剥落或碎块现象	无松散、剥落或碎块现象	无松散、剥落或碎块现象
使用寿命/a		≥20	通过结合料老化试验验证	
与相邻构造物的联结	拉拔强度(MPa@25℃)	≥0.2	0.371	0.261
	剪切强度(MPa@25℃)	≥0.5	2.01	1.20
施工便利性	流动度/s	≤60	10.5(210℃)	—
	黏聚性	易成团、不松散	成团性好	易成型

3.4.3 混凝土基床结构

当地下水水位较高或者排水困难的低路堤地段,采用填料基床可能造成地下水或地表水浸泡路基,使路基本体含水量增高,不利于控制路基冻胀。因此,利用混凝土冻结后变形小的特性,提出了采用混凝土基床结构实现控制冻胀的技术路线。

1. 混凝土基床设计断面

混凝土基床结构比较简单,一般在影响轨道平顺性范围内设置,混凝土基床外用非冻胀土填筑。

哈齐高速铁路首次采用混凝土基床,如图3-55所示,混凝土基床宽10.5 m,采用C35素混凝土浇筑,表层设置钢筋网,基床厚度不小于最大冻结深度+0.25 m。混凝土基床每隔20 m设置一道伸缩缝,缝宽0.02 m,缝内填塞木丝板并设置传力杆钢筋。横断面方向混凝土基床表面自路基中心至轨道底座外边缘设2%排水坡,自轨道底座外边缘往线路外侧设4%排水坡。基床两侧采用纤维混凝土封层,厚度不小于8 cm,每20 m设置一道伸缩缝,与混凝土基床伸缩缝错缝布置。

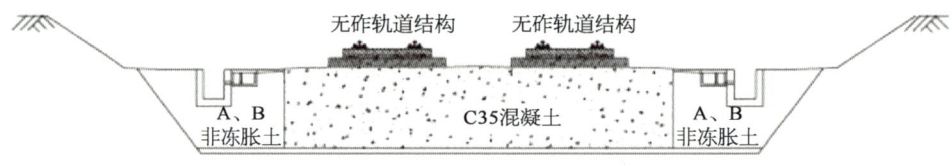

图3-55 哈齐高速铁路采用的混凝土基床结构

京沈高速铁路对混凝土基床结构进行了优化。路堤地段无砟轨道正线路基基床总厚度为2.7 m,其中混凝土基床厚度为最大设计冻结深度+0.5 m,上部为0.5 m厚的C35混凝土,下部为C20混凝土,混凝土基床下面为掺5%水泥的级配碎石垫层和A、B组填料;路堑地段无砟轨道正线路基在最大设计冻结深度内,顶部为0.5 m厚的C35混凝土,下部为0.25 m厚的碎石垫层,中间为C20混凝土;混凝土基床两侧填筑A、B组填料(图3-56)。混凝土基床顺线路方向每10 m设置伸缩缝,与轨道底板伸缩缝错缝布置,缝宽20 mm,于两布一膜顶面位置伸缩缝设置中埋式止水带,并搭接于两布一膜之上,其上采用厚20 mm的聚乙烯板、直径22 mm的聚乙烯棒及聚氨酯封堵,其中聚氨酯填塞深度不小于14 mm。

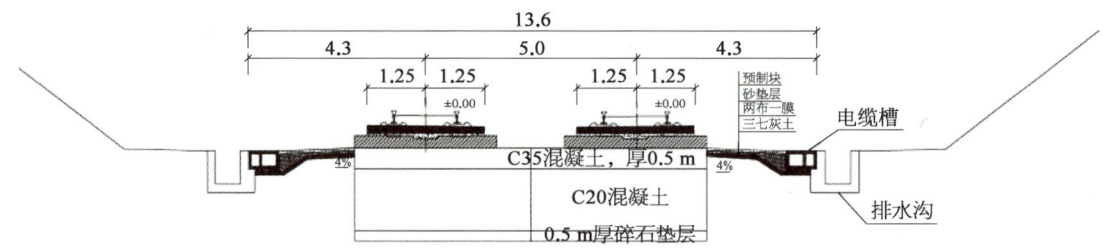

图3-56 京沈高速铁路采用的混凝土基床结构(单位:m)

2. 混凝土基床的翘曲变形

在路基最大冻结深度内采用混凝土基床结构替代土工构筑物,消除了影响冻胀产生的因素,从理论上来说能够有效控制冻胀变形。但是,由于严寒季冻区温度荷载大于其他地区,混凝土基床同样需要研究其温度效应。

以哈齐高速铁路大庆地区为例,最大冻结深度达到 2.14 m,无砟轨道表层最高、最低温度为 30℃、−40℃,混凝土基床厚度达到 2.64 m。假设混凝土基床底部温度为 6℃,温度在其厚度方向为线性分布。计算结果表明,对于长度为 20 m 的混凝土基床,夏季时其竖向位移分布如图 3-57(a)所示,在混凝土基床边缘距初始位置有 0.5 mm 的竖向变形,中点距初始位置有 0.2 mm 竖向变形,最大变形差为 0.3 mm,夏季为正温度梯度,整体呈中间上拱形式。冬季时竖向位移分布如图 3-57(b)所示,由于为负温度梯度,混凝土基床的两段翘起,基床边缘距初始位置有向上近 0.5 mm 的竖向变形,中点距初始位置约有 1.5 mm 竖向变形,最大变形差为 2.0 mm。冬季负温度梯度大于夏季正温度梯度,因为温度翘曲变形与温度梯度成正比,因此,冬季产生的温度位移大于夏季的温度位移。

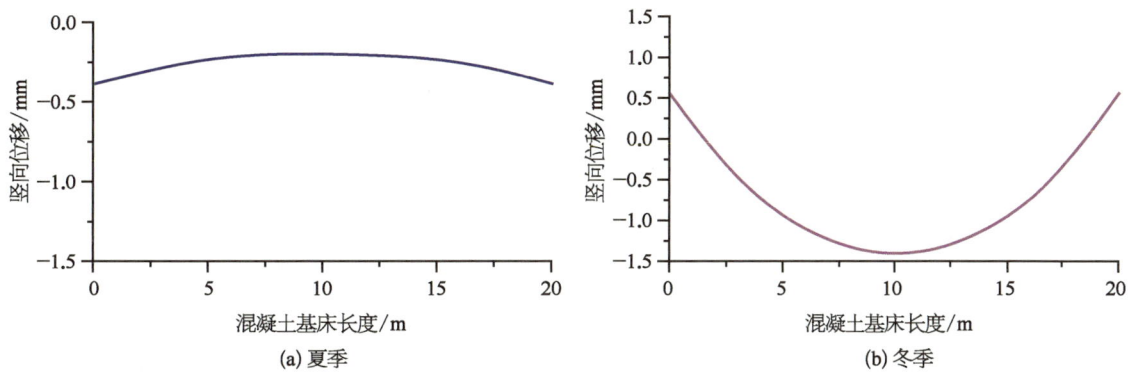

图 3-57 混凝土基床竖向位移分布曲线

混凝土基床长度对其温度变形将产生重要的影响。如图 3-58 所示,长度 10 m 和 20 m 的基床中心在 1 月和 12 月竖向变形最大,偏离原基准位置分别接近−2 mm 和−4 mm,夏季发生向上拱胀,分别达到 0.5 mm 和 2.0 mm 左右;基床中心与边缘竖向变形差在冬季时达到最大,分别为 2.5 mm 和 4.8 mm,在夏季变形差可达 1.0 mm 和 2.2 mm,在春秋两季变形差最小。混凝土基床长度越长,则变形差越大。因此,混凝土基床长度不宜过大,应通过缩小混凝土基床长度减少其变形幅度。

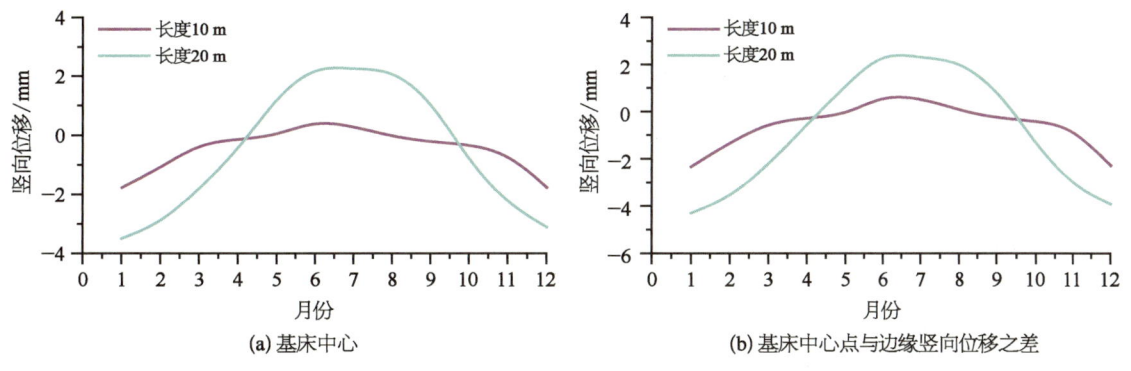

图 3-58 混凝土基床不同长度时竖向位移比较

3.5 防冻胀路基结构的现场试验

为验证路基防冻胀结构的效果,在哈齐高速铁路设立试验段开展了相关试验。

3.5.1 哈齐高速铁路试验段

哈尔滨—齐齐哈尔高速铁路,全长 281 km,设计时速为 250 km/h,采用 CRTS Ⅰ型板式无砟轨道。沿线最冷月平均气温为 −27.3～−23.8℃,极端最低温度为 −39.3～−36.8℃,土壤设计最大冻结深度为 1.89～2.72 m,实测最大冻结深度为 2.18～3.02 m,是设计最大冻结深度的 1～1.5 倍(见表 3-10)。

表 3-10 哈齐高速铁路路基冻结深度监测结果

里 程	最冷月平均气温/℃	设计最大冻结深度/m	实测最大冻结深度/m
kx1+350(哈尔滨)	−24	2.05	2.31
kx2+200(肇东)	−27	1.89	2.90
kx3+210(大庆)	−26	2.14	2.18
kx4+300(泰康)	−27.3	2.72	2.98
kx5+100(齐齐哈尔)	−23.8	2.09	3.02

全线路基长度为 103.5 km,其中低于 2.7 m 填筑高度的低路基长度为 40.8 km,占路基总长度的 38.1%。路基防冻设计措施主要采取限制路堤最小高度、改善路基填料质量或基床结构、设置封水层及防冻胀护道、加强地表水引排等措施。基床表层填筑厚度为 0.4 m 的级配碎石层,粒径 0.075 mm 以下的细颗粒含量要求小于 5%,粒径 0.02 mm 以下的细颗粒含量小于 3%;基床底层填筑厚度为 2.3 m 的 A、B 组填料,设计冻结深度+0.25 m 范围的填料粒径小于 0.075 mm 的细颗粒含量不大于 5%,压实后不大于 7%,渗透系数大于 5×10^{-5} m/s,0.02 mm 以下的细颗粒含量不得超过 3%;基床以下路基本体填筑 A、B 组或 C 组碎石、砾石类填料。根据 2012 年 11 月人工观测结果,2 517 个观测点中冻胀变形量在 4 mm 以下的观测点数量占 91%,冻胀变形量达到 8 mm 以上的观测点数量占 1.3%(图 3-59),最大冻胀变形量超过 12 mm 的观测点主要分布在 kx1+1605～kx1+2050、kx3+2500～kx3+2650 段落(图 3-60),主要在低路基中。为此,2013 年将冻胀变形量较大段落内的低路基变更为混凝土基床,长度为 22.4 km,占低路基长度的 56.8%。由于混凝土基床在高速铁路中首次运用,从而纳入试验段进行监测。

透水型和防水型防冻胀路基结构试验段位于哈齐高速铁路肇东市 kx2+300～kx2+850 区段。如表 3-15 和图 3-61 所示,根据防水封闭层和填料性质的不同分为 6 个方案,由于基床以下主要是淤泥质黏土和粉质黏土,为减少地下水对基床的浸泡,在基床以下填筑一定厚度的碎石。

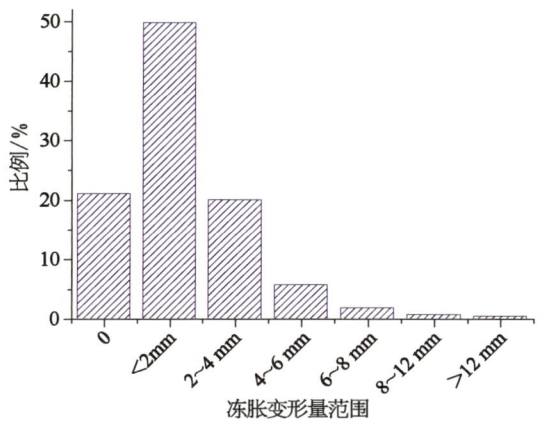

图 3-59 哈齐高速铁路路基冻胀观测结果

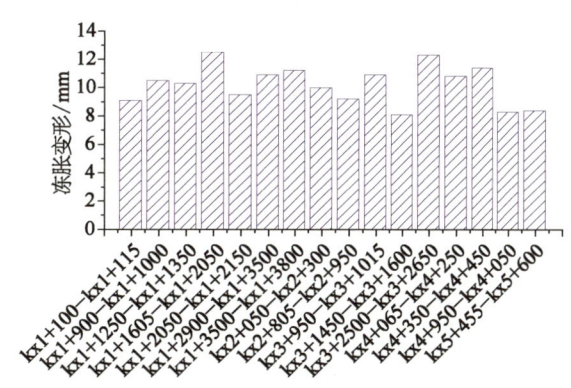

图 3-60 哈齐高速铁路最大冻胀量分布

表 3-11 现场试验段方案

方案	长度/m	表面防水方案	基床表层方案	基床底层及以下方案
1	100	10 cm 厚纤维混凝土（通用方案）	0.4 m 厚掺 5%水泥的级配碎石	2.3 m 厚 A、B 组非冻胀填料＋碎石
2	100	5 cm 厚预制块＋10 cm 厚砂垫层	0.3 m 厚掺 5%水泥的级配碎石＋5 cm 厚中粗砂＋排水板＋5 cm 厚中粗砂	2.3 m 厚 A、B 组非冻胀填料＋碎石
3	50	5 cm 厚预制块＋10 cm 厚砂垫层	0.2 m 厚掺 1%水泥的透水型级配碎石	2.5 m 厚透水型级配碎石＋碎石
4	50	5 cm 厚预制块＋10 cm 厚砂砾垫层＋两布一膜	0.2 m 厚掺 1%水泥的透水型级配碎石	2.5 m 厚透水型级配碎石＋碎石
5	50	5 cm 厚沥青混凝土（材料 A）	0.2 m 厚掺 1%水泥的透水型级配碎石＋0.2 m 厚透水型级配碎石	2.3 m 厚 A、B 组非冻胀填料＋碎石
6	200	5 cm 厚沥青混凝土（材料 B）	0.2 m 厚掺 1%水泥的透水型级配碎石＋0.2 m 厚透水型级配碎石	2.3 m 厚 A、B 组非冻胀填料＋碎石

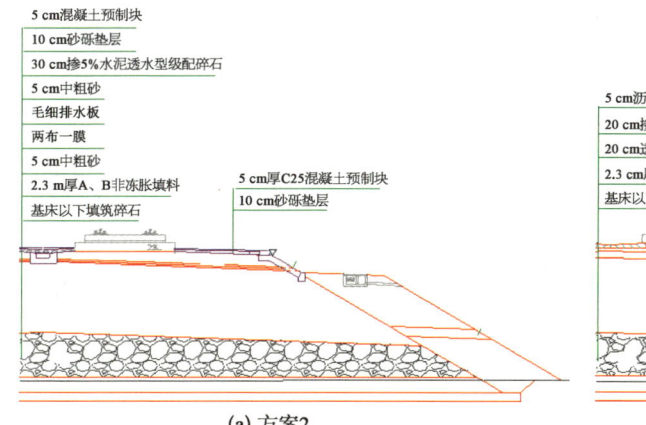
(a) 方案2

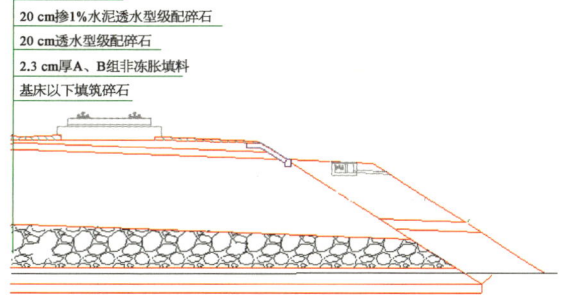
(b) 方案5

图 3-61 试验段路基截面图

3.5.2 透水型级配碎石的制备及施工

级配碎石的生产流程如图3-62所示,矿料通过两次破碎、两次筛分可以生产出符合级配要求的级配碎石。为有效控制细颗粒含量,在一般的级配碎石生产过程中,还需要增加风洗或水洗环节。在试验段透水型级配碎石制备时,选择了某砂场中粗砂作为细颗粒组分,通过和其他粒径的碎石拌和成符合要求的级配碎石。

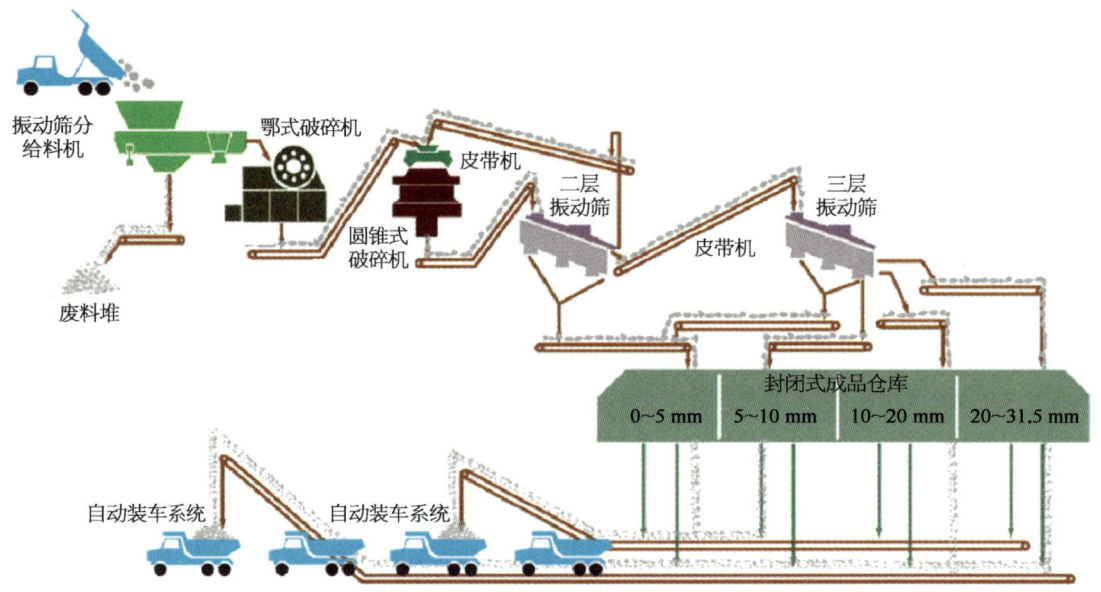

图3-62 级配碎石生产流程

现场压实工艺按1遍静压、1遍弱振、4~6遍强振、1遍弱振、1遍静压进行碾压,松铺系数宜采用1.2,压实机械强振频率宜为30 Hz、振幅为2.0 mm,弱振频率宜为27.5 Hz、振幅为1.0 mm,振动碾压时作业速度为2.0~3.0 km/h,静压时作业速度为6~6.5 km/h。现场检测结果表明,K_{30}均在190 MPa/m以上,E_{vd}均在55 MPa之上,干密度为2.19~2.41 g/cm³,均达到了压实标准。

3.5.3 沥青混凝土封闭层施工工艺

试验段横截面如图3-63所示,路肩沥青混凝土防水封闭层的设计厚度为5 cm,线间封闭层的设计厚度平均为6 cm,2014年9月上旬完成施工。

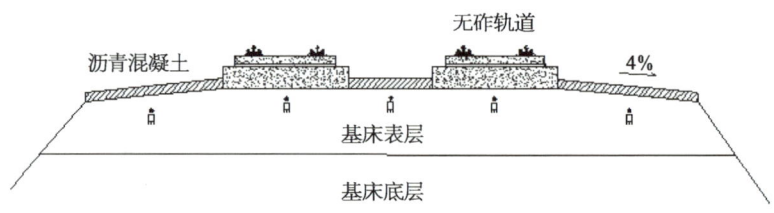

图3-63 自密实沥青混凝土防水封闭层横断面示意图

1. 准备工作

摊铺之前,应将线间及两侧路基表面进行清理整平。对于潮湿路基面,采用喷枪和森林灭火器进行烘干处理。与构造物衔接处,应将灰尘清理干净,然后涂抹热沥青。路肩两侧,采用约 50 mm 厚的挡板控制铺装厚度与平整度。

试验段主要施工机械类型及数量如表 3-12 所示,试验用拌和楼和 Cooker 运输车如图 3-64 和图 3-65 所示,Cooker 运输车载重为 12 t(6 m³)。

表 3-12　试验段所用机械类型及数量

机械名称	机械参数	数量/台
间歇式拌和楼	无锡产 LB-4000 型	1
沥青混合料加热保温运输车	Cooker	2
起重机械	XCMG QY30K5-I	1
各式施工辅助工具	木镘刀、手推碾、挡板等	若干

图 3-64　试验段所用的沥青拌和站

图 3-65　试验用 Cooker 运输车

2. 原材料及其性能

试验段所用的沥青胶结料性能指标如表 3-13 和表 3-14 所示。粗细集料均采用玄武岩,其主要技术指标如表 3-15 和表 3-16 所示,筛分结果如表 3-17 所示。

表 3-13　改性沥青检测结果

试验项目	试验数值	技术要求	试验方法
针入度(25℃,5 s,100 g),0.1 mm	92.3	≥80	T0604—2011
5℃延度/cm	69.7	≥40	T0605—2011
软化点(R&B)/℃	53.8	≥50	T0606—2011
60℃旋转黏度/Pa·s	311	实测	T0625—2011
135℃旋转黏度/Pa·s	1.014	≤3	T0625—2011

表 3‑14　改性沥青动态剪切流变试验结果

试 验 项 目	试验温度/℃					技术要求
	46	52	58	64	70	
G*/kPa	13.54	6.82	3.44	1.76	0.94	—
相位角 δ/(°)	66.05	69.58	74.41	78.21	80.75	—
(G*/sinδ)/kPa	14.8	7.3	3.6	1.8	1.0	≥1.0
高温等级			70			

表 3‑15　粗集料技术指标

指 标 项 目	各规格粗集料实测指标			技术要求	试验方法
	10～15 mm	5～10 mm	3～5 mm		
表观相对密度	2.704	2.711	2.745	≥2.50	T0304—2005
毛体积相对密度	2.647	2.606	2.696	实测	

表 3‑16　细集料技术指标

指 标 项 目	实测指标 0～3 mm	技术要求	试验方法
表观相对密度,不小于	2.808	≥2.50	T0328—2005
毛体积相对密度	2.756	实测	

表 3‑17　矿料筛分结果

矿料规格	通过下列筛孔(方孔筛,mm)的质量百分率/%								
	16	13.2	9.5	4.75	2.36	1.18	0.6	0.3	0.15	0.075
10～15 mm	100	80.80	17.00	0.30	0.30	0.30	0.30	0.30	0.30	0.30
5～10 mm		100	99.65	19.00	0.92	0.49	0.47	0.47	0.47	0.47
0～5 mm			100	99.82	85.74	58.94	43.16	27.84	21.47	17.13
矿粉							100	99.85	94.15	83.15

填料采用石灰岩经磨细得到的矿粉,其主要技术指标如表 3‑18 所示。

表 3‑18　填料技术指标

试 验 项 目		实测指标	技术要求	试验方法
表观相对密度,不小于		2.683	2.50	T0352—2000
亲水系数		<1	<1	
粒度范围/%	<0.6 mm	100	100	T0351—2000
	<0.15 mm	94.15	90～100	
	<0.075 mm	83.15	75～100	

实施过程中采用了特种热塑性橡胶添加剂 TPS,用量为沥青胶结料的 2%,通过干拌直投方式加入,用于提升沥青混合料的高温品质,增强其耐久性。TPS 外观为 2～3 mm 淡黄色的颗粒,密度 0.6 g/cm³,其主要成分为热塑性橡胶,并含具有黏结性的树脂和增塑剂等其他成分。

3. 生产配合比

采用热料仓矿料进行生产配合比设计,根据反算试配,试验段采用的合成矿料级配曲线如图 3-66 所示。

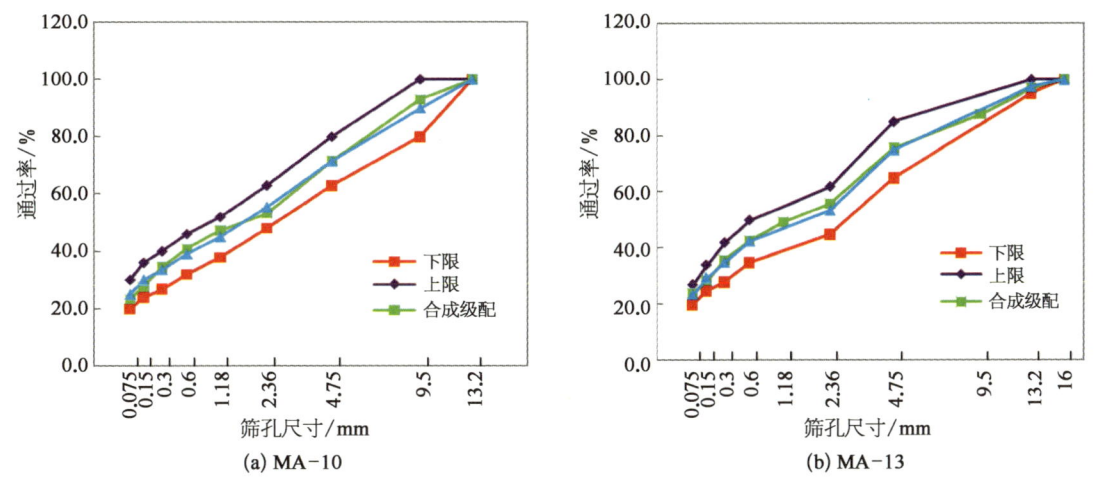

图 3-66 自密粒沥青混合料的级配范围与合成矿料级配曲线

矿料级配优化完成后,按 5 组油石比(MA10)制作马歇尔试件,每组试件不少于 3 个,然后分别测定各组试件的毛体积密度、计算空隙率、矿料间隙率(VMA)、沥青饱和度(VFA)等体积指标,并测定其在 60℃时的马歇尔稳定度。MA10 与 MA13 的配合比设计试验结果分别如表 3-19 和表 3-20 所示。根据各测试指标并参照结合目标配合比设计确定了生产配合比。

表 3-19 MA10 现场配合比试验结果

油石比/%	毛体积相对密度	空隙率/%	VMA/%	VFA/%	稳定度/kN
7.5	2.40	1.54	17.80	91.34	8.1
8	2.39	1.33	18.52	92.85	7.0
8.5	2.38	1.23	19.32	93.63	7.8
9	2.35	1.73	20.58	91.59	4.8
9.5	2.36	1.09	20.91	94.80	4.1
技术要求	—	<3	>13	—	≥5

注:油石比为 9.0 的试件,因混合料温度低,成型后空隙率偏大。

表 3-20　MA13 现场配合比试验结果

油石比/%	毛体积相对密度	空隙率/%	VMA/%	VFA/%	稳定度/kN
8	2.39	1.60	18.77	91.46	6.8
8.5	2.38	1.55	19.60	92.11	7.3
9	2.37	1.20	20.18	94.05	5.5
技术要求	—	<3	>13	—	≥5

根据性能检测，综合考虑摊铺厚度等因素，最终确定用于生产的沥青混合料为 MA13，最佳油石比为 8.5%，TPS 用量为沥青胶结料的 2%。

4. 自密实沥青混合料的拌和与运输

自密实沥青混合料的总体拌和工艺为"拌和楼初拌+Cooker 运输车精拌"。沥青与矿料均在拌和楼完成添加，添加剂采用干拌直投方式加入，拌和楼的总干拌时间不低于 15 s，总湿拌时间为 90～100 s。经初拌的自密实混合料转入 Cooker 运输车内，混合料应尽量装满，在装料与保温搅拌过程中，采用慢速搅拌；为保证混合料的黏韧性，在 Cooker 运输车中的搅拌时间不低于 40 min。为防止混合料老化，Cooker 运输车内的最高温度应不高于 240℃，混合料在 Cooker 运输车拌和的最长时间不宜超过 4 h。自密实沥青混合料施工温度对其施工难易、混合料性能有着极其重要的影响。通过室内试验、同类工程经验及结合本工程实际情况，各工序的温度按表 3-21 控制。

表 3-21　沥青混合料建议施工工序温度　　　　　　　　　　　　　　　　　　　单位：℃

工　序	建议施工温度	实测温度均值
沥青加热温度	160～165	164
集料加热温度	260～280	267
混合料出场温度	180～200	183
混合料最高温度（废弃温度）	250	—
混合料到场温度	200～240	215
摊铺温度	200～240	211

5. 自密实沥青混合料的卸料

自密实沥青混合料采用 Cooker 运输车保温搅拌运输，当工作面允许时，Cooker 运输车直接驶入工作面卸料。对于哈齐高速铁路试验段，因轨道结构及附属设施已先期施工，施工场地狭小，Cooker 运输车无法进入到工作面上，施工现场通过转运斗进行沥青混合料的转运，卸料时采用自高至低布料，通过其自流动性成型。

6. 自密实沥青混合料的摊铺

对到场的自密实沥青混合料进行刘埃尔试验，当流动度满足设计要求（不大于 60 s）时即可放料摊铺。摊铺过程中采用"之"形布料，通过其自流动性成型。对于厚度不均匀部分，采用铁锹布料或取料，并用刮板整平，刮平时保证轻重一致，控制次数，严防骨料离析。与构造物衔接处，采用木镘刀进行揉搓,保证两者黏结牢固。当混合料温度降低到 120℃ 左右时,采用手推碾进行收光处理。现场摊铺的主要工序如图 3-67 所示。

(a) 布料　　　　　　　　　　(b) 局部整平　　　　　　　　　(c) 收光

图 3-67　现场摊铺主要工序

7. 细部处理

沥青混凝土防水封闭层横向接缝采用平接缝。对于新老沥青混合料的接缝,采用喷枪进行加热,使已铺装的混合料变软;同时人工用工具揉搓,挤出接缝内的空气,使结合部位进一步结合良好。施工过程中发现,因相邻构造物界面清理及处理工作不到位,防水封闭层与部分构造物立面未达到密贴的设计效果。为保证沥青混合料与构造物之间的黏结严密性,对部分接缝进行切槽灌浆(热沥青)处理。

因坡度施工处理不到位,为防止雨水积聚在与构造物的接缝处,影响沥青混凝土防水封闭层的长期使用性能,在部分坡度不足处设置了倒角结构。考虑到路基可能的含水情况,在摊铺过程中至摊铺完成 1 h 左右,沥青铺装层中可能会出现因下承层水分汽化等原因导致的鼓包现象。在此期间加强观察并进行消泡处理,即采用钢钎戳破鼓包,使其中的空气排出并用木镘刀轻轻拍打、修平,从而保证表面平整密实。

8. 施工质量控制

摊铺前要对到场的自密实沥青混合料进行刘埃尔试验,当流动度满足设计要求(不大于 20 s)时即可放料摊铺,通过其自流动性成型。对于厚度不均匀部分,采用铁锹布料或取料,并用刮板整平。刮平时保证轻重一致,控制次数,严防骨料离析。与构造物衔接处,采用木镘刀进行揉搓,保证两者黏结牢固。当混合料温度降低到 120℃ 左右时,采用手推碾进行收光处理。因故不能及时摊铺时,将已卸下的沥青混合料重新放到 Cooker 运输车内保温拌和,以防止降温硬结。

试验段沥青防水层施工质量控制与验收标准如表 3-22 所示。

表 3-22　试验段沥青防水层施工质量控制与验收标准

项　目	检查频度	质量要求或允许偏差	检查方法
路基面质量	摊铺前随时	稳定、平整、密实、干燥、无杂物	目视
拌和楼出料温度	每盘	±10℃	逐盘在线检测
矿料级配 油石比	每盘	各料仓加料重量±5% 沥青添加量±2%	逐盘在线检测

(续表)

项 目	检查频度	质量要求或允许偏差	检查方法
拌和质量	每车	均匀、无离析、焦化现象	目视
流动度	摊铺前每车	不大于 60 s	刘埃尔流动度仪
黏聚性	摊铺前每车	易成团	搓饼法
贯入度 贯入度增量	每车 3 个试件	1～6 mm 0.6 mm	贯入度试验
马歇尔稳定度	当贯入度偏大时	大于 5 kN	稳定度试验
空隙率	每车 3 个试件	不大于 1%	密度试验
渗水系数	每 50 m 3 个点	基本无渗水	渗水试验
铺装外观	随时	平整密实，无鼓包、裂纹、推挤、离析，无明显接缝，与构造物立面密贴	目测
铺装层厚度	随时	−1～+3 mm	标线、模板控制，重量法校核

图 3-68 为每车沥青混合料施工和易性及贯入度检测结果，所设计的沥青混合料具有良好的施工和易性，贯入度除第 2 车略大外，其余各车均满足技术要求。

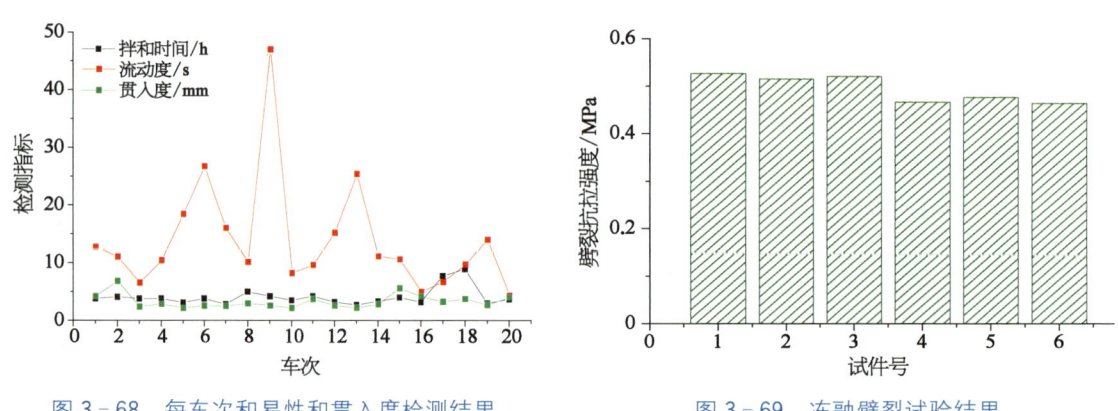

图 3-68 每车次和易性和贯入度检测结果　　图 3-69 冻融劈裂试验结果

摊铺期间，制作了立方体试件与板式试件分别用于抗压试验与低温弯曲试验，同时在现场钻取芯样测试其冻融劈裂强度比、抗压强度与动态模量等指标，试验结果如图 3-69～图 3-72 所示，在实际工艺与设备条件下大批量生产的自密实沥青混凝土其关键性能指标均满足技术要求。混合料的平均抗压强度为 4.38 MPa，采用温克勒假设估算某深度处单位面积地基土产生单位位移所需施加的力，可推算得沥青混合料的地基系数约为 400 MPa/s，满足设计标准中对基床表层材料的要求。

9. 新型预拌沥青混凝土封闭层工艺的评估

哈齐高速铁路自密实沥青混凝土防水封闭层试验段的施工经验表明，沥青拌和站初拌＋Cooker 运输车保温精拌＋吊装卸料＋自密实成型＋人工修整的施工工艺可以达到很好的施工效果，满足严寒地区高速铁路路基防水封闭的需要。为降低大规模施工阶段对沿线沥青拌和楼的依

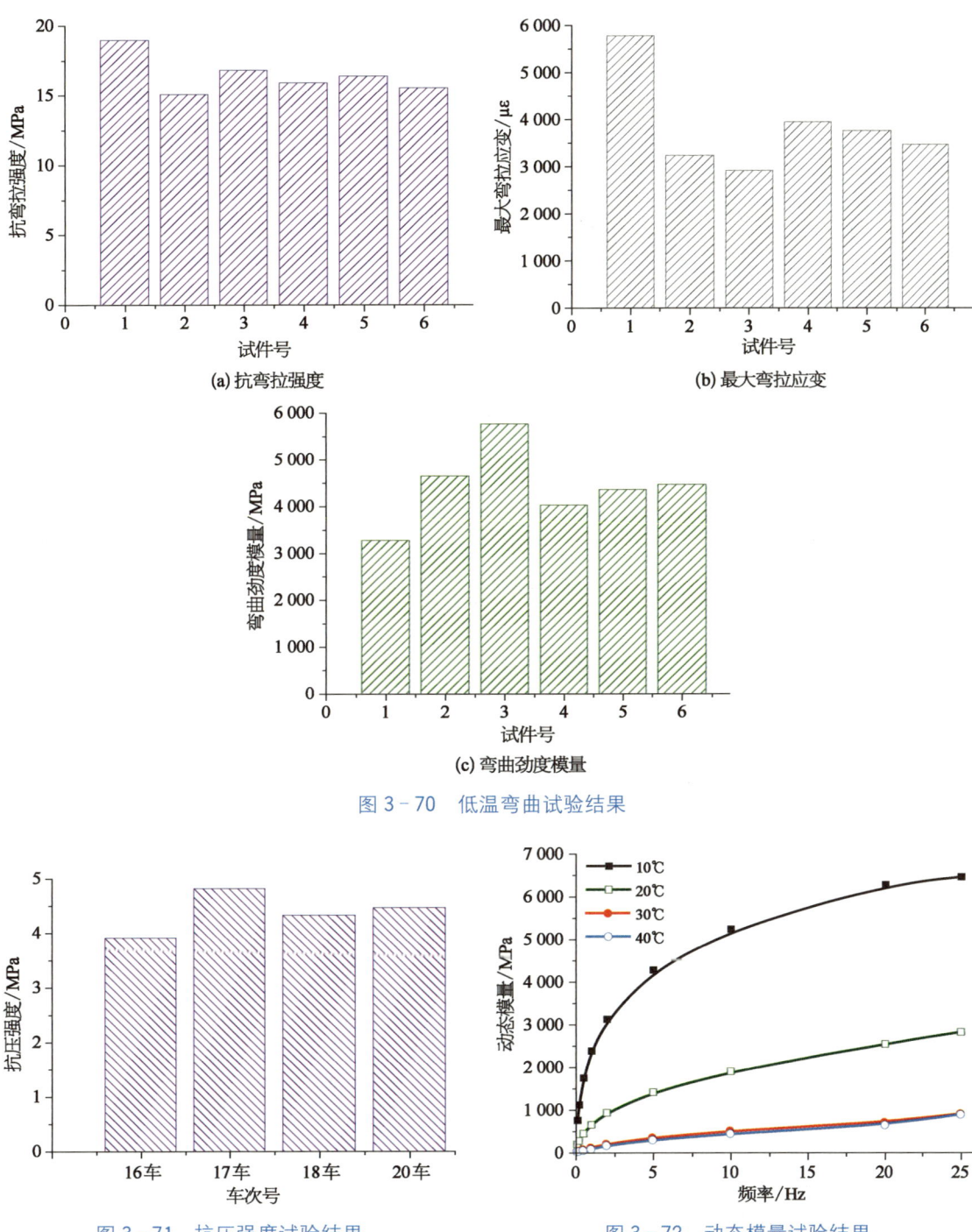

图 3-70　低温弯曲试验结果

图 3-71　抗压强度试验结果　　　　图 3-72　动态模量试验结果

赖,对后方基地预制沥青胶砂、现场将预制沥青胶砂破碎后投入 Cooker 运输车重熔并加入粗骨料、现场摊铺成型的新型自密实沥青混凝土施工工艺进行了研究。根据低温弯曲试验、贯入度试验、马歇尔稳定度试验、空隙率及冻融劈裂试验等试验结果,长期储存后浇筑式沥青混合料的低温抗裂、高温稳定、防水及水稳定性能均满足其作为防水封闭层的设计要求；根据刘埃尔试验、低温弯曲试验、日本低温弯曲试验、弯曲蠕变试验、贯入度试验、局部加载试验、马歇尔稳定度试验及冻融劈裂试验等试验结果，重熔后浇筑式沥青混合料施工和易性、低温抗裂性、防水性能、水稳定性及高温稳定性符合标准要求，表明新型预拌沥青混凝土封闭层施工工艺是可行的。针对长期储存及重熔后混合料低温抗裂性能有所下降问题，可通过适当增加沥青用量、进一步优化矿粉与沥青组成比例、增强沥青结合料的抗老化性能及适当降低重熔再制的拌和温度等技术手段来预防预拌工艺对沥青混合料低温性能的不利影响。

3.5.4 现场试验结果及分析

透水型级配碎石和封闭层试验段于2014年9月上旬完成试验段施工，混凝土基床于2013年冬季前完成变更施工。通过两个冬季的观测，可以评价透水型、防水型防冻胀路基结构和混凝土基床防冻胀的效果。

1. 防冻胀路基结构冻胀变形量观测结果

图3-73为防冻胀路基结构试验段最大冻结深度的分布情况，其中2014年冬季的最大冻结深度为225~243 cm，2015年冬季的最大冻结深度为247~278 cm，6个方案监测断面上最大冻结深度差异不显著，总体上2015年冬季最大冻结深度大于2014年冬季。图3-74为自动监测断面得到的最大冻胀变形的分布情况，和冻结深度监测结果相对应，最大冻胀变形在2015年冬季的量值也大于2014年冬季的监测量值，但试验段最大冻胀变形量均在3 mm以下，满足轨道不平顺和无砟轨道结构受力对冻胀控制的要求。在6个试验方案中，无防水封闭层的方案2和方案3中采用了透水型级配碎石和排水板，水分虽然可以进入路基，但短时间内即被排出；其余4个方案中，纤维混凝土、沥青混凝土、两布一膜等防水结构能够有效减少降雨进入路基本体，减少了冻胀的诱发因素，各方案均有良好的防冻胀效果。

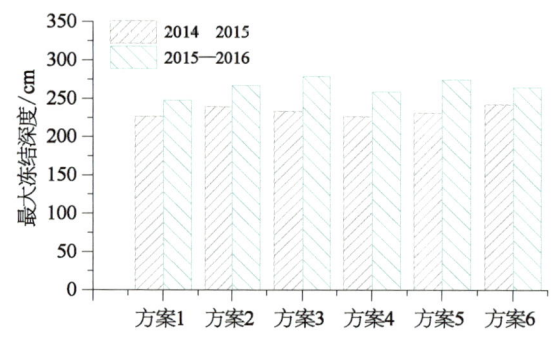

图3-73 各个断面路基不同位置最大冻结深度统计表　　图3-74 监测断面最大冻胀量分布

图3-75和图3-76是混凝土基床地段监测结果，在138个观测点中，原路基地段冻胀变形量4 mm以下的观测点仅占74%以下，8 mm以上的观测点占8%，最大冻胀变形量达到13.3 mm；变更为混凝土基床以后，在129个观测点中，2013年冬季冻胀变形量4 mm以下的观测点占99.2%，只有2个观测点的最大值达到4 mm；2014年冬季所有观测点的冻胀变形量均在3 mm以内，最大冻胀变形量为2.8 mm，均满足轨道不平顺和无砟轨道结构受力对冻胀控制的要求。

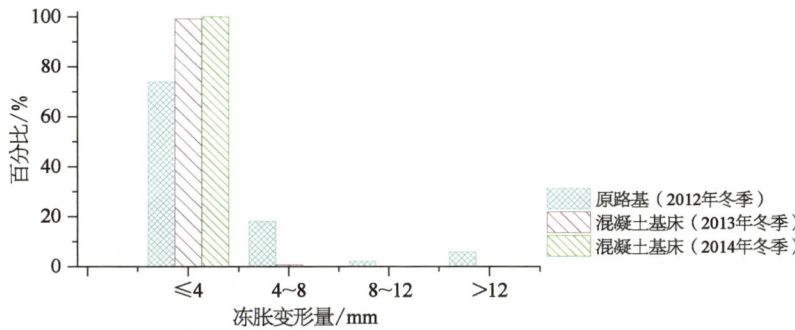

图 3‑75　混凝土基床地段冻胀变形观测值分布

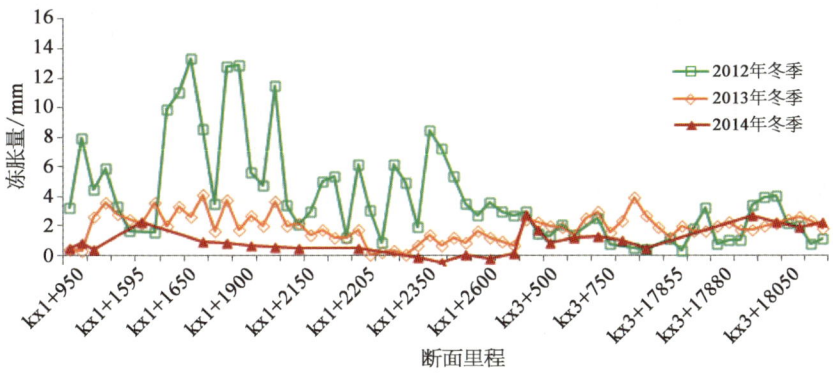

图 3‑76　混凝土基床地段冬季各断面最大冻胀变形量监测值

2. 试验段防水封闭层状态

哈齐高速铁路开通运营 5 年多来，试验段沥青封闭层未见松散、剥落、老化起皮等病害，保持良好的整体性，沥青封闭层与相邻构造物界面接触良好(图 3‑77)。线间沥青封闭层状态良好，仅在外侧路肩处产生少量横向发丝裂纹，多数裂纹长度为 20～40 cm，宽度在 1 mm 左右，部分裂纹深度贯穿层厚；部分后浇密封材料与轨道板底座混凝土局部界面剥离病害，未出现长大纵缝。沥青混

(a) 沥青封闭层表面状态

(b) 无砟轨道底座板界面状态

图 3‑77　沥青防水封闭层状态

凝土具有一定的自愈合能力,长度小于 30 cm 的裂缝能够部分愈合,部分小于 15 cm 的裂缝能够完全愈合。路肩上沥青封闭层出现的裂缝大多为外侧混凝土开裂引起的扩展反射与温度应力综合作用,以及边坡沉降缝的差异变形所致(图 3-78);而后浇工艺的切缝深度、界面清理效果、界面处理材料的耐低温性能则是导致局部界面材料剥离的主要原因。

(a) 反射裂纹　　　　　　　　　　　　(b) 沉降缝引起的裂纹

图 3-78　沥青混凝土代表性病害

纤维混凝土封闭层则出现其他高速铁路线路上相同的病害,2014 年的第一个冬季,路肩纤维混凝土封闭层就出现横向贯通裂缝和角隅裂缝(图 3-79)。在开通运营的 5 年多时间里,路肩上出现了更多的横向裂缝和网状裂缝,横向裂缝长度基本上在 2 m 以上,宽度为 1~2 mm,全部为贯穿型裂缝,而且有的裂缝延伸到排水槽内导致排水槽失效;线间纤维混凝土封闭层出现大量网络裂缝和贯穿型横向裂缝(图 3-80),裂缝宽度为 1 mm 以上。

(a) 横向裂缝　　　　　　　　　　　　(b) 角隅处裂缝

图 3-79　路肩上纤维混凝土封闭层代表性病害

试验结果表明,自密实沥青混凝土防水封闭层在严寒季冻区应用表现出优良的耐候性、抗裂性、整体性及易维护性,产生的裂纹主要是反射裂纹和基础不均匀变形及施工工艺导致的裂纹。

(a) 网状裂缝　　　　　　　　　　　　　　(b) 横向裂缝

图 3‑80　线间纤维混凝土封闭层代表性病害

而且,沥青封闭层具有一定的自愈合能力,在裂缝宽度 5 mm 以下时不需要进行大修,从而具有很好的经济性,应在季冻区防水封闭层中推广应用。

参考文献

[1] 赵国堂.严寒地区高速铁路无砟轨道路基冻胀管理标准的研究[J].铁道学报,2016,38(3):1-8.
[2] 赵国堂,赵磊,张鲁顺.基于高速铁路路基冻胀的无砟轨道受力特征[J].铁道工程学报,2018(8):53-61.
[3] 中交路桥技术有限公司.公路沥青路面设计规范[S].北京:人民交通出版社股份有限公司,2017.
[4] 卢春房.CRTS Ⅲ型板式无砟轨道理论及主要部件技术深化研究[R].北京:中国铁道科学研究院,2015.
[5] 赵有明.高速铁路 CRTS Ⅲ型板式无砟轨道技术深化研究[R].北京:中国铁道科学研究院,2015.
[6] 陈忠达,袁万杰,高春海.多级嵌挤密实级配设计方法研究[J].中国公路学报,2006,19(1):32-37.
[7] 裴磊,任瑞波,范正金.基于逐级填充理论骨密结构水稳碎石级配设计[J].山东建筑大学学报,2010,25(2):134-140.
[8] 许志鸿,陈兴伟,刘红,等.Superpave 级配范围[J].交通运输工程学报,2003,3(3):1-6.

第 4 章

季冻区高速铁路无砟轨道温度场特征

无砟轨道和有砟轨道相比,无砟道床作为混凝土结构,其体积和暴露面积均远大于轨枕,由于混凝土对温度的敏感性,无砟道床的温度效应不容忽视。一方面,无砟道床的预制结构在现场浇筑混凝土或砂浆材料硬化后的初始温度与服役期间的温度差,将会引起无砟道床的伸缩力及变形,不仅对无砟道床产生影响,也会给无缝线路强度安全性带来不利影响。另一方面,无砟道床作为层状结构,表面温度受太阳辐射、空气对流及道床表面反射的影响变化较大,而无砟道床内热传导作为时间函数与表面温度存在滞后性,无砟道床层间温度差明显,从而导致温度梯度的出现,引起无砟道床的翘曲应力和变形,给无砟轨道的平稳性带来不利影响。由于我国无砟轨道温度场特征值在小样本情况下主要借鉴公路路面和桥梁的研究成果,而无砟轨道与公路路面及桥梁在结构和材料上的差异性还比较大,对其温度场进行系统研究十分必要。

本章通过对不同温度区域内高速铁路无砟轨道温度场监测数据的分析,探明了严寒季冻区无砟道床夏季表面温度波动剧烈、正负温度梯度最大的基本特征,建立了无砟道床表面温度与气温的关系,提出了季冻区整体温度、温度梯度等温度场特征值建议值。

4.1 国内外混凝土结构温度场研究现状

混凝土结构的温度场及温度效应问题一直备受国内外关注。在路面方面,早在 1925 年,美国就在阿灵顿(Arlington)对自然条件下沥青路面中的温度进行了实测。之后,美、苏、英、德、日等许多国家对各类路面的温度状况作了大量实测和研究。在桥梁方面,自 20 世纪 60 年代以来,由于发生了联邦德国的格斯特桥和新西兰新市场高架桥因温度应力造成的损害,温度荷载效应问题引起工程界的广泛关注,已经成为大跨径桥梁建设中必须考虑的问题,而且对混凝土箱梁的温度场及其温度应力开展了模拟试验与理论研究。在无砟轨道方面,日本和德国也开展了相关研究,提出了有关标准。

4.1.1 国外研究现状

1. 路面温度场

路面温度场包括路面温度与气温的关系、温度在路面内分布两个方面,前者重点是路面温度预估方法,后者主要是温度梯度。

路面温度预估方法主要有统计分析方法和理论分析方法。统计分析方法即通过对大量实测数据的分析,采用概率统计的方法,建立路面温度同当地气温和太阳辐射量之间的关系。1976 年,日本近藤佳宏等[1]对两种不同厚度的沥青混凝土路面温度进行了一年的实测,通过回归分析,认为路面结构内不同深度的最高温度和最低温度与路表温度及气温呈线性关系,采用 5% 显著性水平的 F 检验对路面各深度上的温度随时间变化规律作了周期分析,得到温度变化的周期函数

$$T(t) = A + B_1 \sin\left(\frac{\pi}{12}t + \theta_1\right) + B_2 \sin\left(\frac{\pi}{6}t + \theta_2\right) \tag{4-1}$$

式中 A、B_1、B_2——常数。

日本秋山政敬[2]的研究也得到了类似的路表温度结果

$$T_s = \begin{cases} 1.100T_a + 1.700e^{0.126T_a} & (晴阴天) \\ 1.233T_a + 0.833\cdots & (雨天) \end{cases} \tag{4-2}$$

$$T_{max} = aT_s + b$$

式中 T_s——路表温度;

T_a——大气温度;

T_{max}——路面结构内的最高温度;

a、b——回归常数。

近藤佳宏和秋山政敬的结论相似,即路表温度与气温之间在雨天时大致呈直线关系,而在晴天及阴天时则呈曲线关系;路面不同深度的最高温度与路表温度不同,不管层厚大小,皆呈直线关系。

1988 年美国启动了公路战略研究计划(SHRP),对超级路面(SUPERPAVE)进行了专题研究[3,4],提出了高温模式下的地表温度回归模型

$$T_{s(max)} = T_{a(max)} + 0.006\,18(Lat)^2 + 0.228\,9(Lat) + 24.4 \tag{4-3}$$

式中 $T_{s(max)}$——路表最高温度;

$T_{a(max)}$——最高气温;

Lat——纬度。

路面某一深度处的最高温度可以通过下式由路表最高温度计算得到

$$T_{d(max)} = [T_{s(max)} + 17.78](1 - 2.48 \times 10^{-3}d + 1.085 \times 10^{-5}d^2 - 2.441 \times 10^{-8}d^3) - 17.78$$
$$\tag{4-4}$$

式中 $T_{d(max)}$——路面特定深度处的最高温度;

d——距路表的深度(mm)。

由于低温条件下获取的路面温度数据有限,SHRP 采用最为保守的估算方法,即路表最低温度取最低气温,路面特定深度处的最低温度由下式得到

$$T_{d(\min)} = T_{s(\min)} + 5.1 \times 10^{-2} d - 6.3 \times 10^{-5} d^2 \tag{4-5}$$

式中 $T_{d(\min)}$——路面特定深度处的最低温度;
$T_{s(\min)}$——路表最低温度。

加拿大在其 SHRP 中提出了沥青路面低温状况模型[5]

$$T_{s(\min)} = 0.859 T_{a(\min)} + 1.7 \tag{4-6}$$

式中 $T_{s(\min)}$——路表最低温度;
$T_{a(\min)}$——最低气温。

1989 年美国开始了长期路面性能研究计划的数据采集工作,陆续在美国和加拿大的 39 个地区对路面温度和气候条件进行了大量的观测,1998 年提出了沥青路面低温和高温状况预估模型,以改进 SHRP 的模型,称为 LTPP 模型[6]

$$\begin{aligned} T_{d(\min)} &= 0.72 T_{a(\min)} - 0.004 (Lat)^2 + 6.26 \log(d+25) - 1.56 - Z(4.4 + 0.52\sigma_a^2)^{1/2} \\ T_{d(\max)} &= 0.78_{a(\max)} - 0.0025 (Lat)^2 - 15.14 \log(d+25) + 54.32 + Z(9 + 0.61\sigma_a^2)^{1/2} \end{aligned} \tag{4-7}$$

式中 σ_a——温度最高 7 d 平均温度标准差;
Z——正态分布概率。$Z=2.055$ 为 98% 置信度下的值。

由于实际观测数据有限,采用统计分析的方法无法揭示路面温度变化规律与影响因素之间的内在联系,而理论分析法可以根据气候资料通过传热学原理来确定路面结构温度场,因此 20 世纪 50 年代后期,采用理论分析方法研究路面温度场的工作越来越多。1957 年,Barber[7]首先用半无限表面的介质温度周期变化时热传导方程的解来确定路面最高温度。他的研究直到 20 世纪 70 年代后期仍为许多学者所重视。Barber 将路面视为半无限体,把影响路面温度的气温和太阳辐射两项因素综合成一种当量有效温度,并假定它随时间按正弦周期性变化,利用热传导方程推导出不同路面结构最高温度的计算公式

$$T_{\max} = T_{am} + aL + b(0.5 T_R + 3aL) \tag{4-8}$$

式中 $T_{\max}$——路表最高温度;
T_{am}——日平均气温;
T_R——日最高与最低气温之差;
L——太阳日辐射总量;
a、b——常数,不同路面取不同值。

Barber 用正弦函数模拟气温和太阳辐射量变化,与实际情况有较大差距,得到的路面温度场仅满足高温情况,而不适应分析路面最低温度。

温度梯度的取值基本来源于实测数据。20 世纪 30 年代,Kelley[8]根据 Arlington 试验场上的测定结果,提出了美国路面应力计算时温度梯度取值的建议,其中最大正温度梯度取 67℃/m,最大负温度梯度取 22℃/m。德国在 20 世纪 60 年代由 Eisenmann 和 Weil[8]试验研究了水泥混凝土

路面的温度状况,提出德国路面设计温度梯度为 90℃/m。20 世纪 50 年代,苏联曾引用 Kelley 的研究结论。20 世纪 60 年代,Горецкий[8]研究了苏联各气候区的水泥混凝土路面温度状况,认为设计温度梯度应按各气候区取不同值,各气候区实测最大温度梯度在 24~72℃/m。

2. 桥梁温度场

在桥梁结构中,广为应用的是简支梁桥,作为单元结构,在考虑温度效应时,更加关注温度梯度的作用。特别是混凝土箱梁,由于外界太阳照射及气温变化的作用,加之混凝土的热传导性能比较差,箱梁结构内部处于不同的温度状态。近 30 年来,国内外工程界基于工程热传导理论和现场观测数据,对混凝土箱梁在太阳辐射作用下的温度分布特性、影响因素和分析方法作了许多研究工作[9-14],认为箱梁截面上温度分布具有非线性分布的特征;影响温度分布的主要因素有太阳辐射强度、大地温度、风速、桥梁方位及附近的地形地貌等。为了便于桥梁的工程设计与结构分析,在对桥梁实际观测资料分析的基础上,英国、美国、新西兰等国在桥梁设计规范条文中,对沿混凝土箱梁截面高度的温度分布提出了各自的半经验半理论计算模式,并且都以温差(温度梯度)来表征这种温度的非线性分布性态。

英国规范 BS5400 规定的温度梯度模式如图 4-1 所示,桥面铺装厚度为 100 mm 的混凝土桥面板,结构上缘温度变化为双折线形式,升温条件下,桥面板以下不超过 400 mm 范围内为温度变化区,其中桥面板以下 150 mm 范围内温度变化幅度最大;降温条件下,桥面板以下不超过 450 mm 范围内为温度变化区,其中桥面板以下 250 mm 范围内温度变化幅度最大。结构下缘范围,升温条件下为一段线性变化,降温条件下为双折线变化。

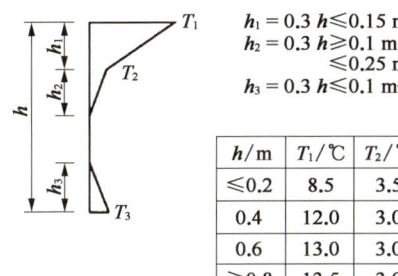

h/m	T_1/℃	T_2/℃	T_3/℃
≤0.2	8.5	3.5	0.5
0.4	12.0	3.0	1.5
0.6	13.0	3.0	2.0
≥0.8	13.5	3.0	2.5

(a) 升温

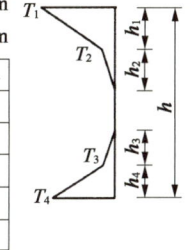

h/m	T_1/℃	T_2/℃	T_3/℃	T_4/℃
≤0.2	-2.0	-0.5	-0.5	-1.5
0.4	-4.5	-1.4	-1.4	-3.5
0.6	-6.5	-1.8	-1.5	-5.0
0.8	-7.6	-1.7	-1.5	-6.0
1.0	-8.0	-1.5	-1.5	-6.3
≥1.5	-8.4	-0.5	-1.0	-6.5

(b) 降温

图 4-1 英国 BS5400 规范温度梯度模式

美国桥梁规范 AASHTO 规定混凝土桥的温度变化模式与 BS5400 相同。如图 4-2 所示,上缘为双折线形式,下缘为线性变化。桥面板表面的最高温度 T_1 和双折线变化点 T_2 在不同地区取值不同,全国分为 4 个区,T_1 从 1 区到 4 区的取值分别为 30℃、25℃、23℃和 21℃,T_2 从 1 区到 4 区的取值分别为 7.8℃、6.7℃、6.0℃和 5.0℃。桥面板表面向下 100 mm 范围内温度变化幅度最大;桥面板以下 100~400 mm 范围内温度变化幅度较小。温度值 T_3 一般取 0℃,若进行了具体的现场调查,可取适当的值,但不得超过 3℃。降温情况下,各区温度值为升温条件下各区的温度值乘 -0.3。

新西兰桥梁规范如图 4-3 所示,上缘在 1 200 mm 范围内温度梯度分布为幂函数形式,特征 T_0 取 32℃;下缘在 200 mm 范围内为线性关系。

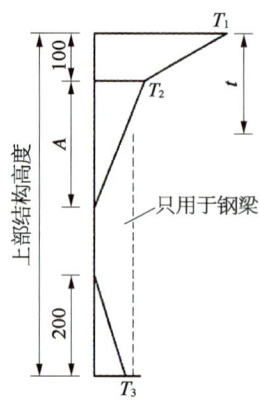 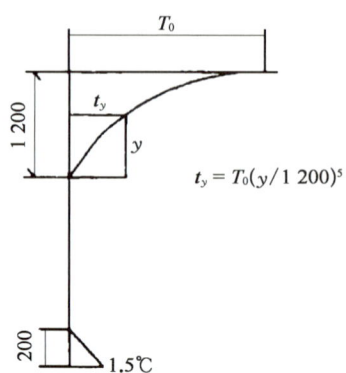

图 4-2　AASHTO 规定的温度梯度模式(单位:mm)　　图 4-3　新西兰规范规定的温度梯度模式(单位:mm)

总体上 3 个国家桥梁上缘温度模式及分布规律基本一致,由于各个国家所处自然环境不同,在温度基数的选取方式上有所差别,以英国规范为代表的欧洲标准规定的温度基数与桥梁结构高度和桥面铺装厚度相关,美国规范考虑了国土面积内区域的差异性。3 个规范相比,美国规范的温度基数最大,上缘的温度梯度也最大;欧洲规范中温度基数最小,相应的上缘温度梯度最小。

3. 无砟轨道温度场

日本铁路自 20 世纪 80 年代始,针对单元板式无砟轨道的温度场和温度变形展开研究工作。日野土木试验所研究发现,轨道板的翘曲与日温差有关,日温差越大,翘曲量也越大。1984—1987 年间,对东北、上越新干线终点盛冈地区进行日温差调查,4 年间盛冈地区日温差最大值为 22.4 ℃,平均为 9.4 ℃,日温差在 10 ℃以上的天数占全年的 30% 以上,实测翘曲变形最大值与最小值之差为 0.8 mm。经过室内试验和实尺模型试验研究,得出由温度翘曲引起的应力增量可以考虑由采用冲击设计轮重的安全率进行弥补。

日本铁道公团于 1992 年在北陆新干线路基上板式无砟轨道综合试验中,对温度场和温度变形进行了长期观测。观测结果显示,轨道板和底座板因厚度较薄,硬化后受环境温度的影响,其内部温度随季节变化显著,温度变化量轨道板为 10~45 ℃,底座板为 10~28 ℃,底座板伸缩缝变化量为 1~3 mm。

日本轨道板设计不考虑整体温度变化,底座板设计计算时整体温度变化取±15 ℃。

德国根据当地最高年平均气温与年最低平均气温确定温度荷载,其中双块式无砟轨道在进行结构设计与计算中最大温升取 25 ℃,最大温降取 35 ℃,道床板沿厚度方向的温度梯度的取值为 50 ℃/m,温度梯度从表面向下深达 300 mm;博格板式无砟轨道最大正、负温度梯度分别取 50 ℃/m、−25 ℃/m。

4.1.2　国内研究现状

1. 路面温度场

我国在路面温度场统计分析方面做了大量工作。景天然和严作人[8]在 1980 年通过实测路表温度,模拟出路表温度日变化函数

第4章 季冻区高速铁路无砟轨道温度场特征

$$T = T_0 + (T_{max} - T_0)\sin(\omega t) \qquad (4-9)$$

式中 T_0——早晨 8:00 的路表温度；

　　　T_{max}——14:00 路表温度；

　　　t——8:00 作为起点的时间。

1992 年吴赣昌[15]利用气象站的气温和太阳辐射量实测数据，用余弦级数逼近实测值，得到气温变化关系式

$$\begin{aligned}
T(t) &= \frac{a_0}{2} + \sum_{k=1}^{\infty}[a_k \cos(k\omega_0 t)] \\
\omega_0 &= \frac{\pi}{24} \\
a_0 &= \frac{1}{24}[(c_0 + c_{24})] + 2\sum_{i=1}^{23} c_i \\
a_k &= \frac{1}{(k\pi)^2} \sum_{i=1}^{23}(c_{i+1} - c_i)[\cos k\omega_0(i+1) - \cos k\omega_0 i]
\end{aligned} \qquad (4-10)$$

式中 c_0、c_1、c_2、…c_{23}——实测到的整点气温。

随后对路面进行了大量实测，得到了一些有价值的结果，应用实测数据统计分析建立了如表 4-1 所示的经验公式[16]。

表 4-1 水泥混凝土路面温度预估关系式

地 点	回 归 关 系 式	相关系数	标准差
同济大学	$T_{max} = 0.728 T_{a14} + 0.027 Q_d + 8.67$	0.94	2.72
上海西藏北路	$T_{gmax} = 0.025\,8\Delta T_a + 0.000\,505 Q_d + 0.268$	0.86	0.056
北京南苑机场	$T_{max} = 1.129\,5 T_{a14} + 0.014\,1 Q_d - 1.509\,9$	0.98	3.65
北京首都机场	$T_{max} = 0.904 T_{a14} + 0.011 Q_d + 7.8$	0.85	—
北京阜外立交桥	$T_{max} = 0.84 T_{a14} + 0.22 T_{d14} + 7.4$	0.82	—
浙江临海	$T_{max} = 1.435 T_{a14} + 4.437$	0.89	3.42
甘肃天水	$T_{max} = 1.092 T_{a14} + 7.497$	0.95	3.68
重庆公路所	$T_{gmax} = 0.017\Delta T_a + 0.001 Q_d - 0.032$	0.98	0.078
广州环市路	$T_{max} = 1.431 T_{a14} + 0.017 Q_d - 5.6$	0.86	3.22
河南许昌	$T_{gmax} = 0.022\,9\Delta T_a + 0.000\,102\,2 Q_d - 0.031\,8$	0.92	—

注：T_{max}为最高温度；T_{gmax}为最大温度梯度（℃/cm）；Q_d为太阳日辐射量（Cal/cm²）；T_{a14}、T_{d14}分别为 14:00 气温和地温；ΔT_a 为日气温差。

将表 4-1 中各温度测点所有数据调整到具备基本相同条件后，通过逐步回归分析，可建立如下混凝土路面最大温度梯度回归关系式

$$T_{g\max}=0.003\,4T_{a\max}+0.000\,267Q_d+0.086$$
$$T_{g\max}=0.000\,272\,3Q_d+0.109$$
(4-11)

式中 Q_d 单位为 J/cm²。

在理论分析方面,严作人[17]视路面结构为层状体系,将气温日变化用两个正弦函数来描述,太阳辐射量用正弦级数来描述,从气候学和传热学基本原理出发,用解析法对一维水泥混凝土路面温度场进行了研究,分析了不同基层材料对路面温度场的影响,其结果可用于计算路面结构内最高温度和最低温度及水泥混凝土路面的温度梯度。该方法描述的气温和太阳辐射量日变化过程对晴天具有一定的准确性,却难以反映阴雨天、连续降温的任意天气气温和太阳辐射量,其结果应用具有一定的局限性。

1995 年佛山大学吴赣昌[18]对半刚性基层沥青路面温度场进行了较为深入的研究,认为路面结构温度场完全由路面材料特性和环境气候条件决定。其中部分参数(如路表换热系数等)与待求的路面温度场有密切的非线性关系;高等级路面结构由面层、基层和土基组成,是一种多层结构,应以 n 层体系为基础对沥青路面温度场进行研究;路面结构温度场应视为二维场,路面结构的温度不仅沿深度变化,还沿水平方向变化,路中和路边温度有明显不同;在大幅降温过程和冬季低温时期,沥青路面的温度场通常不处于稳定状态,因而不能完全按周期性温度场理论来研究。吴赣昌建立了非线性二维层状体系沥青路面不稳定温度场的计算理论和二维黏弹性层状体系沥青路面温度松弛应力的计算理论,分析了外界气候条件和路面材料特性参数与沥青路面温度场和温度应力之间的内在联系。

在路面规范方面,1966 年的路面设计规范规定,最大温度梯度借鉴美国路面研究成果,统一取 67℃/m;2002 年版公路水泥混凝土路面设计规范吸收了我国路面试验研究成果,以 22 cm 为标准路面厚度,规定水泥混凝土面层的最大温度梯度标准值可按照公路所在地的公路自然区划按表 4-2 选用。

表 4-2 水泥混凝土路面最大温度梯度标准值

公路自然区划	Ⅱ、Ⅴ	Ⅲ	Ⅳ、Ⅵ	Ⅶ
最大温度梯度/(℃/m)	83~88	90~95	86~92	93~98

注:高海拔时,取高值;湿度大时,取低值。Ⅱ为东部温润季节冻土区,Ⅲ为黄土高原干湿过渡区,Ⅳ为东南湿热区,Ⅴ为西南潮暖区,Ⅵ为西北干旱区,Ⅶ为青藏高寒区。

对于非标准厚度混凝土路面,可按表 4-3 所示的最大温度梯度修正系数 α_h 进行修正计算。

表 4-3 不同面层厚度的最大温度梯度修正系数

面层厚度/cm	16	18	20	24	26	28
α_h	1.17	1.11	1.05	0.94	0.89	0.84
面层厚度/cm	30	32	34	36	38	40
α_h	0.79	0.75	0.71	0.67	0.63	0.59

2. 桥梁温度场

我国公路和铁路桥梁以简支梁作为主要结构形式,在高速铁路桥梁中,常用跨度简支箱梁的比例高达92%,从温度应力来说,混凝土箱梁通常为3~5 MPa,与混凝土设计强度相比,所占比重较大,有时可达到甚至超过活载效应的影响[19-21],在桥梁设计建造中需要高度重视。

我国早期的公路桥梁规范只规定了T梁的日照温差分布图,最新的桥梁规范则全面规定了整体温度和温度梯度的要求。在计算桥梁结构因均匀温度作用引起的外加变形或约束变形时,要求应从受到约束时的结构温度开始,考虑最高和最低有效温度的作用效应。当缺乏实际调查资料时,公路混凝土结构和钢结构的最高温度和最低有效温度标准值可按规范规定的数值取用,其中混凝土桥和石桥的最高温度与最低温度,严寒地区为34℃和−23℃,寒冷地区为34℃和−10℃,温暖地区为34℃和−3℃,昆明、南宁、广州和福州地区可取0℃。

温度梯度曲线如图4-4所示,对于混凝土结构,当梁高H小于400 mm时,$A=H=100$ mm;梁高H大于或等于400 mm时,$A=300$ mm;带混凝土桥面板的钢结构$A=300$ mm;t为混凝土桥面板的厚度(mm)。上缘温度变化与美国桥梁规范相同,对结构下缘温度变化未作规定。桥面板表面升温情况下最高温度T_1取决于铺装层的厚度,竖向日照正温差计算的温度基数参照图4-4取值,降温取值为正温度的温度基数数值乘−0.5。

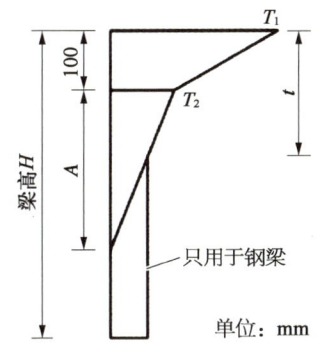

结 构 类 型	T_1/℃	T_2/℃
混凝土铺装	25	6.7
50 mm 沥青混凝土铺装	20	6.7
100 mm 沥青混凝土铺装	14	5.5

图4-4 公路规范规定的温度梯度曲线

铁路部门对桥梁温度场的研究起步较早,20世纪80年代,铁道部西南科研所对一些实桥进行观测与研究,其成果已纳入《铁路桥涵设计规范》(TBJ—85)内。最新的桥梁规范对温度场的规定更为全面,规定了如图4-5所示的有砟桥面箱梁沿梁宽方向的温差T_0计算模式,图中α_w为腹板外法线与正南向夹角,向西为正,向东为负,ϕ为地理纬度。

无砟无枕箱梁沿梁宽和梁高双向组合温差T_0分别按图4-5和图4-6计算,无砟无枕箱梁沿梁高方向的温差按图4-7计算。

对于日照温差,有砟箱梁只考虑沿梁宽方向的温差荷载;无砟无枕箱梁应分别考虑沿梁高方向的温差荷载和两个方向的组合温差荷载。如

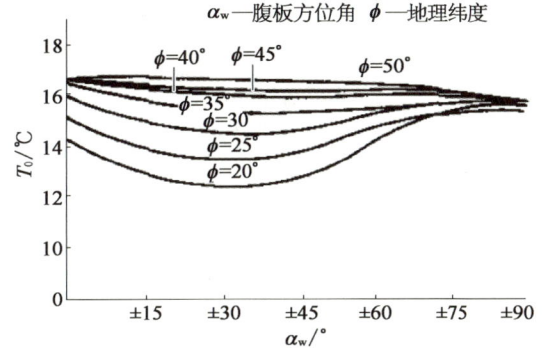

图4-5 沿梁宽温差计算图

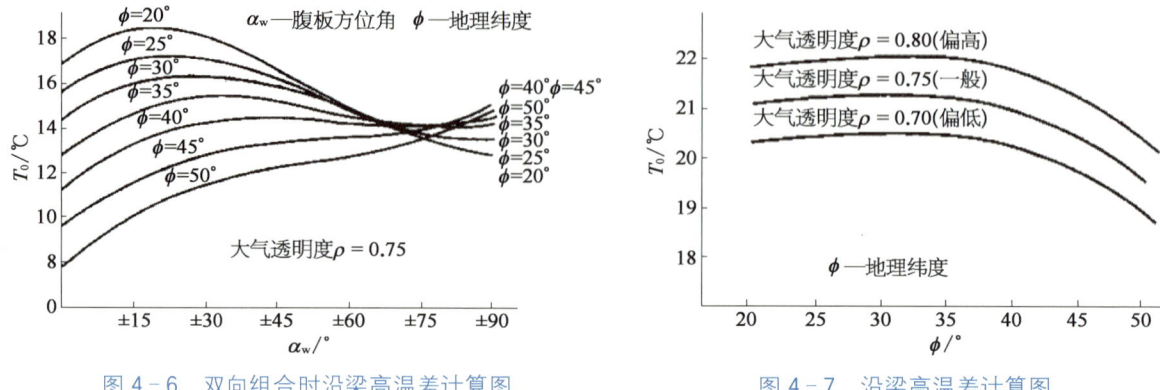

图 4-6 双向组合时沿梁高温差计算图   图 4-7 沿梁高温差计算图

图 4-8 所示,箱梁沿梁高、梁宽方向的温差曲线按下式计算

$$T_y = T_{01} e^{-ay}$$
$$T_x = T_{02} e^{-ax}$$
(4-12)

式中 T_y、T_x——计算点 y、x 处的温差(℃);

T_{01}——箱梁梁高方向温差,对于标准设计,有砟桥面单向时 a 取 5 m^{-1}、T_{01} 取 20 ℃,双向组合时 a 取 7 m^{-1}、T_{01} 取 16 ℃;

T_{02}——箱梁梁宽方向温差,对于标准设计,无砟桥面 a 取 7 m^{-1}、T_{02} 取 16 ℃;y、x 为计算点至箱梁外表面的距离(m)。

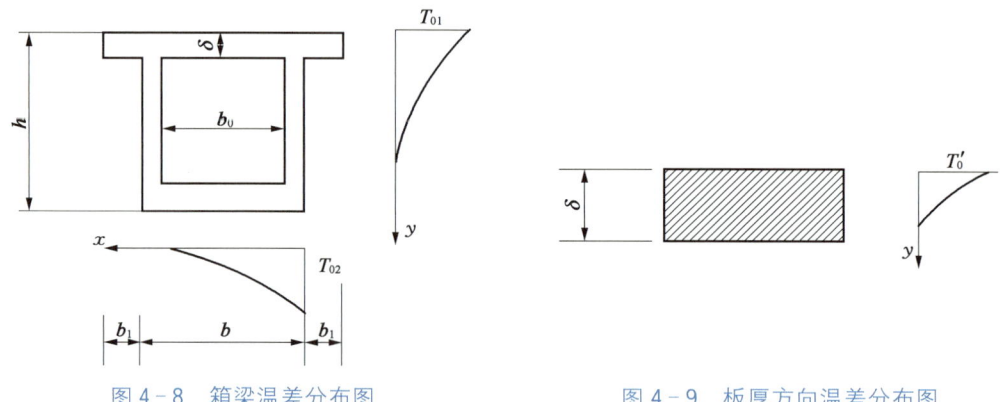

图 4-8 箱梁温差分布图   图 4-9 板厚方向温差分布图

箱梁沿板厚的温差曲线如图 4-9 所示,由下式计算

$$T'_y = T'_0 e^{-by}$$
$$T'_0 = T_0 (1 - e^{-a\delta})$$
(4-13)

式中 δ——板厚(m);

b——指数,按表 4-4 取值。

对于降温温差,箱梁沿顶板、外腹板板厚温差曲线的指数 b 取 14,相应的 T'_0 取 -10 ℃。

第4章 季冻区高速铁路无砟轨道温度场特征

表 4-4 沿板厚温差曲线指数 b 取值

板厚 δ/cm	16	18	20	24	≥26
b	15	14	13	11	10

根据式(4-13),可计算出不同厚度顶板沿厚度方向的温度梯度值,如表 4-5 所示,可以看出,顶板越厚,温度梯度取值越小。

表 4-5 不同顶板厚度下箱梁顶板的温度梯度取值

板厚/cm	日照温差/(℃/m)			降温温差/(℃/m)
	偏 低	一 般	偏 高	
16	116.5	121.0	125.6	−55.8
18	104.7	108.8	112.9	−51.1
20	94.9	98.6	102.3	−47.0
24	79.3	82.4	85.5	−40.2
26	73.0	75.8	78.7	−37.5
28	68.8	71.4	74.1	−35.0
30	64.9	67.5	79.0	−32.8

3. 无砟轨道温度场

我国无砟轨道随着高速铁路的发展而快速发展,在无砟轨道温度场方面缺乏全国性的测试资料,在高速铁路设计规范中,借鉴桥梁和公路路面研究成果,规定露天区间年温差根据当地气象条件取值,正温度梯度宜取 90℃/m,负温度梯度宜取−45℃/m,混凝土收缩以等效降温 10℃ 取值。

在无砟轨道温度场研究过程中,遂渝铁路无砟轨道试验段专门安排了温度场测试,包括 CRTS Ⅰ型板式无砟轨道的平板和框架板,以及嘉陵江大桥纵连板式无砟轨道,发现当气温达到最高且日照充分时,轨道板温度梯度约为 40~80℃/m[22],并参照公路路面工程研究成果,提出了我国无砟轨道温度梯度的建议值(表 4-6),其中负温度梯度按正温度梯度的 1/2 取值。温度梯度沿厚度方向呈线性分布。下层结构不考虑温度梯度作用。当板厚为非标准板厚 22 cm 时,按表 4-3 所示的板厚修正系数进行修正。

表 4-6 标准板厚 22 cm 的无砟轨道最大温度梯度推荐值

地 区	严寒地区	寒冷地区	温暖地区
最大正温度梯度/(℃/m)	90~95	85~90	80~85
最大负温度梯度/(℃/m)	50~53	44~50	40~43

一般认为,最大温度梯度是历年测得的温度梯度最大值,发生的概率较小。因此,只有单独检算翘曲应力或位移时才使用最大值,当温度梯度与其他荷载组合进行计算与检算时,采用经常出现的温度梯度,即常用温度梯度。常用温度梯度的取得,应在大量测试的基础上,统计得到温度梯度的平均值和方差,以平均值加 3 倍均方差为常用梯度值。由于我国对无砟轨道的温度梯度尚无

足够的实测数据,因此建议常用温度梯度暂时取最大温度梯度的1/2。

在计算无砟轨道各结构层温度应力时,年温度变化取为该结构层中性面的温度变化或全断面平均温度变化。一般认为,无砟轨道上层结构轨道板和道床板夏天的表面温度比气温高,冬天的表面温度与气温基本相同,轨道板中性面温度与气温大致相同,表面温度较气温高的部分作为轨道板断面上温度梯度。因此,可以认为无砟轨道中的年温度变化与气温变化幅度相同。最大年温差一般以最大年温差所在年内的最高与最低月平均温度的差值计算,可以表达为以一年为周期的余弦函数。

从国内外在路面、桥梁和无砟轨道温度场方面开展的研究工作可以看出,温度效应对相关混凝土结构的重要性已经受到广泛的重视,其中,相关混凝土结构表面温度与气温的关系取得了丰硕的理论成果,沿深度方面的分布基本呈双折线形式,在桥梁表面以下100 mm范围内变化幅度最大,路面和无砟轨道表面以下220 mm范围内变化幅度最大,最大温度梯度值则和气候区域关系密切。因此,无砟轨道季冻区高速铁路应用时,需要研究其温度场特征及其效应,以保证其平稳性。

4.2 无砟轨道温度场研究方法

为研究季冻区高速铁路无砟轨道温度效应,一般采用现场测试方法和仿真计算方法得到季冻区高速铁路的温度场特征,并以温度效应现场测试结果作为验证依据,以试验室实尺试验为补充,结合仿真计算方法研究季冻区高速铁路无砟轨道温度效应特点及产生机理。因此,无砟轨道温度场的研究方法也包括现场测试和仿真计算两个方面。

4.2.1 现场测试方法

应用现场测试方法,可以监测得到无砟轨道实际的温度场特征,以及在温度场条件下的无砟轨道和无缝线路受力状况,分析温度场作用下的温度效应。

1. 传感器及其设置

1) 光纤光栅传感器基本原理[23,24]

无砟轨道温度场及温度变形监测方法主要有振弦式和光纤光栅两种形式。其中振弦式监测采用的是有源传感器,原理简单,安装方便,但是传感器信号传输受距离和环境影响较为明显。光纤光栅传感器是利用Bragg光纤光栅(Bragg Optical Fiber Grating)的波长对温度、应力参量的敏感特性而制成的一种新型光纤传感器。与传统的光纤传感器相比,Bragg光纤光栅将被测信息转化为共振波长的移动,即采用波长调制方式进行测量,如图4-10所示,当一束波长 λ 的入射宽谱光谱经过光栅区时,会有波长满足一定条件(波长为 λ_B)的光被光栅反射,其他波长的光将被透射,反射光的中心波长与光栅的折射率变化周期和纤芯有效折射率的关系为(图4-11)

$$\lambda_B = 2n_{\text{eff}}\Lambda \tag{4-14}$$

式中 λ_B ——反射光中心波长;

n_{eff} ——纤芯有效折射率;

Λ ——光栅的折射率变化周期。

第 4 章　季冻区高速铁路无砟轨道温度场特征

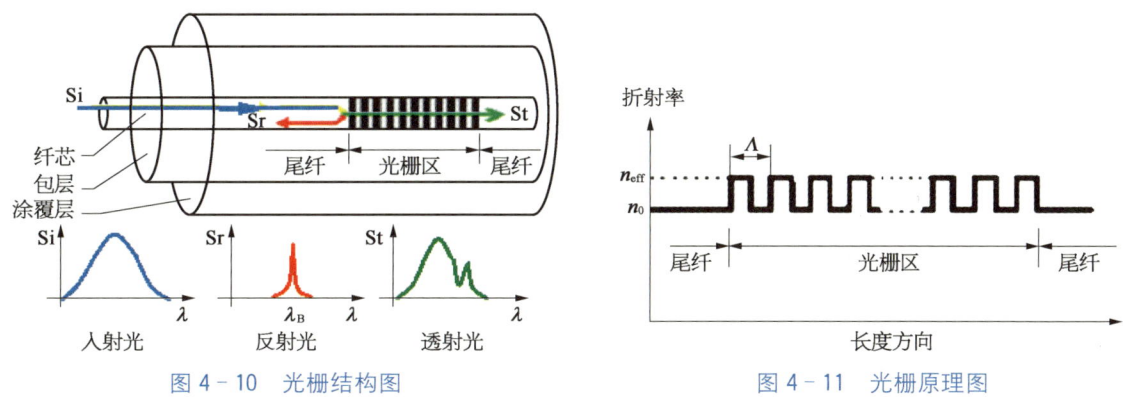

图 4-10　光栅结构图　　　　　　　　图 4-11　光栅原理图

改变光栅的有效折射率或光栅周期,就能改变光栅反射中心的波长。利用这一特性,可以将光纤光栅用于许多物理量的测量。当光栅所受应力应变及其周围温度发生变化时,会导致其芯区的有效折射率和光栅周期发生变化,从而使 Bragg 波长发生偏移。通过检测反射波长的偏移量,即可获得相应的应力应变和周围温度的大小。应力对 Bragg 波长的影响是由弹光效应和光栅周期的变化引起的,温度对 Bragg 波长的影响是由热光效应和热膨胀效应引起的。

当光纤光栅周围环境中不受其他物理量影响,仅受温度变化影响时,Bragg 波长漂移量与温度的关系为

$$\Delta\lambda_B = (\alpha + \zeta)\lambda_B \Delta T = K_T \lambda_B \Delta T \tag{4-15}$$

式中　$\Delta\lambda_B$——温度变化引起的 Bragg 波长漂移量;
　　　α——光纤的热膨胀系数;
　　　ζ——光纤的热光系数;
　　　λ_B——光纤光栅不受温度影响时的 Bragg 波长;
　　　ΔT——温度变化量;
　　　K_T——光纤光栅相对温度变化灵敏度系数。

如果不考虑温度对光纤的热膨胀系数和热光系数的影响,则两者为常量,Bragg 波长漂移量正比于温度变化量,比例系数为温度灵敏度。根据以上原理即可监测 Bragg 波长漂移量,测到温度的变化量。

光纤光栅周围环境中仅有应力应变作用引起的 Bragg 波长漂移量为

$$\Delta\lambda_\varepsilon = (1 - p_e)\varepsilon\lambda_B = K\lambda_B \varepsilon \tag{4-16}$$

式中　$\Delta\lambda_\varepsilon$——应变引起 Bragg 波长漂移量;
　　　p_e——光纤的弹光系数;
　　　ε——外加轴向应变;
　　　K——光纤光栅相对应变灵敏度系数。

当光纤光栅材料选定之后,K 为常数,Bragg 波长漂移量正比于应变值,通过监测 Bragg 波长漂移量就可得到结构的应变。

温度和应力应变是光纤光栅能够直接传感测量的两个最基本的物理量,它们构成了其他各种

物理量传感的基础。其他各种物理量的传感都是以光纤光栅的温度、应力应变传感为基础间接衍生出来的。基于应变传感功能,结合弹性膜片等辅助敏感元件,光纤光栅即可用来传感位移等物理量。

光纤光栅测试系统由传感元件、传输光纤和光纤光栅解调器三部分组成,如图4-12所示。由于光纤光栅可以制作成不同的中心波长,因此多个光栅可以方便地串接在同一条光路上形成分布式测量系统。其中,光纤光栅信号处理器(解调器)内置超辐射宽带光源,通过耦合器将光源耦合到现场光纤光栅探测器,现场光纤光栅探测器所反射的各中心波长再次反射回耦合器,耦合器将反射信号送入波长检测单元,在波长检测单元中通过FP(Frequent - Pattern)扫描技术感知各探测器反射的中心波长值,比较各探测器中心波长的变化量推算环境温度、应变等,光纤光栅信号处理器最后将检测到的信息输出并显示。

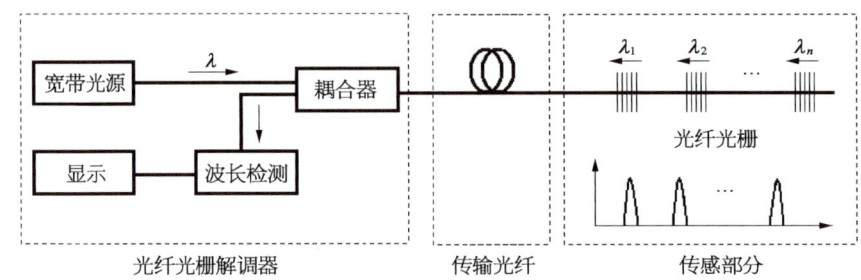

图4-12 光纤光栅监测系统示意图

光纤光栅式监测传感器采用光信号传输,其信号衰减小,传输距离长,与铁路原有强、弱电线缆及轨道电路之间无相互影响,相比振弦式监测采集系统,适用性更广泛,测试精度更高,可以测量钢轨温度、钢轨应力、CRTS Ⅱ型板式无砟轨道宽接缝处混凝土与底座之间竖向相对位移等振弦式监测系统无法测量的指标。

在严寒和寒冷地区,振弦式传感器和光纤光栅式传感器均会存在极低温和大温差环境下的老化和零点漂移问题。其中,振弦式传感器会出现振弦松弛导致的测试频率失准问题,线性拟合度差;而光纤光栅式传感器在发生零点漂移后,能够保持较好的线性拟合度,测量数据会发生整体性的偏移,但数据变化趋势保持不变。通过测试数据的前后对比校核,在后期数据分析时,可以对数据进行校正。并且能够通过对传感器进行低温环境预处理,保证传感器性能趋于稳定,最大程度地减小寒冷地区温度对传感器性能的影响。因此,季冻区现场测试主要采用光纤光栅式传感器。

2) 温度传感器及其设置

温度测试采用HKS-T200型光纤光栅温度传感器,该传感器具有全光测量、不受雷击、不受电磁干扰、高精度、高可靠性等特性,且设计使用寿命一般可达到10年,能够满足对测点长期监测的要求。其主要技术指标如表4-7所示。

表4-7 光纤光栅温度传感器主要技术指标

名　　称	技术指标
型号	HKS-T200
测量范围	−50~120℃

第 4 章　季冻区高速铁路无砟轨道温度场特征

(续表)

名　称	技　术　指　标
测量精度	±0.5℃
温度系数	0.1℃/pm
光栅中心波长	1 525～1 565 nm
光栅反射率	≥80%
规格尺寸	110 nm×Φ11 mm

温度测试主要监测大气温度、无砟轨道表面温度、钢轨温度、无砟轨道结构层不同深度上的温度。板式无砟轨道一般在轨道板的板顶、板中和板底,以及 CA 砂浆层的中部、底座板的中部布置传感器;双块式无砟轨道一般在道床板的板顶、板中和板底及支承层内设置传感器。无砟轨道结构层内传感器采用预埋式和现场打孔安装形式进行设置,表面温度传感器和钢轨温度传感器直接用导热硅胶粘贴在经打磨后的无砟轨道顶面和钢轨轨腰上,导热硅胶能确保温度传感器温度与无砟轨道顶面和钢轨温度基本一致(图 4-13 和图 4-14)。

图 4-13　轨道板表面温度传感器安装图

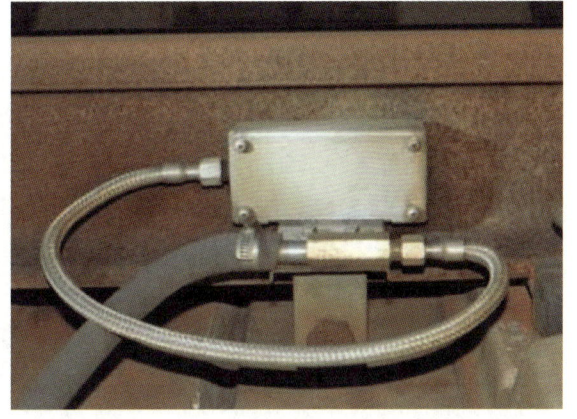
图 4-14　钢轨温度及应变传感器安装图

3) 位移传感器及其设置

位移测试采用 HKS-D100 型光纤光栅位移传感器,该位移传感器可用于桥梁、隧道、轨道结构裂缝或接缝开合度的长期监测,传感器采用探杆安装方式,可以精确、快速测定目标结构的位移变形,并且在传感器内部带有光纤光栅温度传感器,可以自动进行温度补偿。其主要技术指标如表 4-8 所示。

表 4-8　位移传感器主要技术指标

名　称	技　术　指　标
型号	HKS-T200
标准量程	100 mm(可定制)

(续表)

名　称	技术指标
测量精度	<1%FS
分辨率	0.1%FS
线性度	线性拟合 $R^2>0.999$
波长范围	1 500~1 580 nm
封装形式	不锈钢外壳封装
温度补偿	自带温度补偿
防护等级	IP67
出纤形式	双端出纤,长度可定制(标准配置为1.2 m)
抗拉强度	光缆至少可以承受100 N的拉力
连接方式	选配 SC/APC(或 FC/APC)接头或者熔接
工作环境	温度-30~+80℃,湿度无要求
存储环境	温度-40~+80℃,湿度小于93%

位移测试包括板式无砟轨道的轨道板相对于底座板的位移和底座板接缝位移、双块式无砟轨道的道床板相对支承层的位移、钢轨相对轨道板的位移、梁缝位移等内容。测试方法是通过工装将位移传感器两端固定在所要测量的存在相对位移的结构物上(图4-15和图4-16)。

图4-15　底座板相对梁面位移传感器布设

图4-16　钢轨相对轨道板位移传感器布设

4) 应力传感器及其设置

钢筋和混凝土的应力测量分别采用SSS-05型光纤光栅表面应变传感器和ESS-06型光纤光栅混凝土应变传感器。这两种应力传感器均采用高性能合金材料作为封装基体,进行了防水处理,尾纤采用铠装光缆保护,可适应复杂环境的结构应力监测。传感器内部带有温度传感器,在测量应变时同步测量埋设点的温度值进行实时温度补偿。其主要技术指标如表4-9所示。

第 4 章 季冻区高速铁路无砟轨道温度场特征

表 4-9 钢筋和混凝土应力传感器主要技术指标

类 型	SSS-05 钢筋应变计	ESS-06 混凝土应变计
应变量	±1 500 με	±1 500 με
标距	100 mm	100 mm
分辨率	1 με	1 με
精度	3～5 με	3～5 με
温度范围	−30～85℃	−30～85℃
规格尺寸(直径×长度)	$\Phi 8\times 150$ mm	$\Phi 10\times 150$ mm

测量混凝土应力时,一般在混凝土浇筑前将混凝土应变计绑扎在钢筋上固定,保证传感器的长度方向沿着所测应力方向布置;测量钢筋应力时,需要将钢筋应力计焊接在所要测量的钢筋上。

测试钢轨应力需要对应变片进行特殊加工,以便能够将应变片牢牢固定在钢轨轨腰上,并且不影响钢轨电气回路(图 4-17)。表 4-10 是钢轨应力传感器的主要技术指标。

(a) 钢轨应变传感器安装　　　　　(b) 封装后的钢轨应变传感器

图 4-17 钢轨应变传感器的布设

表 4-10 钢轨应变传感器主要技术指标

名 称	技术指标
测量范围	−2 000～2 000 με
测量精度	±2 με
分辨率	1 με
温度探头标定	1 με 的应变对应 1.75 pm 的波长位移

2. 监测系统

温度及温度效应监测系统包括传感器、数据采集、数据传输和监测数据管理四部分。图 4-18 为现场传感器布置情况,图 4-19 是监测系统结构图。

(a) 轨道板及底座位移监测传感器布置

(b) 哈齐高速铁路监测现场

图 4-18 监测传感器现场布置

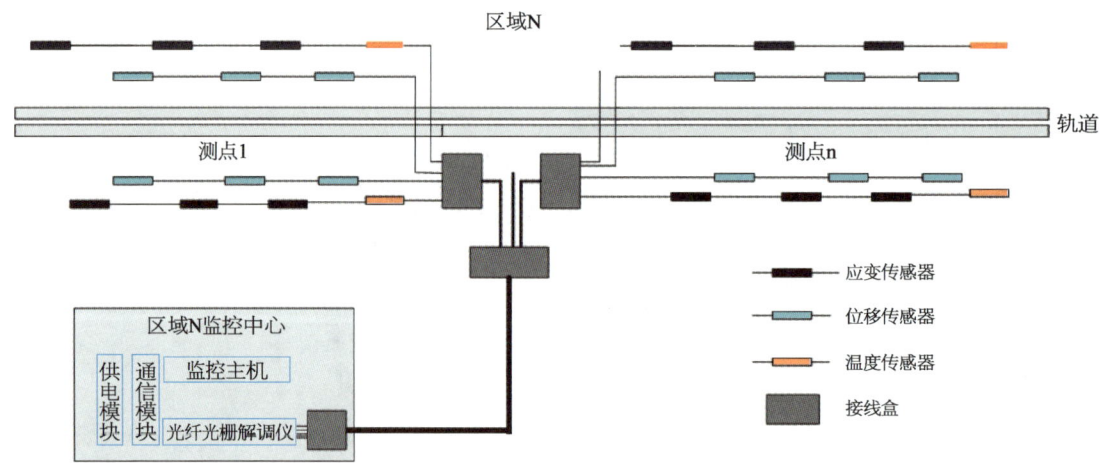

图 4-19 轨道光纤光栅监测系统结构

4.2.2 仿真计算方法

无砟轨道温度场包括表面温度及其在无砟轨道结构层中传递时形成的不同深度上的分布两个方面,后者一般用温度梯度来表示。其中,表面温度主要取决于气温不断地以热辐射和热对流等方式与轨道结构表面进行的热量交换。温度梯度则与表面温度及轨道结构中热传导有关,一方面作为无砟轨道主要材料的混凝土,其自身的导热系数较低,轨道结构内部温度变化相对较缓慢,存在明显的滞后现象,从而使轨道结构表面和内部不同位置处的温度存在差异;另一方面,由于表面温度在一天24 h内处于上升和下降循环过程中,轨道结构中热传导过程也在不断转换,形成不同位置上的温度变化(图4-20)。

无砟轨道表面温度主要受气温、太阳辐射、风速、风向、风压、气压、湿度及降雨量等因素影响。其中,气温的日、季、年变化都会影响轨道结构的温度变化,与轨道结构温度有着直接的关系;太阳辐射是无砟轨道及周围环境产生温度热量的来源;风速则影响着轨道结构与周围环境之

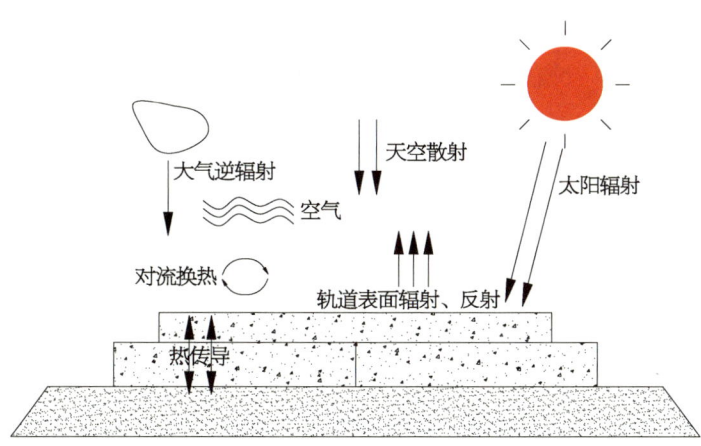

图 4-20　无砟轨道热交换示意图

间的热对流,因此,一般情况下,在研究无砟轨道表面温度时主要关注气温、太阳辐射和风速 3 个主要因素。

气温变化一般用气温年变化、气温骤降(寒潮)及气温日变化来表征。气温年变化是指一年内月平均或(旬平均)气温的变化,多数情况下可用余弦函数表示:

$$T_a = T_{am} + A_a \cos\left[\frac{\pi}{6}(\tau - \tau_0)\right] \tag{4-17}$$

式中　T_a——气温;

T_{am}——年平均气温;

A_a——气温变幅;

τ——时间;

τ_0——气温最高的时间。

我国通常在 7 月中旬气温最高,取 $\tau_0 = 7.5$。通常 1 月的平均气温最低,在初步的计算中可以取 $A_a = (T_7 - T_1)/2$,其中 T_7 和 T_1 为 7 月和 1 月的平均气温。假定气温年变化是以一年为周期的周期性变化,比较细致的计算可用傅里叶级数表示如下:

$$T_a(\tau) = T_{am} + \sum_{n=1}^{\infty}\left\{A_n\cos\left[\frac{2n\pi}{P}(\tau-\tau_0)\right] + B_n\sin\left[\frac{2n\pi}{P}(\tau-\tau_0)\right]\right\} \tag{4-18}$$

由于正弦和余弦函数的正交性,系数 A_n 和 B_n 可由下式计算

$$\begin{aligned}A_n &= \frac{2}{P}\int_0^P\left\{T_a(\tau)\cos\left[\frac{2n\pi}{P}(\tau-\tau_0)\right]\right\}\mathrm{d}\tau \\ B_n &= \frac{2}{P}\int_0^P\left\{T_a(\tau)\sin\left[\frac{2n\pi}{P}(\tau-\tau_0)\right]\right\}\mathrm{d}\tau\end{aligned} \tag{4-19}$$

气温骤降是指日平均气温在数日(2~6 d)内急剧下降(降幅超过 5℃)。我国的寒潮多由西伯利亚寒流南下所致,尽管南、北方气温不同,但是寒潮频数、同一次寒潮的降温幅度及历时,全国各地相差不多。气温骤降对工程结构的温度作用一般有 2 个方面,即气温骤降和日照降温所引起结

构物内、外温度分布差异较大的状态。气温日变化是指一天内 24 h 的气温变化,通常可用类似式(4-19)的三角函数来表示。气温日变化的原因主要是太阳辐射强度不同,显然晴天的温度变化幅度较雨天和阴天大。

太阳辐射直接影响着无砟轨道的温度场。辐射到地面的热辐射能与日照角度及云量有关。早晨或傍晚日照量较小,经过大气吸收之后,能被地表结构吸收的能量非常少。同样云量越大,被吸收的能量越多,被地球表面物体吸收的能量越少。投射到物体表面的能量还与入射角(辐射入射线与物体表面法线的夹角)及物体的位置等有关。

太阳辐射分为直接辐射和散射辐射。两种辐射能量通过热辐射交换的方式被工程结构物所吸收,进而改变该结构物的表面温度,然后通过结构物的热传导改变其内部的温度。

无砟轨道结构吸收的太阳辐射强度 R 可按照下式计算

$$R = \alpha S \tag{4-20}$$

式中　R——被物体所吸收的太阳辐射强度(W/m^2);
　　　α——吸收系数($0<\alpha<1$),或称黑度系数,混凝土表面的黑度系数取 0.65;
　　　S——垂直于物体表面的太阳辐射的热量。

要确定混凝土结构的温度场,必须知道初始条件和边界条件。朱伯芳院士给出了四类边界条件,其中第三类边界条件表示了固体与流体(如空气)接触时的传热条件,符合轨道结构的边界条件。

当混凝土与空气接触时,经过混凝土表面的热量为

$$q = -\lambda \frac{\partial T}{\partial n} \tag{4-21}$$

假设经过混凝土表面的热流量与混凝土表面温度 T 和气温 T_a 之差成正比,即有

$$-\lambda \frac{\partial T}{\partial n} = \beta(T - T_a) \tag{4-22}$$

式中　n——混凝土外表面法线方向;
　　　β——混凝土表面放热系数[$kJ/(m^2 \cdot h \cdot ℃)$];
　　　λ——混凝土导热系数[$kJ/(m \cdot h \cdot ℃)$]。

由式(4-20)可知,结构物所吸收的太阳辐射强度 $R = \alpha S$。于是考虑日照后,即考虑太阳辐射后的边界条件为

$$-\lambda \frac{\partial T}{\partial n} = \beta(T - T_a) - R \tag{4-23}$$

或者

$$-\lambda \frac{\partial T}{\partial n} = \beta \left[T - \left(T_a + \frac{R}{\beta} \right) \right] \tag{4-24}$$

比较式(4-23)和式(4-24),日照即太阳辐射的影响相当于使结构物周围空气的温度增高了 ΔT

$$\Delta T = \frac{R}{\beta} \tag{4-25}$$

第4章 季冻区高速铁路无砟轨道温度场特征

风速是指单位时间内空气相对于某一固定点所移动的距离,单位为 m/s。风速主要影响结构物的表面放热系数,从而影响结构物与外界环境的热交换,进而影响结构物的温度场。

混凝土表面的放热系数 β 与风速、固体表面粗糙度、表面法线方向及其构成材料的类型有关,且其数值与风速有着密切的关系,一般将这种关系简化为线性关系

$$\beta = Av + B \tag{4-26}$$

式中　A——回归系数,一般取 3.0～14.5;
　　　B——回归系数,一般取 4.35～23.9。

既然无砟轨道表面温度随着气温、太阳辐射和风速的变化而不断变化,其结构层内部每时每刻也在进行着热量交换,以温度变化的形式表现出来,因此,不同时间轨道层同一位置的温度是不同的,并且同一时间轨道层不同位置的温度也是不同的,因此可建立无砟轨道结构层的温度场概念,即无砟轨道结构层中的不同时刻、不同位置的温度分布情况称为其温度场。可表达为

$$T = f(x, y, z, \tau) \tag{4-27}$$

式中　T——温度;
　　x,y,z——空间坐标分量;
　　　τ——时间。

对轨道板的温度场分布可以采用傅里叶热传导方程进行分析。该方程假设结构内温度的变化依赖于热量的传递,通过表面传递的热量与温度梯度成正比

$$dQ = -\lambda \frac{\partial T}{\partial z} dF dt \tag{4-28}$$

式中　dQ——微分热流量;
　　　λ——比例系数,即热导率[J/(m·℃·h)];
　$\partial T/\partial z$——温度梯度(℃/m);
　　　dF——热流经过的微分面积;
　　　dt——微分时间间隔;
　　　负号——热传导的方向与温度梯度增大的方向相反。

假设轨道板为均质体系,热量的流动沿着垂直于轨道板板面的方向,由轨道板表面传入或传出,并且轨道板表面的热源是均匀的,因此,在某一时刻,距表面深度为 z 的 x-y 平面上的温度是均匀的,在某一深度处的温度只是时间和深度 z 的函数,表示为

$$T = f(z, t) \tag{4-29}$$

在轨道板表面取微分体 $dxdydz$ 分析,底面 $z = dz$,建立热平衡方程计算由于热传导而产生的吸热和放热,代入式(4-28)得

$$dQ_1 = -\lambda \frac{\partial T}{\partial z} dx dy dt \tag{4-30}$$

由于温度梯度的存在,进入微分体的热量有一部分通过底面传出,传出的热量为

$$\mathrm{d}Q_2 = -\lambda \frac{\partial \left(T + \frac{\partial T}{\partial z}\mathrm{d}z\right)}{\partial z} \mathrm{d}x\mathrm{d}y\mathrm{d}t \tag{4-31}$$

留在单元体内的热量 $\mathrm{d}Q$ 为

$$\mathrm{d}Q = \mathrm{d}Q_1 - \mathrm{d}Q_2 = \lambda \frac{\partial^2 T}{\partial z^2} \mathrm{d}x\mathrm{d}y\mathrm{d}z\mathrm{d}t \tag{4-32}$$

$\mathrm{d}Q$ 将因用于温度的提高而消耗,在时间间隔 $\mathrm{d}t$ 内,由于吸入热量 $\mathrm{d}Q$ 使单元体温度升高 $\frac{\mathrm{d}T}{\mathrm{d}t}\mathrm{d}t$,假设混凝土密度为 ρ,单位比热为 c,则热力方程为

$$\mathrm{d}Q = c\rho \mathrm{d}x\mathrm{d}y\mathrm{d}z \frac{\mathrm{d}T}{\mathrm{d}t}\mathrm{d}t \tag{4-33}$$

由于传入的热量全部消耗于温度变化,则式(4-32)与式(4-33)相等,即

$$\frac{\mathrm{d}T}{\mathrm{d}t} = \frac{\lambda}{c\rho}\frac{\partial^2 T}{\partial z^2} = \alpha \frac{\partial^2 T}{\partial z^2} \tag{4-34}$$

式中 α——导温系数,表示单位时间内单位面积上吸收或散热的速度。

将式(4-29)代入式(4-34),并将初始条件及边界条件代入进行求解得到轨道板不同深度处的温度分布方程

$$T = (T_c - T_s)\int e^{-u^2}\mathrm{d}u + T_s$$

$$u = \frac{z}{2\sqrt{\alpha t}} \tag{4-35}$$

式中 T_c——轨道板表面初始温度;

T_s——热源引起的表面温度;

z——温度计算点距轨道板表面的距离;

t——温度作用的时间。

在无砟轨道温度场计算中,混凝土和 CA 砂浆材料主要物理参数如表 4-11 所示。

表 4-11 无砟轨道主要物理参数

结 构	导热系数 /[W/(m·℃)]	比热 /[J/(kg·℃)]	密度 /(kg/m³)	弹性模量 /(MPa)	泊松比	膨胀系数
混凝土材料	1.67	900	2 500	36 000	0.2	1×10^{-5}
CA 砂浆	0.93	1 200	2 450	300	0.167	1.2×10^{-5}

4.3 无砟轨道温度场监测结果及分析

现场测试工作在哈大、哈齐、兰新高速铁路,以及京沪、沪昆、宁杭高速铁路和北京试验点上进

行[25-32],其中哈大和哈齐高速铁路、北京试验点应用CRTS I型板式无砟轨道,兰新高速铁路应用双块式无砟轨道,京沪、沪昆、宁杭高速铁路应用CRTS II型板式无砟轨道。在监测结果分析中,选择严寒地区的哈齐高速铁路大庆监测点、哈大高速铁路哈尔滨监测点、兰新高速铁路乌鲁木齐监测点监测结果进行统计分析,并与寒冷地区的北京试验点和温暖地区的沪昆高速铁路金华监测点监测数据进行对比。

4.3.1 无砟轨道整体温度

1. 钢轨表面温度

关于钢轨温度的研究,随着无缝线路的发展已经形成系列成果,在无缝线路设计规范中明确了夏季气温+15℃为钢轨最高温度,其他季节钢轨温度和气温一致。图4-21是大庆监测点钢轨温度监测结果,总体上钢轨最高温度高于最高气温,钢轨最低温度低于最低气温。夏季钢轨最高温度可达55.7℃,与最高气温之差平均为10℃左右,最大达到22.8℃;冬季钢轨最低温度为-31.8℃,与最低气温之差平均为-6℃左右,最大达到-12.9℃(图4-22)。

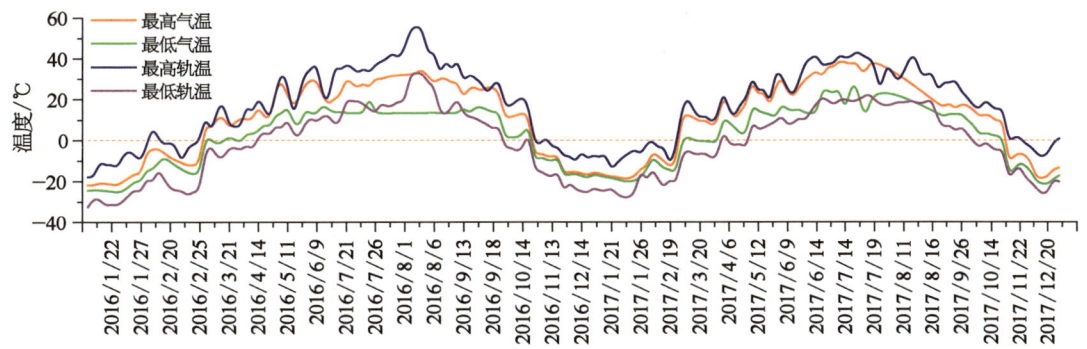

图4-21 大庆监测点钢轨温度年变化曲线

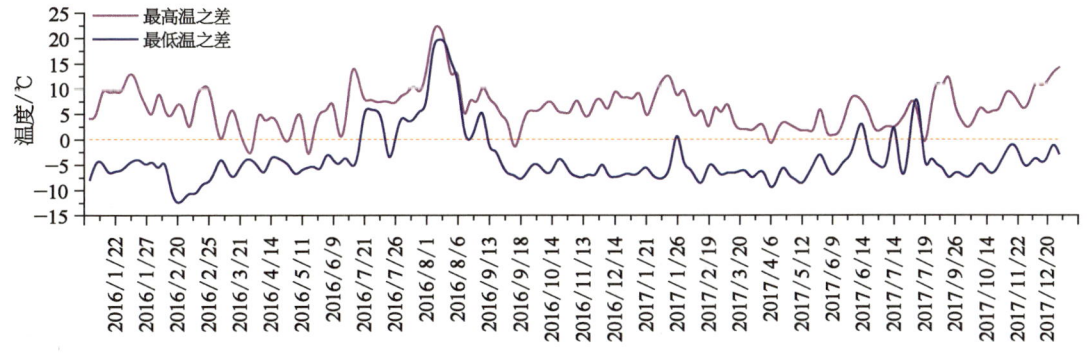

图4-22 大庆监测点钢轨温度与气温差变化曲线

监测结果表明,在无砟轨道线路上,钢轨除了受太阳辐射和空气对流外,还受到无砟轨道表面的散射和反射,其温度在高温时高于最高气温20℃以上,低温时低于最低气温10℃以上,超出既有的钢轨温度包络线,需要对严寒和寒冷地区无砟轨道线路钢轨温度特征值进行调整。由于无砟轨道提高了结构的稳定性,能够提供轨排足够的阻力,不会出现有砟轨道的胀轨跑道问题。但是,随着约束钢轨的阻力增大,钢轨的温度应力随之增大,增加了季冻区钢轨拉断风险,因此,冬季时无砟轨道钢轨温度应按最低气温-15℃考虑为宜。

钢轨温度与气温的相关性可以通过图4-23来反映,最高轨温与最高气温监测数据用直线进行线性拟合,相关系数为0.938;最低轨温与最低气温监测数据用直线进行线性拟合,相关系数为0.90,表明钢轨温度与气温之间相关性很大。这样既可以通过钢轨温度与气温间的差值由气温推算夏季最高轨温和冬季最低轨温,也可以通过钢轨温度与气温之间的线性关系由气温推算钢轨温度。

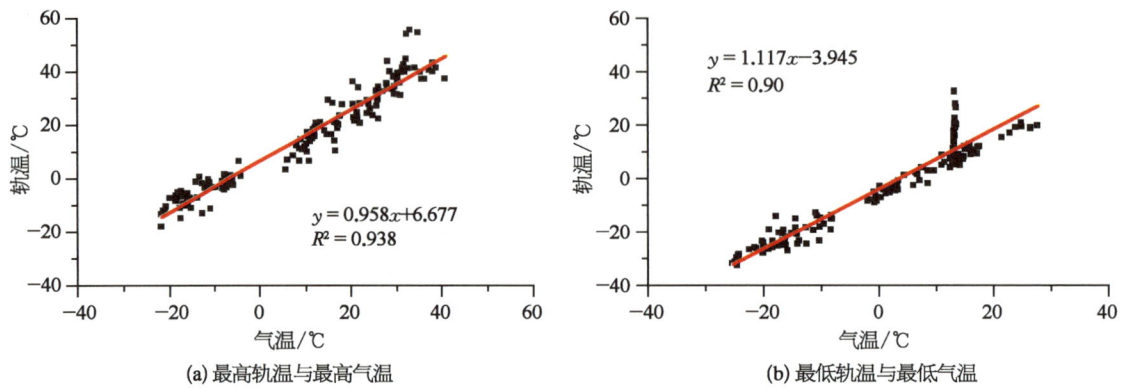

图4-23 轨温与气温之间的关系

2. 无砟轨道表面温度

如图4-24所示,无砟轨道表面温度除了最冷月保持相对稳定外,其余时间基本上处于波动中。波动规律是夏季随着气温的较大波动而产生较大的波动,冬季波动性最小。轨道板表面最高温度和最低温度除夏季高于最高气温和最低气温外,其他季节一般均低于相应的气温。如图4-25所示,与图4-22轨温和气温差变化规律不同,钢轨体积小,与无砟轨道为点接触关系,相互之间热传导很少,钢轨温度主要取决于热辐射、热对流和轨道板板面的反射;而轨道板表面温度除了受热辐射和热对流影响外,受无砟轨道结构层及下部基础热传导的影响显著,轨道板表面温度与气温变化存在时间上的滞后,气温达到最高后转为降温过程,轨道板达到最高温度时气温已经处于降温中;而轨道板表面最低温度一般出现在凌晨气温的上升过程中,主要与轨道热传导

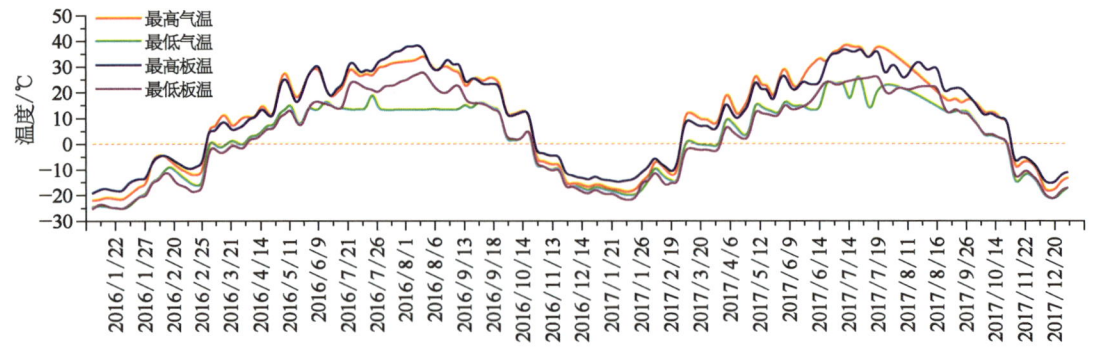

图4-24 大庆监测点轨道板表面温度与气温差变化曲线

第 4 章　季冻区高速铁路无砟轨道温度场特征

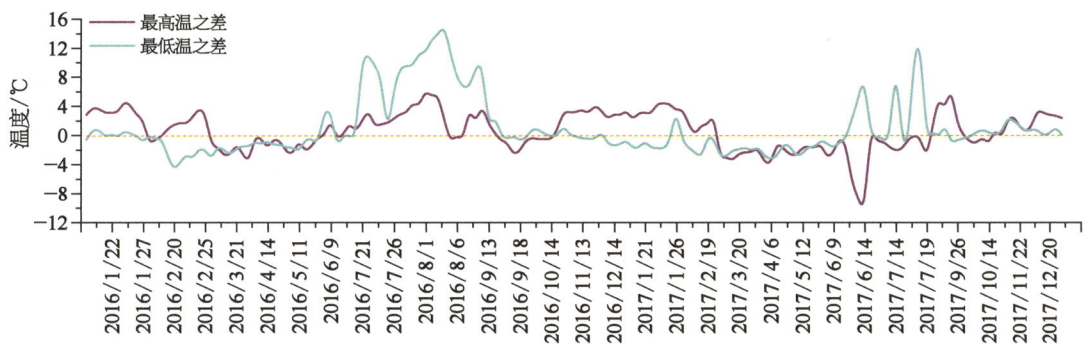

图 4-25　大庆监测点轨道板与气温差年变化曲线

有关。因此,轨道板表面最高温度一般接近或略高于最高气温,夏季最低温度一般明显高于最低气温。大庆监测点轨道板表面最低温度在夏季高于最低气温最大可达 15.3℃,冬季低于最低气温最大为 4.7℃。

其他高速铁路监测结果如图 4-26 所示,无砟轨道表面温度变化规律与哈齐高速铁路监测结果相似,夏季温度变化幅度大于其他季节,冬季温度变化幅度最小。在监测周期内,哈尔滨、乌鲁木齐、北京和金华监测到的无砟轨道表面最低温度分别为 -29.8℃、-21.9℃、-7.4℃ 和 2.9℃,最高温度分别为 47.3℃、42.8℃、47.4℃ 和 49.8℃;夏季表面温度与气温正温差分别为 16.9℃、12.9℃、12.6℃ 和 15.6℃,冬季表面温度与气温负温差分别为 -5.4℃、-4.8℃、-5.0℃ 和 -5.3℃。

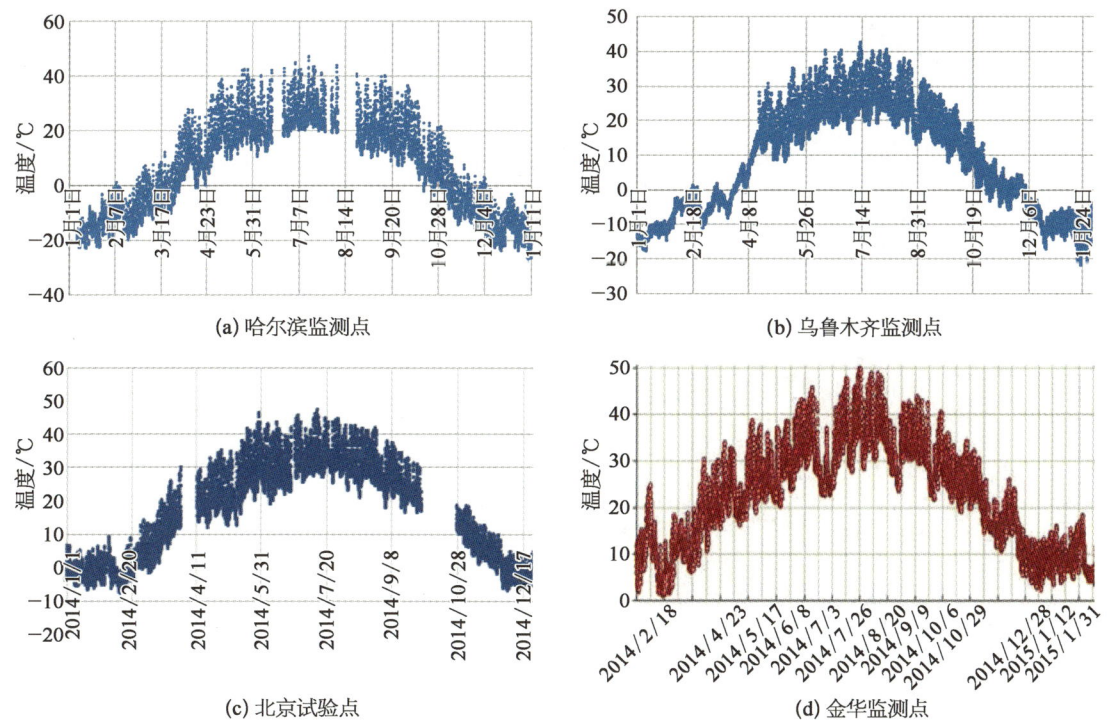

图 4-26　轨道板和道床板表面温度变化曲线

无砟轨道表面温度与气温的关系如图 4-27 所示，最高、最低表面温度与相应的气温之间呈比较好的线性相关性，相关系数分别为 0.98 和 0.94。

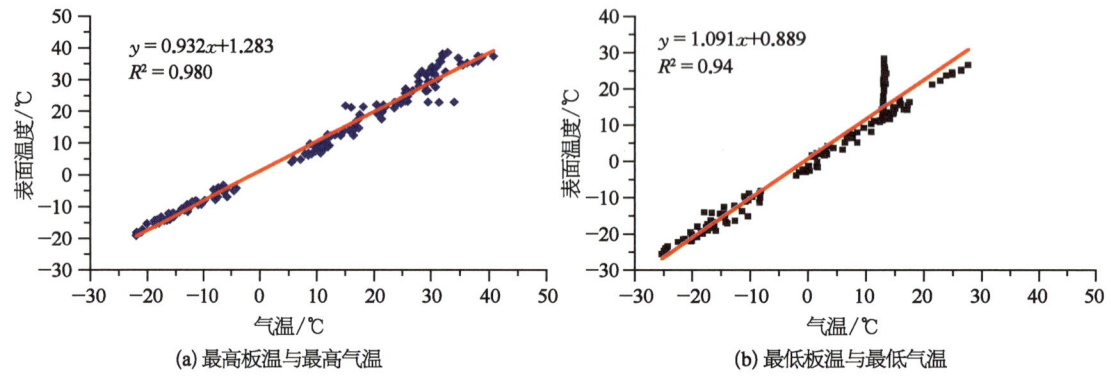

图 4-27　无砟轨道表面温度与气温之间的关系

考虑轨道表面温度的波动性夏季最大、冬季最小，选取轨道表面最高温度和最低温度出现时的日温度变化特征进行分析。图 4-28 为 24 h 温度变化曲线，最高温度出现在 13:00—17:00，最低温度出现在 6:00—10:00。夏季一天时间内温度一直处于升温和降温的过程中，4 个监测点升温时间仅有降温时间的 1/3，但是温度升高的速度很快，温度在一天时间里几乎没有稳定时段，轨道表面温度

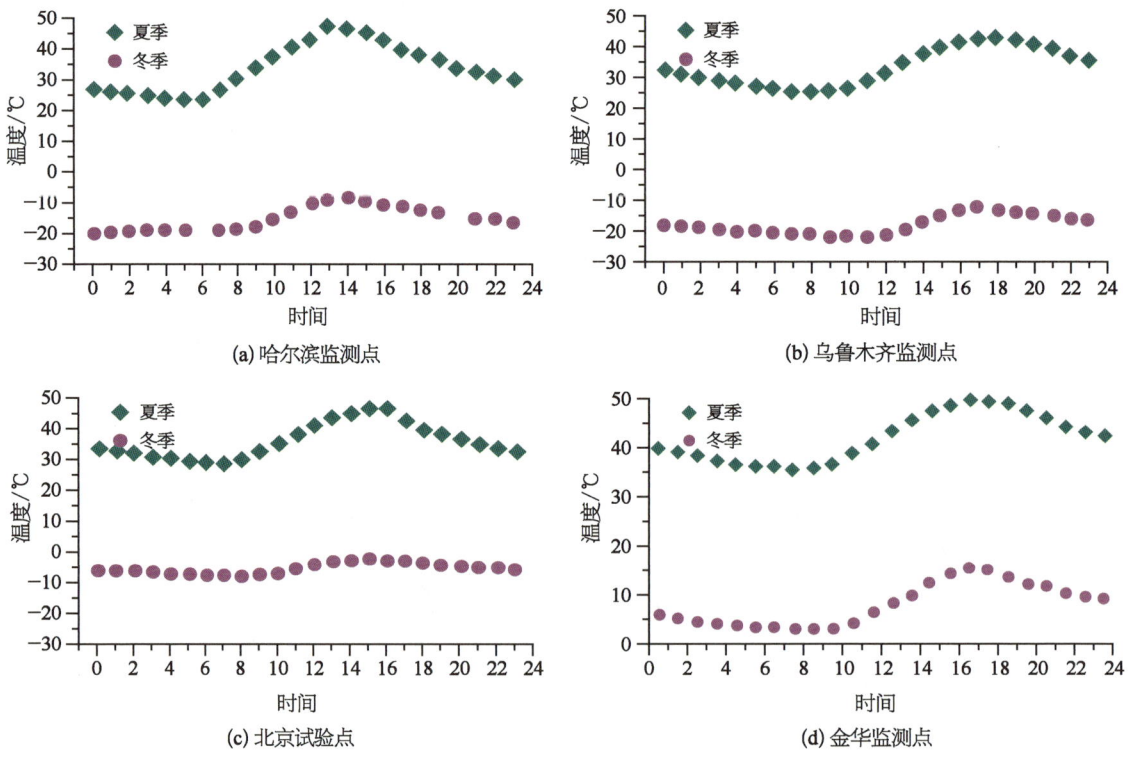

图 4-28　无砟轨道表面温度日变化曲线

一天时间内的差异可达 23.8℃、17.6℃、18.0℃、14.3℃。严寒和寒冷地区冬季温度处于相对稳定时间比较长,升温和降温也相对较慢,温差则相对较小,3 个监测点上日温差分别为 11.7℃、9.8℃、5.8℃,而温暖地区的升温时间比严寒和寒冷地区长,温度波动也比较大,日温差可达 12.4℃。

监测结果表明,轨道表面温度在春秋季和气温相当,夏季波动性较大,冬季波动性最小。夏季无砟轨道表面最高温度与最高气温之差的最大值,严寒地区为 16.9℃,寒冷地区为 12.6℃,温暖地区为 15.6℃;冬季无砟轨道表面最低温度与最低气温之差的最大值分别为 5.4℃、5.0℃和 5.3℃,因此,无砟轨道表面最高温度可按最高气温+20℃取值,最低温度可按最低气温-5℃取值,能够基本包络不同温度区域无砟轨道表面温度的状况。

由于无砟轨道结构本身具有一定的体积,而且与线下基础之间的接触关系,使之在热辐射、热对流及热传导方面都与钢轨有显著的不同,从而导致无砟轨道的表面温度在一天 24 h 的时间里变化比较大。日最大温差夏季严寒地区为 23.8℃,温暖地区为 14.3℃;冬季严寒地区为 11.7℃,温暖地区为 12.4℃。一般认为,无砟轨道设计中的最大日温差是其无砟轨道使用寿命周期内对气温进行统计得到的日温差最大值,从目前统计的数据可以看出,严寒地区无砟轨道日温差夏季可取 25℃,冬季可取 15℃。

3. 结构层中性面温度

在无砟轨道温度效应计算分析中,整体温度一般取轨道板或道床板中部的温度。大庆监测点数据(图 4-29)表明,由于轨道表面与空气直接进行热交换,表面温度变化最快,中部温度受热传导影响,在表面温度增高时,热量从轨道板表面向下传递;表面温度降低时,热量从轨道板底部向表面传导。在这个过程中,中部最高温度滞后于表面。由于轨道板表面最高温度出现在气温的降低过程中,中部最高温度处于热量从下向上的传导中,一般比表面最高温度高;轨道板表面最低温度则处于气温上升过程中,在中部温度达到最低点时,表面温度已经有所回升,中部最低温度一般高于表面最低温度。如图 4-30 所示,轨道板中部最低温度比表面最低温度高 1~2℃,最大可达 7.6℃。

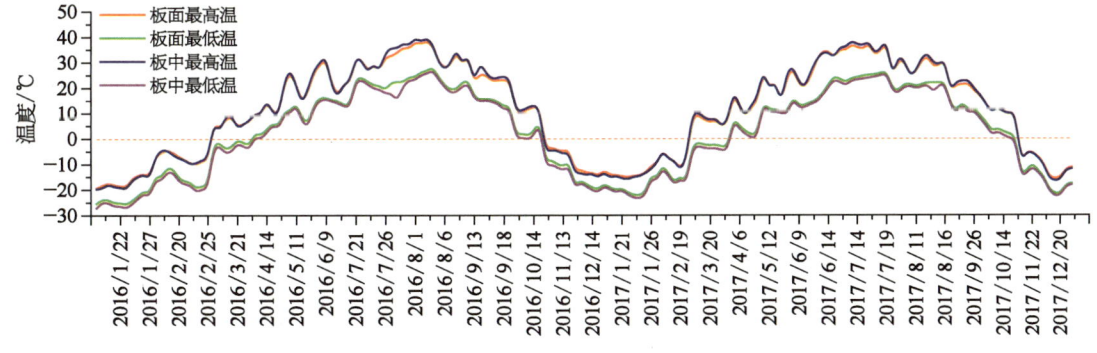

图 4-29 轨道板表面和中部温度分布曲线

底座板中部的温度基本在轨道板中部温度的包络线中,如图 4-31 和图 4-32 所示,由于 CA 砂浆层的热传导系数只有混凝土材料的一半,具有一定的隔热保温功能,大气热量向下传导时,CA 砂浆层延缓了传热速率,底座板中的最高温度低于轨道板最高温度;大气温度降低,轨道板散热时,CA 砂浆层延缓了底座板中热量向轨道板的传导,底座板中最低温度则高于轨道最低温度。同样,由于 CA 砂浆层的隔热保温作用,底座板中最高温度和最低温度的差异相比轨道板要小得多。

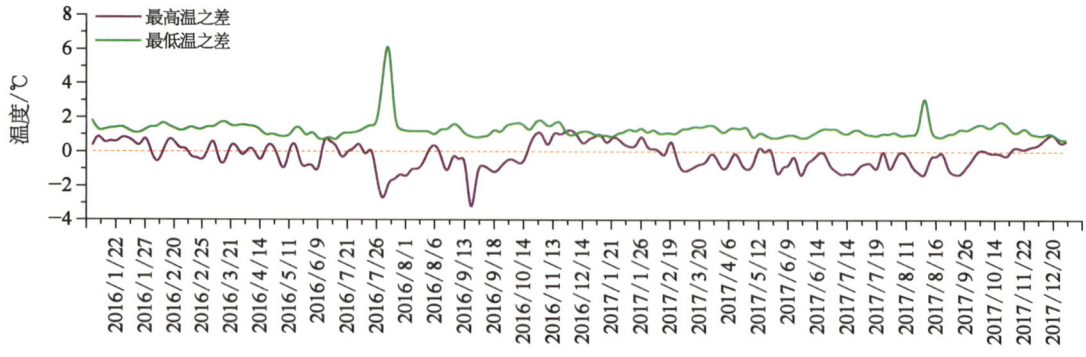

图 4-30　轨道板表面温度与中部温度之差的年变化曲线

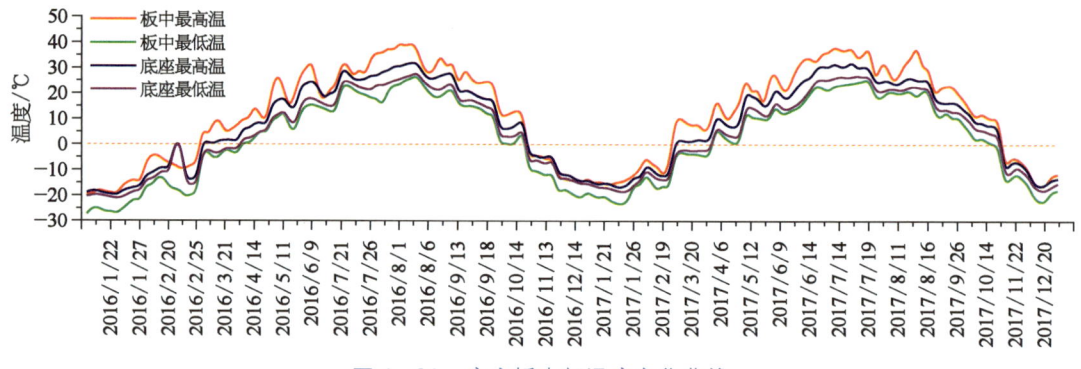

图 4-31　底座板中部温度变化曲线

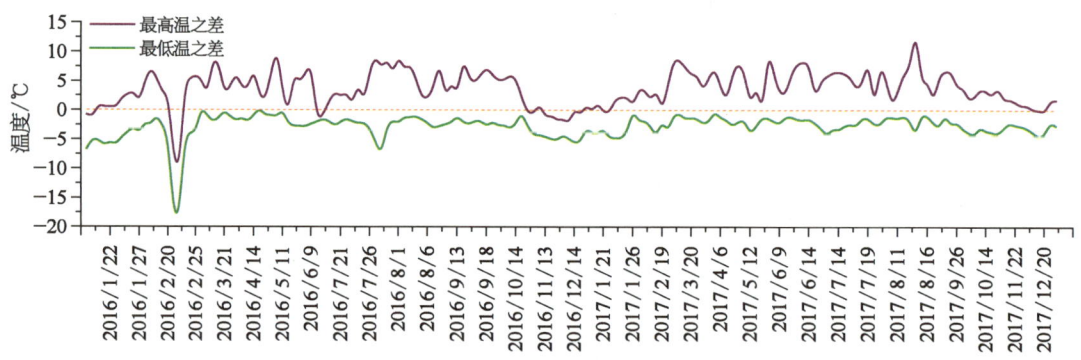

图 4-32　轨道板与底座板中部温度之差年变化曲线

图 4-33 和图 4-26 相比,底座板和支承层温度波动范围比较小,最高温度低于无砟轨道表面最高温度,最低温度高于无砟轨道表面最低温度,整体温度相当于轨道板和道床板平均温度。虽然乌鲁木齐监测点上双块式无砟轨道道床板厚度比其他监测点轨道板厚度大,但是由于道床板与支承层直接接触,缺少 CA 砂浆层的隔热保温作用,支承层温度与道床板温度之差小于板式无砟轨道的底座板与轨道板温度之差。

选取底座板和支承层最高温度与最低温度出现时间,监测到的 24 h 温度变化曲线如图 4-34 所示。不管夏季和冬季,一天时间内温度波动性很小,在分析温度效应时可以不考虑温度的日变化量。

第 4 章　季冻区高速铁路无砟轨道温度场特征

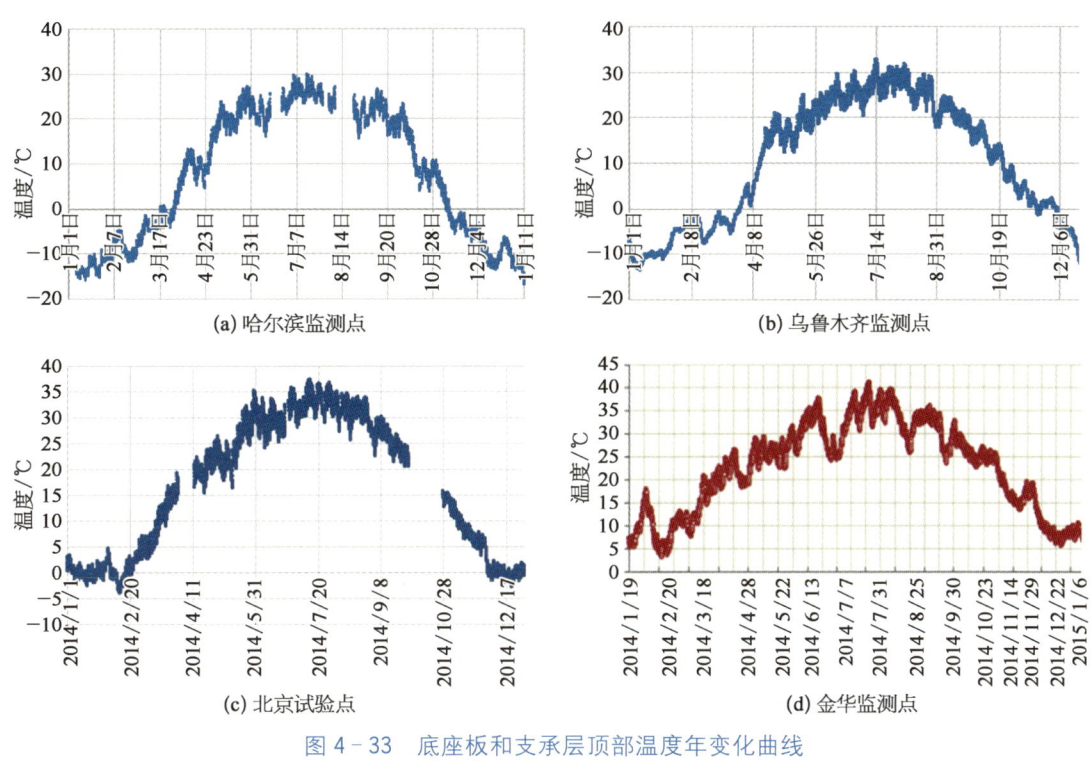

图 4-33　底座板和支承层顶部温度年变化曲线

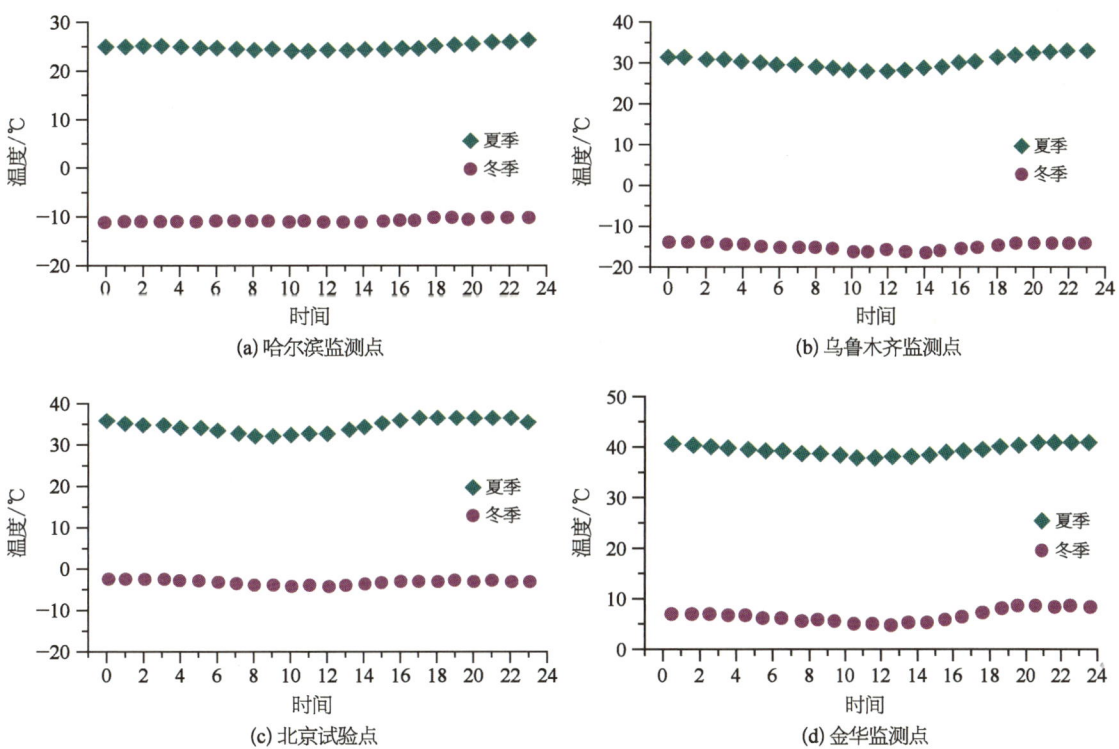

图 4-34　底座板和支承层顶部温度日变化曲线

监测结果表明,轨道板和道床板中部温度取其表面温度能够包络整体温度变化,年温度变化与气温变化幅度相同,底座板和支承层中部温度可取轨道板和道床板的平均温度。底座板和支承层日温差变化很小,可以不予考虑。

4.3.2 无砟轨道温度梯度

无砟轨道的温度梯度源自结构层不同位置上的温度差异。由于气温在不同季节和不同时间处于不断变化之中,引起无砟轨道内部热传导也处于动态转换中。如图4-35所示,无砟轨道表面在一天不同时间内处于吸热和散热的变化中,相对于无砟轨道内部,其变化最为剧烈。而热能从无砟轨道顶部向下部也处于正传导和负传导转换中,这种转换引起不同深度上温度的不同,表现为无砟轨道内部温度变化与气温或表面温度的滞后性。这种滞后性导致了无砟轨道表面处于散热阶段时,轨道内部温度高于表面温度,形成了表面温度与轨道内部温度之间的负温差;无砟轨道表面处于吸热阶段时,表面温度高于轨道内部温度,形成了表面温度与轨道内部温度之间的正温差。在夏季高温情况下,哈尔滨监测点轨道板范围内温度变化较大,CA砂浆层以下温度变化很小;乌鲁木齐监测点道床板中部以上温度变化较大,下部温度变化减小;北京试验点轨道板范围内温度变化较大,CA砂浆层以下温度变化减小;金华监测点的影响深度达到30 cm。

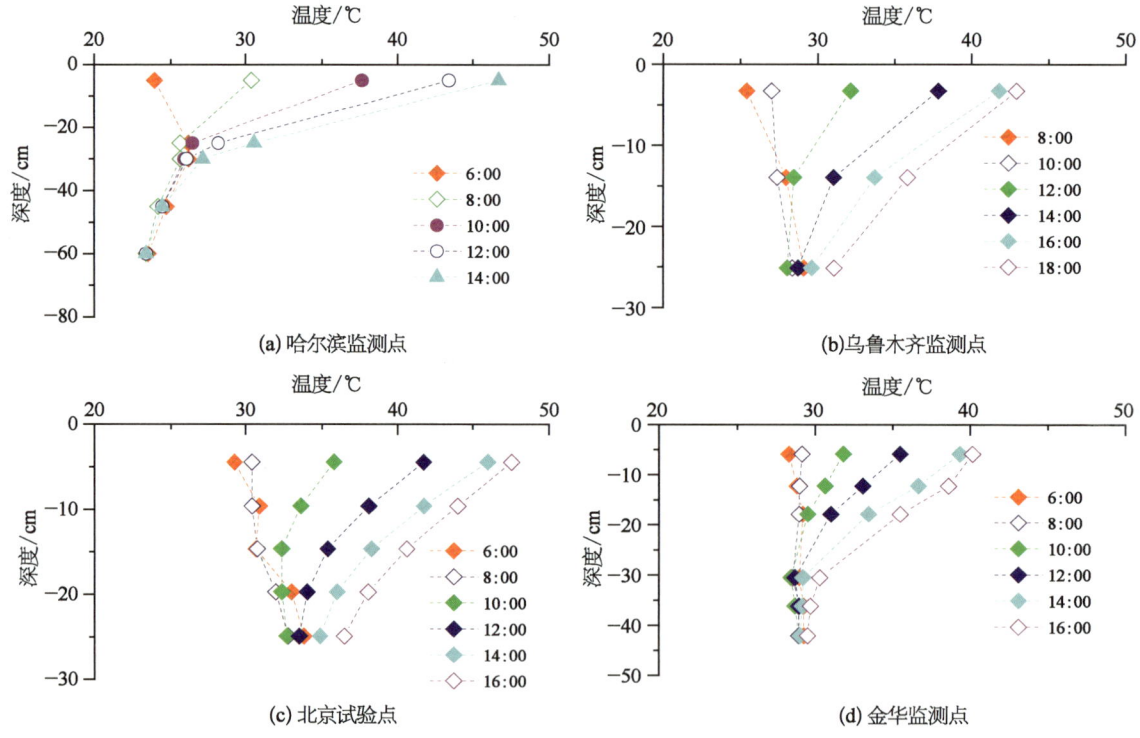

图4-35 不同深度上不同时间温度变化曲线

从监测结果看,无砟轨道深度方向上的温度变化呈非线性特点,季冻区板式无砟轨道温度变化显著区在轨道板范围内,双块式无砟轨道在道床板中部以上。温暖地区无砟轨道夏季在高温持续时间比较长的情况下,温度显著影响深度比其他区域大。

不同温度区域轨道板和道床板的温度梯度年变化情况如图4-36所示。正温度梯度具有明显的规律,由冬季到夏季正温度差和正温度梯度逐渐增大,然后由夏季到秋冬季逐渐减小,实测轨道板和道床板最大温度梯度主要发生在夏季。严寒地区夏季最大温度梯度分别为92.2℃/m和－51℃/m、冬季为49℃/m和－26℃/m,寒冷地区夏季最大温度梯度分别为73℃/m和－31℃/m、冬季为44℃/m和－32℃/m,温暖地区夏季最大温度梯度为73℃/m和－34℃/m、冬季为59℃/m和－36℃/m。由图4-26和图4-28可以看出,夏季轨道表面温度升温时间占全天的1/3,2/3的时间无砟轨道处于散热状态,轨道内部温度由于热传导的转换,其温度变化范围较表面小。在表面温度骤升和轨道内部温度变化较小情况下,形成了轨道表面和内部温度差异增大的状况,正温度梯度和负温度梯度容易出现。冬季环境温度变化较小,轨道表面温度在一天内的变化量约为夏季的一半,轨道内部温度处于相对平衡状态,轨道表面温度和内部温度差异较小,温度梯度也处于较低水平。相比较而言,温暖地区冬季轨道板表面温度日变化较大,其温度梯度比其他区域大。根据4个监测点统计结果,最大正温度梯度超过45℃/m的比例为6%～9%。

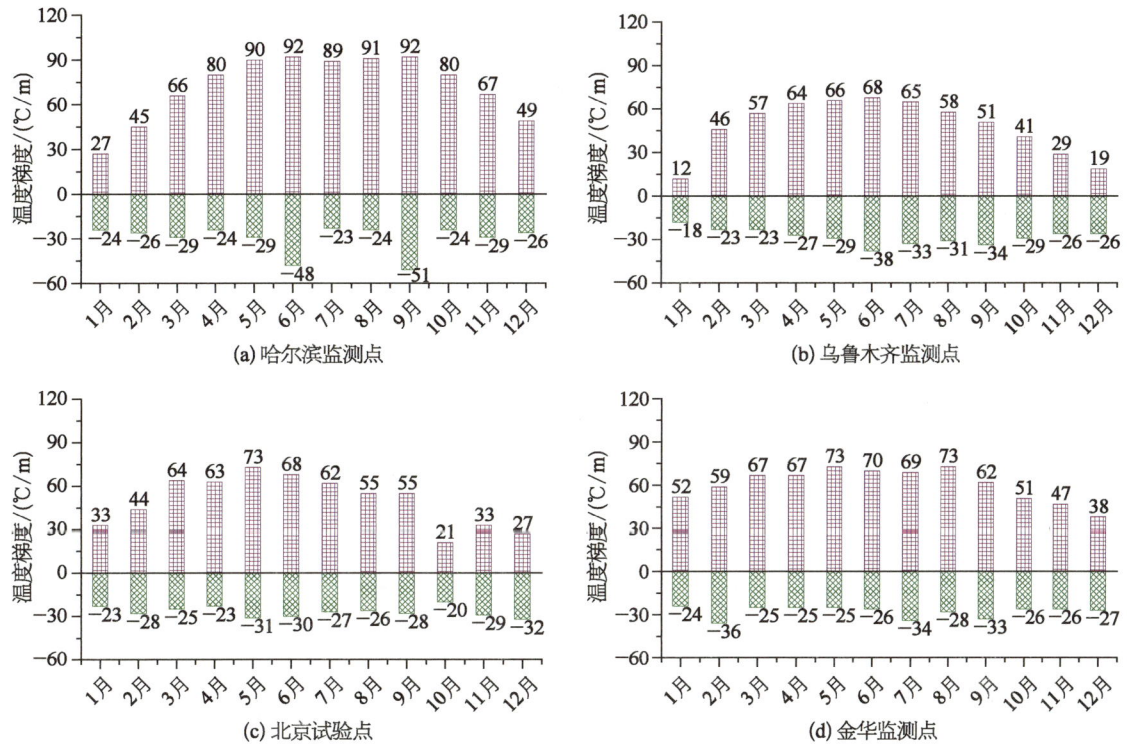

图4-36 轨道板和道床板温度梯度

底座板的温度梯度变化较小,根据监测结果,严寒地区最大温度梯度夏季为31.2℃/m和－1.1℃/m、冬季为7.4℃/m和－14.3℃/m,温暖地区最大温度梯度夏季为18℃/m和－11℃/m、冬季为11℃/m和－15℃/m。

我国CRTS Ⅲ型板式无砟轨道在盘营高速铁路铺设时,对其温度场及温度效应进行了测试,轨道板表面温度及整体温度变化特征与哈齐、哈大、兰新等高速铁路无砟轨道相似,温度梯度变化曲线如图4-37所示,轨道板最大正温度梯度为67.5℃/m,最大负温度梯度为−28.0℃/m,均出现在板中位置。复合板由于受到板厚增加及混凝土热传导特性的影响,最大正温度梯度为59.0℃/m,小于轨道板的最大正温度梯度;最大负温度梯度为−26.8℃/m,接近轨道板最大负温度梯度。复合板正温度梯度超过45℃/m的比例为15.4%。

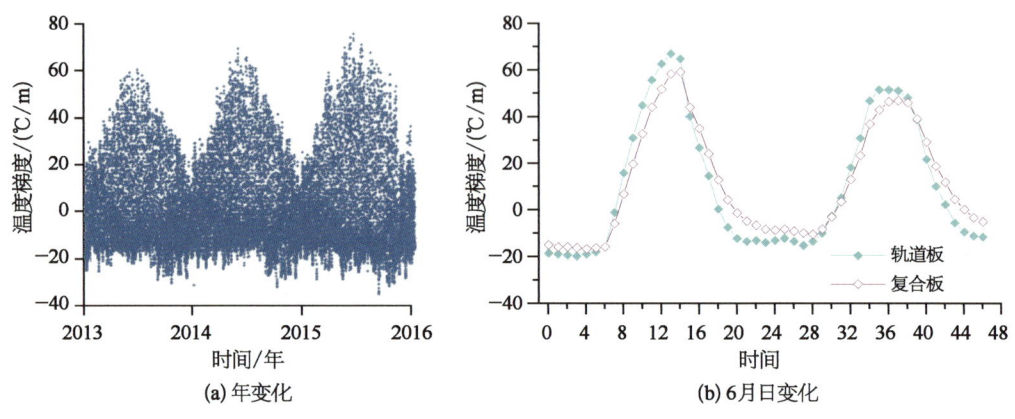

图4-37 CRTS Ⅲ型板式无砟轨道温度梯度变化曲线

4.4 无砟轨道温度场计算结果及分析

4.4.1 无砟轨道整体温度场

选取哈尔滨监测点7月实测无砟轨道表面温度变化曲线作为模型热传导的边界条件,经过循环温度荷载计算,得到无砟轨道垂向和凸台垂向整月温度分布曲线,如图4-38和图4-39所示。轨道结构中心处自上而下为轨道板、CA砂浆层、底座板,凸形挡台和其下的底板均为C40混凝土,两者在结构上存在的差异因素主要是砂浆层和混凝土的材料。可以看出晴天或正常天气时无砟轨道垂向温度场分布规律:

(1)温度变化幅度和速率从轨道板表面到底座板底面随深度增加而减小,底座板处温度变化幅度和速率最小;升温时轨道板温度最高,温度由板表到底座板底面依次减小;降温时底座板处温度最高,温度由底座板底面到板表依次减小。

(2)白天,温度由轨道板表面逐渐向底座板底部传递,使热量在轨道结构内部积聚,产生正温度梯度,即外热内冷状态;夜晚,白天存积在轨道结构内部的热量向轨道表面扩散,使轨道结构内部产生负温度梯度,即外冷内热状态。

(3)各层温度最大值出现的时刻随深度增加而滞后,各层温度最小值出现时刻随深度减少而滞后,即轨道结构内部温度跟随结构表面温度变化。

阴雨天气时,轨道结构内部温度分布规律与夜间降温时基本一致,为外冷内热状态,相对于晴天,轨道板温度减小幅度较大,底座处温度几乎不变。

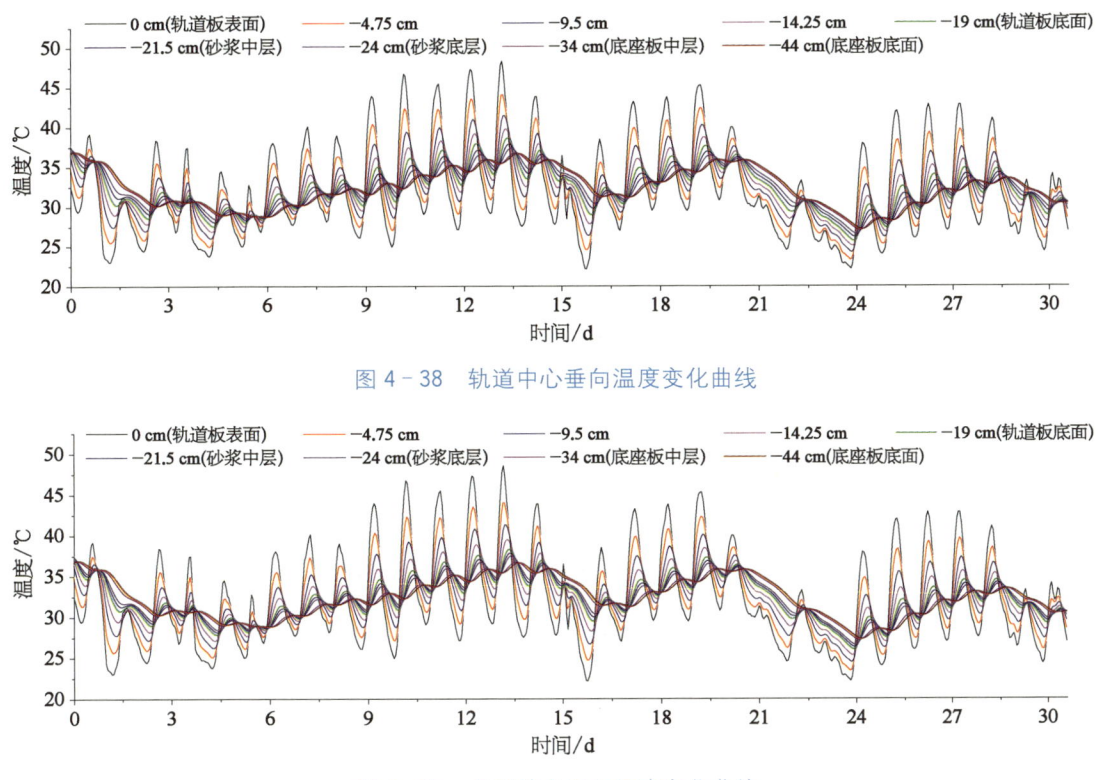

图 4-38 轨道中心垂向温度变化曲线

图 4-39 凸形挡台垂向温度变化曲线

无砟轨道和凸形挡台垂向日温度分布曲线如图 4-40 所示,轨道板表面日温度变化幅度最大,CA 砂浆层底面以下到底座板底面日温度变化幅度较小;轨道板上面 3 层变化趋势及数值一致,到了板下 14 cm 左右时,该层凸形挡台处温度数值上有所减小;CA 砂浆层包含的 3 条温度曲线分离度较大,而凸形挡台相同位置 3 条温度曲线分离度较小。

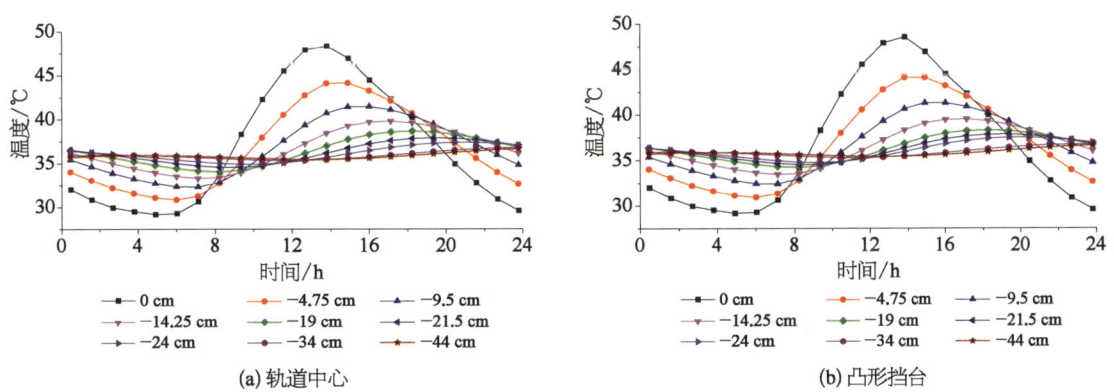

(a) 轨道中心　　　　　　　　　　　　(b) 凸形挡台

图 4-40 轨道中心和凸形挡台日温度变化曲线

轨道板温度沿横向分布曲线如图 4-41 所示,轨道板宽度为 2.4 m,在横向 0.3~2.1 m 范围内温度基本平稳,越靠近板边,温度变化幅度越大,其中在距板边 0.3 m 处为温度突变区,温度变化范围为 5~10℃,这也是板边温度效应最为显著的原因。板端中部为凸形挡台,由于填充树脂缓冲层导热系数低,在凸形挡台周围形成一个温度隔离带,阻碍温度向凸形挡台传递,温度曲线上出现突出的点,凸形挡台处温度比轨道板温度低 1℃ 左右。

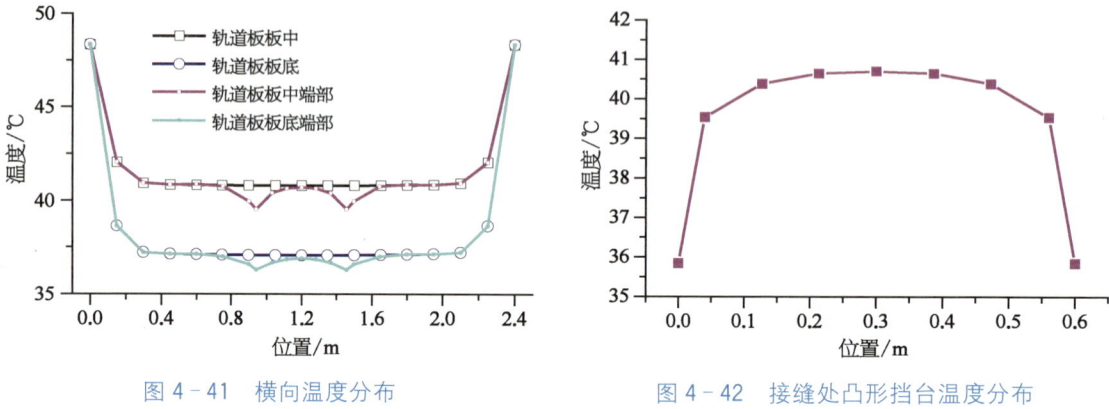

图 4-41　横向温度分布　　　　图 4-42　接缝处凸形挡台温度分布

假设板缝间凸形挡台部分不受太阳辐射影响,即不添加温度边界条件,考虑垂、横、纵三方向的温度传递,绘制轨道板接缝处凸形挡台温度分布曲线如图 4-42 所示。凸形挡台边缘处温度也存在突变的情况,与轨道板不同的是凸形挡台边缘向凸形挡台中部温度由小值向大值突变,突变区域为距凸形挡台边缘 0.05 m 处,而轨道板边缘向轨道板中部温度由大值向小值突变。与轨道板横向温度分布规律相同的是,凸形挡台中部位置存在温度稳定区域,该区域内温度数值差异很小。

4.4.2　无砟轨道温度梯度

不同时间和深度上的温度变化曲线如图 4-43 所示。在无砟轨道温度日变化过程中,从上午 8 时左右到下午 3 时,轨道板表面温度处于上升期,轨道板内的温度传导是一个升温过程;从下午 4 时左右开始,轨道板表面温度开始降低;到次日凌晨 3 时,轨道板表面温度降至最低,轨道板内部处于散热状态。上午 8 时左右,轨道板顶部温度处于吸热和散热转换期,轨道板表面温度高于顶部某一深度上的温度,而这个深度的温度又低于轨道板底部温度。从深度范围来看,CA 砂浆层以下的

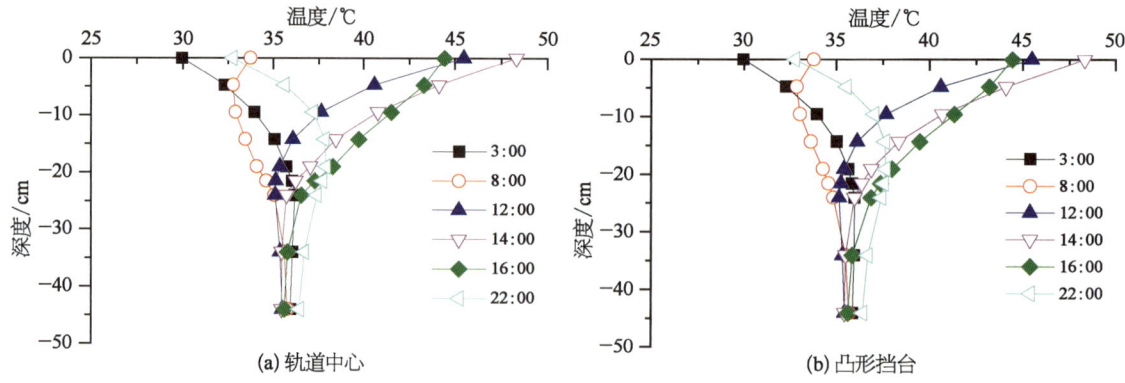

图 4-43　不同时间和深度上温度分布

底座板内温度差异比较小,轨道板厚度范围内温度差异比较大,特别是轨道板表面至中性面温度差异更大。与凸形挡台相比,轨道中心处的温度曲线曲率和变化幅度比较大。

如果以轨道板表面为基准计算温度梯度,得到如图 4-44 所示的温度梯度分布曲线,其中最大正温度梯度出现在中午 12 时,最大负温度梯度出现在晚上 10 时,上午 8 时轨道板中性面以上为正温度梯度,中性面以下为负温度梯度。在无砟轨道范围内,甚至轨道板厚度内,温度梯度均为非线性分布,正温度梯度和负温度梯度均为上部大于下部。

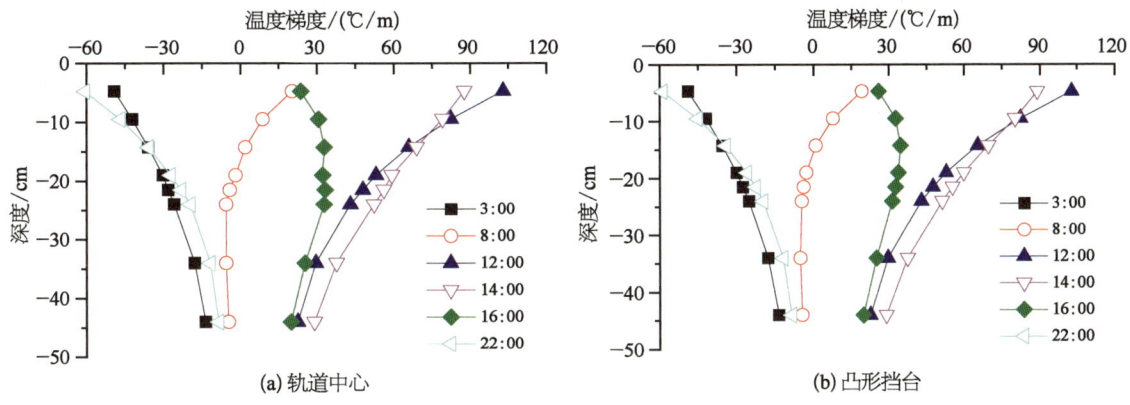

图 4-44　不同时间和深度上温度梯度分布

如果以无砟轨道不同深度上相邻点间温度差计算温度梯度,得到如图 4-45 所示的温度梯度分布曲线,CA 砂浆层以下温度梯度快速减小,到底座板底面时趋近于 0。相比于凸形挡台的全部混凝土结构,轨道中心处由于 CA 砂浆层的隔热作用,温度梯度在 CA 砂浆层附近变化较大。

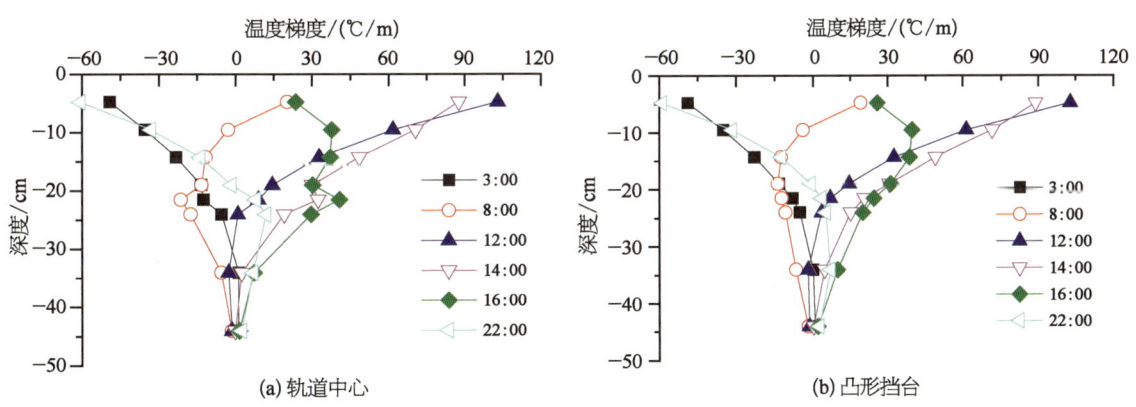

图 4-45　不同时间和深度上相邻点温度梯度分布

根据计算结果,轨道板顶面 5 cm 厚度内最大正、负温度梯度分别为 103.2℃/m 和 −60.4℃/m,轨道板中层到顶面的最大正、负温度梯度分别为 82.6℃/m 和 −46.7℃/m,轨道板底面到顶面范围内最大正、负温度梯度分别为 59.3℃/m 和 −30.9℃/m,底座板底面到轨道板顶面的最大正、负温度梯度分别为 29.1℃/m 和 −13.6℃/m。如果将轨道板分为上下两层,中层到顶面的最大正、负温度梯度分别为 82.6℃/m 和 −46.7℃/m,轨道板底面到中层的最大正、负温度梯度分别为 39.4℃/m

和−18.4℃/m;CA 砂浆层厚度范围内最大正、负温度梯度分别为 35.3℃/m 和−19.4℃/m;底座板厚度范围内最大正、负温度梯度分别为 4.9℃/m 和−3.5℃/m。

综合哈尔滨监测点监测结果和仿真计算结果,如图 4-46 所示。如果将轨道板范围内温度梯度按分段线性考虑,将轨道板顶面到板中间层分为一段,其温度梯度达到 113℃/m,而中间层到底面的温度梯度为 65℃/m,CA 砂浆层的温度梯度为 56℃/m,底座板温度梯度为 11.3℃/m。因此,在严寒季冻区,如果将轨道板内温度梯度按分段线性考虑,板顶面到板中间层温度梯度取 120℃/m,中间层到底面温度梯度取 60℃/m,负温度梯度可按正温度梯度的一半取值。因为在正温度梯度下轨道板底面受拉,温度梯度在整个板厚范围内按线性考虑,底面拉应力则大于分段线性;负温度梯度作用下轨道板顶面受拉,分段线性的温度梯度大于整段线性,顶面拉应力大于整段线性。所以,可以根据需要选择温度梯度模式。

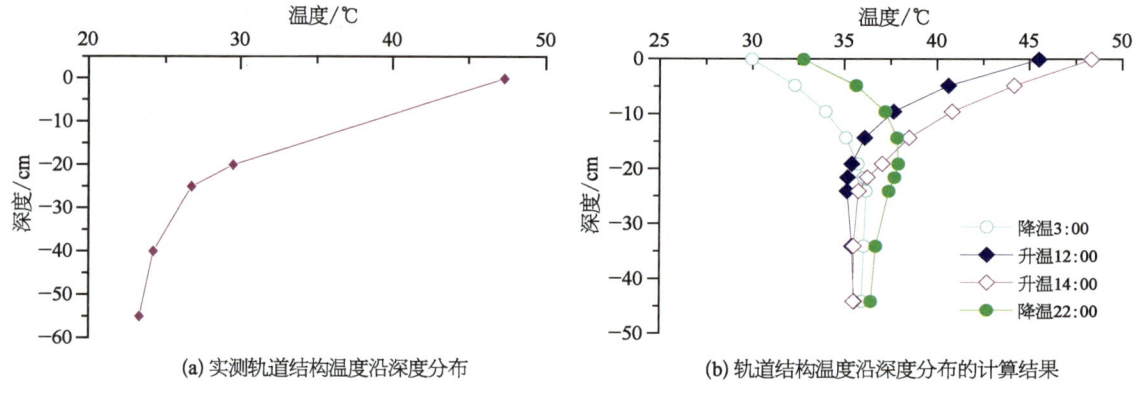

图 4-46 CRTS Ⅰ 型板式无砟轨道温度沿深度分布

4.5 季冻区无砟轨道温度场特征值

无砟轨道的温度交换和传递是一个非常复杂的过程,无砟轨道与空气的热辐射、热对流、热传导不断进行,是一个快速变化的时间函数。我国季冻区,尤其是以东北地区为代表的严寒季冻区,春秋季变化较小,夏季温度波动性最大,无砟轨道表面温度与气温之差、表面温度日变化、温度梯度均大于其他温度区域,对无砟轨道的温度效应将显著增强。根据实测结果和仿真计算结果,提出严寒季冻区无砟轨道温度场特征值如下:

(1) 由于无砟轨道的散射和反射效应,钢轨温度与气温之间线性相关性很大,考虑无砟道床的稳定性很强,夏季不可能产生胀轨跑道问题,但是,冬季负温条件下钢轨拉断的风险增大,因此,钢轨温度除夏季按最高气温+20℃考虑外,冬季应按最低气温−15℃计算。

(2) 无砟轨道表面温度和气温有很强的线性相关性,最高温度夏季为最高气温+20℃,冬季为最低气温−5℃;日变化量夏季为 25℃,冬季为 15℃。

(3) 轨道板整体温度取其表面温度能够包络整体温度变化,底座板整体温度可取轨道板整体温度的平均值。

(4) 季冻区主要采用 CRTS Ⅰ 型和 Ⅲ 型板式无砟轨道,在考虑其温度效应时,主要考虑轨道板的温度翘曲，CA 砂浆和底座板的温度翘曲相对可以忽略。轨道板温度梯度模式可以考虑 2 种形式，一种是线性模式，最大正温度梯度为 95℃／m，最大负温度梯度为－50℃／m；一种是双折线形式，顶面到中间层 100 mm 范围内最大正温度梯度为 120℃／m，最大负温度梯度为－60℃／m，中间层到底面最大温度梯度可取 60℃／m、－30℃／m。为提高无砟轨道设计安全度，最大正温度梯度可取线性模式，最大负温度梯度可取双折线模式。

CA 砂浆厚度范围内的最大正温度梯度可取 40℃／m，负温度梯度可取－20℃／m；底座板厚度范围内最大正负温度梯度可取 5℃／m 和－5℃／m，在计算温度翘曲效应时也可忽略。

(5) CRTS Ⅰ型和Ⅲ型板式无砟轨道 3 年监测数据统计，温度梯度超过 45℃／m 的比例分别达到 9％和 15.4％，出现的概率较高，常用温度梯度取 45℃／m 对最大正温度梯度实际监测值来说偏小，特别是 CRTS Ⅲ型板式无砟轨道复合板下部为普通钢筋混凝土，抵抗开裂能力低于轨道板采用的预应力钢筋混凝土，在计算时应采用现场监测到的最高温度梯度。

参考文献

[1] 近腾佳宏,三补裕卜二.アススフアルト铺装体内温度の推定に关す为研究[C].日本土木学会论文集,1976.
[2] 秋山政敬.アススフアルト铺装体内の温度に关す为调查研究[C].日本土木学会论文集,1976.
[3] HUBER G A. Weather Database for the SUPERPAVE Mix Design System[R]. Washington D C: Strategic Highway Research Program, National Research Council, 1994.
[4] KENNEDY T W, et al. Superior Performing Asphalt Pavements (Superpave): The Product of the SHRP Asphalt Research Program[R]. Washington D C: Strategic Highway Research Program, National Research Council, 1994.
[5] ROBERTSON W D. Determining the Winter Design Temperature for Asphalt Pavement[A]. Proceeding of Association of Asphalt Paving Technology, 1997.
[6] MOHSENI A, M SYMONS. Improved AC Pavement Temperature Models from LTPP Seasonal Data[A]. Washington D C: Transportation Research Board 77th Annual Meeting, 1998.
[7] BARBER E S. Calculation of Maximum Pavement Temperatures from Weather Reports[A]. Washington D C: Highway Research Board, Bulletin 168, National Research Council, 1957.
[8] 景天然,严作人.水泥混凝土路面温度状况的研究[J].同济大学学报,1980(3):88－98.
[9] 刘兴法.混凝土结构的温度应力分析[M].北京:人民交通出版社,1991.
[10] ENRIQUE MIRAMBELL, ANTONIO AGUADO. Distribution of temperature and stress in concrete box-girder bridge[J]. Journal of Structural Engineering, 1990, 116(9): 2388－2409.
[11] VECCHIO F. Nonlinear analysis of reinforced concrete frames subjected to thermal and mechanical loads[J]. ACI Structure Journal, 1987, 84(6): 492－501.
[12] SIVAKUMARAN K S. Analysis of concrete structures subjected to sustained temperature gradients[J]. Can Journal of Civil Engineer, 1984, 1(3): 404－410.
[13] 葛耀君,翟东,张国泉.混凝土斜拉桥温度场的试验研究[J].中国公路学报,1996,9(2):76－83.
[14] FROLI M, HARIGA N, NATI G. Longitudinal thermal behavior of a concrete box girder bridge[J]. Structural Engineering International, 1996, 6(4): 237－242.
[15] 吴赣昌.层状路面体系的温度场分析[J].中国公路学报,1992,5(3):17－25.
[16] 谢国忠,袁宏,姚祖康.水泥混凝土路面最大温度梯度值[J].华东公路,1982(6):9－20.
[17] 严作人.层状路面体系的温度场分析[J].同济大学学报,1984(3):76－85.
[18] 吴赣昌.半刚性基层沥青路面温度场的解析理论[J].应用数学与力学,1997,18(2):169－176.
[19] 杨海鹏,潘军.港珠澳大桥混凝土连续梁施工期裂缝控制技术[J].桥梁建设,2017,47(2):106－111.
[20] 于向东,尹亮洲.连续梁桥无砟轨道标高控制研究[J].桥梁建设,2016,46(2):76－80.
[21] 聂利英,刘明坡,朱倩,等.基于实测的混凝土箱梁腹板横向温度效应研究[J].世界桥梁,2016,44(3):53－57.

[22] 刘学毅,赵坪锐,杨荣山,等.客运专线无砟轨道设计理论与方法[M].成都:西南交通大学出版社,2010.
[23] 姜德生,方炜炜.Bragg 光纤光栅及其在传感中的应用[J].传感器世界,2003(7):22-26.
[24] 吴付岗,姜德生,何伟,等.窄间隙条件下基于光纤 Bragg 光栅的曲面位移测量[J].机械工程学报,2007,43(7):231-234.
[25] 赵国堂.CRTS Ⅱ型板式无砟轨道温度变形与控制措施研究总报告[R].北京:中国铁道科学研究院,2015.
[26] 赵国堂.高速铁路 CRTS Ⅰ型板式和双块式无砟轨道温度场监测及温度变形控制措施研究总报告[R].北京:中国铁道科学研究院,2015.
[27] 尤明熙,高亮,赵国堂,等.板式无砟轨道温度场和温度梯度监测试验分析[J].铁道建筑,2016(5):1-5.
[28] 刘钰.CRTS Ⅱ型板式轨道早期温度场特性及其影响研究[D].成都:西南交通大学博士学位论文,2013.
[29] 戴公连,苏海霆,闫斌.圆曲线段无砟轨道横竖向温度梯度研究[J].铁道工程学报,2014(9):40-45.
[30] 李东昇,董亮,姜子清,等.桥上 CRTS Ⅱ型板式无砟轨道结构的温度荷载特征试验研究[J].铁道建筑,2015(9):106-110.
[31] 刘伟斌,王继军,杨全亮,等.高速铁路 CRTS Ⅲ型板式无砟轨道温度梯度试验研究[J].铁道建筑,2015(3):103-106.
[32] 赵坪锐,邓非凡,丁晨旭,等.基于统计分析方法的成都地区无砟轨道温度梯度预测[J].铁道建筑,2016(5):43-46.

第 5 章

季冻区高速铁路无砟轨道温度效应及其控制

无砟轨道温度效应包括温度梯度作用和整体温度作用两个方面。其中,温度梯度作用对单元无砟轨道影响最大。在其作用下,结构层产生翘曲变形,不仅导致结构层间产生脱离或脱空现象,还将在无砟轨道顶面或底面产生较大的拉应力,导致混凝土开裂,影响无砟轨道的平稳性和耐久性。整体温升、温降则是决定连续无砟轨道和无缝线路稳定性的关键因素,温升条件下无砟轨道的上拱、无缝线路的胀轨跑道,温降条件下无砟轨道接缝的拉开、无缝线路钢轨拉断,不仅影响轨道结构的正常使用,还会影响列车运行的安全性。

本章介绍了无砟轨道温度效应现场测试和仿真计算结果,探明了 CRTS Ⅰ 型和 Ⅲ 型板式无砟轨道温度翘曲变形与温度梯度线性正相关关系以及离缝伤损规律,提出了轨道板和复合板最大拉应力达到容许应力时的温度梯度临界值,揭示了单元板式无砟轨道结构间的温度位移对无缝线路钢轨受力的影响规律,提出了季冻区无砟轨道温度效应的控制措施。

5.1 无砟轨道温度效应计算方法

由于现场监测布设数量和条件的限制,需要应用仿真计算方法模拟不同环境条件下的温度场及其影响。

5.1.1 温度效应计算模型

无砟轨道温度效应计算包括整体温度下伸缩和温度梯度下翘曲 2 个方面。温度伸缩条件下无砟轨道结构的稳定取决于层间摩阻力、扣件纵向阻力及单元板式无砟轨道限位阻力;温度翘曲的影响主要是无砟轨道结构层的离缝和拉应力的出现,主要受下层结构、钢轨连续性、轨道自重及列车荷载等约束,轨道板下的约束越强,其翘曲变形受阻的情况越严重,翘曲应力越大。

温度伸缩和翘曲力的计算可采用解析方法计算。由于无砟轨道作为层状薄板结构,需要充分考虑各结构层的尺寸效应。同时,温度梯度场分布具有非线性特征,解析计算方法大量简化,在对无砟轨道精细分析方面存在明显不足。为研究无砟轨道温度效应,需要建立空间精细化模型进行计算分析。

在建立无砟轨道温度效应计算分析模型时，CRTS Ⅰ型板式无砟轨道和双块式无砟轨道可以将结构层简化为壳单元，将钢轨等效为梁单元，梁与板及结构层间采用弹簧阻尼单元进行连接，形成梁板板受力体系；也可应用实体模型进行模拟。对 CRTS Ⅲ型板式无砟轨道，由于轨道板与自密实混凝土层形成复合受力体系，而且从施工要求来说，必须进行独立设计，自密实混凝土层下部凸台与底座板凹槽(图 5-1)尺寸较大，也不可忽略。如果将上层复合板简化为一层壳单元进行设计，既不满足工程设计需求，也会带来较大的设计误差，有必要采用空间实体模型(图 5-2)。

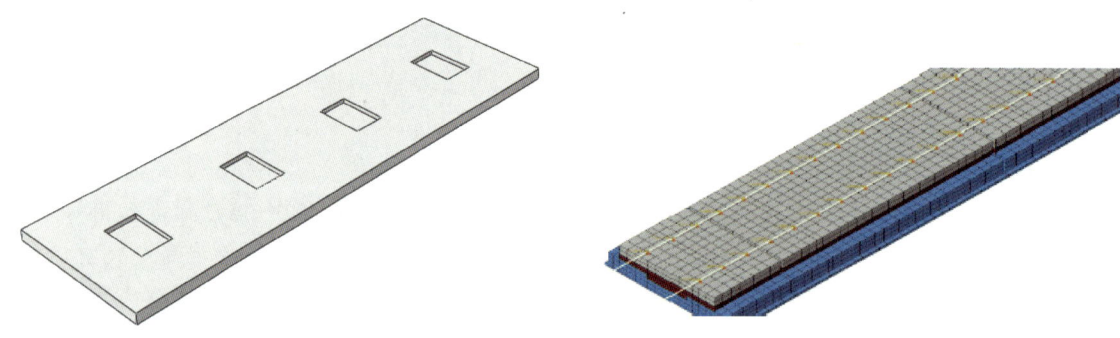

图 5-1 底座板有限元模型　　　　图 5-2 CRTS Ⅲ型板式无砟轨道有限元模型

结构层接触及黏结关系可以采用接触对模型、内聚力模型(CZM)、扩展有限元模型(XFEM)(图 5-3)及砂浆弹簧支撑杆单元进行模拟。接触对模型[1]模拟接触面之间的法向作用和切向作用，法向作用描述接触压力与间隙的关系；切向作用需要定义摩擦模型，常用的摩擦模型为库伦摩擦模型。内聚力模型[2-7]是对复合材料界面的一种简化，可以采用基于表面的内聚力行为，应用张力-位移关系定义的行为准则，模拟接触面上黏结失效而产生的裂纹萌生与扩展。扩展有限元方法[8-11]主要针对位移不连续(强不连续)问题，基于单元内分裂的思想在常规有限元位移模式中加入跳跃函数和渐进缝尖位移场函数等局部加强函数，以模拟裂缝附近加强部分的位移，使得

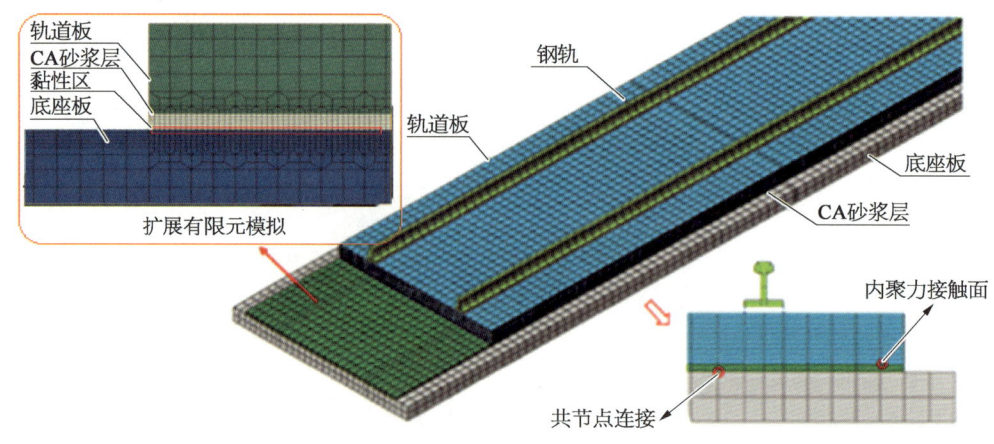

图 5-3 结构层间关系的处理

裂缝几何独立于计算网格,即不连续体(裂缝、两种不同材料间的接触面、软弱面等)与有限元网格无关,克服了常规有限元法要求裂缝面与单元边界一致、裂缝扩展以后需要重新划分网格等缺点,既方便前处理,又便于追踪不连续体的发展,可用于模拟裂缝的扩展、剪切带和不同介质的接触问题。

结构层间关系除了采用单一的模型模拟外,还可以应用耦合模型进行计算。在内聚力模型和接触对模型耦合计算时[12,13],在法线方向上,当结合面受拉时,内聚力行为发挥作用;当结合面受压时,接触法向行为发挥作用。在切线方向,若内聚力刚度没有损坏,就可以认为内聚力模型是激活的,摩擦模型是处于抑制状态的,一旦内聚力刚度开始弱化,摩擦模型就开始起作用。在内聚力模型和扩展有限元模型耦合分析时[12,13],应用内聚力模型模拟接触面上裂纹形成及发展过程,应用扩展有限元法分析裂尖位移和应力场,从而实现对层间状态的精细模拟。

无砟轨道温度传递过程可以视为瞬态传热过程。在这个过程中,无砟轨道的温度、热流率、热边界条件及系统内能随时间都有明显的变化。根据能量守恒原理,热平衡方程可表达为

$$[C(T)][\dot{T}]+[K(T)][T]=\{Q(T)\} \tag{5-1}$$

式中 $[C(T)]$——比热矩阵,考虑系统内能的增加;

$[K(T)]$——传导矩阵,包含导热系数、对流系数、辐射率和形状系数;

$[T]$——节点温度向量;

$[\dot{T}]$——温度对时间导数;

$\{Q(T)\}$——节点热流率向量,包含热生成。

因此,在无砟轨道温度效应计算时,可先计算温度场分布,再将温度荷载施加到有限元模型的节点上。

5.1.2 温度变形和应力计算方法

温度应力的计算是将无砟轨道结构离散为有限个数目的单元,构造出空间单元的位移函数,利用位移-应变方程、应力-应变方程,得到空间单元的刚度矩阵,并将空间单元的刚度矩阵组合,形成整体刚度矩阵。

在直角坐标系(x,y,z)中,对于材料各向同性的空间问题,有 15 个未知函数,包括 3 个位移分量、6 个应变分量和 6 个应力分量

$$[f]=[u \quad v \quad w]^T \tag{5-2}$$

$$[\varepsilon]=[\varepsilon_x \quad \varepsilon_y \quad \varepsilon_z \quad \gamma_{xy} \quad \gamma_{yz} \quad \gamma_{zx}]^T \tag{5-3}$$

$$[\sigma]=[\sigma_x \quad \sigma_y \quad \sigma_z \quad \tau_{xy} \quad \tau_{yz} \quad \tau_{zx}]^T \tag{5-4}$$

几何方程为

$$[\varepsilon]=\left[\frac{\partial u}{\partial x} \quad \frac{\partial v}{\partial y} \quad \frac{\partial w}{\partial z} \quad \frac{\partial u}{\partial y}+\frac{\partial v}{\partial x} \quad \frac{\partial v}{\partial z}+\frac{\partial w}{\partial y} \quad \frac{\partial w}{\partial x}+\frac{\partial u}{\partial z}\right]^T \tag{5-5}$$

平衡方程为

$$\left.\begin{aligned}\sigma_x &= \frac{E}{1+\mu}\left(\varepsilon_x + \frac{\mu}{1-2\mu}e\right)\\ \sigma_y &= \frac{E}{1+\mu}\left(\varepsilon_y + \frac{\mu}{1-2\mu}e\right)\\ \sigma_z &= \frac{E}{1+\mu}\left(\varepsilon_z + \frac{\mu}{1-2\mu}e\right)\\ \tau_{xy} &= \frac{E}{2(1+\mu)}\gamma_{xy}\\ \tau_{yz} &= \frac{E}{2(1+\mu)}\gamma_{yz}\\ \tau_{zx} &= \frac{E}{2(1+\mu)}\gamma_{zx}\\ \varepsilon &= \varepsilon_x + \varepsilon_y + \varepsilon_z\end{aligned}\right\} \quad (5-6)$$

式中 E——弹性模量；

μ——泊松比。

对于 8 节点立方体单元来说，其形函数矩阵为

$$[N] = [IN_i \quad IN_j \quad IN_m \quad IN_n \quad IN_o \quad IN_p \quad IN_k \quad IN_l] \quad (5-7)$$

式中，$[IN_i] = \begin{bmatrix} N_i & 0 & 0 \\ 0 & N_i & 0 \\ 0 & 0 & N_i \end{bmatrix}$ (i, j, m, n, o, p, k, l)。

单元体内任一点的位移可表示为

$$[f] = [N][\delta]^e \quad (5-8)$$

式中，$[\delta]^e = [\delta_i^e \quad \delta_j^e \quad \delta_m^e \quad \delta_n^e \quad \delta_o^e \quad \delta_p^e \quad \delta_k^e \quad \delta_l^e]^T$；$[\delta_i^e] = [u_i \quad v_i \quad w_i]$。

已知单元体内各点的位移后，就可以确定单元体内任一点的应变

$$[\varepsilon] = [B][\delta]^e = [B_i \quad B_j \quad B_m \quad B_n \quad B_o \quad B_p \quad B_k \quad B_l][\delta]^e \quad (5-9)$$

式中，$[B_i] = \begin{bmatrix} \dfrac{\partial N_i}{\partial x} & 0 & 0 \\ 0 & \dfrac{\partial N_i}{\partial y} & 0 \\ 0 & 0 & \dfrac{\partial N_i}{\partial z} \\ \dfrac{\partial N_i}{\partial y} & \dfrac{\partial N_i}{\partial x} & 0 \\ 0 & \dfrac{\partial N_i}{\partial z} & \dfrac{\partial N_i}{\partial y} \\ \dfrac{\partial N_i}{\partial z} & 0 & \dfrac{\partial N_i}{\partial x} \end{bmatrix}$。

在有限元中,应力列阵可表示为

$$[\sigma]=[D][\varepsilon]=[D][B][\delta]^e \tag{5-10}$$

式中 $[D]$——弹性矩阵。

在单元内温度变化而引起的应变中,只有线应变而没有剪切应变,应变列阵为

$$[\varepsilon]=\alpha\Delta T[1\ \ 1\ \ 1\ \ 0\ \ 0\ \ 0]^T \tag{5-11}$$

式中 ΔT——单元内节点上的温差。

单纯计算温度应力,不考虑其他荷载作用时,对于单元 e,利用虚功原理,可得到刚度矩阵

$$[k]^e=\iiint [B]^T[D][B]\mathrm{d}x\mathrm{d}y\mathrm{d}z \tag{5-12}$$

因温度改变引起的单元节点等效荷载可以表示为

$$[F]^e=[B]^T[D]\alpha T[1\ \ 1\ \ 1\ \ 0\ \ 0\ \ 0]^T\iiint \mathrm{d}x\mathrm{d}y\mathrm{d}z \tag{5-13}$$

在求出等效节点荷载后,按通常求解应力方法解得由于温度变化引起的节点位移,然后由 δ 根据式(5-10)求得热应力 σ。

5.2 CRTS Ⅰ型板式无砟轨道温度效应

在严寒季冻区正温度梯度和负温度梯度显著大于其他温度区域的条件下,CRTS Ⅰ型板式无砟轨道作为单元结构,轨道板翘曲变形将更为严重,同时整体升温、降温幅度大,单元间的相对位移则是影响无缝线路状态的重要因素。

5.2.1 轨道板翘曲变形

轨道板作为薄板结构,其温度翘曲变形的结果之一便是产生板与 CA 砂浆层接触的不密贴,引起板下离缝。离缝一旦产生,在列车动荷载循环作用下,不仅产生轨道动态不平顺,还会导致轨道的伤损和破坏。

1. 现场监测结果及分析

选择严寒地区的哈齐高速铁路大庆监测点监测结果进行分析。以板中和板端垂向位移差值作为轨道板翘曲量,并设数据采集初期轨道板板顶与板底温度相等时轨道板翘曲量为0,轨道板翘曲量年变化曲线如图 5-4 所示。由于冬季温度梯度日变化幅度较小,轨道板出现的翘曲量也比较小;其他季节,特别是夏季,温度梯度日变化幅度较大,轨道板的翘曲量变化随之增大。同时,正负温度梯度每日循环变化,夏季轨道板翘曲量的正负极值明显高于冬季。

每日轨道板翘曲量最大值与最小值之差反映了轨道板在一天温度梯度循环作用下翘曲变形的剧烈程度,翘曲量的日变化峰值如图 5-5 所示。夏季翘曲量的日变化量明显大于其他季节;冬季翘曲量日变化量最小。监测得到的轨道板翘曲量变化量最大值,夏季为 1.38 mm,冬季通常在 0.5 mm 以内。

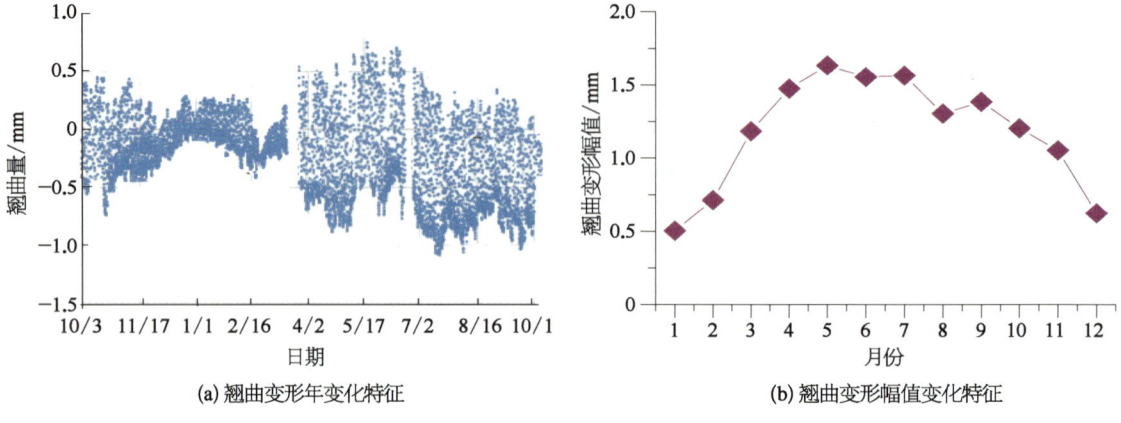

(a) 翘曲变形年变化特征　　(b) 翘曲变形幅值变化特征

图 5-4　全年轨道板翘曲量变化

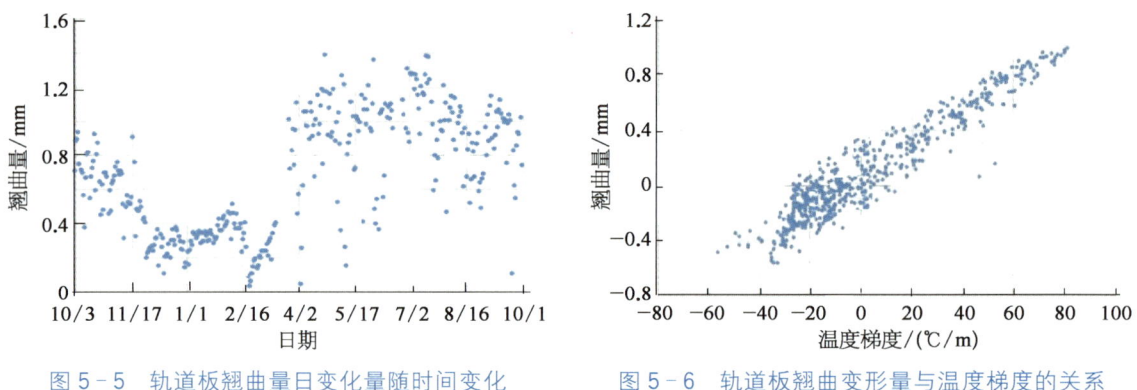

图 5-5　轨道板翘曲量日变化量随时间变化　　图 5-6　轨道板翘曲变形量与温度梯度的关系

夏季轨道板翘曲变形量与温度梯度的关系如图 5-6 所示，由于轨道板具有较大的刚度，其翘曲变形主要是弹性变形，轨道板翘曲变形量与温度梯度之间有较强的线性关系

$$u_v = 0.014 T_g - 0.035, \quad R^2 = 0.98 \tag{5-14}$$

式中　u_v——翘曲变形量或离缝量；

T_g——温度梯度。

由式(5-14)可以推算出，在最大正温度梯度 95℃/m 作用下，轨道板翘曲变形量可达 1.29 mm；在最大负温度梯度 −50℃/m 作用下，轨道板翘曲变形量为 0.73 mm。

2. 计算结果及分析

无砟轨道温度变化以夏季波动性最为剧烈，从而形成最大的日温差和温度梯度，引发无砟轨道的伸缩和翘曲，而无砟轨道的这种温度效应实际上是相互叠加出现的，在伸缩的同时，还会有翘曲。

如图 5-7 所示，选择 2014 年 7 月实测无砟轨道表面温度变化曲线作为模型热传导的边界条件，应用建立的仿真计算模型，经过循环温度荷载计算，得到无砟轨道整月温度场分布曲线。温度变化幅度和速率从轨道板表面到底座板底面随深度增加而减小，各层温度最大值出现的时刻随深度增加而滞后。阴雨天气，轨道结构内部温度分布规律与夜间降温时基本一致，为外冷内热状态，相对于晴天，轨道板温度减小的幅度较大，底座板处温度几乎不变，结果与监测结果基本一致。

第 5 章 季冻区高速铁路无砟轨道温度效应及其控制

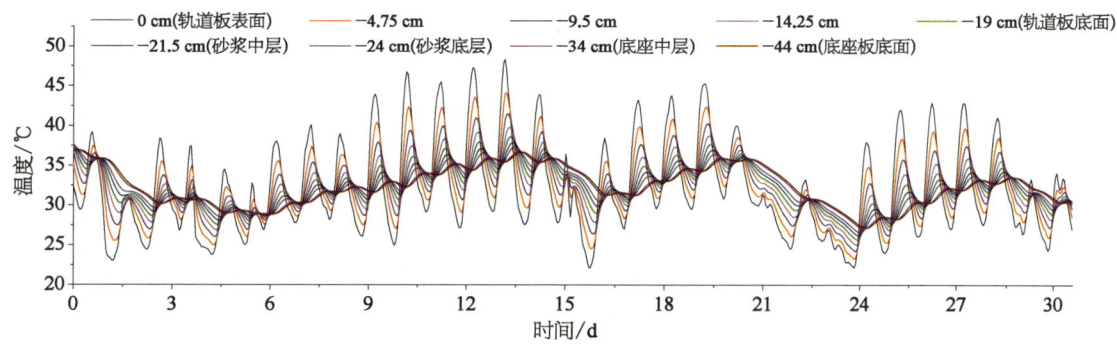

图 5-7 轨道中心垂向温度变化曲线

采用模拟得到的无砟轨道温度变化曲线,计算得到轨道板中部顶面、底面和板边顶面垂向位移时程曲线如图 5-8 所示,轨道板顶面与底面垂向位移变化趋势一致,位移的极值出现时刻不存在滞后性,变形协调一致。板边位移与板中位移变化趋势相反,升温时板中垂向相对位移大于板边和板角,因此出现板中上拱现象;降温时板中垂向位移减小,板边位移增加,板角位移增加尤其明显,因此出现板角翘曲现象。轨道板顶面与底面位移变化规律一致,板角与板边位移变化规律一致。

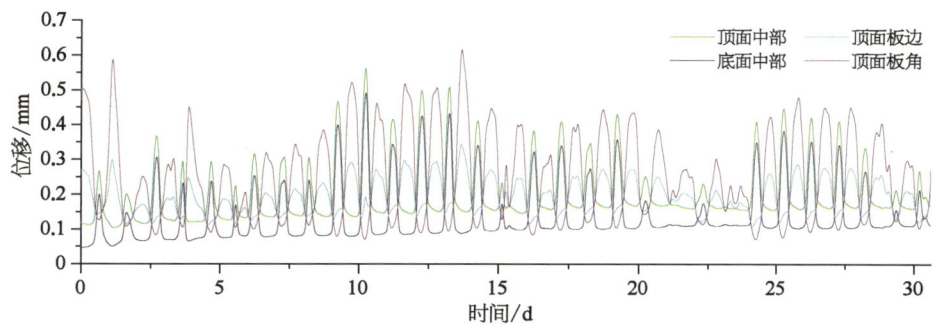

图 5-8 轨道板垂向位移时程曲线

轨道板垂向位移的变化是温度梯度作用的结果。升温时,轨道板中部出现上拱,与砂浆层产生一定的脱空,形成离缝,如图 5-9(a)所示,离缝随温度升高而增加,当温度达到最大值时,离缝达到最大值;温度下降后,轨道板底面与 CA 砂浆层处于接触状态,且持续很长一段时间,正常天气条件下,持续 10 h 左右。降温时,板角向上翘曲,与砂浆层产生一定脱空,如图 5-9(b)所示,离缝随温度减小而增加,温度减小到最小值时,离缝达到最大值;温度回升后离缝减小,板角与 CA 砂浆层表面恢复到接触状态,且持续一段时间。正常天气条件下,持续 5 h 左右,是板中的一半,板角翘曲状态的脱空持续时间长,容易产生损伤和病害。

轨道板垂向位移时程曲线揭示了在温度梯度日变化下,轨道板翘曲变形的变化所带来的板下离缝的日变化。这种交替变化过程将引起轨道板产生离缝,由于轨道板板角处脱空持续时间长,现场发现轨道板的离缝主要出现在板角区域。严寒季冻区的最大温度梯度可达到 95℃/m 和 −50℃/m,如图 5-10 所示,在最大正温度梯度为 95℃/m 时,轨道板中部上拱 0.84 mm,相对于板角的拱起量为 1.5 mm;在负温度梯度 −50℃/m 作用下,轨道板 4 个角的最大翘曲量为 0.62 mm,板

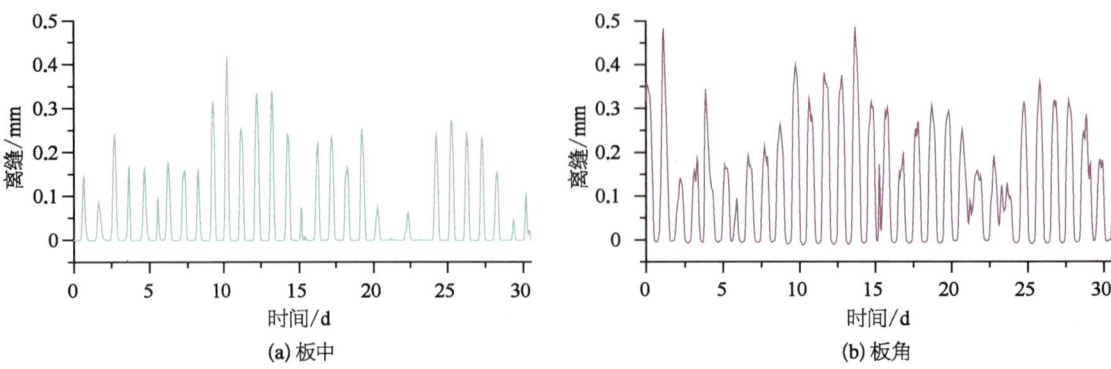

图 5-9 轨道板与砂浆层离缝值变化曲线

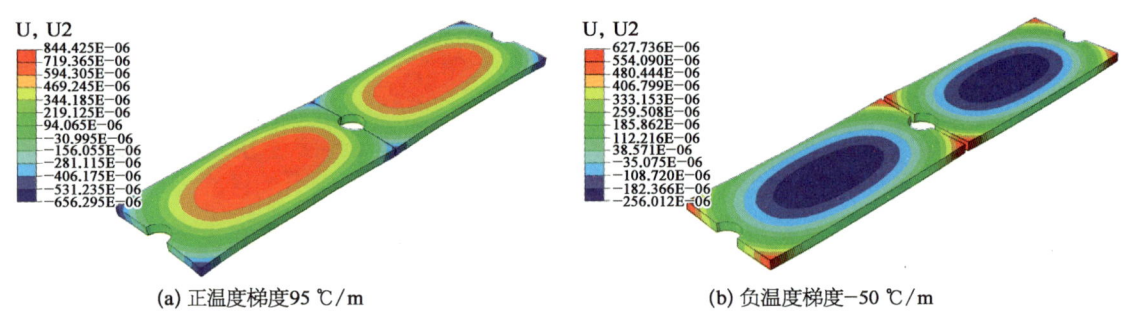

图 5-10 温度梯度作用下结构层垂向位移云图

角相对于板中的翘起量为 0.88 mm,与实测结果接近。在最大正、负温度梯度交替作用下,轨道板中部翘曲变形幅值为 1.10 mm,板角翘曲变形幅值为 1.28 mm。

轨道板产生翘曲变形形成离缝与温度梯度的关系如图 5-11 和图 5-12 所示。板中离缝量随正温度梯度的增加而增大,板角离缝量随负温度梯度的增大而减小,离缝量与温度梯度呈线性关系

$$u_v = -0.006 T_g + 0.066, \quad R^2 = 0.73, \quad T_g \leqslant 0$$
$$u_v = 0.004 T_g - 0.024, \quad R^2 = 0.85, \quad T_g \geqslant 0$$
(5-15)

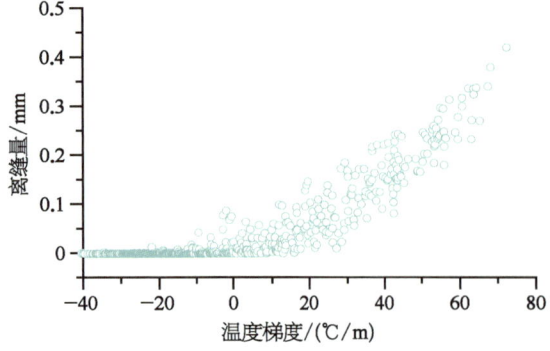

图 5-11 板中脱空位移与温度梯度关系曲线

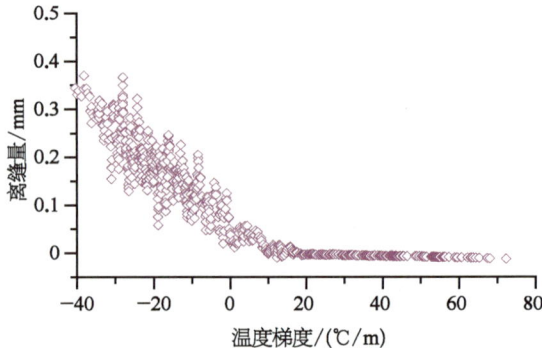

图 5-12 板角脱空位移与温度梯度关系曲线

根据计算结果,在温度梯度为 15℃/m 左右时,板中及板角垂向脱空位移接近于 0,即在温度梯度 15℃/m 以下时,板中离缝量很小;在温度梯度 15℃/m 以上时,板角离缝量很小。轨道板在负温度梯度作用下其离缝量曲线的斜率大于正温度梯度作用下的曲线,板角翘起离缝问题对轨道板来说比较突出,特别是 CA 砂浆采用袋装灌注,轨道板与 CA 砂浆袋之间垂向约束很小,板端和板角基本处于自由状态,容易引起翘曲,导致轨道板与砂浆层不密贴,对轨道动态不平顺产生影响,在列车荷载循环作用下,砂浆层容易产生剥离、掉块,如图 5-13(a)所示,影响轨道平顺性和稳定性。轨道板在正温度梯度下中部的离缝,产生的主要问题是雨水浸入到轨道板下以后,在列车荷载高频重复作用下,CA 砂浆层出现泛浆现象,如图 5-13(b)所示。长期泛浆将引起轨道板支承状态恶化,影响轨道板和砂浆层的耐久性。

(a) 板角CA砂浆伤损　　　　　　(b) 板中CA砂浆层间泛浆

图 5-13　CA 砂浆层伤损

5.2.2　轨道板翘曲应力

温度作用作为内力作用,在结构中形成的是约束应力。轨道板在正温度梯度作用下,形成中部上拱的变形形态,由于顶面温度高、底面温度低,顶面纤维产生膨胀变形,在下部纤维收缩约束下产生压应力;底面纤维产生收缩变形,但上部纤维膨胀伸长,导致底面纤维产生拉应力。负温度梯度的作用正相反,由于顶面温度低、地面温度高,轨道板会出现顶面受拉、底面受压的现象。

1. 现场监测结果及分析

在轨道板中线上设置 2 个应变监测点,分别设置在板端(编号 3-1)和中部(编号 3-2),监测结果如图 5-14 所示,轨道板顶面应变包含了整体温度和温度梯度的共同作用。由于板端处于可伸缩状态,监测应变值总体平稳,但是,由于凸形挡台的约束作用,夏季轨道板伸长时,凸形挡台对板端提供挤压作用,板端产生的是压应变;冬季轨道板收缩时,凸形挡台周围树脂与板端的黏结作用使板端处于受拉状态,产生的是拉应变。轨道板中部基本处于强约束状态,夏季轨道板伸长,中部产生拉应变;冬季轨道板收缩时,中部处于受压状态,产生压应变。

以图 5-14 所示应变时程曲线为基础,并假设轨道板受到约束时的温度为 20℃,得到轨道板顶面应变与温度差的关系如图 5-15 所示,板端最大拉应变为 193 $\mu\varepsilon$,最大压应变为 124 $\mu\varepsilon$;板中部最

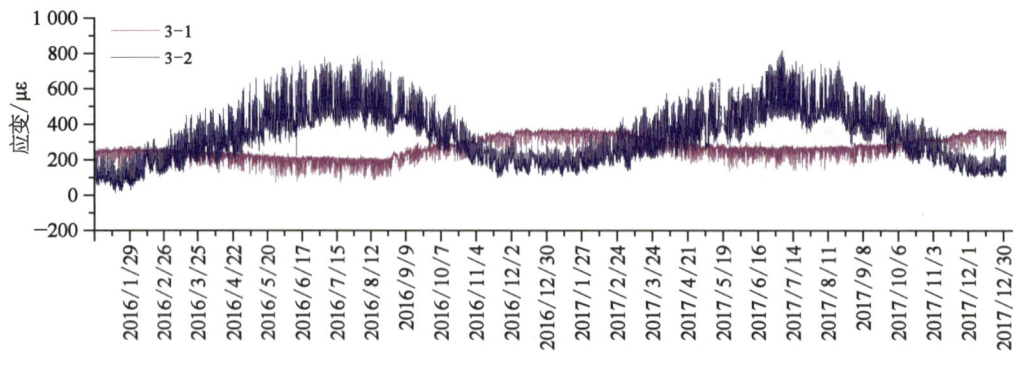

图 5-14 轨道板顶面应变年变化曲线

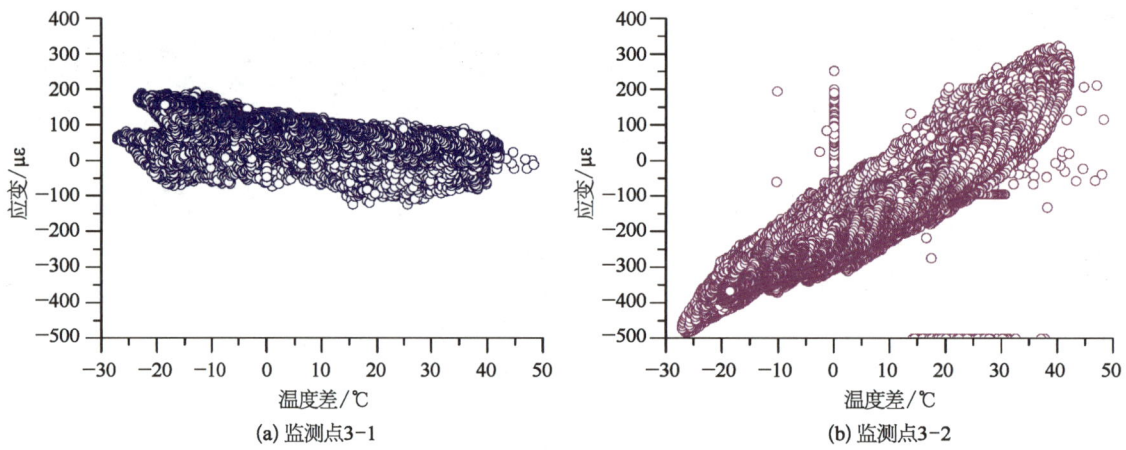

(a) 监测点3-1

(b) 监测点3-2

图 5-15 轨道板顶面应变与温度差的关系曲线

大拉应变为 324 $\mu\varepsilon$,最大压应变为 500 $\mu\varepsilon$。由于板端受凸形挡台填充树脂抵抗力的作用呈非线性,导致板端应变与温度差的关系也呈非线性;而中部约束条件比较强,顶面应变与温度差呈线性关系

$$\varepsilon = 8.62\Delta T - 206.9, \quad R^2 = 0.85 \tag{5-16}$$

式中　ε——轨道板断面应变;

　　　ΔT——轨道板整体温度差。

2. 计算结果及分析

在最大正温度梯度作用下,如图 5-16(a)所示,轨道板中部顶面最大压应力为 2.43 MPa,底面拉应力为 2.29 MPa。在负温度梯度作用下,如图 5-16(b)所示,轨道板板端翘起,特别是 4 个角翘起量最大,轨道板顶面基本处于受拉状态,中部拉应力最大为 1.32 MPa。

轨道板的纵横向拉压应力分布特征如图 5-17 所示,不管是正温度梯度作用下轨道板中部的上拱变形,还是负温度梯度作用下板角的上翘变形,均受到自重和 CA 砂浆层的约束,从而产生较大翘曲应力。纵横向拉压应力在轨道板中心纵向延伸约 3 m、横向延伸约 1.5 m 区域内最大。其中正温度梯度下纵向拉应力极值、负温度梯度作用下纵向压应力极值均出现在距离板端约 1 m 区域附近,其他拉压应力极值分别出现在板底、板顶中心位置。板角沿纵向 1 m、横向 0.5 m 附近区域会

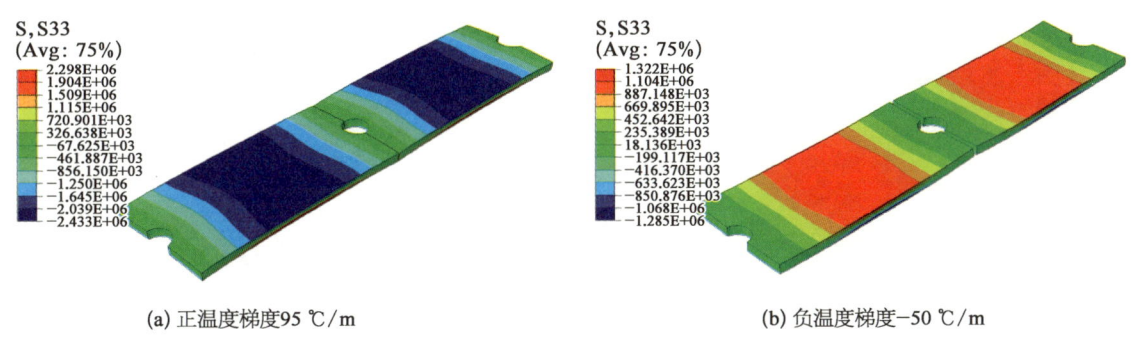

(a) 正温度梯度95 ℃/m   (b) 负温度梯度-50 ℃/m

图 5-16　温度梯度作用下结构层纵向应力云图

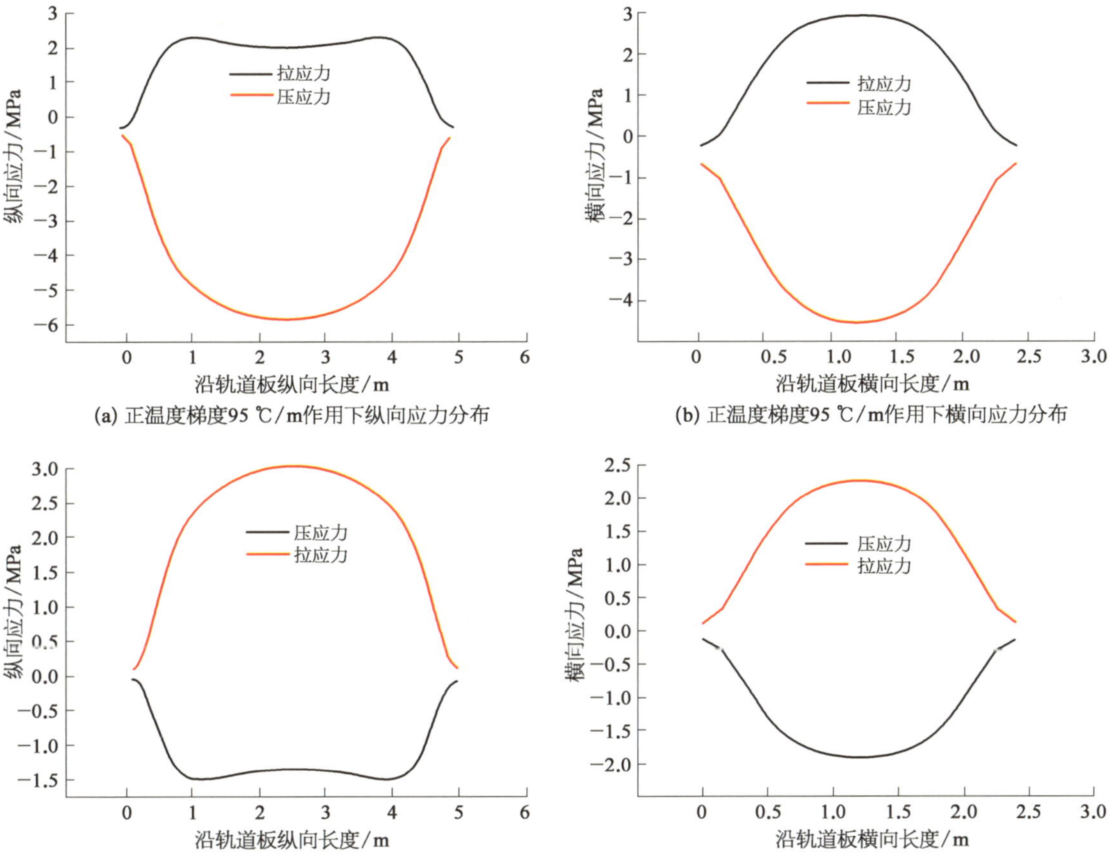

(a) 正温度梯度95 ℃/m作用下纵向应力分布   (b) 正温度梯度95 ℃/m作用下横向应力分布

(c) 负温度梯度-50 ℃/m作用下纵向应力分布   (d) 负温度梯度-50 ℃/m作用下横向应力分布

图 5-17　温度梯度作用下轨道板纵横向拉压应力分布特征

发生较大应力突变。

轨道板最大拉应力与温度梯度的关系如图 5-18 所示，两者之间呈分段线性关系

$$\sigma_s = -0.026 T_g + 0.019,\ R^2 = 1.0,\ T_g \leqslant 0$$
$$\sigma_s = 0.025 T_g + 0.028,\ R^2 = 0.99,\ T_g \geqslant 0$$

(5-17)

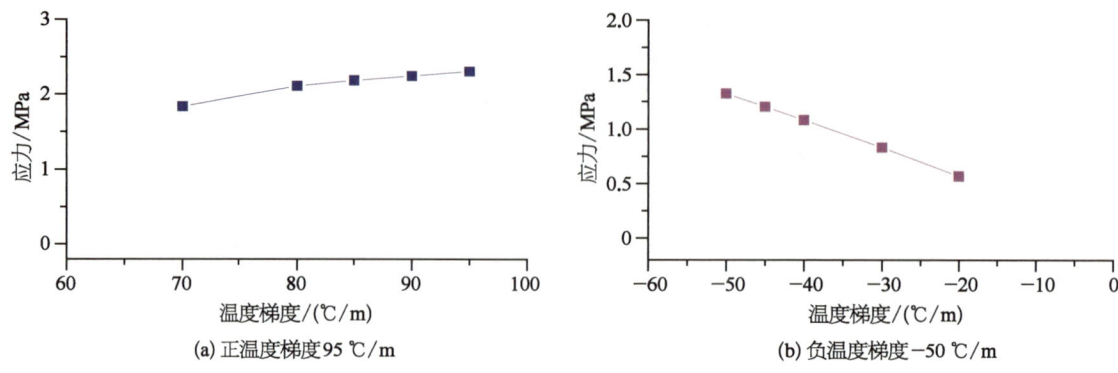

图 5-18 轨道板最大拉应力随温度梯度的变化

在正温度梯度为 68℃/m 和负温度梯度为 -78℃/m 条件下,轨道板最大拉应力将会出现超过容许应力问题。因此,在严寒地区最大正温度梯度可达 95℃/m 情况下,容易出现轨道板底面拉应力超过容许应力的现象,而最大负温度梯度达到 -50℃/m 时还不能引起轨道板顶面拉应力超过容许应力的情况。

正温度梯度作用下轨道板底面出现拉应力区,而列车荷载作用也会在轨道板底面产生拉应力区,两者叠加将使轨道板底面拉应力值更大。如图 5-19 所示,当 CR400AF 动车组以 300 km/h 通过轨道板中部时,与最大正温度梯度共同作用,轨道板底纵横向拉应力相比于最大温度梯度荷载单独作用分别增加 69.2% 和 32.6%,均超过了轨道板拉应力限值,增加了轨道板底部产生裂缝的风险。现场调查结果表明,从轨道板侧面的裂缝分布特征(图 5-20)可以看出,除轨道板中部有裂缝延伸到中性层以上外,总体上混凝土裂缝发生在轨道板的底部,而且只有个别裂缝与预应力钢

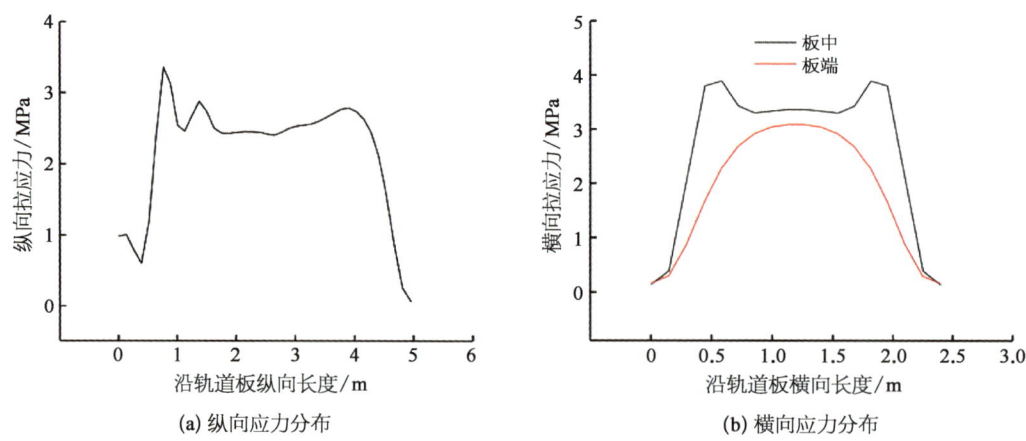

图 5-19 列车荷载与最大正温度梯度共同作用下轨道板底面拉应力分布

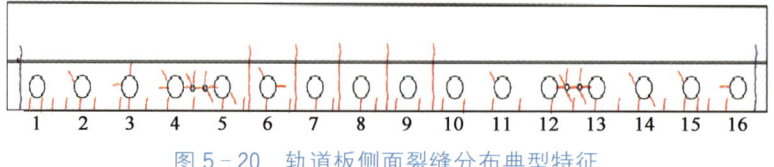

图 5-20 轨道板侧面裂缝分布典型特征

筋锚孔(图中圆圈)有关,表明裂缝主要是拉应力作用的结果。

5.2.3 钢轨温度效应

无缝线路的核心技术是连续焊接长钢轨与轨下基础构成的轨排在温度变化条件下的稳定性保持技术,实质上就是无缝线路钢轨温度效应控制技术。无砟轨道无缝线路的温度效应与有砟轨道的差异性主要在于无砟轨道自身温度效应不容忽视,从而形成了钢轨-无砟轨道相互作用体系。CRTS Ⅰ型板式无砟轨道作为单元式结构,形成了轨下基础周期性变化特征,这种周期性变化对钢轨的作用是无砟轨道无缝线路稳定性研究的重点。

1. 现场测试结果及分析

选择严寒地区的哈齐高速铁路大庆监测点监测结果进行分析。监测断面布设如图 5-21 所示,传感器编号自上而下为钢轨应变($2-n$)、轨道板间位移($5-n$)、轨道板与底座板间位移($6-n$)、钢轨与轨道板相对位移($4-n$)、底座板间位移($8-n$)。传感器在 2015 年冬季安装,初始温度为 $-15℃$ 左右,无砟轨道整体温度与初始温度之差冬季最小、夏季最大。

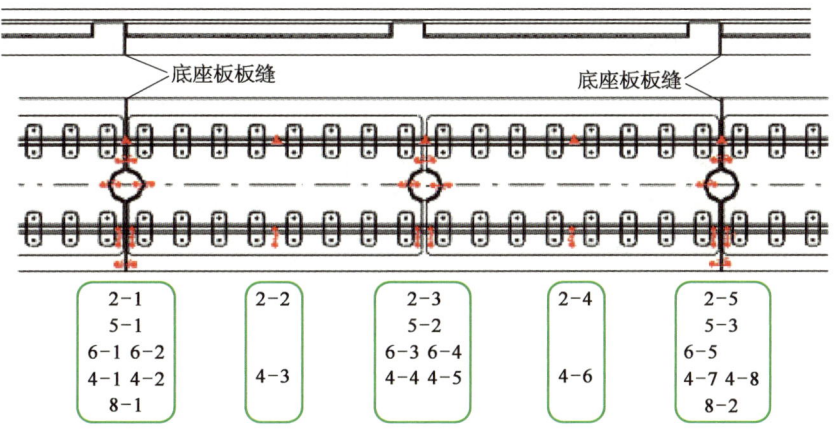

图 5-21 路基上监测点布置

1) 底座板间位移

无砟轨道的伸缩变形研究实际上需要建立类似于无缝线路的锁定温度和温度差的概念。对于底座板来说,在其浇筑完成、铺设轨道板之前,只有与路基表面的摩阻力约束其温度变形,板端的温度应力处于放散过程之中。当轨道板铺设、CA 砂浆层硬化后,底座板与轨道板通过 CA 砂浆层形成弱连接或强连接的层状结构,并通过设在底座板上的凸形挡台及填充树脂形成纵向限位的结构,底座板的温度变形才受到约束。如图 5-22 所示,底座板间位移经时曲线为典型的余弦曲线,冬季时由于温度差很小,底座板间位移也很小;冬季以后,随着温度差的增大,底座板间位移也随之增加;到夏季温度差达到最大时,底座板间位移也达到最大值 7.1 mm。说明底座板间位移的经时变化实质上是一个温度变化过程,将经时曲线转换为温度变化曲线,如图 5-23 所示,底座板间位移与温度差之间呈现很好的线性关系

$$\Delta L = 0.147 \Delta T + 0.616, R^2 = 0.87 \tag{5-18}$$

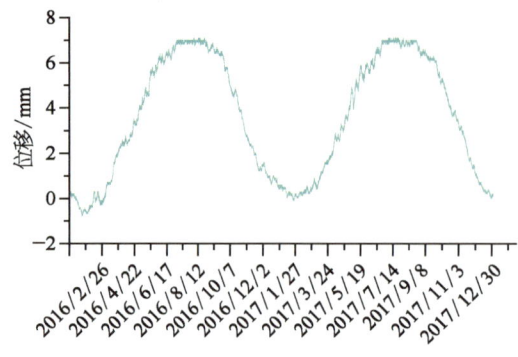

图 5-22 路基上底座板间位移年变化曲线   图 5-23 路基上底座板间位移随温度的变化

2) 轨道板间位移

轨道板之间相对位移主要受轨道板自身伸缩变形和底座板伸缩变形的影响,选择底座板端部的监测点 5-1 和底座板中部的监测点 5-2 监测结果进行对比分析,监测得到的 2 年时间里相对位移变化曲线如图 5-24 所示。监测点 5-1 监测的是轨道板和底座板共同的伸缩变形,如果底座板和轨道板通过 CA 砂浆形成强连接,则轨道板和底座板结合的截面积比较大,产生的温度力增大,超过抵抗温度变形的底座板下摩阻力和凸形挡台周围填充树脂的阻力,引起的温度变形较大;如果底座板和其上的 CA 砂浆层产生离缝,抵抗温度变形的主要是其顶面和底面的层间摩阻力,由于底座板长度是轨道板的 2 倍,可变形长度较大,产生的伸缩变形也较大。与图 5-22 相比,轨道板间位移变化规律与底座板间位移变化规律一致,量值上的差异是轨道板自身温度变形所致。监测点 5-2 监测的是轨道板自身的伸缩变形,其可变形长度和截面积相比于底座板均比较小,产生的温度力与钢轨扣件纵向阻力、轨道板下摩阻力和凸形挡台阻力的抵抗作用基本处于平衡状态,因此,轨道板间位移很小。

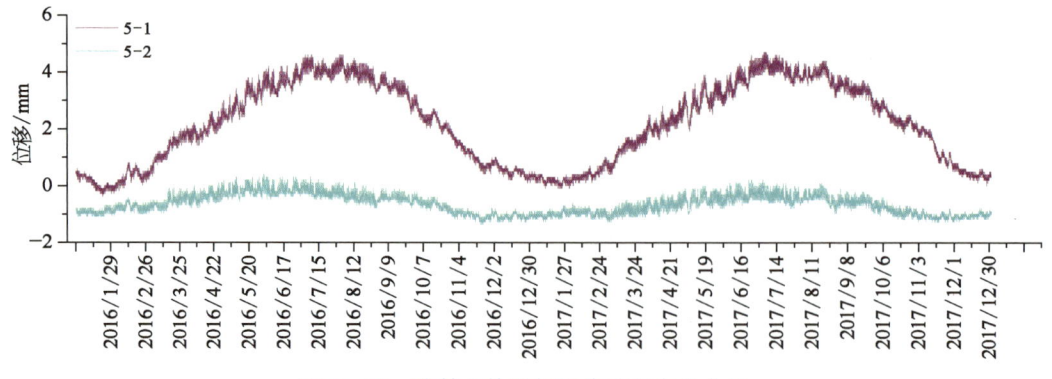

图 5-24 路基上轨道板间位移年变化曲线

将图 5-24 的经时曲线转换为如图 5-25 所示的随温度变化曲线,可以更直观地看出板间位移随温度的线性变化关系,回归公式为

$$\Delta L = 0.083\Delta T + 0.488, \ R^2 = 0.95 \text{(监测点 5-1)}$$
$$\Delta L = 0.018\Delta T - 1.014, \ R^2 = 0.75 \text{(监测点 5-2)}$$

(5-19)

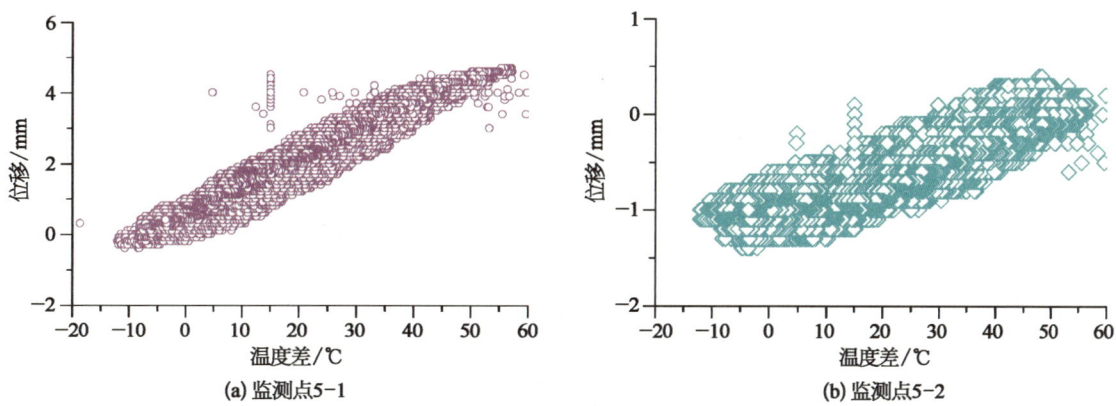

图 5-25 路基上轨道板间位移随温度的变化

监测点 5-1 的相对位移主要取决于底座板的温度伸缩变形,由于底座板材料均质性和温度分布的均匀性,其温度力比较均匀;底座板的摩阻力取决于其可变形的范围,在其可移动情况下,摩阻系数是恒定的,因此,相对位移和温度之间具有良好的线性关系。而监测点 5-2 反映的是轨道板自身的温度伸缩变形,由于扣件阻力和凸形挡台周围填充树脂阻力的非线性分布,影响了监测点 5-2 相对位移和温度差之间的线性关系。

3) 轨道板与底座板间位移

路基上轨道板与底座板间的相对位移如图 5-26 所示,监测点 6-1 和 6-2 在底座板板端,监测点 6-3 在底座板中部,其中监测点 6-1 和凸形挡台在同一块底座板上,监测点 6-2 在凸形挡台另一侧的底座板上,监测轨道板与凸形挡台的位移实际上包含了两块底座板间的位移。如果假设底座板中部不产生温度变形,监测点 6-3 监测的是轨道板板端的伸缩变形;监测点 6-1 和凸形挡台在同一块底座板上,由于底座板的伸缩变形大于轨道板伸缩变形,如果填充树脂不失效,底座板总是带动轨道板变形,两者之间的相对位移主要是填充树脂的变形;监测点 6-2 的位移包含了底座板间的位移,如果将其去除,得到轨道板相对于其下底座板的位移为 D6-2,其量值和监测点 6-1 相当。

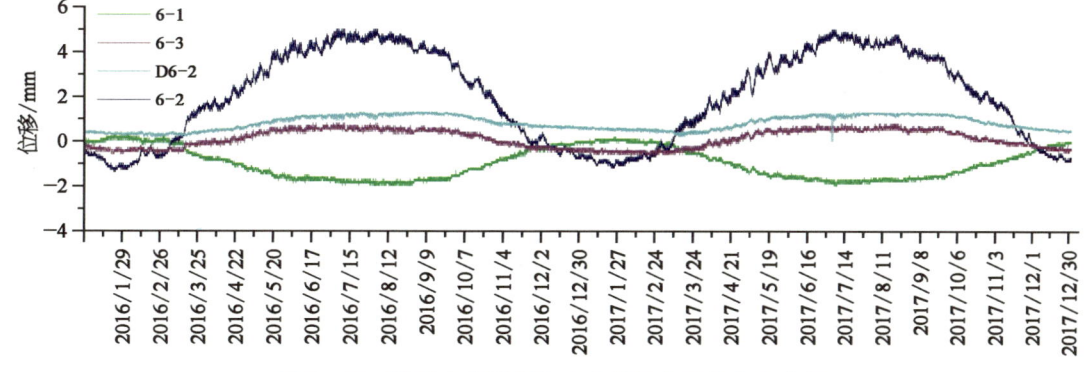

图 5-26 路基上轨道板与底座板间位移年变化曲线

监测点 6-2 和 6-3 监测的轨道板与底座板相对位移随着温度的增加而减小,如图 5-27(b)、(c)所示,和图 5-25 规律一致。监测点 6-1 得到的位移方向则相反,随着温度的增加而增大,即

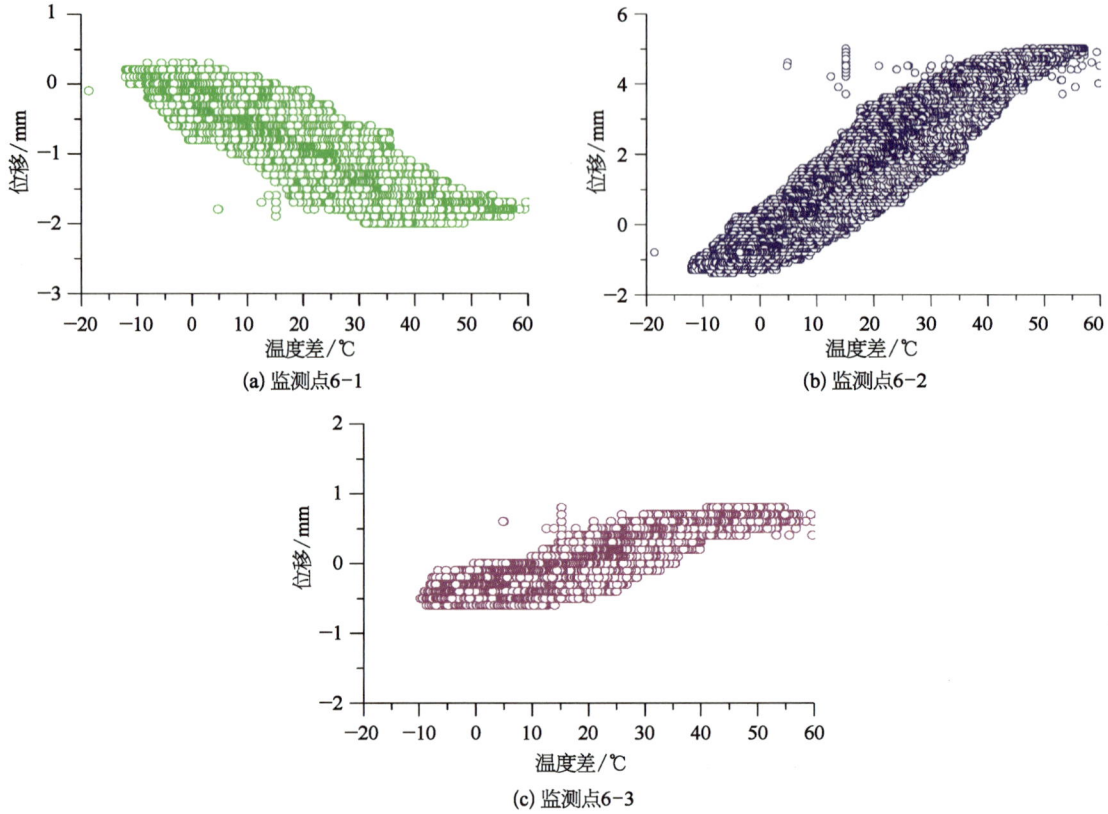

图 5-27　路基上轨道板与底座板间位移随温度的变化

温度升高时,底座板的伸长变形比轨道板的伸长变形更大,凸形挡台周围的填充树脂承受拉伸作用;当温度下降时,轨道板收缩变形小于底座板收缩变形,凸形挡台周围的树脂处于压缩状态,提供的阻力大于其处于受拉状态,所以,在低温时轨道板与底座板之间的相对位移趋近于零。

路基上轨道板与底座板间相对位移和温度差呈线性相关关系,回归公式为

$$\Delta L = -0.038\Delta T - 0.197, \ R^2 = 0.85 (监测点 6\text{-}1)$$
$$\Delta L = 0.116\Delta T - 0.368, \ R^2 = 0.92 (监测点 6\text{-}2) \quad (5\text{-}20)$$
$$\Delta L = 0.022\Delta T - 0.361, \ R^2 = 0.84 (监测点 6\text{-}3)$$

由式(5-19)和式(5-18),监测点 5-1 的数据中扣除底座板位移后得到轨道板对于底座板的位移为

$$\Delta L = 0.032\Delta T + 0.064 \quad (5\text{-}21)$$

由式(5-20),监测点 6-2 的数据中扣除底座板位移后得到的 D6-2 位移为

$$\Delta L = 0.031\Delta T + 0.984 \quad (5\text{-}22)$$

从式(5-20)中监测点 6-1 回归公式与式(5-21)和式(5-22)相对照,轨道板相对于底座板的位移可以相互推导得出。因为轨道板、底座板之间的相互关系比较明显,这种相互可推导性证明

了监测数据的可靠性。

路基上无砟轨道的温度变形主要受长度较大的底座板影响,在满足与路基变形适应性的前提下,适当减小底座板长度有利于无砟轨道温度变形的控制。同时,路基上无砟轨道温度变形与温度差之间呈现出良好的线性关系,选择 CA 砂浆层硬化和底座板板缝嵌缝材料及凸形挡台周围填充树脂固化时合理的温度,将无砟轨道温度差控制在较小的范围内,是控制温度变形的有效途径。

4) 钢轨与轨道板间位移

选择 4 个监测点的结果进行分析,其中监测点 4-1 位于底座板中部,监测点 4-2 位于轨道板中部,监测点 4-3 位于带有凸形挡台底座板板端,监测点 4-4 位于凸形挡台相邻底座板板端。

监测结果如图 5-28 所示。作为跨区间无缝线路,监测点位于其固定区,钢轨的温度变形可以忽略,那么钢轨与轨道板的相对位移主要是轨道板的位移。路基上一块底座板上有 2 块轨道板,底座板中部一般保持稳定,监测点 4-1 的相对位移主要是轨道板自身的温度变形,由于监测点在冬季设置,在 2 年监测时间里,冬季轨道板的收缩位移均很小,夏季时相对位移不超过 1 mm。而轨道板的中部一般也保持稳定,如果轨道板与底座板跟随变形比较好,轨道板中部的位移主要是跟随底座板的伸缩位移,可以看到监测点 4-2 处于靠近底座板板端较近的位置,监测的相对位移要大于监测点 4-1,最大相对位移夏季为 1.5 mm,冬季则位移很小。监测点 4-3 和 4-4 监测的主要是底座板板端的位移,冬季监测相对位移值很小,夏季最大相对位移为 3 mm,而底座板间最大位移监测值为 7.1 mm,按对称考虑,底座板板端最大位移为 3.5 mm,与监测点 4-3 和 4-4 最大相对位移量相近。

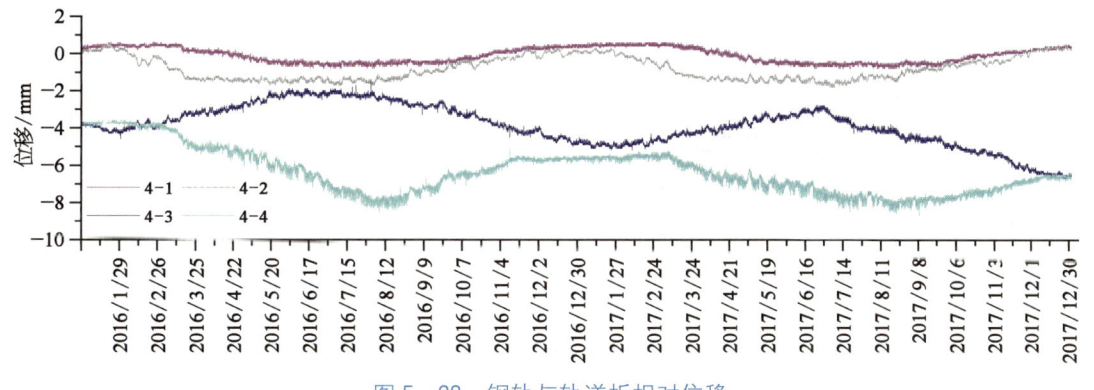

图 5-28 钢轨与轨道板相对位移

5) 钢轨应变

无砟轨道钢轨应变包括钢轨温度应变和无砟轨道温度变形引起的钢轨应变 2 个部分。钢轨温度应变属于约束内应力范畴,无砟轨道变形导致的钢轨应变则属于外力作用下的钢轨拉伸或压缩应力。假设在监测区域内钢轨锁定轨温相同,那么这个区域内钢轨温度应变是相同的,其差异主要是无砟轨道温度变形引起的钢轨应变。选择 3 个监测点进行分析,其中监测点 2-1 设置在底座板板端,监测点 2-2 设置在轨道板中部,监测点 2-3 设置在底座板中部。监测结果如图 5-29 所示,由于底座板板端位移最大,监测点 2-1 的钢轨应变随着底座板的伸缩产生剧烈变化,冬季底座板和轨道板收缩变形时钢轨出现拉应变,夏季底座板和轨道板伸长变形时钢轨出现压应变,由于传感器在冬季安装，夏季温差远大于冬季，夏季钢轨最大压应变达到 824 $\mu\varepsilon$，冬季拉应变为 132 $\mu\varepsilon$。监测点 2-2 的轨道板既要跟随底座板板端变形，又要承受靠近底座板中部的轨道板板端伸缩作用，夏季钢轨承受拉应变，冬季钢轨承受压应变，由于轨道板跟随底座板变形的不确定性，钢轨应变范围为 $-75\sim185~\mu\varepsilon$。监测点 2-3 钢轨受无砟轨道温度变形的作用比较复杂，一方面是轨道板板端伸缩导致的钢轨应变变化，夏季钢轨承受的是其作用的压应力，冬季钢轨承受的则是其作用的拉应力；另一方面是底座板中部本身在夏季时可能会受到两端伸长作用，导致钢轨承受拉应力，冬季两端收缩导致钢轨承受压应力，主要是轨道板温度变形与底座板温度变形作用的关系，监测到的钢轨应变范围为 $-525\sim-233~\mu\varepsilon$。

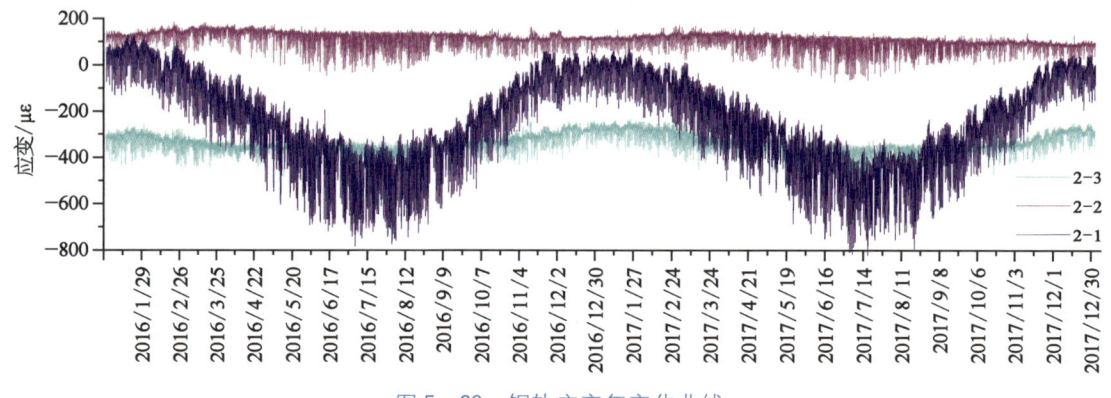

图 5-29　钢轨应变年变化曲线

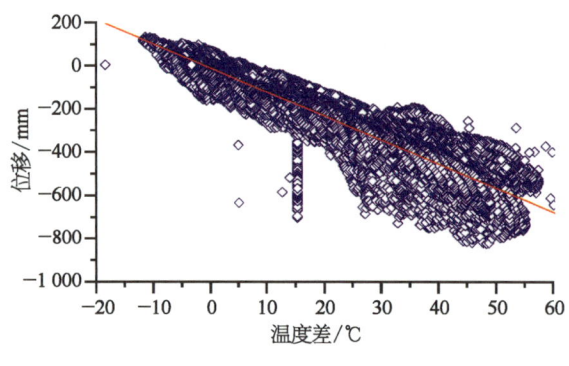

图 5-30　钢轨应变与温差的关系

与底座板温度变形和温差关系一样，如图 5-30 所示，监测点 2-1 处钢轨应变与温差之间呈线性关系，回归公式为

$$\varepsilon = -11.11\Delta T - 14.30, \quad R^2 = 0.88 \tag{5-23}$$

可以推算出温差达到 $-60\,^{\circ}\!\mathrm{C}$ 时钢轨拉应变为 652 $\mu\varepsilon$。将实测和推算的钢轨应变转换为应力，则钢轨在底座板板缝处承受的压应力为 173 MPa、拉应力为 137 MPa。

2. 计算结果及分析

现场监测结果表明，路基上底座板的温度伸缩对无砟轨道受力和无缝线路钢轨受力均具有主导作用，底座板间的位移和钢轨应变变化最大，从理论上来说，在温度作用下无砟轨道结构要发生伸缩现象，但底座板和轨道板中部应保持不动，板端随温度变化而伸缩，无砟轨道体系才能处于稳定状态。由于板端的伸缩，从而使板缝上钢轨承受拉压应变。如图 5-31 所示，在升温情况下，底座板板缝和轨道板板缝均承受压应力，由于轨道板长度有限，在两端伸长情况下，中部钢轨处于受拉状态，钢轨出现拉应力；降温情况下钢轨承受的应力与升温情况相反，在无砟轨道结构伸缩条件下，底座板板缝和轨道板板缝上方的钢轨产生拉应力，轨道板中部则出现压应力。

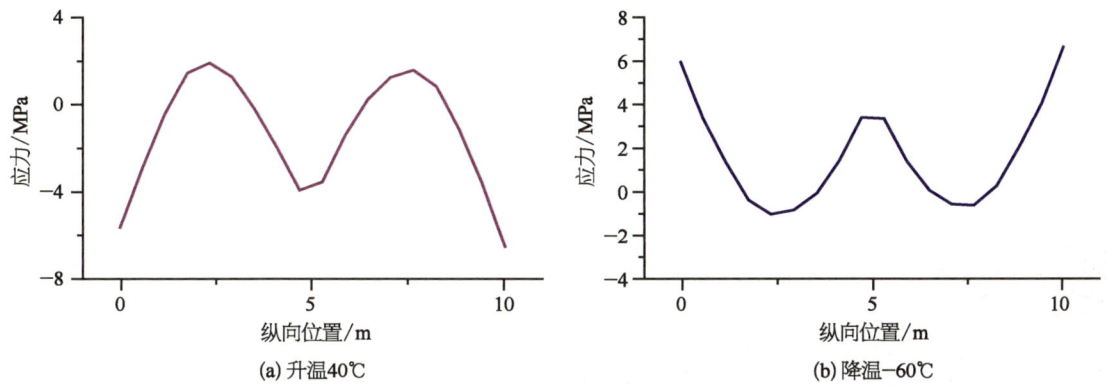

图 5-31 升降温条件下钢轨应力分布特征

如果底座板足够长,处于其板端上方的轨道板主要产生跟随变形,轨道板自身的伸缩位移对钢轨受力影响,但产生主要影响的是底座板。如图 5-32 所示,底座板上方对应布置 5 块轨道板,靠近底座板板端的轨道板温度位移以跟随变形为主,在轨道板中部有与底座板主要位移方向相反的变形,但引起的钢轨应力并不大;越靠近底座板中部的轨道板,随着底座板自身的位移减小,轨道板自身的位移显现出来,表现出与图 5-31 相似的规律。由于底座板长度的增加,在其板端和中部产生的钢轨应力均随之增大,因此,路基上无砟轨道的底座板长度不宜太大。

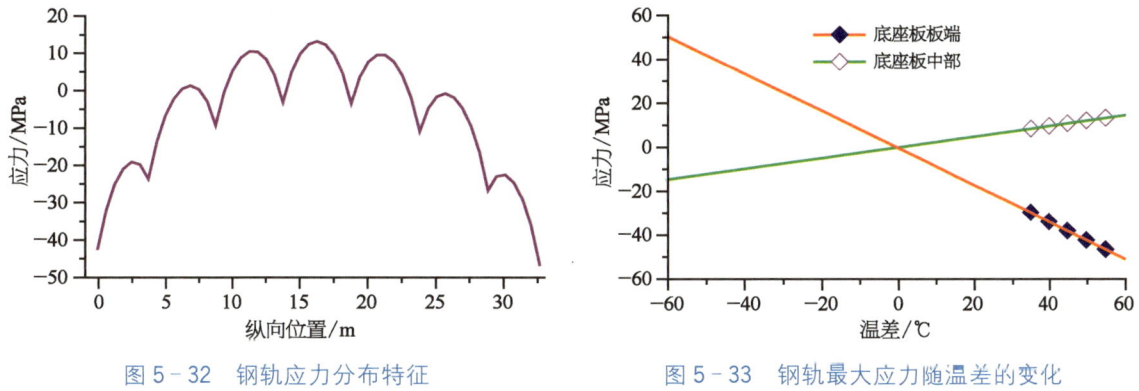

图 5-32 钢轨应力分布特征　　　图 5-33 钢轨最大应力随温差的变化

由于底座板板端温度位移具有和温差很好的线性关系,如图 5-33 所示,通过回归和外推,钢轨在底座板板端和中部产生的应力与温差的关系也具有非常好的线性关系,从而能够看出:在升温条件下,底座板板端钢轨出现压应力,底座板中部钢轨出现拉应力;在降温条件下,底座板板端钢轨产生拉应力,底座板中部钢轨产生压应力,规律性更加明显。

5.2.4　季冻区 CRTS Ⅰ 型板式无砟轨道适应性

在严寒季冻区最大温度梯度和温升温降作用下,CRTS Ⅰ 型板式无砟轨道产生显著的温度效应。

(1) 轨道板翘曲变形引起的离缝及最大拉应力与温度梯度呈线性关系,随着温度梯度的增加而增大。在最大正负温度梯度交替作用下,轨道板中部翘曲变形幅值为 1.10 mm,板角翘曲变形幅值为 1.28 mm,而且板角翘曲状态下脱空持续时间长,在列车荷载循环作用下,容易引起板角 CA

砂浆的伤损、破坏。

轨道板最大拉应力超过混凝土容许应力的临界温度梯度为68℃/m和-78℃/m，在严寒地区最大正温度梯度可达95℃/m情况下，容易出现轨道板底面开裂问题。

(2) 在升温、降温条件下，轨道板与底座板间的相对位移与升温和降温幅度呈正比，由于轨道板的爬行，CA砂浆层承受较大的剪切应力，容易产生损伤破坏。轨道板爬行和温度梯度作用下，板角翘曲及列车荷载作用相叠加，将引起板角、板端CA砂浆层破碎、挤出，如图5-34所示，从而给无砟轨道的平稳性带来严重影响。

轨道板间相对位移将导致钢轨产生拉压应力。在升温条件下，底座板板端钢轨出现压应力，底座板中部钢轨出现拉应力；在降温条件下，底座板板端钢轨产生拉应力，底座板中部钢轨产生压应力，规律性明显，从而可以确定CRTS Ⅰ型板式无砟轨道无缝线路钢轨应力图式。

图5-34　CRTS Ⅰ型板式无砟轨道CA砂浆伤损形式

(3) CRTS Ⅰ型板式无砟轨道在季冻区应用时，需要采用预应力钢筋混凝土轨道板，以控制裂纹的产生与扩展，减少负温度梯度作用下轨道板板角的翘曲变形量，减轻列车荷载作用对板角CA砂浆层的动力效应。在无砟轨道产生纵向位移时，底座板长度影响显著，为减少轨道板爬行，防止冬季钢轨拉断，底座板应选择合理的长度。同时，受温度梯度和升温降温影响，板角CA砂浆层的伤损问题突出，不仅影响无砟轨道的使用寿命，还影响无砟轨道的平稳性。

5.3　CRTS Ⅲ型板式无砟轨道温度效应

CRTS Ⅲ型板式无砟轨道作为单元式结构，最大的特点是轨道板和板下填充的自密实混凝土层通过门型钢筋强化和自密实混凝土的黏结力形成变形协调的复合结构，复合板的厚度为300 mm，应力和振动比CRTS Ⅰ型板式无砟轨道可降低50%，并通过应用自密实混凝土替代CA砂浆，实现了结构的同寿命；采用底座板顶面凹槽限位替代凸形挡台结构，结构承载力由15 t提高到100 t以上，在结构稳定性、耐久性等方面有了显著提升。但是，温度荷载作为结构的内力作用，对复合板结构有着严重影响，特别是对界面效应的稳定性影响较大，需要进一步研究和重视。

5.3.1　轨道板翘曲变形

CRTS Ⅲ型板式无砟轨道翘曲变形不仅导致复合板板下离缝，更影响轨道板与自密实混凝土层界面的结合。一旦界面由强结合衰减到弱结合，轨道板和自密实混凝土层间产生离缝，在列车动力荷载作用下产生动力效应，复合板结构体系将会被破坏，给轨道平稳性带来严重影响。

1. 实尺试验结果及分析

试验室搭建温度场模拟环境，对CRTS Ⅲ型板式无砟轨道实尺模型进行试验。无砟轨道升温从33℃上升到54℃，复合板最大正温度梯度为100℃/m；降温从30.3℃下降到23℃，最大负温度梯度

为 $-25℃/m$。从图 5-35 可以看出,不管是升温过程,还是降温过程,复合板范围内温度梯度基本呈线性,在底座板范围内温度梯度很小。

正温度梯度作用下轨道板翘曲变形分布如图 5-36 所示。传感器沿着轨道板板边布置,纵向方向的编号为 L1~L6,横向方向的编号为 T1~T3。其中,L1 为板角位置,L6 为板中位置,中间间隔一个支点间距;T1 为与 L1 邻近的板角位置,T3 为轨道板中线位置。轨道板形成的是中部拱起、板端下沉的曲线,随着正温度梯度的增大,轨道板的下沉量越来越大,特别是板端的下沉量更大。当温度梯度达到最大值 100℃/m

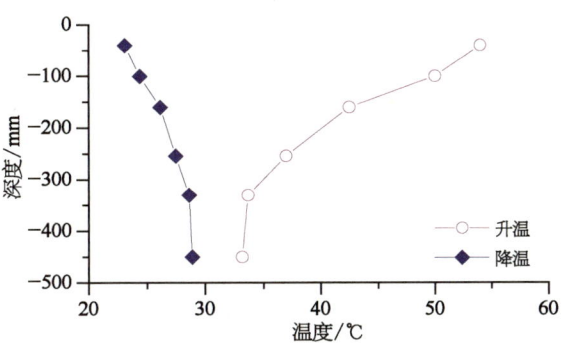

图 5-35 升温降温过程中温度沿深度的分布

时,板角与底座板的竖向相对位移为 -0.95 mm,纵向方向中部板边与底座板的竖向相对位移为 -0.32 mm,板中与板端之差为 0.63 mm,即板中相对板端的拱起量为 0.63 mm;横向方向中部板边与底座板的竖向相对位移为 -0.56 mm,中部与板角的拱起量为 0.39 mm,即在正温度梯度作用下,轨道板处于中部上拱状态。将轨道板中部拱起量与温度梯度的关系进行回归,可得到两者之间呈线性关系

$$u_v = 0.006 T_g - 0.025, \quad R^2 = 0.99 \tag{5-24}$$

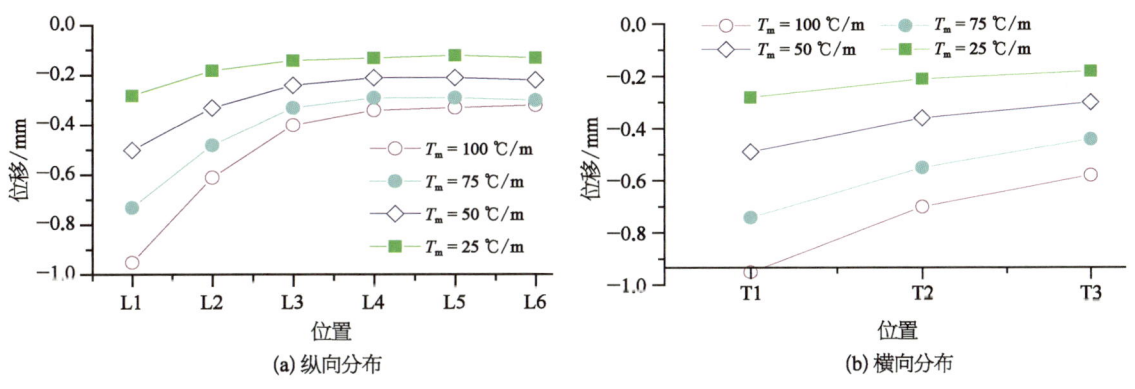

图 5-36 正温度梯度下轨道板-底座板竖向相对位移

负温度梯度作用下轨道板翘曲变形分布如图 5-37 所示。轨道板板端相对于底座板的竖向位移大于中部,当温度梯度达到 $-25℃/m$ 时,板角与底座板的竖向相对位移为 0.18 mm,纵向方向中部板边与底座板的竖向相对位移为 0.10 mm,板角与中部的相对位移为 0.08 mm;横向方向中部板边与底座板的竖向相对位移为 0.13 mm,板角与中部的相对位移为 0.05 mm。

升温试验进行 3 个循环后,发现 4 个板角处自密实混凝土层与轨道板的界面黏结处出现肉眼可见的微小离缝,离缝宽度约为 0.02 mm,其分布如图 5-38 所示。由于负温度梯度试验量值有限,在降温试验进行 3 个循环后,复合板界面离缝没有发现新的进展。

列车荷载与温度荷载共同作用时,加载频率取 3~5 Hz,荷载上限取 408 kN,荷载下限取 40.8 kN,升温降温与温度荷载单独试验相同。在列车荷载作用下,当温度梯度达到最大正温度梯度 100℃/m

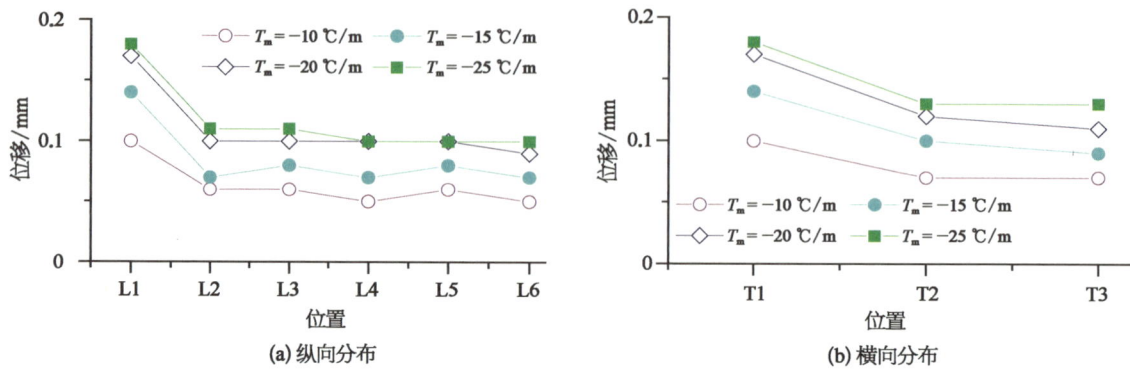

(a) 纵向分布 (b) 横向分布

图 5-37　负温度梯度作用下轨道板-底座板竖向相对位移

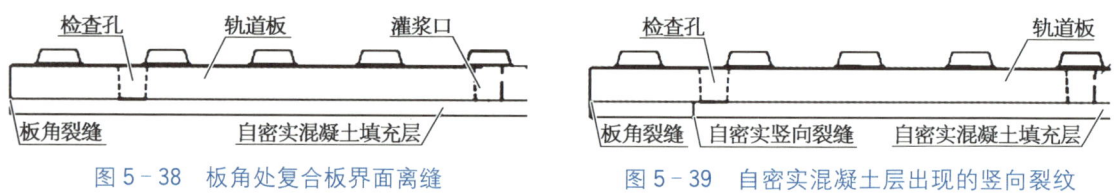

图 5-38　板角处复合板界面离缝　　　图 5-39　自密实混凝土层出现的竖向裂纹

时,纵向方向板中相对板端的拱起量为 0.43 mm,小于正温度梯度单独作用下的拱起量;当温度梯度为 $-25℃/m$ 时,纵向方向板角相对于板中的拱起量为 0.21 mm,大于温度梯度单独作用下的拱起量。因此,在列车荷载与正温度梯度作用后,复合板界面没有新的变化;当 3 次降温循环-列车静载作用后,自密实混凝土层第 1 个轨枕及第 2 个轨枕中间位置出现新的肉眼可见裂缝,如图 5-39 所示。

2. 计算结果及分析

CRTS Ⅲ型板式无砟轨道作为单元结构,在温度梯度作用下产生的翘曲变形特征和 CRTS Ⅰ型板式无砟轨道相同,在正温度梯度作用下,形成复合板中部上拱、板角支承的状态;在负温度梯度作用下,形成复合板板角翘起、板中支承的形态(图 5-40)。在最大正温度梯度 95℃/m 作用下,自密实混凝土层底部与底座板间出现了明显的脱离,板中最大脱空量为 2 mm 左右,侧边最大脱空量为 1.5 mm 左右;在最大负温度梯度 $-50℃/m$ 作用下,自密实混凝土层端部与底座板间出现了明显的脱离,边角脱离量较大,达到 1 mm 左右,中线脱离量较小,自密实混凝土层中部与底座板结

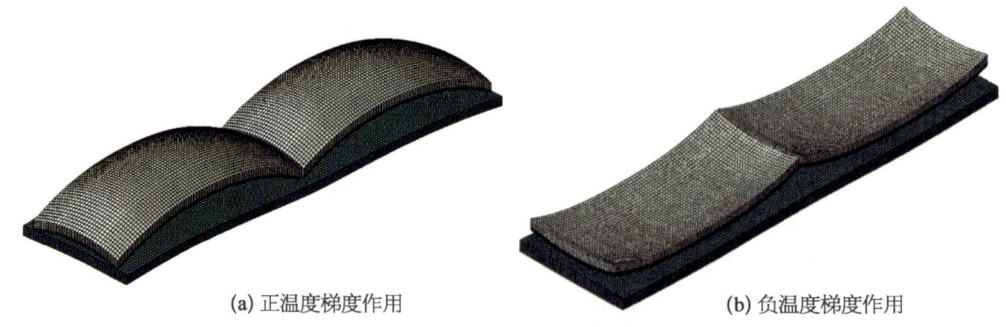

(a) 正温度梯度作用　　　(b) 负温度梯度作用

图 5-40　最大温度梯度作用下结构层变形图(1∶500)

合,提供轨道支撑(图 5-41)。与 CRTS Ⅰ型板式无砟轨道相比,在最大温度梯度作用下,复合板的离缝量均较大。

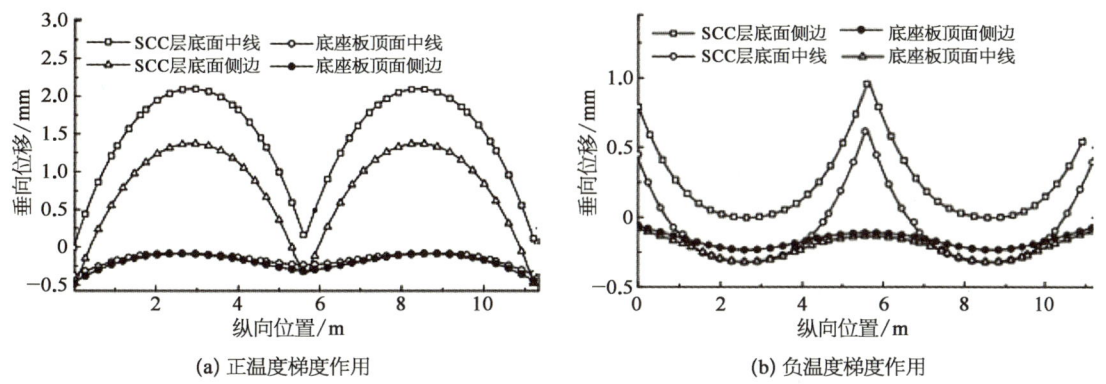

图 5-41 最大温度梯度作用下自密实混凝土层和底座板垂向位移

根据试验室试验结果,在温度翘曲变形影响下,轨道板和自密实混凝土层界面在板角处首先产生离缝,并随着列车荷载的循环作用,界面处轨道板底面与自密实混凝土层顶面裂纹向中部方向扩展。界面作为复合板中的薄弱环节,需要作为重点予以研究。如图 5-42(a)所示,轨道板板中的翘曲变形量随着温度梯度的增加而增大,可以将温度梯度分为两段:在 60℃/m 以下时,轨道板翘曲位移随温度梯度增加缓慢增大;超过 60℃/m,轨道板翘曲变形急剧增加。轨道板板角的翘起量产生在负温度梯度作用条件下,在正温度梯度下下沉量变化很小。

轨道板与自密实混凝土层在界面上的垂向位移量反映了两者之间的结合状态。如图 5-42(b)所示,板角处在温度梯度作用下位移差最大,最大为 0.013 mm,板中位移差值则很小。所以,复合板结合面黏结性能的劣化将首先从板角开始,而且不在最大正温度梯度下产生,并逐步向板中发展。

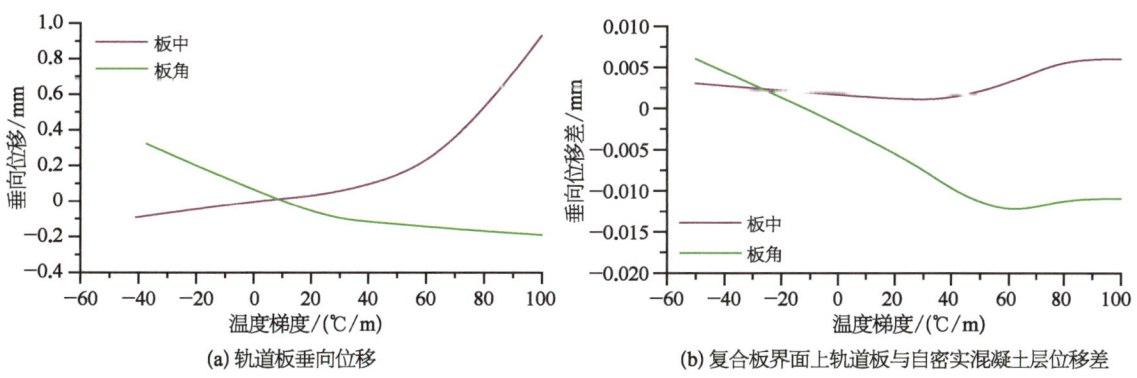

图 5-42 轨道板和自密实混凝土层垂向位移及其差值

5.3.2 轨道板翘曲应力

从理论上来说,复合板如果按温度梯度线性分布、完全约束的无限大板考虑,其纵、横向翘曲应力均与复合板厚度成正比。但是,在复合板厚度 300 mm 范围内,温度梯度非线性特征显著,上下层温度梯度差异明显,下层约束刚度较大,复合板翘曲应力受影响较大。

1. 试验结果及分析

在实尺模型上,纵向方向分别在板中及距板端 2 个承轨台位置设置纵横向应变片,其中沿轨道板中线设置的 3 组应变片编号纵向为 ML-1、ML-0、ML+1,横向为 MT-1、MT-0、MT+1;沿轨下设置的 3 组应变片编号纵向为 RL-1、RL-0、RL+1,横向为 RT-1、RT-0、RT+1,编号为 -0 的位于板中。

1) 结构层纵向应变

轨道板表面和自密实混凝土层混凝土纵向应变与温度梯度的关系如图 5-43 和图 5-44 所示。在正温度梯度的作用下,随着温度梯度的增大,轨道板表面压应变逐渐增大。轨道板表面混凝土纵向处于受压状态,板面的纵向压应变最大,从轨道板表面到轨道板上层钢筋网处纵向压应变逐渐减小。当温度梯度为最大值 100℃/m 时,轨道板表面混凝土的最大压应变在轨道板中部,最大值为 83 $\mu\varepsilon$,上层钢筋网处的混凝土最大压应变为 63 $\mu\varepsilon$,在深度 100 mm 以下时,整个轨道结构的纵向应变从压应变逐渐转变为拉应变,如图 5-45 所示,轨道板下层钢筋网处以下的轨道板结构都处于受拉状态,在正温度梯度作用下,复合板在中部拱起,板中断面上的应变从压应变向轨道板中性面以下拉应变转换并随深度持续增加,到复合板底面达到最大,监测到的最大值为 66 $\mu\varepsilon$;距离板

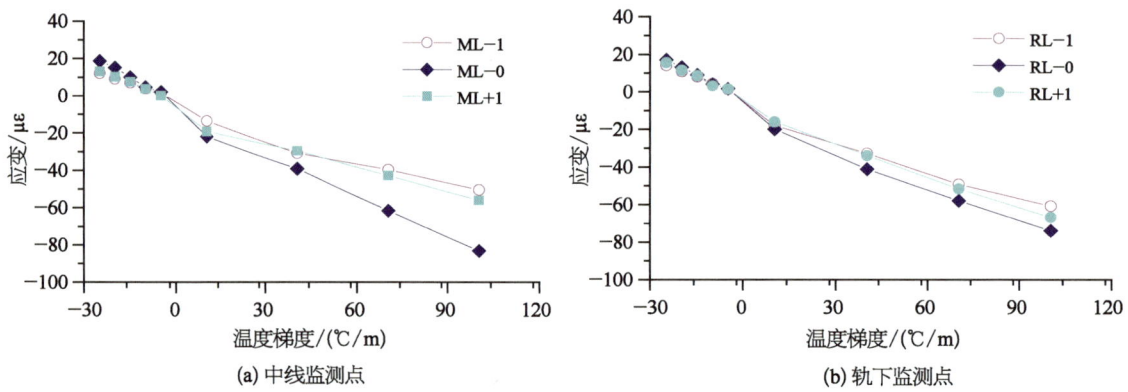

图 5-43 轨道板表面混凝土的纵向应变

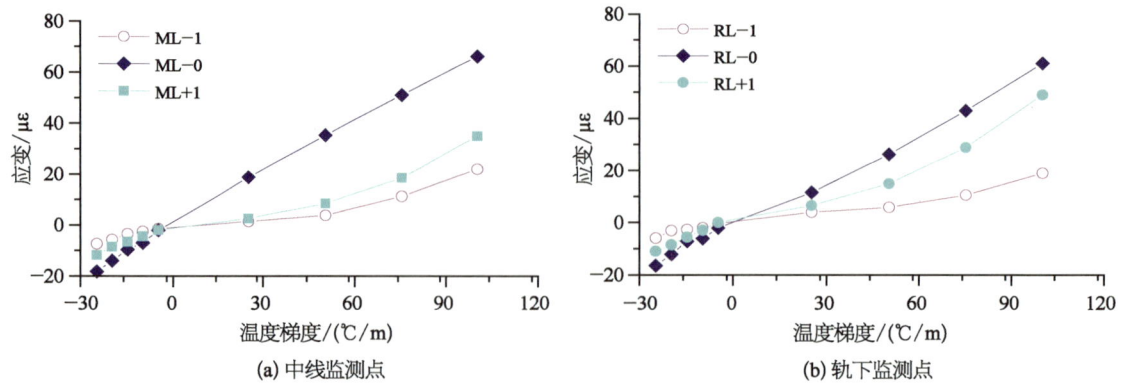

图 5-44 自密实混凝土层钢筋网处混凝土的纵向应变

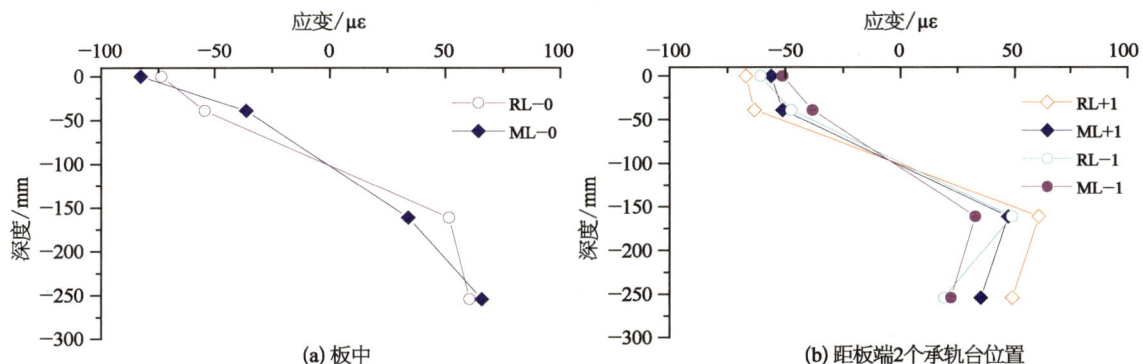

图 5-45 最大正温度梯度 100℃/m 作用下应变在深度上分布

端较近的 4 个监测点则在轨道板中性面以下由压应变转变为拉应变后,在轨道板与自密实混凝土层结合面附近达到最大,监测到的最大值为 61 $\mu\varepsilon$,到自密实混凝土层中则开始减小。底座板由于在升温作用下温度变化小,拉应变相对较小,即使达到最大温度梯度 100℃/m,整个底座板的最大拉应变仅为 14 $\mu\varepsilon$。和翘曲变形监测结果一致,在板端轨道板与自密实混凝土层结合面上拉应变最大,从而成为界面附近混凝土开裂的主要原因。

在负温度梯度作用下,轨道板的表面及上层钢筋网处混凝土纵向处于受拉状态,随着深度的增加,纵向拉应变逐渐减小,如图 5-46 所示,在轨道板顶面下 110 mm 附近混凝土由受拉状态转变为受压状态,板中位置应变随深度呈线性增加趋势,由复合板顶面最大拉应变 19 $\mu\varepsilon$ 转换到底面最大压应变 18 $\mu\varepsilon$。底座板结构同一层中各个测点的应变即使在温度梯度达到-25℃/m 相差也不大。

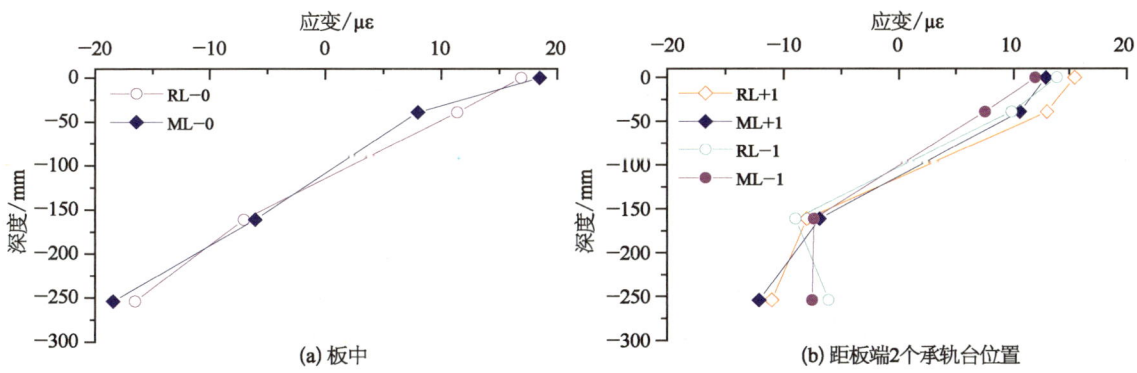

图 5-46 最大负温度梯度-25℃/m 作用下应变在深度上分布

选取应变值最大的监测点 ML-0 的监测数据进行回归,得到轨道板表面和自密实混凝土层混凝土纵向应变与温度梯度呈显著的线性关系

$$\varepsilon = -0.824T_g - 3.999, R^2 = 0.99 (\text{轨道板})$$
$$\varepsilon = 0.674T_g + 0.237, R^2 = 1.0 (\text{SCC 层})$$

(5-25)

试验最大正温度梯度达到 100℃/m、最大负温度梯度为-25℃/m,在严寒地区最大负温度梯

度可达-50℃/m,由式(5-25)可得到轨道板和自密实混凝土层在此温度梯度作用下的纵向应变分别为 37.2 $\mu\varepsilon$ 和-33.5 $\mu\varepsilon$。从强度安全性的角度,自密实混凝土层在正温度梯度 100℃/m 作用下产生的拉应变达到其极限拉应变 70%,而自密实混凝土层为普通钢筋混凝土结构,产生开裂的风险比较大。

2) 结构层横向应变

轨道板表面和自密实混凝土层混凝土纵向应变与温度梯度的关系如图 5-47 和图 5-48 所示。在正温度梯度作用下,整个轨道板结构各层混凝土的横向应变以压应变为主。随着温度梯度的增加,轨道板结构各测点的应变逐渐增大。但随着深度的增加,正温度梯度对横向应变的影响越来越小,处于轨道板结构最下层的底座板的各个测点横向应变变化很小。轨道板表面及上层钢筋网处混凝土的最大横向应变都在板边中部位置。将升温作用下轨道板结构的纵向应变与横向应变进行对比,可以发现,正温度梯度在轨道板结构的纵向方向影响大于横向方向。

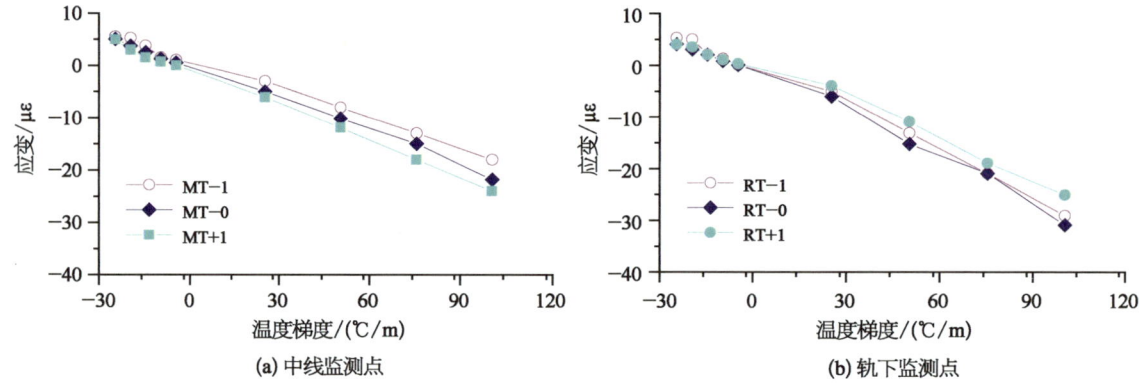

图 5-47 轨道板表面混凝土的横向应变

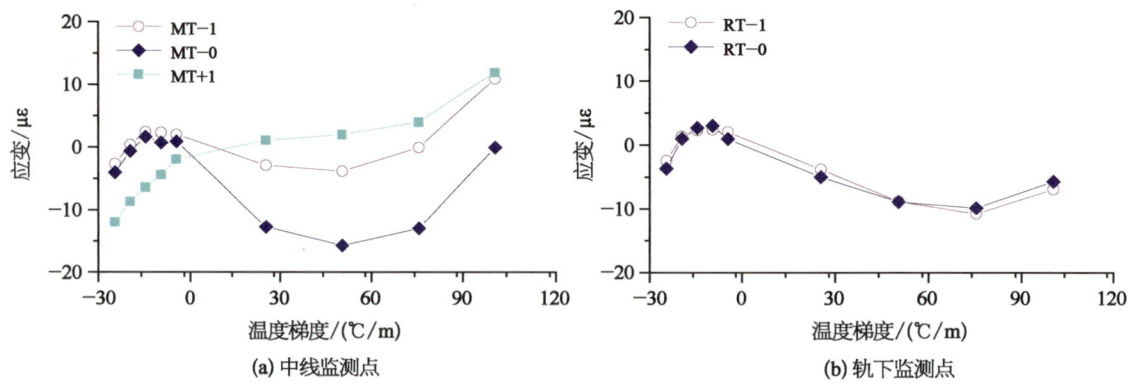

图 5-48 自密实混凝土层钢筋网处混凝土的横向应变

负温度梯度作用下,由于试验最大负温度梯度为-25℃/m,横向方向轨道结构的应变较小。与纵向方向相同,轨道板表面及上层钢筋网处混凝土的横向应变为拉应变,随着深度的增大,拉应变有逐渐减小的趋势,最终由拉应变转变为压应变。轨道板下层钢筋网处以下结构各层混凝土都是受压状态。与降温作用下的纵向应变相比,负温度梯度对横向应变的影响比较小。

2. 计算结果及分析

单元板式无砟轨道在正温度梯度作用下产生中部上拱顶面受压、底面受拉现象,如图 5‑49 所示,在正温度梯度 95℃/m 时轨道板顶面产生 2.5 MPa 的压应力,自密实混凝土层底面全部处于受拉状态,其中两个凸台之间的拉应力最大,达到 2.2 MPa,超过了 C40 混凝土材料的容许应力;底座板和自密实混凝土层之间由于隔离层的作用减弱了拉应力的作用,只有顶面凹槽限位产生应力集中,最大拉应力达到 1.1 MPa 以上。

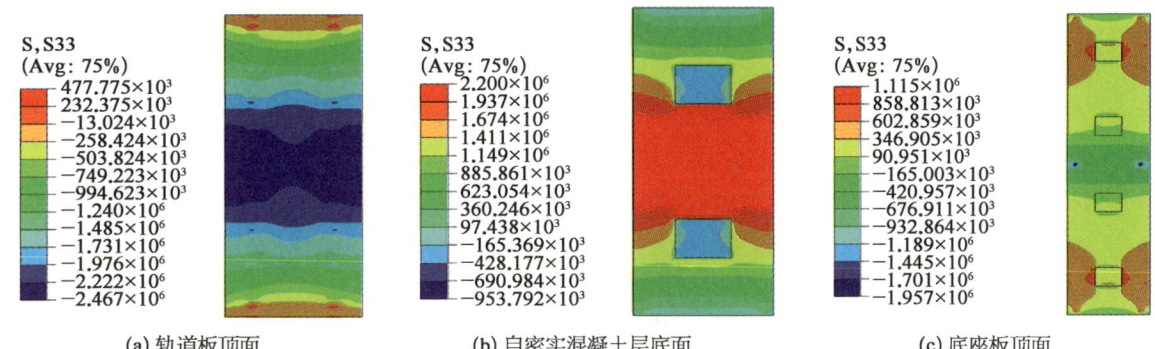

(a) 轨道板顶面　　(b) 自密实混凝土层底面　　(c) 底座板顶面

图 5‑49　最大正温度梯度作用下结构层纵向应力云图

在负温度梯度下,轨道板顶面承受拉应力作用,底面为受压状态。如图 5‑50 所示,轨道板因板角翘起,承受的拉应力较小,中部处于约束状态产生最大的拉应力,在负温度梯度 −50℃/m 时可达到 1.7 MPa;自密实混凝土层底面除凸台和端部外,其余承受压应力作用,凸台承受的最大拉应力为 0.3 MPa;底座板除中部外,其余处于受压状态。

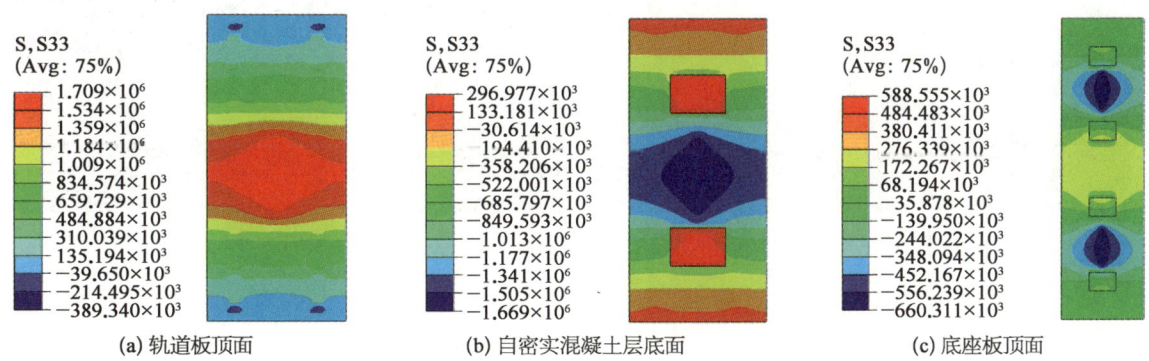

(a) 轨道板顶面　　(b) 自密实混凝土层底面　　(c) 底座板顶面

图 5‑50　最大负温度梯度作用下结构层纵向应力云图

复合板最大拉应力与温度梯度的关系如图 5‑51 所示,两者之间呈线性关系

$$\begin{aligned}\sigma_s &= -0.035 T_g + 0.035,\ R^2=1.0,\ T_g \leqslant 0 \\ \sigma_s &= 0.023\,6 T_g - 0.041\,2,\ R^2=1.0,\ T_g \geqslant 0\end{aligned} \tag{5-26}$$

正温度梯度作用下最大拉应力产生在自密实混凝土层底面,负温度梯度作用下最大拉应力产生在轨道板顶面。由式(5‑26),在正温度梯度 74℃/m 和负温度梯度 −57℃/m 条件下,复合

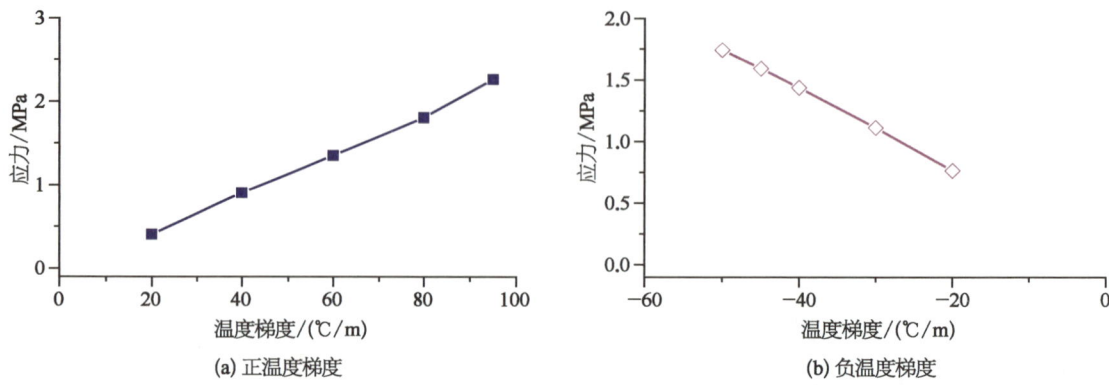

图 5-51 复合板最大拉应力与温度梯度关系

板最大拉应力将会出现超过容许应力问题。与 CRTS Ⅰ 型板式无砟轨道相比,达到混凝土容许应力时的正温度梯度增大、负温度梯度减小。根据严寒地区实测结果,CRTS Ⅲ 型板式无砟轨道达到容许应力的正负温度梯度均有可能出现,容易在轨道板与自密实混凝土结合面附近产生裂纹。对盘营高速铁路调研发现,裂纹分布一般如图 5-52 所示,产生竖向裂纹的比例阳面为 6.3%,阴面为 2.9%。

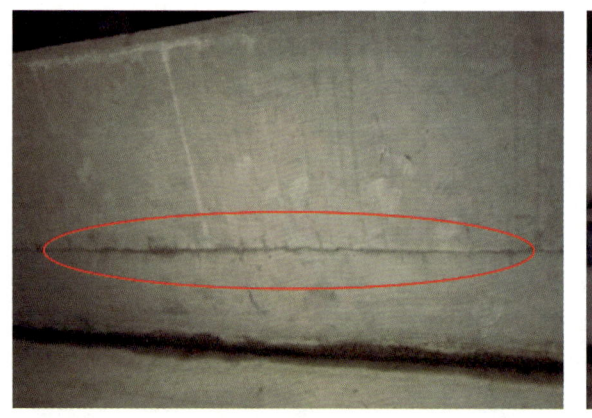
(a) 复合板界面微细裂纹

(b) 轨道板底面产生的裂缝

图 5-52 复合板界面附近产生的裂缝

5.3.3 钢轨温度效应

CRTS Ⅲ 型板式无砟轨道作为单元板式无砟轨道,对钢轨温度效应的影响与 CRTS Ⅰ 型板式无砟轨道相同,轨道板间相对位移对钢轨伸缩的作用,将对无缝线路强度安全性与变形稳定性产生不利影响。

1. 结构层温度应力

选择整体温升 45℃ 和温降 40℃ 时的计算结果进行分析。在升温条件下,复合板和底座板均会产生伸长变形,如图 5-53 所示,由于 CRTS Ⅲ 型板式无砟轨道底座板顶面凹槽限位对称分布,底座板两端板端伸长变形量基本一致,而中部基本处于稳定状态;自密实混凝土层在底面两凸台之间变形很小,凸台到端部则处于有约束变形状态,靠近底座板板端的自密实混凝土层有跟随变形,靠近底座板中部的自密实混凝土层仅为自身的伸长变形,前者大于后者;底座板长度是复合板的2倍,其纵向位移大于复合板伸长位移。如图5-53(d)所示,升温条件下结构层纵向位移比较大,底座板伸长位移比复合板大1倍以上,轨道板与自密实混凝土层之间存在微米级的相对位移;结构层在升温条件下不仅产生纵向位移,而且还产生横向位移,由于底座板长度较大,其横向位移也大于复合板,从无砟轨道稳定性来说,底座板增加以后,需要进行稳定性检算;相对来说,在升温条件下,结构垂向位移较小,特别是底座板在自重和复合板重量作用下,垂向位移最小。

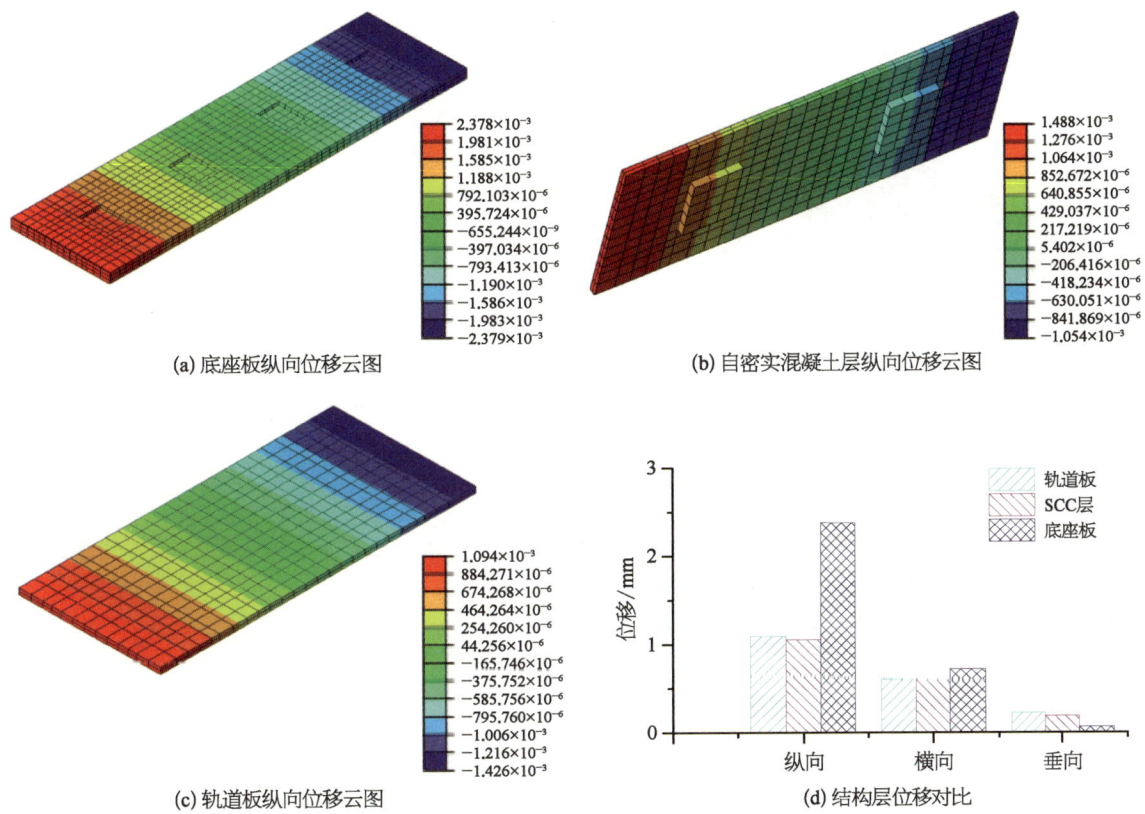

图 5-53 升温条件下结构层位移变化

单元式结构端部可以伸缩变形,中部处于完全或非完全约束状态,形成了中部温度应力集中、两端温度应力放散现象,由于温度应力为约束应力,在升温条件下,复合板和底座板处于伸长状态,约束应力以压应力为主。如图5-54所示,底座板靠近中部的凹槽限位处压应力最大,端部出现较小的拉应力;自密实混凝土层中部压应力集中,端部产生拉应力,并且在靠近底座板端部的凸台纵边及临近端部侧拉应力最大,此处既有自身的温度应力,又有底座板与复合板相对位移引起的外力作用,在轴力上出现了两端的峰值;轨道板和底座板相似,顶面主要为压应力区,端部出现部分拉应力区。

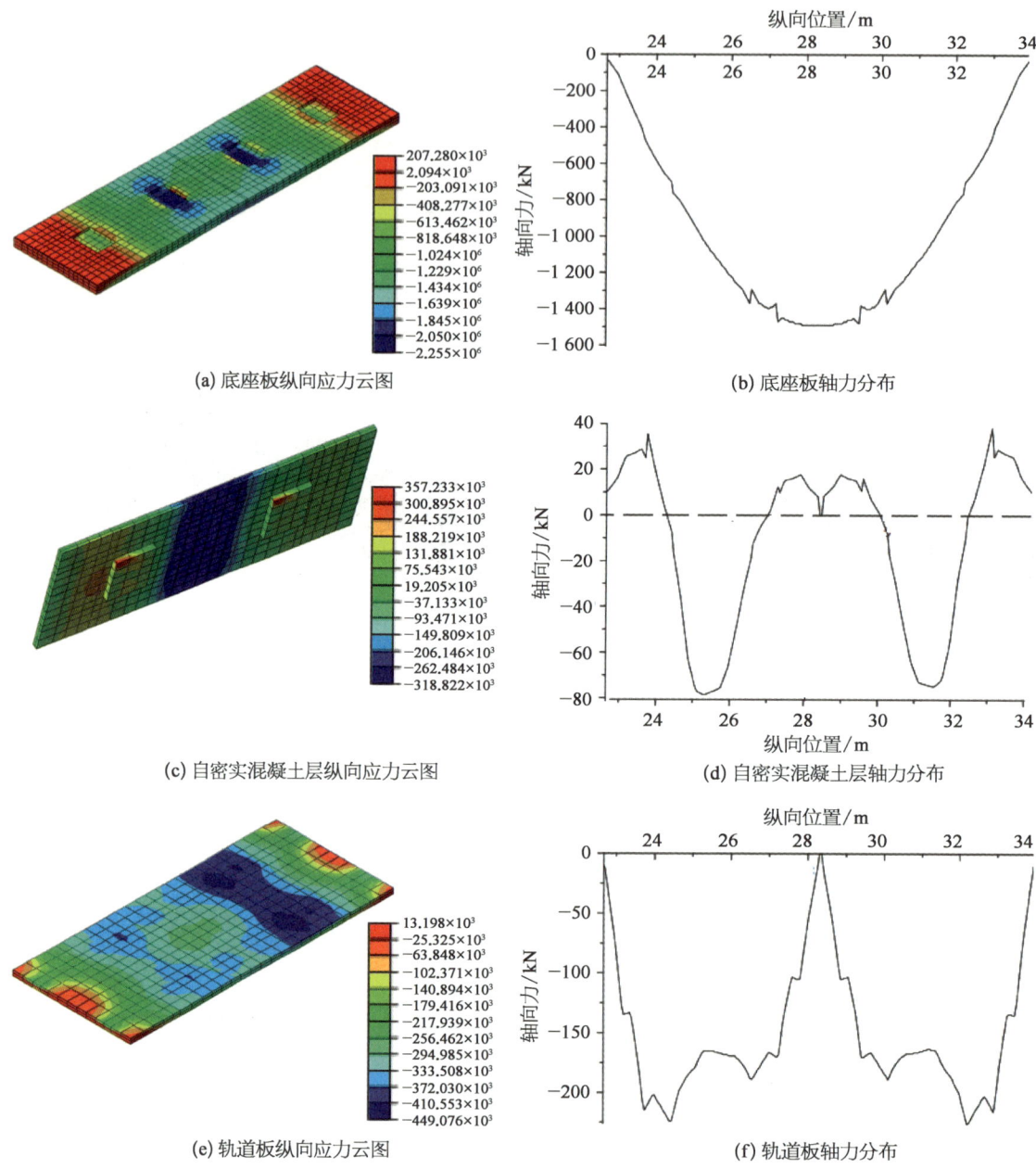

图 5-54 升温条件下结构层纵向应力与轴力分布特征

如图 5-55 所示,升温条件下,轨道板纵向拉应力很小,主要是自密实混凝土层底面凸台受约束较大,产生的纵向拉应力比较大;底座板的纵向拉应力较自密实混凝土层小,主要产生在限位凹槽附近;横向应力三者相当。底座板在靠近中部的限位凹槽出现最大压应力,轨道板和自密实混凝土层产生的压应力均较小。

降温条件下结构层受力情况如图 5-56 所示。和升温相比,轨道板和自密实混凝土层温度变形相当,底座板纵向位移相对减小;底座板最大拉应力增大比较显著,最大值达到 1.5 MPa,产生在

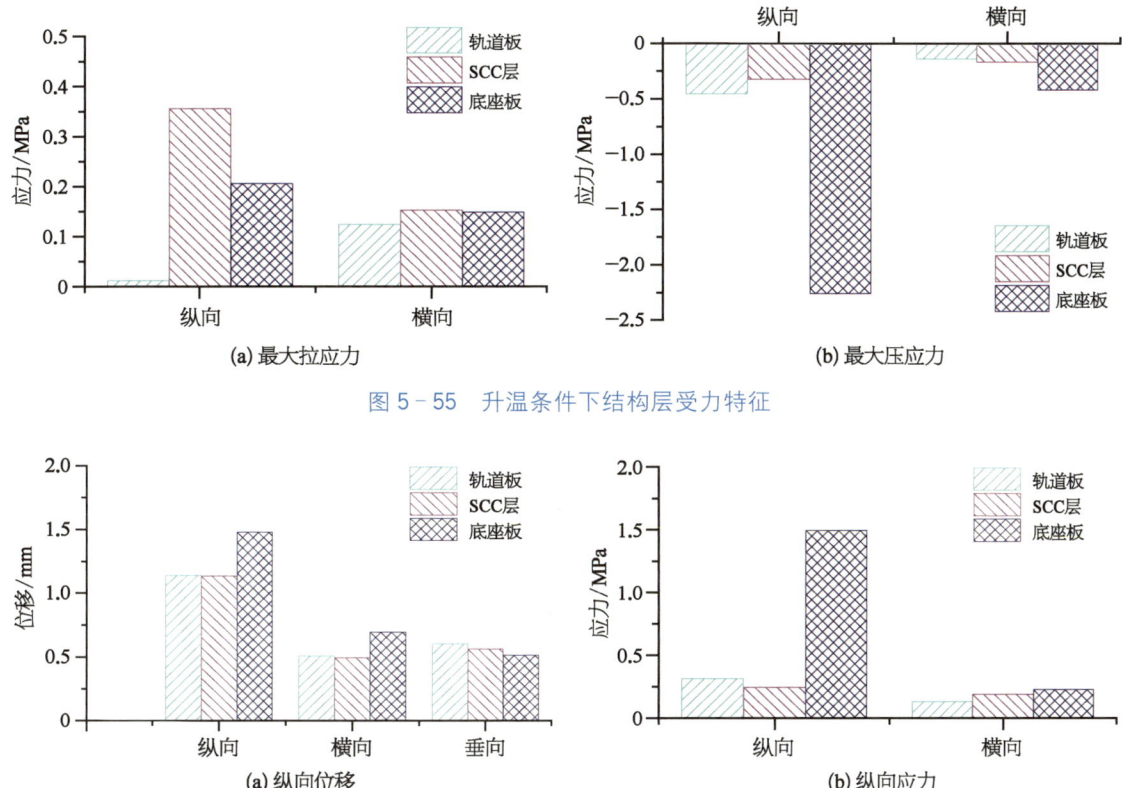

图 5‑55 升温条件下结构层受力特征

图 5‑56 降温条件下结构层最大纵向位移和应力

靠近底座板中部的凹槽限位处。考虑在冬季路基冻胀影响下,底座板凹槽限位处是路基上拱引起的拉应力集中区,与降温荷载作用结果相叠加,凹槽限位处产生的拉应力容易出现超过容许应力的情况,产生裂纹的问题更加突出。

2. 钢轨温度应力

CRTS Ⅲ型板式无砟轨道和 CRTS Ⅰ型板式无砟轨道结构温度荷载作用机理相一致,钢轨应力除其自身的温度应力外,还包含无砟轨道温度变形引起的钢轨应力。在升温条件下,轨道板板端伸长,两板间钢轨则处于受压状态,板中钢轨则处于受拉状态,如图 5‑57(a)所示,由于靠近底座板板端的轨道板纵向伸长位移较大,作用在板缝上方钢轨的压力比较大;靠近底座板中部的轨道板板端伸长变形较小,引起的板缝上方钢轨的压力也比较小。当底座板长度增加到 6 块轨道板长时,如图 5‑57 所示,和图 5‑32 相似,由于底座板伸长变形增大,靠近底座板端的 1 块轨道板主要产生跟随底座板的变形,其上的钢轨基本处于受压状态,而靠近底座板中部的轨道板板端伸长变形产生的钢轨轴向压力基本被底座板伸长变形导致的中部钢轨轴向拉力所抵消,此时底座板中部钢轨基本处于受拉状态。

如图 5‑58 所示,根据底座板板端产生最大压应力、中部产生最大拉应力的特点,钢轨产生的压应力要大于拉应力,而且随着底座板长度的增加,钢轨应力随之增大。当底座板板长度为 4 块及以上轨道板长以后,钢轨压应力和轴向力增加速率减小。

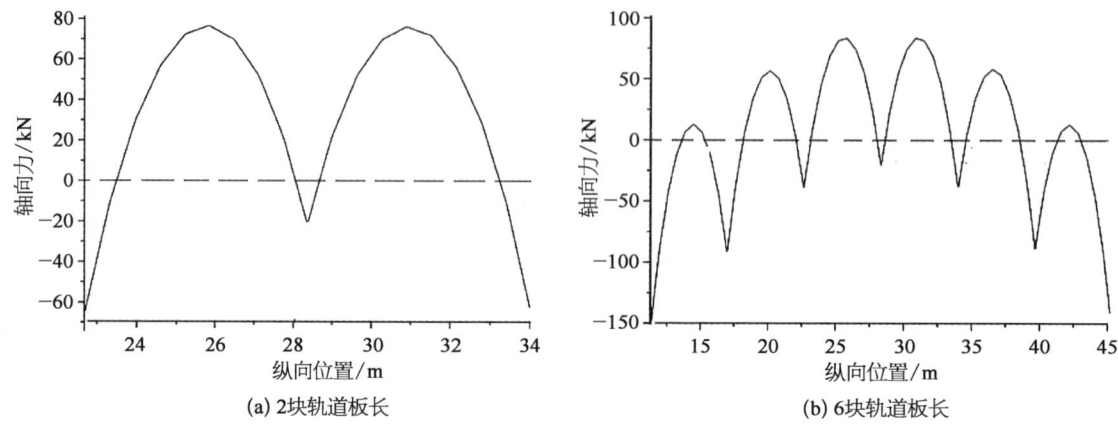

图 5-57 升温条件下不同底座板长时钢轨受力特征

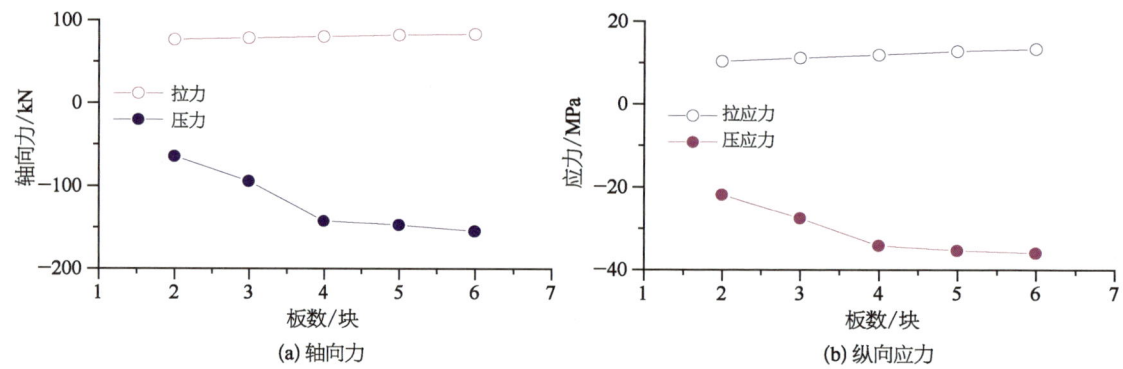

图 5-58 升温条件下钢轨受力与底座板长的关系

降温条件下,轨道板板端处于伸缩变形状态,板缝上钢轨则处于受拉状态,板中部钢轨承受压力作用。如图 5-59 所示,处于底座板板端的钢轨最大轴向拉力和拉应力均大于最大轴向压力和压应力,与图 5-56(a)相对应,随着底座板长度的增加,钢轨应力变化不明显。

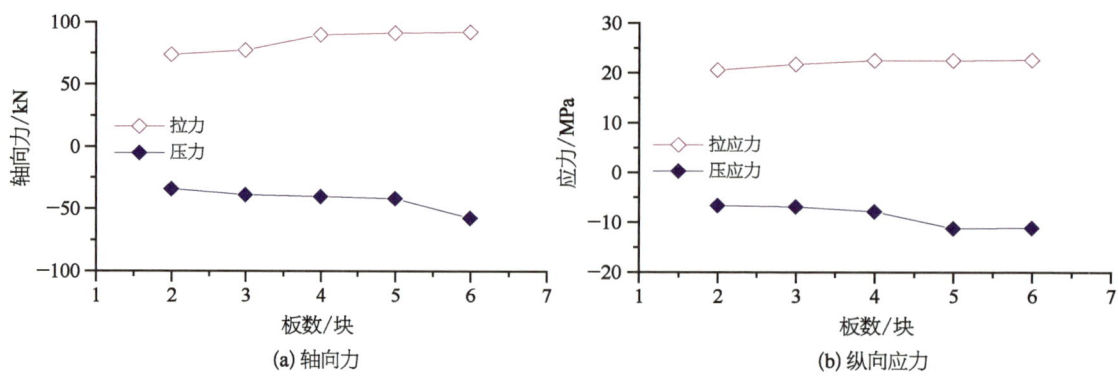

图 5-59 降温条件下钢轨受力与底座板长的关系

5.3.4　季冻区 CRTS Ⅲ 型板式无砟轨道适应性

CRTS Ⅲ型板式无砟轨道的复合板翘曲变形引起的离缝及最大拉应力与温度梯度呈线性关系，随着温度梯度的增加而增大。在最大温度梯度作用下的离缝值小于 CRTS Ⅰ 型板式无砟轨道，但是轨道板和自密实混凝土层结合面薄弱问题突出，一般情况下在板角产生分离和离缝。

正温度梯度作用下最大拉应力产生在自密实混凝土层底面，负温度梯度作用下最大拉应力产生在轨道板顶面。复合板最大拉应力超过混凝土容许应力的临界温度梯度 74℃/m 和负温度梯度 −57℃/m，在严寒季冻区最大正温度梯度和最大负温度梯度情况下，CRTS Ⅲ 型板式无砟轨道复合板产生裂纹的风险比 CRTS Ⅰ 型板式无砟轨道要高。

CRTS Ⅲ 型板式无砟轨道单元结构间的相对位移对钢轨应力的影响规律与 CRTS Ⅰ 型板式无砟轨道一致，但是，由于复合板与底座板间设置了隔离层，底座板长度对钢轨应力影响不显著。

降温对底座板最大拉应力影响显著，在降温 40℃条件下，底座板中部凹槽限位处最大拉应力达到 1.5 MPa，考虑在冬季路基冻胀影响下，底座板凹槽限位处是路基上拱引起的拉应力集中区，两者叠加，凹槽限位处容易产生裂纹。

因此，CRTS Ⅲ 型板式无砟轨道在季冻区应用时，需要采用预应力钢筋混凝土结构，以控制拉应力引起的混凝土裂纹，以及轨道板板角的翘曲，减轻轨道板与自密实混凝土层结合面上的分离；确立合理的隔离层刚度及底座板长度，降低复合板和底座板拉应力水平。

5.4　季冻区无砟轨道温度效应的控制

我国严寒季冻区高速铁路除了冬季具有最冷月比世界其他国家高速铁路低 20℃的严酷环境外，和我国其他温度区域相比，还具有夏季无砟轨道表面温度与气温之差、表面温度日变化、温度梯度最大的特点，因此，需要采用适用的无砟轨道结构形式和温度效应控制措施。

5.4.1　单元式无砟轨道

计算和试验结果[14,15]表明，纵向连续无砟轨道结构不适合在严寒季冻区大温差条件下应用。为减轻温度效应的影响，当双块式无砟轨道结构在季冻区应用时，一般将其设计为单元式结构，单元长度一般相当于单元板式无砟轨道结构底座板长度，即 3~4 块轨道板长度，其中兰新高速铁路道床板长度为 19.5 m 的大单元，并用假缝分割成 5 块小单元板，假缝深度为板厚的 1/4，宽度为 6~10 mm，缝内灌注特制的防水嵌缝胶，形成黏接于混凝土缝中的弹性体。道床板为上下双层配筋，上层纵向钢筋在假缝处断开，下层钢筋不断开。大单元之间则设置伸缩缝，缝宽 30~40 mm，中层设置传力杆，传力杆以下部分的缝填充聚乙烯泡沫板，以上灌注防水嵌缝胶，缝内形成弹性体。支承层与道床板伸缩缝和假缝对齐设置深度为板厚 1/4 的假缝，宽度为 4~6 mm。

对于这种大单元结构，在整体升温和降温 45℃条件下，支承层对应道床板伸缩缝的假缝将会拉开或压碎，形成和道床板对应的大单元结构；同时，道床板小单元间的假缝在超大的整体温差条件下也会被拉开，而且结构层间也会出现较大的离缝。现场采用大单元结构后，单元之间的嵌缝材料出现了不少伤损(图 5-60)。由于双块式无砟轨道道床板没有限位结构，只有靠结构层间摩

(a) 道床板与支承层间离缝　　　　　　　(b) 道床板间伸缩缝离缝

图 5-60　双块式无砟轨道结构层的离缝

阻力限位,在季冻区应用这种单元结构,存在着失稳风险。

我国 CRTS Ⅲ型板式无砟轨道研发初期,采用了纵向连接方案,在温暖地区的成灌高速铁路应用时,出现了轨道板与自密实混凝土层离缝、自密实混凝土层与底座板离缝及自密实混凝土层有规律性的裂缝等问题。由于成都地区降雨较多,导致自密实混凝土层下冒浆及雨天有水挤出。

如果在严寒季冻区采用纵连方案,在整体升温降温 40℃和温度梯度 45℃/m 作用下,可以将其温度效应与单元结构进行对比。如图 5-61 所示,当自密实混凝土层与轨道板在板缝处利用预留钢筋进行纵连,并浇筑混凝土,整体升温条件下,轨道板在板间接缝处的纵向应力为压应力,最大可达 19 MPa;横向应力在轨道板中部为拉应力,最大为 0.66 MPa;自密实混凝土层和底座板在凹凸槽处产生应力集中,自密实混凝土层最大拉应力为 2.1 MPa,底座板最大拉应力为 3.1 MPa。单

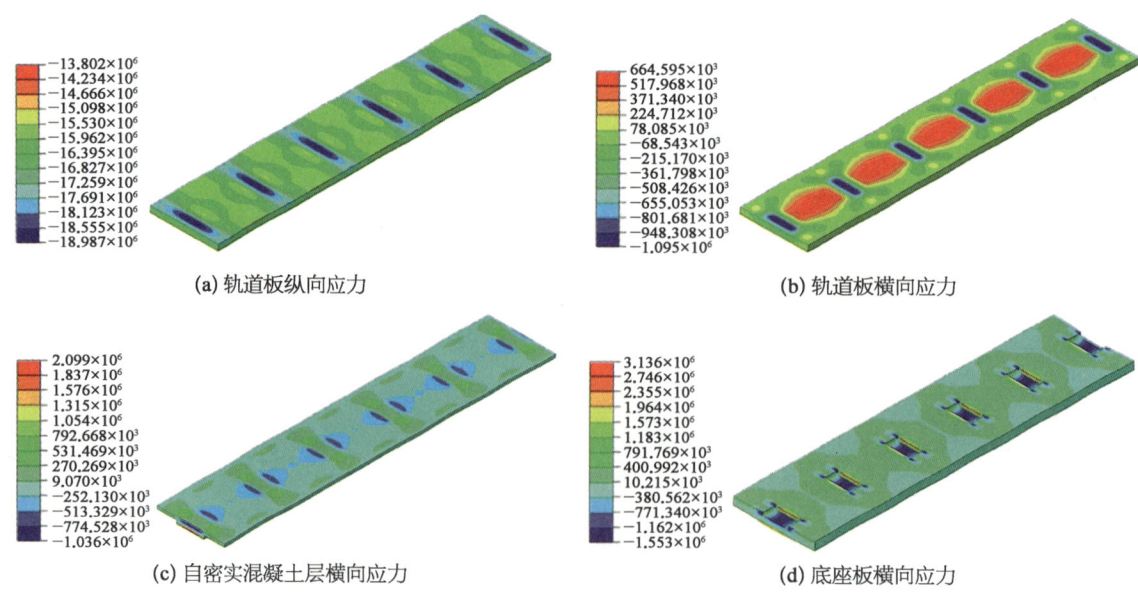

(a) 轨道板纵向应力　　　　　　　　　(b) 轨道板横向应力

(c) 自密实混凝土层横向应力　　　　　　(d) 底座板横向应力

图 5-61　整体升温条件下无砟轨道结构层受力状况

元结构对应的最大拉应力分别为 0.44 MPa、0.05 MPa 和 0.01 MPa，即纵连结构中自密实混凝土层和底座板最大拉应力均超过混凝土的容许应力，而单元结构拉应力很小。

在最大升温降温和温度梯度作用下，单元结构与纵连结构受力对比如图 5-62 所示，纵连结构层在最大降温条件下承受的拉应力最大，轨道板、自密实混凝土层和底座板最大纵向拉应力分别为 17.0 MPa、17.5 MPa 和 20.0 MPa，轨道板出现在结构层接缝处，和双块式大单元结构相同，采用接缝将轨道板纵向连接，在降温条件下也会在接缝处拉开，形成单元结构；自密实混凝土层和底座板最大拉应力与纵连结构升温条件下受力相同，最大拉应力产生在凹凸槽内，将会导致凹凸槽产生裂缝。负温度梯度下纵连结构中轨道板 4 个角翘曲，受接缝约束产生很大的拉应力，同样会导致接缝处混凝土拉开。从升温降温的纵向位移和温度梯度作用下的垂向位移可以看出，纵向连续以后结构层位移基本被完全约束，这是在结构层中产生很大的温度应力的原因；单元结构则在升温降温条件下产生较大的纵向位移、总温度梯度下产生较大的垂向位移。

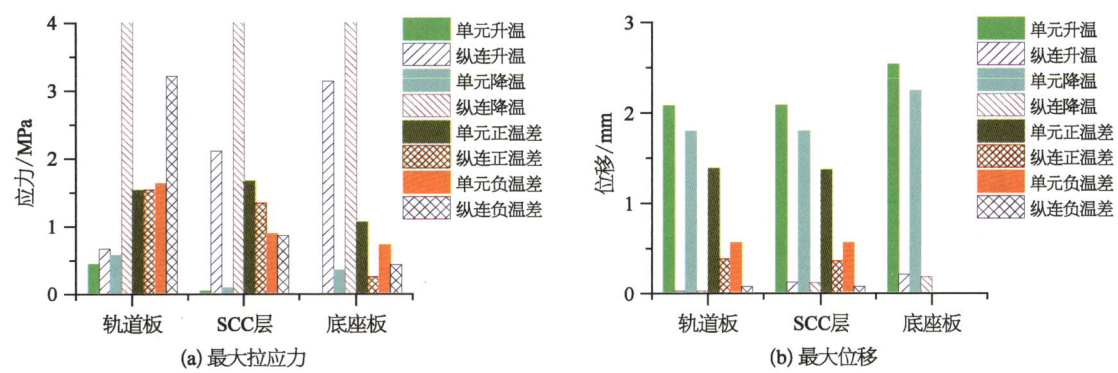

图 5-62　温度荷载作用下无砟轨道结构层受力对比

如果自密实混凝土层纵向连接而轨道板未纵连时，在板缝位置处下层自密实混凝土层在整体升温下纵向伸缩受到约束，而轨道板纵向伸缩未受约束，将会产生较为明显的轨道板和自密实混凝土层上拱趋势，如图 5-63 所示，板缝位置处自密实混凝土层和轨道板的局部应力较大，轨道板纵向拉应力达到 1.77 MPa，自密实混凝土层局部拉应力达到 27.5 MPa，压应力也达到 91.4 MPa，在整体升温下板缝位置处自密实混凝土层会因拉压而产生破坏。如图 5-64 所示，复合板最大上拱

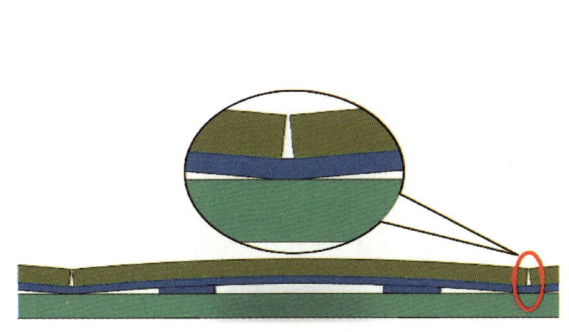

图 5-63　整体升温条件下无砟轨道变形趋势

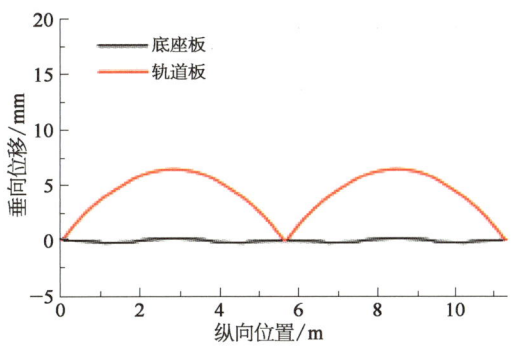

图 5-64　整体升温条件下复合板与底座板垂向位移

位移也达到 6.9 mm,底座板由于隔离层的存在而位移很小,从而导致复合板和底座板间产生明显的离缝。

与整体升温情况下类似,如图 5-65 所示,板缝位置处自密实混凝土层纵向局部拉应力达到 83.0 MPa,轨道板纵向拉应力达到 21.9 MPa,复合板垂向位移差达到 6.8 mm。底座板由于自密实混凝土层凸形限位结构的受力后带来的拉力作用,凹槽结构处同样产生纵向拉应力,最大达到 20.3 MPa。

图 5-65 整体降温条件下单元与纵连结构受力对比

通过分析可以看出,在严寒季冻区温度场作用下,CRTS Ⅲ型板式无砟轨道采用何种连续形式,在最大升温降温条件下都是不成立的,均会在接缝处产生很大的拉应力而破坏其连续性,同时还会在自密实混凝土层与底座板的凹凸限位结构上产生应力集中,引起限位结构的开裂。因此,在严寒季冻区不宜采用纵向连续的无砟轨道结构,而应采用单元式无砟轨道结构。

5.4.2 底座板合理长度

在严寒季冻区采用单元式无砟轨道结构时,底座板长度对结构层纵向位移影响比较大,因此,需要采用合理的长度。如图 5-66 所示,在最大温升温降 40℃条件下,当底座板长度为 10.9 m 及以上时,横向抵抗力能够满足要求,即 2 块轨道板下设置 1 块底座板能够满足横向稳定性的要求,此时横向力富余量为 14.1 kN。结构层纵向位移与底座板长度的关系如图 5-67 所示,随着底座板长度的增加,结构层纵向位移均有增加。随着底座板长度由 2 块轨道板长增加到 6 块轨道板长,底座板纵向位移由 2.37 mm 增加到 4.46 mm,自密实混凝土层和轨道板纵向位移由 1.05 mm 增加到 1.74 mm,复合板和底座板间相对位移由 1.32 mm 增加到 2.72 mm。底座板纵向位移和长度之间呈线性关系

$$u = 0.516n + 1.556, R^2 = 0.95 \tag{5-27}$$

式中　n——轨道板块数。

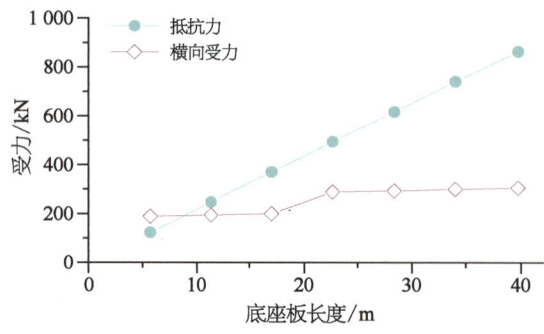

图 5-66 底座板受力与长度关系

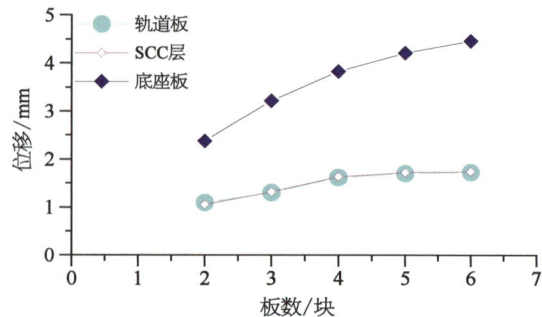

图 5-67 结构层纵向位移与底座板长度关系

结构层应力与底座板长度的关系如图 5-68 所示,在升温条件下,自密实混凝土层板端的拉应力在底座板长度为 4 块轨道板长度以内时快速增加,随后即使底座板长度增加,自密实混凝土层最大拉应力也基本不变。在降温条件下,底座板最大拉应力随其长度增加而增大,两者之间呈线性关系

$$\sigma = 0.306n + 1.089, \quad R^2 = 0.88 \tag{5-28}$$

可以得出,要在降温 40℃条件下,底座板最大拉应力保持在容许应力以内时,底座板长度取 2 块轨道板长度为宜。

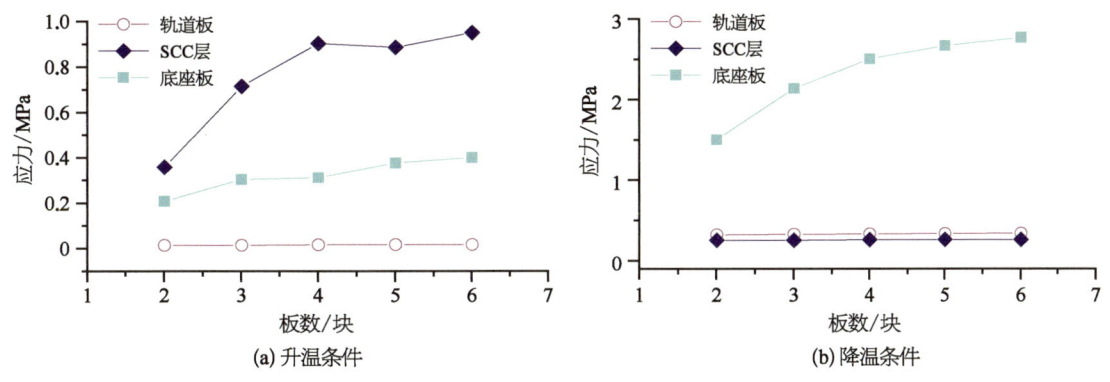

图 5-68 结构层纵向应力与底座板长关系

5.4.3 预应力轨道板

由于严寒季冻区最大温度梯度的作用,轨道板将出现最大拉应力超过容许应力的问题,为控制轨道板产生裂纹,应当采用预应力结构。

我国早期无砟轨道的轨道板主要采用双向后张预应力结构,由于材料和工艺的问题,在使用过程中出现了预应力钢筋锚具失效、钢筋断裂窜出等问题,给运营安全和结构耐久性带来了不利的影响。为此,我国研发应用了双向先张预应力轨道板,其中 CRTS Ⅲ型轨道板中纵向预应力钢筋双层配置、截面中心对称布置,横向预应力钢筋单层配置、截面中心布置,为控制顶面和底面拉应力导致的混凝土裂纹,在顶层和底层配置了普通钢筋,并采用较小的直径及较密的间距,形成钢筋骨架,以控制裂缝宽度,并防止预应力筋腐蚀。

不同荷载作用下预应力轨道板中纵向预压力分布如图 5-69 所示,其中,列车荷载采用 3 倍动车组静轴重,最大升温取 45℃,最大降温取 40℃,温度梯度取 45℃。轨道板预应力钢筋张拉以后,纵向预压力为 1 205.7 kN,横向预压力为 3 814.5 kN,预压力沿轨道板内呈均匀分布。当受到荷载作用后,预压力将受到荷载效应的影响,在列车荷载和正温度梯度作用下,轨道板顶面处于受压状态,预压力明显增加;在负温度梯度作用下,轨道板顶面处于受拉状态,抵消了部分预压力,轨道板预压力减小;整体升温和降温对预压力的影响不大,主要是轨道板伸长或收缩时,预应力钢筋与混凝土黏结性能不同,引起沿预应力钢筋局部的预压力变化。

所以,采用预应力钢筋混凝土轨道板的原理非常清晰,就是应用施加的预压应力,抵消荷载

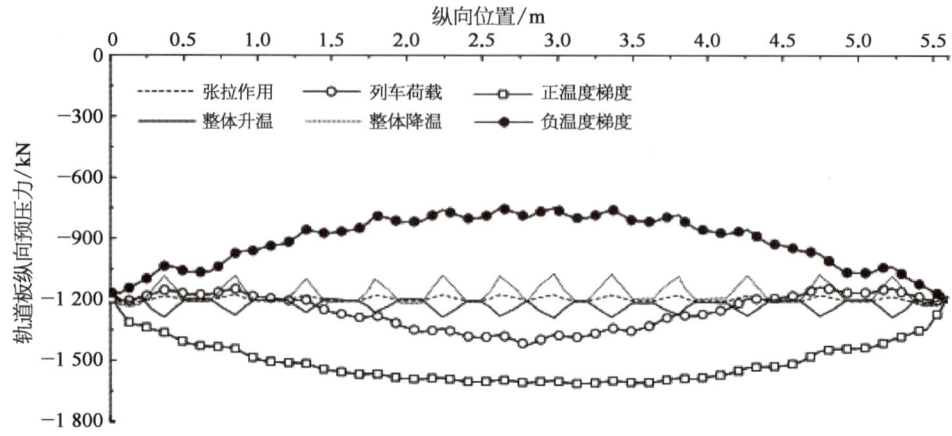

图 5‑69 不同荷载作用下轨道板的纵向预压力分布

作用下产生的拉应力,以控制混凝土最大拉应力不超过容许应力,以实现控制裂纹的目的。如图 5‑70(a)和(b)所示,在负温度梯度作用下,轨道板顶面受拉,普通钢筋混凝土轨道板在温度梯度达到 −57℃时,顶面最大拉应力将超过混凝土容许应力;而预应力轨道板在负温度梯度荷载作用下,在顶面仅出现很小的拉应力;轨道板中部作为负温度梯度作用时最大拉应力分布区,此时预压应力基本将拉应力抵消,从而保证轨道板基本处于受压或很小的拉应力水平。

如图 5‑70(c)所示,在正温度梯度作用下,轨道板底面处于受拉状态,其产生的拉应力对预压应力具有抵消作用,而且,板中是拉应力最大的区域,预压应力损失也最大。同样可以看出列车荷载在板底面产生拉应力后带来的预压应力损失,与正温度梯度作用相比,即使是 45℃/m 的正温度梯度,其产生的效应已经超过列车荷载的作用,因此,在无砟轨道结构设计和养护维修中,应重视温度效应对结构稳定和伤损的影响。

施加预应力的轨道板在荷载作用下的垂向位移分布如图 5‑70(d)所示,由于预应力的约束作用,对轨道板在温度梯度作用下的翘曲变形有抑制作用,板中、板角的翘曲变形量均有所下降,可以减少列车荷载下轨道板的动态响应,减轻 CA 砂浆的伤损。

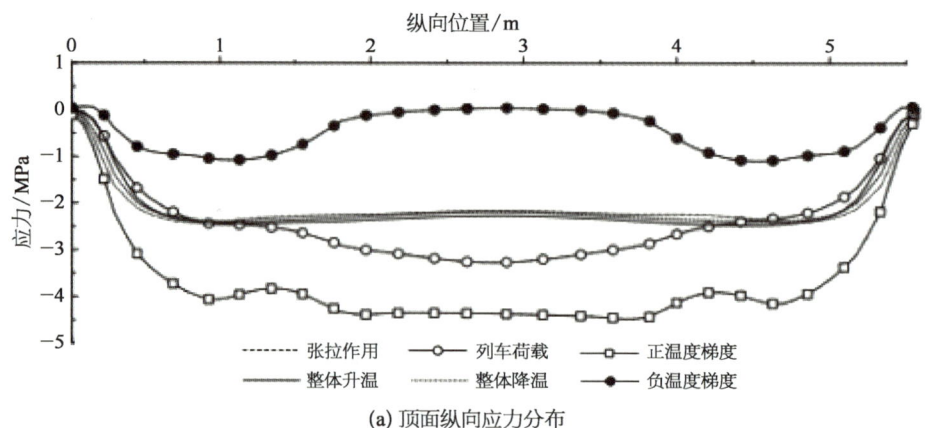

(a) 顶面纵向应力分布

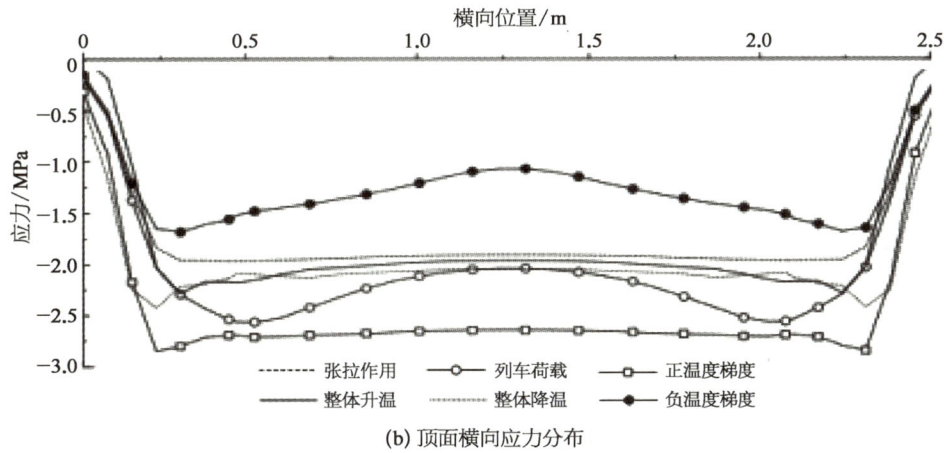

(b) 顶面横向应力分布

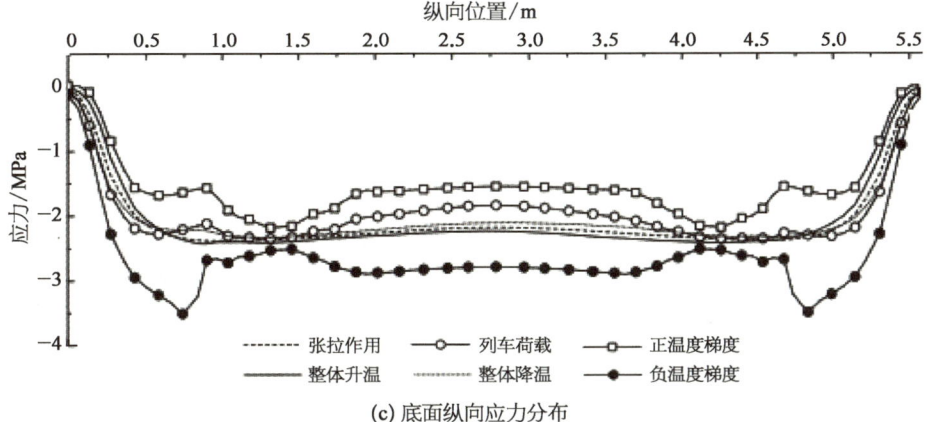

(c) 底面纵向应力分布

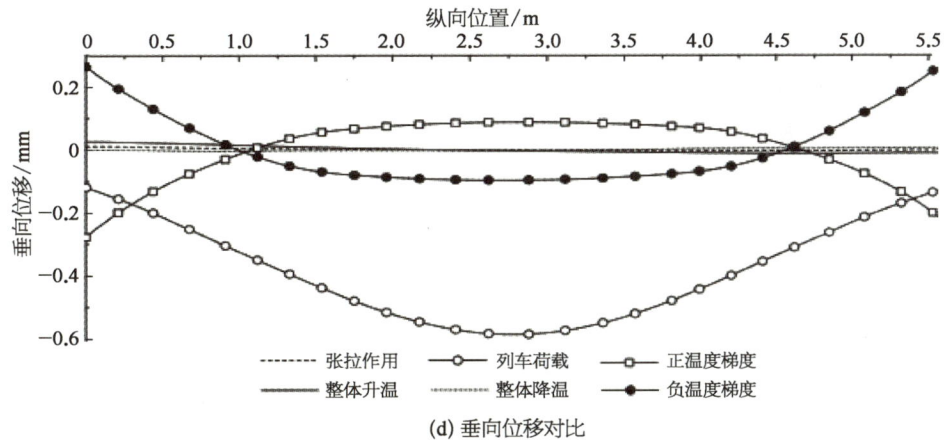

(d) 垂向位移对比

图 5-70　不同荷载作用下轨道板受力特征

5.4.4 隔离层合理刚度

隔离层的存在使上部复合板与下部底座板在荷载下能够独立变形,尤其是对温度梯度荷载效应的影响最为明显。隔离层的设置将使复合板翘曲变形无法传递至底座板上,同时,轨道板与自密实混凝土层的温度应力也得到合理释放。温度梯度荷载加载在轨道板上,正温度梯度取95℃/m,负温度梯度取-45℃/m。如图 5-71 和图 5-72 所示,没有隔离层时,结构层共同产生翘曲变形;设置隔离层后,复合板和底座板各自独立变形,复合板翘曲变形增加,底座板翘曲变形减小。

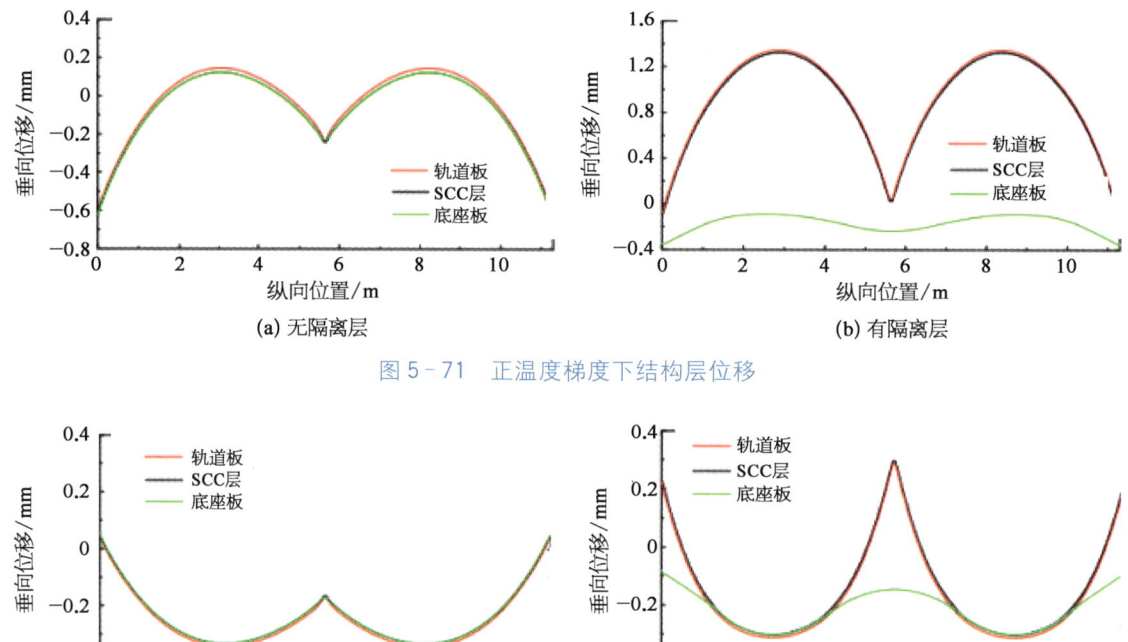

图 5-71　正温度梯度下结构层位移

图 5-72　负温度梯度下结构层位移

设立隔离层后有利于改善结构受力。如图 5-73 所示,在正负温度梯度 45℃/m 作用下,未设隔离层时底座板的最大拉应力已经超过混凝土的容许应力,设立隔离层以后,底座板承受的最大拉应力减小非常显著;在负温度梯度-45℃/m 作用下,轨道板承受的最大拉应力超过了混凝土的容许应力,设立隔离层以后,最大拉应力减少一半,在容许应力以内。只有自密实混凝土层在设立隔离层以后,承受正温度梯度作用时,其最大拉应力略有增加。

黏结面上垂向拉压应力与水平向的剪切应力对层间黏结的影响最为明显。如图 5-74 和图 5-75 所示,复合板和底座板之间黏结面上未设置隔离层时,黏结面上垂向拉压应力将在板端产生应力集中,纵向的剪切应力在底座板中部复合板板端产生应力集中;设置隔离层后,黏结面上垂向拉压应力和纵向剪切应力分布逐渐均匀,应力集中得到减轻,正温度梯度作用下层间拉应力由 1 MPa 降低至 0.4 MPa 左右,层间剪切应力由 1.4 MPa 降低至 1.2 MPa 左右;负温度梯度作用下层

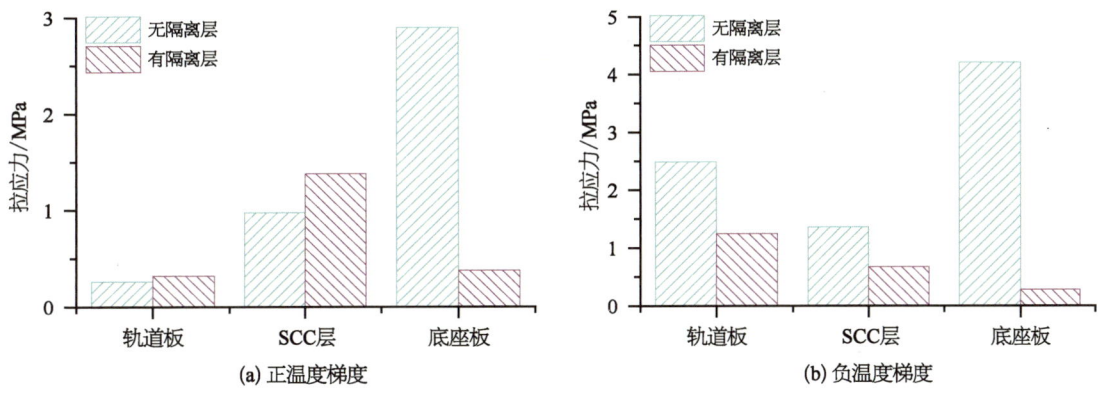

图 5‑73　隔离层对复合板受力的影响

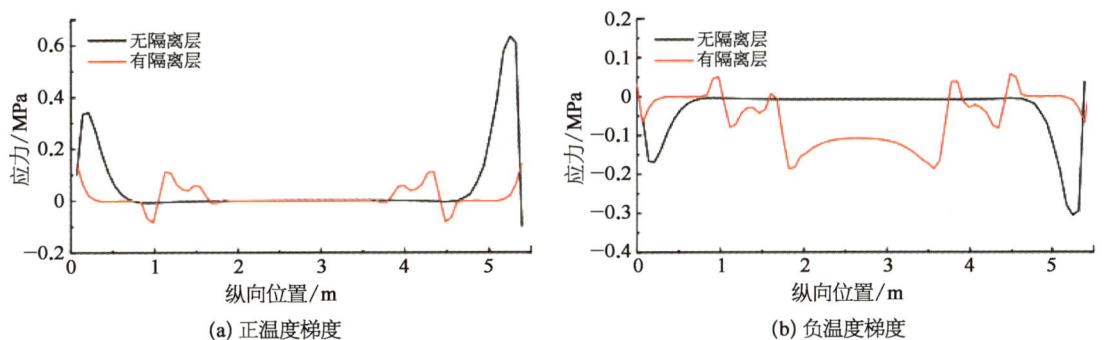

图 5‑74　黏结面垂向应力分布

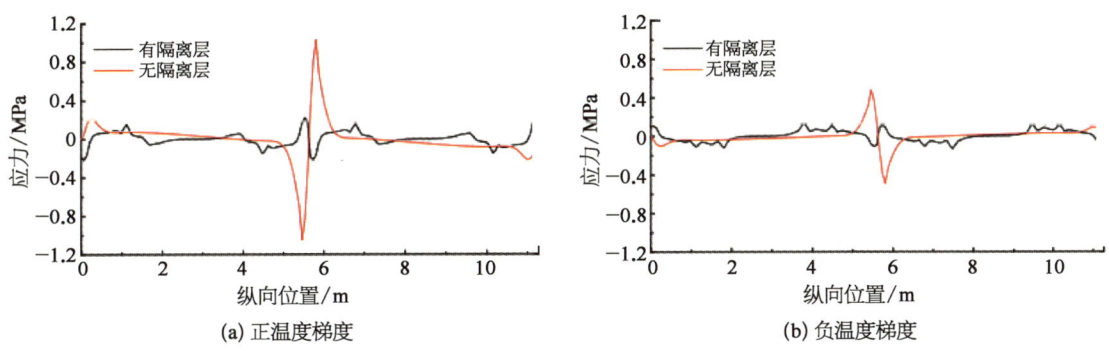

图 5‑75　黏结面纵向剪切应力分布

间拉应力由 2.5 MPa 降低至 0.3 MPa 左右,层间剪切应力由 0.7 MPa 降低至 0.1 MPa 左右。

隔离层作为协调受力和变形的功能层,需要具有合理的刚度。如图 5‑76 所示,隔离层刚度分别取 0.1 N/mm³、0.223 N/mm³、0.45 N/mm³、1.5 N/mm³、2.23 N/mm³、22.3 N/mm³,正负温度梯度取 45℃/m,列车荷载取 3 倍静轮重。在列车荷载和正负温度梯度作用下,复合板最大拉应力在隔离层刚度小于 2.23 N/mm³ 时,变化较为显著;刚度大于 2.23 N/mm³ 时,应力曲线趋于平缓。

列车荷载作用下复合板纵横向拉应力随隔离层刚度增加而减小,温度梯度作用下复合板纵横向拉应力随隔离层刚度增加而增大。如图5-77所示,列车荷载作用下轨道板向下挠曲和正温度梯度下板端向下挠曲随刚度增加而减小,正温度梯度下板中向上翘曲和负温度梯度下轨道板位移受隔离层刚度影响较小。

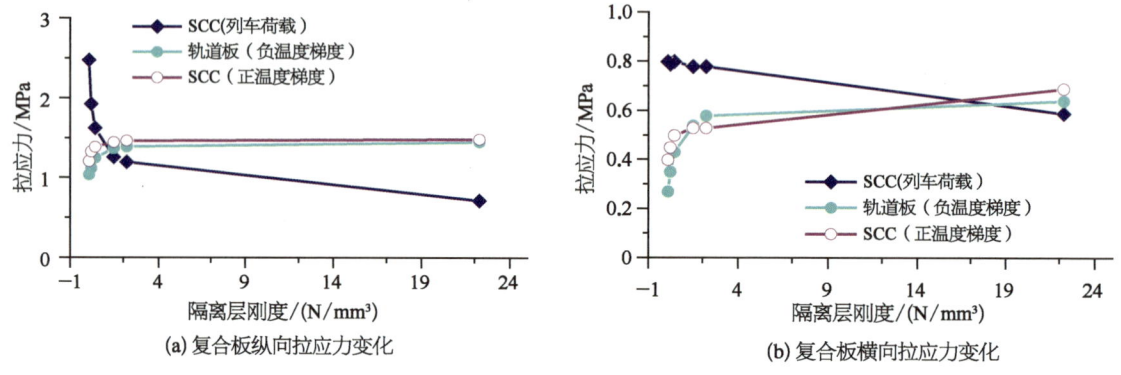

图 5-76　复合板最大拉应力与隔离层刚度的关系

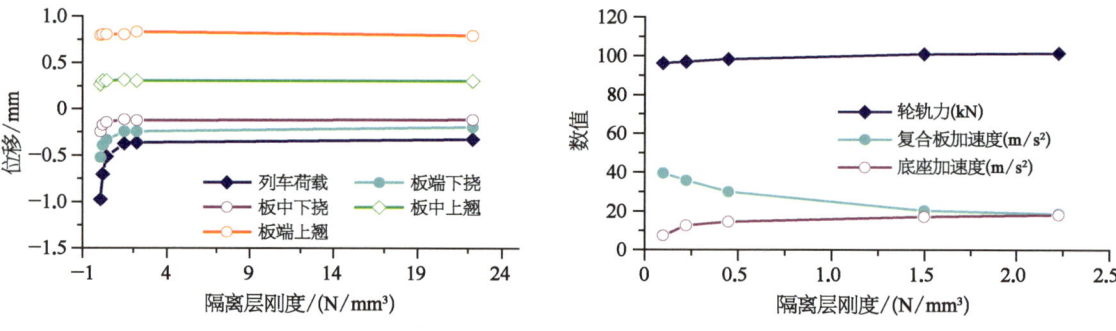

图 5-77　复合板位移随隔离层刚度变化　　图 5-78　隔离层刚度对轨道结构动力响应的影响

隔离层刚度对轨道结构动力响应的影响如图5-78所示。随隔离层刚度增加,轮轨垂直力略有增大,复合板加速度逐渐减小,底座加速度不断增加。隔离层刚度由2.23 N/mm³减小至0.10 N/mm³,底座振动加速度由18.46 m/s²减小至7.62 m/s²,底座振动加速度降低速率远小于隔离层刚度减小比例,在实际隔离层刚度范围(0.2~1.0 N/mm³)内,刚度变化对底座振动加速度影响并不显著。

对计算底座加速度进行频域幅值分析,如图5-79所示,随着隔离层刚度降低,底座加速度中高频成分逐渐减少,各频率对应振动幅值不断降低,说明隔离层具有一定隔离缓冲作用。

图5-80给出了列车荷载移动过程中板端和板中垂向位移的最大值随土工布隔离层刚度值的变化规律,在隔离层刚度1 N/mm³以内时,垂向位移快速衰减,超过1.5 N/mm³以后,对底座板位移影响较小。

研究结果表明,在隔离层刚度保持在1 N/mm³以内时,对复合板静态受力和动力响应影响最大,通过仿真计算和现场实测值进行对比,隔离层刚度值取0.45 N/mm³比较合理。

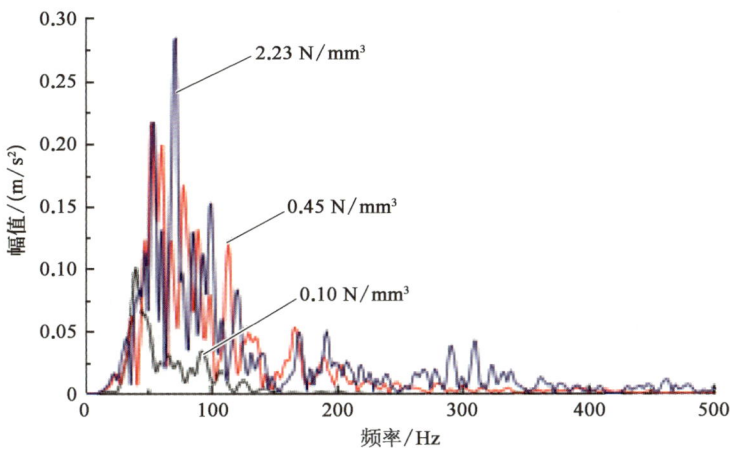

图 5-79　底座板加速度频域幅值随隔离层刚度变化

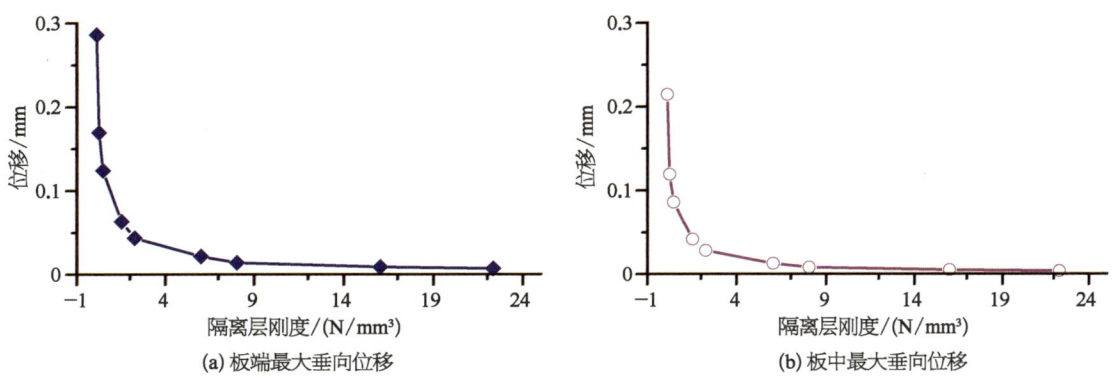

图 5-80　复合板相对底座板垂向位移随隔离层刚度的变化

参考文献

[1] 范静海,栾茂田,黎勇,等.非线性接触力学模型在地基-基础相互作用弹性分析中的应用[J].岩土力学,2004,25(S2):154-159.
[2] DUGDALE D. Yielding of steel sheets containing slits[J]. Journal of the Mechanics and Physics of Solids, 1960, 8(2):100-104.
[3] BARENBLATT G. The mathematical theory of equilibrium cracks in brittle fracture[J]. Advance in Applied Mechanics, 1962(7):55-129.
[4] ANYFANTIS, NICHOLAS G. TSOUVALIS. A novel traction-separation law for the prediction of the mixed mode response of ductile adhesive joints[J]. International Journal of Solids and Structures, 2012(39):213-226.
[5] 卢子兴.复合材料界面的内聚力模型及其应用[J].固体力学学报,2015,36(S):85-94.
[6] 赵国堂,刘钰.CRTS Ⅱ型板式无砟轨道结构层间离缝机理研究[J].铁道学报,2020,42(7):117-126.
[7] 刘学毅,苏成光,刘丹,等.轨道板与砂浆粘结试验及内聚力模型参数研究[J].铁道工程学报,2017(3):22-28.
[8] DAUX C, MOES N, DOLBOW J, et al. Arbitrary branched and intersecting cracks with the extended finite element method[J]. International Journal for Numerical Methods in Engineering, 2000, 48(12):1741-1760.

[9] CHESSA J, BELYTSCHKO T. A local space-time discontinuous finite element method[J]. Computer Methods in Applied Mechanics and Engineering, 2006, 195(13): 1325-1343.
[10] 李录贤, 王铁军. 扩展有限元法(XFEM)及其应用[J]. 力学进展, 2005, 35(1): 5-20.
[11] 方修君, 金峰. 基于 ABAQUS 平台的扩展有限元法[J]. 工程力学, 2007, 24(7): 6-10.
[12] VO T P, GUAN Z W, CANTWELL W J, et al. Low-impulse blast behaviour of fibre-metal laminates[J]. Composite Structures, 2012, 94(3): 954-965.
[13] PHADNIS V A, MAKHDUM F, ROY A, et al. Drilling in carbon/epoxy composites: Experimental investigations and finite element implementation[J]. Composites Part A-Applied Science & Manufacturing, 2013, 47(1): 41-51.
[14] 赵国堂. CRTS Ⅱ型板式无砟轨道温度变形与控制措施研究总报告[R]. 北京: 中国铁道科学研究院, 2015.
[15] 赵国堂. 高速铁路 CRTS Ⅰ型板式和双块式无砟轨道温度场监测及温度变形控制措施研究总报告[R]. 北京: 中国铁道科学研究院, 2015.

第 6 章

季冻区高速铁路无砟轨道平稳性保持技术

季冻区无砟轨道每天要承受列车荷载循环作用,夏季承受剧烈变化的温度荷载作用,冬季承受极端低温和冻胀变形上拱作用,结构伤损及材料劣化问题较其他地区严重,无砟轨道平稳性保持问题面临极大的挑战。

本章介绍了以轨道不平顺与无砟轨道结构效应控制和材料耐久性提升为核心的季冻区高速铁路无砟轨道平稳性保持技术。在不平顺方面,季冻区无砟轨道平顺性变化显现出以高低不平顺产生与发展为特征、以轨道板和底座板长度为周期的变化特点,与温度效应和冻胀效应分析结果相一致。为解决季冻区严酷环境下无砟轨道养护维修问题,构建了不平顺检测技术体系,提出了精准监测基础上的适度平顺维护技术。在结构效应方面,离缝是无砟轨道在温度荷载与路基冻胀变形荷载作用下最典型的结构效应,在无砟轨道服役期间难以避免,应用试验室足尺试验与仿真计算方法阐释了离缝条件下轨道结构的受力特征及动力响应,揭示了板下离缝检测机理,研发了离缝检测技术。在材料耐久性方面,无砟轨道常用的混凝土和CA砂浆材料作为多孔介质,其非匀质的组织结构及结构中存在的游离水在冻融环境下容易产生劣化及破坏,可以通过提升材料的密实性和均质性以提高抗冻性能,构建了以自密实混凝土、CA砂浆抗冻技术为核心的季冻区高速铁路无砟轨道抗冻技术体系。

6.1 季冻区无砟轨道平顺性保持技术

6.1.1 轨道不平顺特征

轨道不平顺是轨道空间几何尺寸的偏差,是荷载作用下轨道与路基、桥梁、隧道相互作用结果的反映。季冻区高速铁路无砟轨道采用单元式结构,受温度梯度作用时翘曲变形效应显著,而路基冻胀变形作用更是季冻区独有,轨道不平顺反映的主要是高程上的变化,可以用轨道高低不平顺表征。

轨道不平顺是典型的随机函数,不同位置轨道不平顺幅值和波长各不相同[1]。从轨道平稳性管理来说,不平顺幅值需要控制在一定限值以内,按安全性和舒适性要求分为不同的超限等级[2];单元轨道质量需要保持均衡,根据轨道不平顺统计特征分为 TQI 管理和不平顺谱管理。

1. 轨道不平顺幅值特征

选择哈大高速铁路典型地段路基冻融前后轨道不平顺波形变化进行对比。如图 6-1 所示,粉色为冬季 1 月、褐色为夏季 7 月检测值。路基冻胀对高低的影响最为显著,1 月轨道高低不平顺幅值最大,最大峰峰值可达 8.5 mm,7 月最大峰峰值为 5.6 mm。水平是同一断面上两股钢轨的高低之差,既然高低受冻胀影响显著,水平也会受到冻胀的影响,特别是东西向高速铁路左右股钢轨对应的路基冻胀的差异性,水平的变化是这种差异性的体现,和 1 月高低不平顺有一定的对应性。轨距和轨向则与路基冻胀变形没有相关性,冬夏季轨距和轨向变化没有规律性。

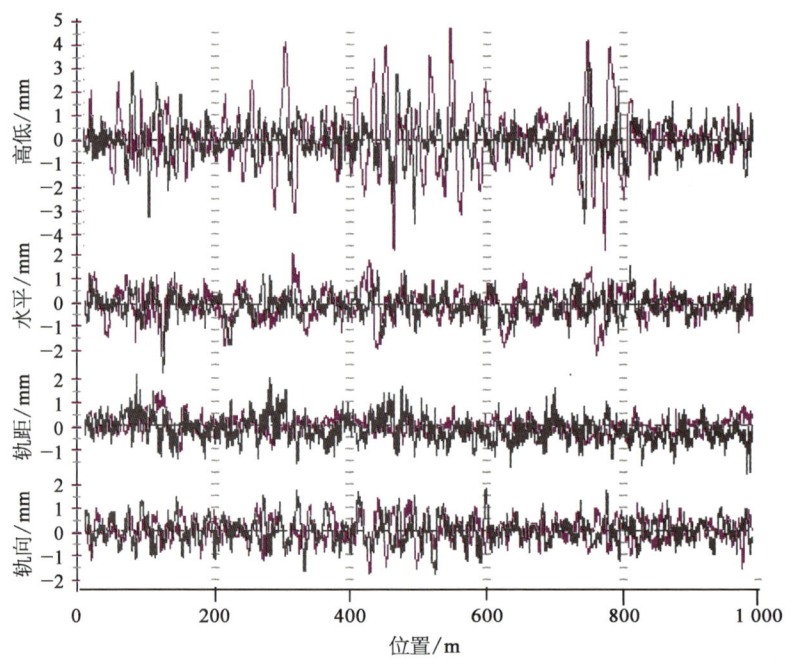

图 6-1 冬夏季轨道不平顺波形变化对比

比较同一位置不同时间的轨道高低不平顺。如图 6-2 所示,粉色为 2013 年 1 月检测波形,褐色为 2016 年 1 月检测波形。经过 3 年时间,高低不平顺位置、形状和幅值具有再现性,最大峰峰值由 2013 年冬季的 8.5 mm 减小到 2016 年冬季的 7.6 mm,表明高低不平顺可以作为评价路基冻胀的指标,同时也表明路基冻胀是可控的。

轨道产生高低不平顺以后,2013 年 1 月轮轨动力响应检测结果如图 6-3 所示,左右轮轨垂向力增大明显,左右轮轨横向力变化较小,车体垂向加速度对应轨道高低不平顺变化显著。与 12 月检测结果相比,左右轮轨垂向力在 0.5～10 Hz 范围内的波动分别由 1.5 kN 和 1.9 kN 增大到 3.3 kN 和 3.5 kN,波动值与准静态值的比值由 1.9% 和 3.1% 增大到 4.2% 和 5.9%;低通 10 Hz 下车体垂向加速度由 0.21 m/s² 增大到 0.54 m/s²,垂向平稳性系数由 1.41 变化到 1.87,乘坐舒适性将受到影响,列车运行平稳性下降。

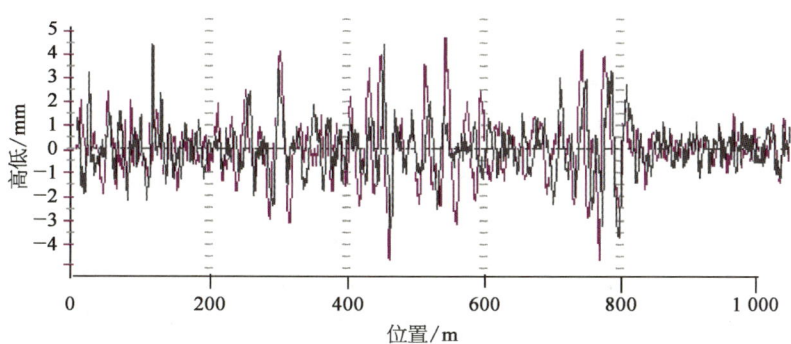

图 6-2　路基地段 3 年轨道不平顺波形对比

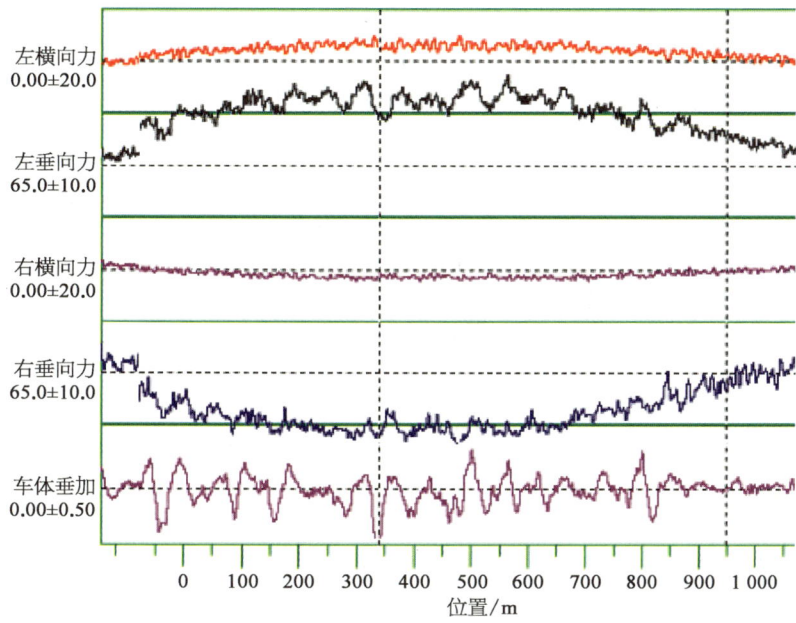

图 6-3　轮轨动力响应检测结果

哈齐高速铁路采用混凝土基床,以解决低矮路基及地下水位较高的问题。高低不平顺和车体垂向加速度检测结果如图 6-4 所示,浅色为 1 月检测结果,褐色为冻胀前检测结果。在未进入冬季低温时节,混凝土基床地段轨道不平顺很小,峰值最大为 3 mm;进入冬季以后,混凝土基床产生周期性的高低不平顺,峰值最大为 7 mm,周期性不平顺的波长为 20 m,与混凝土基床的长度一致。混凝土基床轨道高低周期性不平顺的产生与其温度梯度有关,冬季混凝土基床顶部温度与气温相当,而底部温度处于年温度变化较小深度内,明显高于顶部温度,在冬季内基本处于负温度梯度作用下,形成中部下沉、端部和四角翘曲的状态。受混凝土基床高低不平顺的影响,未冻胀前不平顺幅值很小,车体加速度也很小;冻胀发生以后,周期性不平顺产生且幅值增大,车体加速度随之显著增大,峰值最大达到 0.08 g,对行车平稳性和乘坐舒适性带来不利影响。

轨道高低不平顺幅值大小与路基冻胀变形存在映射关系,在哈齐高速铁路线路上还反映出混凝土基床温度翘曲导致的周期性变化特征,与京津城际高速铁路进行的轨面高程和轨道高低不平

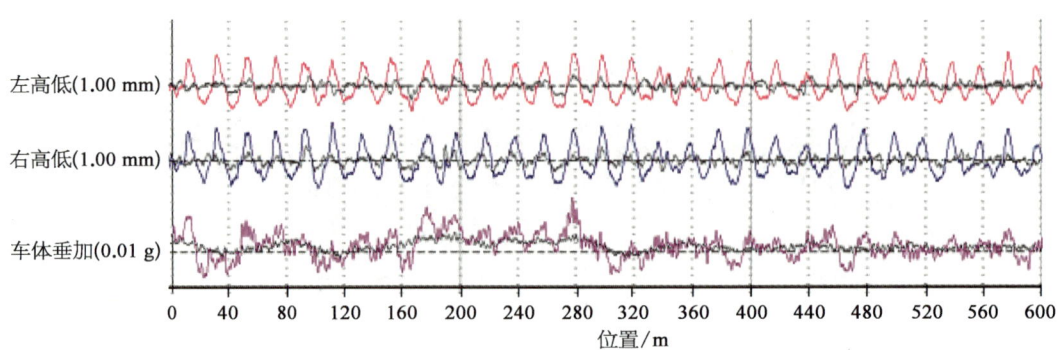

图 6-4 混凝土基床地段轨道高低不平顺和车体加速度波形

顺对比结果是一致的[3]。因此,可以按照高低不平顺与路基冻胀变形的映射关系所确定的标准[3,4],将轨道高低不平顺作为冻胀变形的控制指标。

2. 轨道不平顺谱特征

轨道不平顺激励的轮轨动力响应除了与其幅值有关外,还与其波长相关,因此,轨道不平顺的幅值和波长两方面的特征都必须掌握。只有功率谱密度才能揭示随机变化的轨道不平顺的幅值和波长两方面的信息,以及某段轨道不平顺的统计特征和规律。

轨道不平顺谱是轨道不平顺单边功率谱密度的简称。轨道不平顺的谱密度(PSD)曲线是一条连续的斜线,多数情况下波长越短其谱密度越小,具有宽带随机波的谱特征。我国实测高速铁路无砟轨道不平顺谱在双对数坐标系下呈现出明显的分段线性特征,可采用幂函数进行分段拟合

$$S(f) = Af^{-k} \tag{6-1}$$

式中 f——空间频率;

A、k——系数。

基于约束非线性最小优化方法的结果[5,6]表明,轨距、水平、轨向不平顺采用三段拟合,高低不平顺采用四段拟合即可取得满意的效果。分析轨道不平顺谱特征发现:高速铁路无砟轨道周期性结构导致了轨道不平顺中存在周期成分,在连续多等跨简支梁上的高低不平顺存在周期等于简支梁长度的周期性不平顺;CRTS Ⅱ型板式无砟轨道高低不平顺存在周期等于轨道板长的周期性不平顺;CRTS Ⅰ型板式无砟轨道高低不平顺存在周期等于底座板长的周期性不平顺;轨距和轨向不平顺存在周期等于钢轨定尺长的周期性不平顺;轨道周期性不平顺在轨道不平顺谱上存在相应倍频谱峰。

我国高速铁路无砟轨道功率谱与德国轨道谱相比[7],不同线路状态的中国高速铁路无砟轨道高低和方向不平顺谱状态良好,明显优于德国高速铁路轨道高低和方向不平顺谱,尤其是在 10~100 m 波长范围内;水平不平顺谱在中长波范围内优于德国高速铁路低干扰水平谱,在更大长波范围内,略劣于德国低干扰水平谱,个别状态下劣于其高干扰水平谱;轨距不平顺谱在不同波长范围内各有优劣,我国高速铁路无砟轨道 75%和 90%百分位数轨距谱状态稍差,尤其是在较长长波范围内。表明我国高速铁路工程建设质量可靠,基础沉降得到有效控制,保证了高低不平顺谱状态良好,但是养护维修质量需要提高,以提高轨距不平顺谱状态。

哈大高速铁路开通运营前,2012年11月29日的路基和桥梁区段轨道不平顺谱密度曲线如图6-5所示。可以看出,轨距和轨向不平顺谱基本一致;而高低和水平不平顺谱差异较大,路基地段高低和水平不平顺状态明显比桥梁地段差。其原因在于11月底,哈大高速铁路已经进入初始冻胀阶段,冻结深度较浅,路基冻胀变形主要集中在基床表层,上拱以后引起无砟轨道产生结构变形,形成轨道高低不平顺及相关的水平不平顺。而桥梁桩基础相对很深,初始冻胀不会对其产生影响,桥上轨道不平顺主要是桥梁温度效应所致。

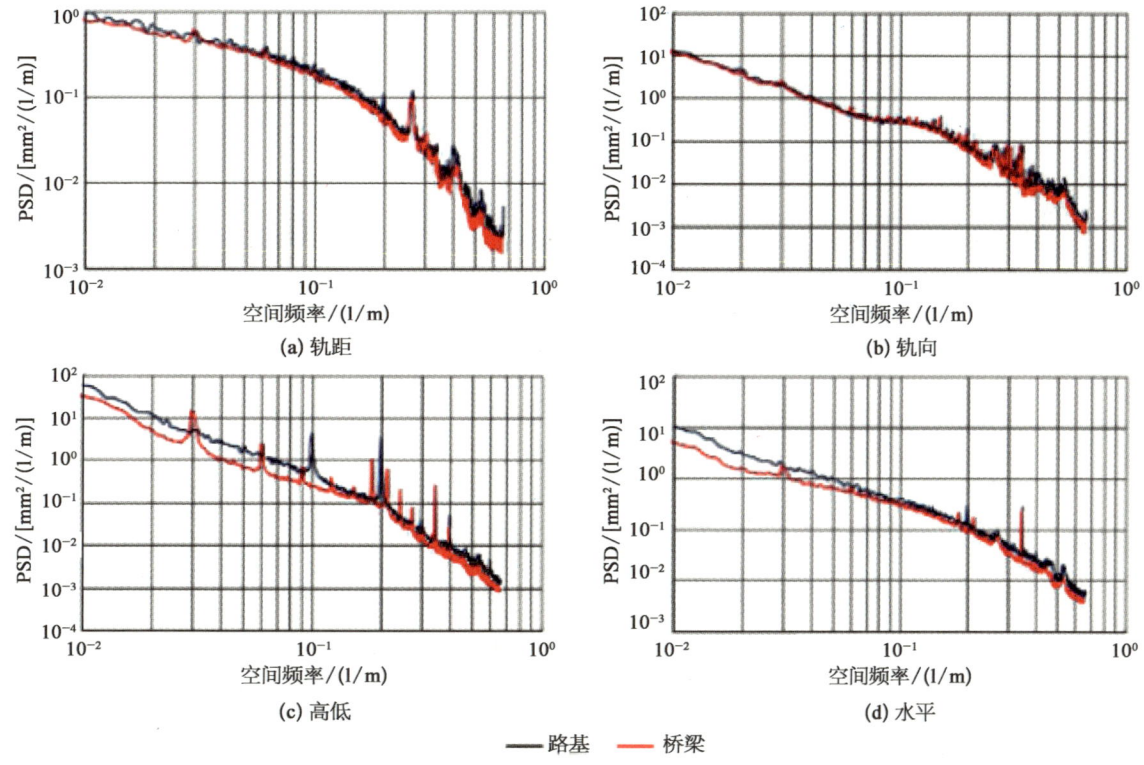

图6-5 冻胀初期轨道不平顺谱

由图6-5(c)可以看出,受路基冻胀影响,高低不平顺谱为周期性不平顺,其波长为5 m和10 m,分别对应轨道板和底座板长度;桥梁地段高低不平顺谱也存在波长等于桥梁跨度(32.6 m)的周期性不平顺。轨道板在32 m梁上的布置为P3685A+5P4962+P3685B,即梁的两端为较短的轨道板,梁中部为5块较长的轨道板,在连续简支桥梁上为不等长周期性布置,因此桥梁地段高低不平顺谱板长特征不明显,轨道板变形产生谱峰位置与桥梁跨度倍频位置重叠,相应能量增大。

初始冻胀和稳定冻胀期路基地段轨道不平顺谱如图6-6所示,轨距不平顺出现3 m左右的周期性不平顺,稳定冻胀以后谱峰增加。这个周期性不平顺一般为钢轨轧制过程中形成的轨身周期性不平顺,在冬季降温条件下随钢轨及无砟轨道的温度变形增大而变化;波长15 m以上的轨向不平顺在冻胀变形下受到一定影响;受到影响最显著的还是高低和水平不平顺谱,波长为底座板和轨道板长度的两个谱峰明显增大,和路基冻胀效应分析结果一致。

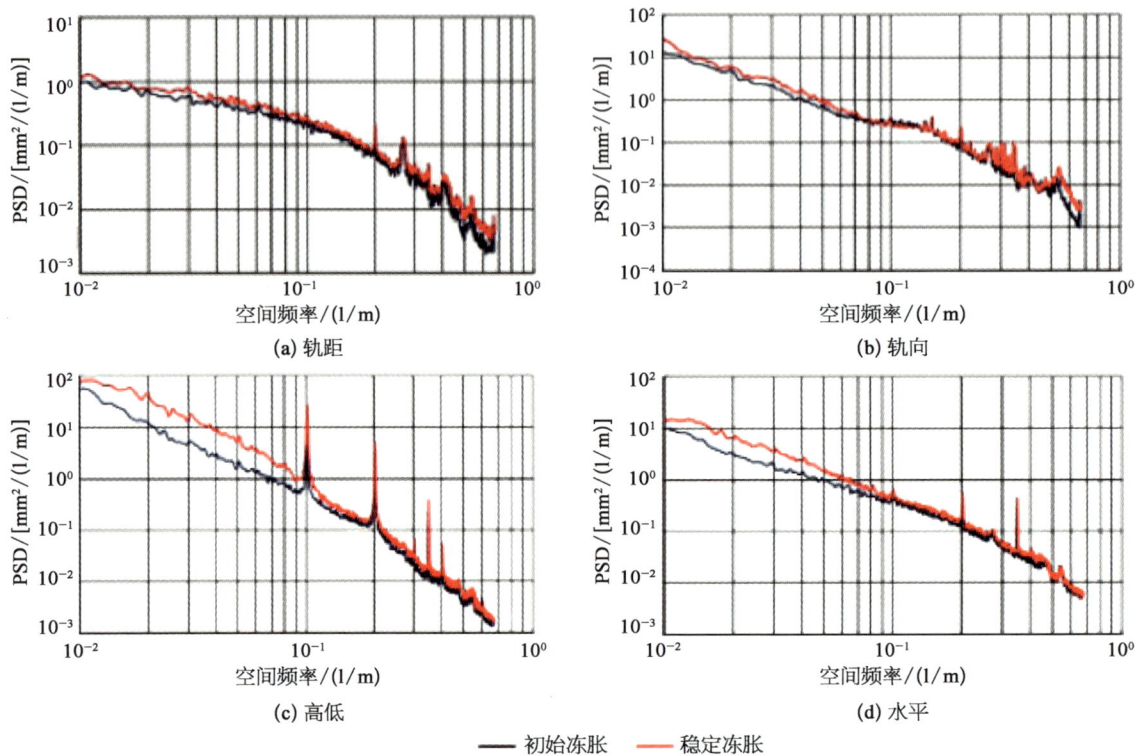

图 6-6 初始冻胀与稳定冻胀期路基地段轨道不平顺谱对比

桥梁地段在冻胀期内轨道不平顺谱变化很小,如图 6-7 所示,轨道不平顺状态较为稳定,对应桥梁跨度的周期性不平顺谱峰增加较小。其原因在于桥梁基础深度远大于土体冻结深度,土体冻胀对基础的影响很小,而且冬季桥梁顶面温度梯度较小,梁体的翘曲变形对轨道不平顺的影响较夏季要小。

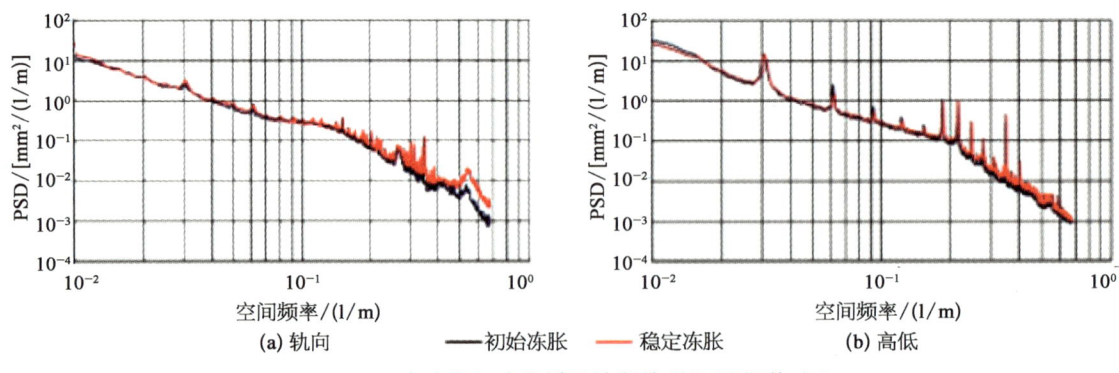

图 6-7 未冻胀与冻胀桥梁地段轨道不平顺谱对比

哈齐高速铁路路基混凝土基床地段高低不平顺 90% 和 50% 谱对比如图 6-8 所示,对应与混凝土基床长度为 20 m 的周期性高低不平顺谱峰及倍频谱峰比较显著,而且在秋冬季均存在,说明引起其产生的原因主要还是混凝土基床的温度翘曲,冬季谱峰增大则和冻胀有关。中短波情况下出现的谱峰主要对应轨道板长度,而且只有在进入冬季时才出现。这个谱峰也主要和负温度梯度作用下的翘曲有关,和桥梁上的高低不平顺谱特征相似。

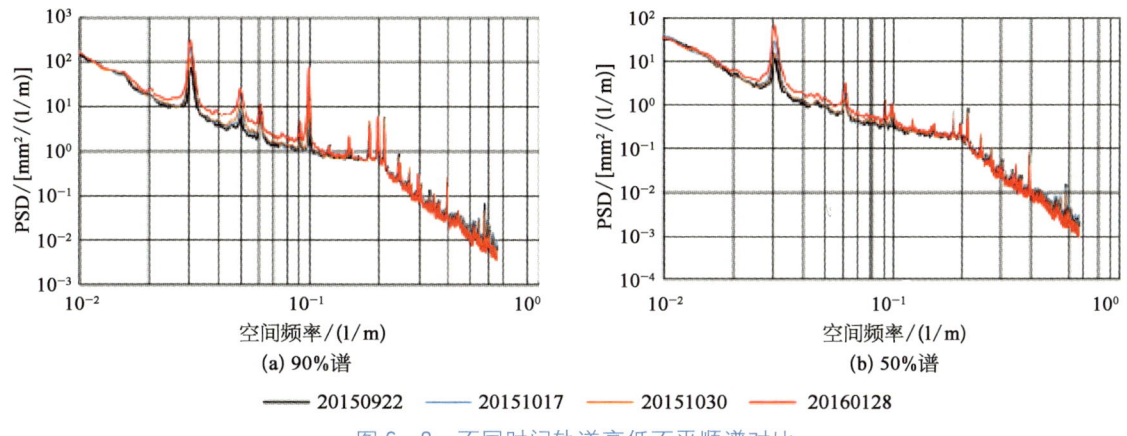

图 6-8　不同时间轨道高低不平顺谱对比

通过对开通运营的哈大、哈齐高速铁路轨道不平顺数据的分析,可以得出以下结论:

(1) 在冬季严酷环境下,路基和桥梁区段轨距和轨向不平顺峰值与不平顺谱基本一致,高低和水平不平顺幅值与谱峰值则差异较大;桥梁区段轨道不平顺受冻胀影响很小,路基地段高低不平顺受冻胀影响显著,因此,可以将路基地段高低不平顺作为轨道平顺性保持的指标,指导线路的养护维修。

(2) 路基地段轨道高低不平顺与路基冻胀变形具有较好的映射关系,在波长 20 m 以内时,CRTS Ⅰ型和Ⅱ型板式无砟轨道不平顺受路基冻胀的影响比较显著;轨道高低不平顺谱峰揭示了路基地段存在波长为底座板长度 10 m 和轨道板长度 5 m 的周期性不平顺,这两个波长的轨道不平顺对轮轨响应影响很大。因此,加强冬季路基地段轨道不平顺的控制非常重要。

(3) 混凝土基床能够有效控制冻胀变形,但是,温度效应带来的问题需要重视。在温度梯度作用下形成的波长为混凝土基床长度的高低不平顺,将会加剧轮轨相互作用,影响列车运行安全和乘坐舒适性。

6.1.2　轨道不平顺检测技术

严酷环境下轨道平顺性保持是季冻区高速铁路运营安全面临的最严峻考验。在我国严寒季冻区最冷月平均温度-20℃以下、极端低温可达-40℃的情况下,高速铁路的维修天窗在凌晨的 0:00~4:00,正是一天温度最低的时段,一般电子监测设备的使用温度不低于-20℃,在维修天窗内不能正常工作,只能采用特殊制造的耐低温设备;由于维修天窗时间仅 4 h,照明条件差,人员工作质量不高,检测不到位引起欠维修和事后维修问题突出,带来了季冻区高速铁路的安全风险。为此,季冻区高速铁路轨道检测需要采用车载设备。

目前,我国高速铁路轨道不平顺检测主要采用综合检测列车,按照每月 2~3 次的周期进行检测。哈大高速铁路开通初期,由于没有掌握低温环境和路基冻胀对轨道平顺性的影响规律,一般安排综合检测列车每2 d检测一次。为节省综合检测列车运用成本,提高检测频次,研发了装载于运营动车组上的检测系统,实现了对轨道平顺状态的每天多次检测,建立了周期性检测和日检测相结合的检查制度,确保对轨道不平顺状态的有效监控。

1. 综合检测列车

综合检测列车的研发应用是确保高速铁路安全的重要保障。日本新干线开通运营50多年来能够保证安全,其Yellow Doctor和East-i综合检测列车功不可没。随后世界各国相继研制了自己的综合检测列车,比较知名的有法国IRIS320、意大利阿基米德和英国NMT。

我国自论证建设京沪高速铁路伊始,就确立了研发综合检测列车的技术路线。2008年6月6日,第一列基于CRH5型的检测车出厂,以体现中国高速铁路至臻追求的零误差、零缺陷、零故障将其命名为0号高速综合检测列车,并于2008年7月1日起用于京津城际铁路试运行期间的每日检测。从8月开始,承担京津城际铁路1次10 d的周期性检测任务。目前,我国铁路运用的综合检测列车有12列,除0号高速综合检测列车外,还有CRH380A-001、CRH380B-002高速综合检测列车,其中以CRH380BG型高寒动车组(适用温度-40~+40℃)为技术平台的CRH380BJ-A型高寒高速综合检测列车检测系统设备具备在车外-40~+70℃、车内-10~+40℃条件下存放,在车外-25~+40℃(车顶为-25~+70℃)、车内0~+40℃条件下运行检测的能力。

高速综合检测列车通过脉冲传输网络、里程校准网络、数据网络将整车各检测系统有机结合,实现了轨道、接触网、轮轨动力学、通信、信号等数百个参数同步检测、精确定位和集成分析。高速综合检测列车装备有轨道、弓网、轮轨力、车辆动态响应、转向架载荷、通信、信号、综合8个检测系统(图6-9),最高检测速度能够达到400 km/h,可同时对高速铁路基础设施进行等速、综合检测。

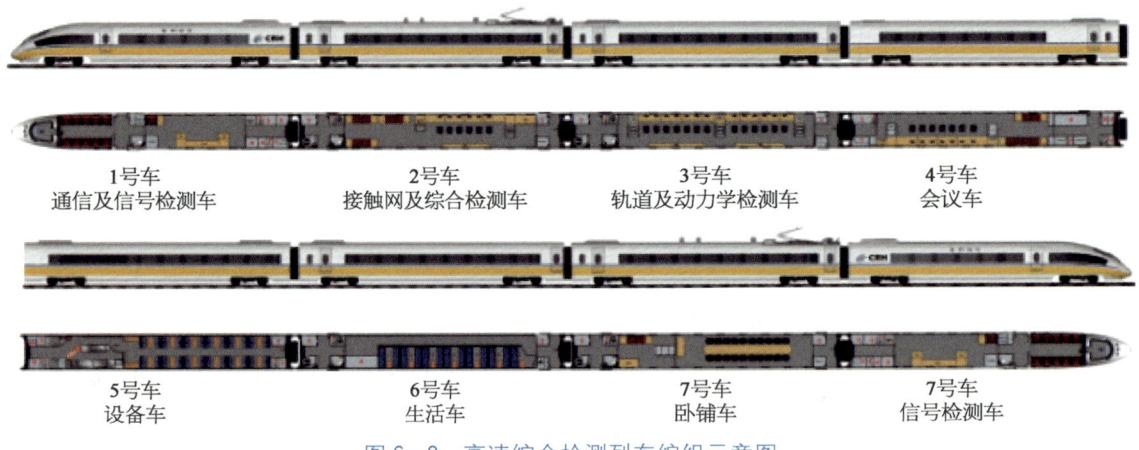

图6-9 高速综合检测列车编组示意图

轨道不平顺检测采用我国自主研发的GJ-6型轨道检测系统,检测项目包括轨距、轨向、高低、水平、三角坑、车体横向加速度、车体垂向加速度、超高、曲率、地埋标志、速度和里程。GJ-6型轨道检测系统继承了GJ-4型轨道检测系统的捷联式结构和GJ-5型轨道检测系统激光摄像检测技术[8],克服了易受阳光干扰的缺点,提高了悬挂结构的安全性,满足了轨道高速检测的需要。轨道检测系统组成如图6-10所示,主要由激光摄像组件、惯性测量组件、信号处理组件、数据处理组件、里程和空间同步组件、机械悬挂式检测梁 6 部分组成。首先采集激光摄像组件与惯性测量组件的数据,即采用激光摄像系统或位移计测量惯性基准测量相对于钢轨轨距点的横向位移和高低点的垂向位移,通过惯性传感器加速度计、陀螺等多种传感器测量车体和检测梁的姿态变化,将传感器感知的位移、速度、加速度等物理量经过信号处理组件和数据处理组件得到轨道几何参数,里程校正和空间同步组件对检测系统进行里程修正。信号处理组件包括模拟信号处理组件和数字信号处理组件两部分,数据处理组件为超限检测计算机、数据应用计算机、网络打印计算机、交换机等组成的车载微机局域网系统,能够根据需要按照一定的检测标准摘取超限数据、输出统计报表、实时显示及存储轨道几何波形图。

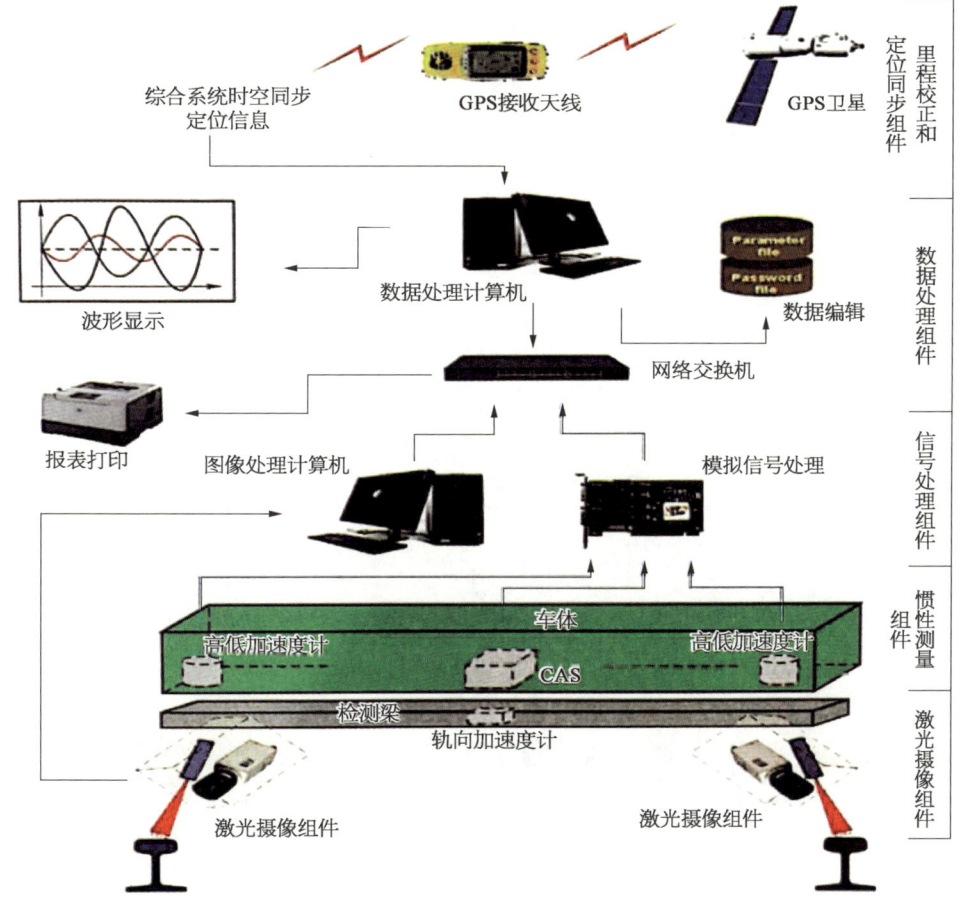

图 6-10 轨道检测系统结构示意图

GJ-6 型轨道不平顺检测系统主要技术指标如表 6-1 所示,高低和轨向检测有最低检测速度要求,不同波长范围检测速度要求不同。轨道不平顺检测系统检测结果在可测速度范围内重复性较好,受外界环境影响较小;检测速度对轨道不平顺检测影响较小,对车体加速度检测影响较大。目前还不能检测的项目包括诸如钢轨顶面的短波不平顺及波长 120 m 以上能够反映基础变形的超长波长不平顺。

表 6-1 GJ-6 型轨道不平顺检测系统主要技术指标

检测项目	测量范围/mm	准确度/mm	波长/m	最低检测速度/(km/h)
轨 距	1 420～1 485	±0.8	—	0
轨 向	±50	±1.5	1.5～42	24
	±100	±3.0	1.5～70	40
	±300	±5.0	1.5～120	70
高 低	±50	±1.0	1.5～42	15
	±100	±3.0	1.5～70	40
	±300	±5.0	1.5～120	70
水 平	±50	±1.5	—	0
三角坑	±50	±1.5	—	0
超 高	±225	±5.0	—	0

由于轨道检测系统还不能检测短波不平顺,在高速综合检测列车上一般装备轮轨动力学检测系统。如图 6-11 所示,检测系统主要检测两个或三个断面的轴箱、构架、车体加速度,采用分布式采集技术对安装在综合检测列车不同断面的加速度信号进行同步采集处理,同时接收综合系统的时空同步信息。检测数据通过网络传输到中央处理计算机,进行数据处理、存储、统计分析和展示,可同时显示里程、速度、加速度波形及台账信息。通过高速综合检测列车的车辆加速度动态响应,可以识别轨道缺陷,特别是轨道短波不平顺情况。

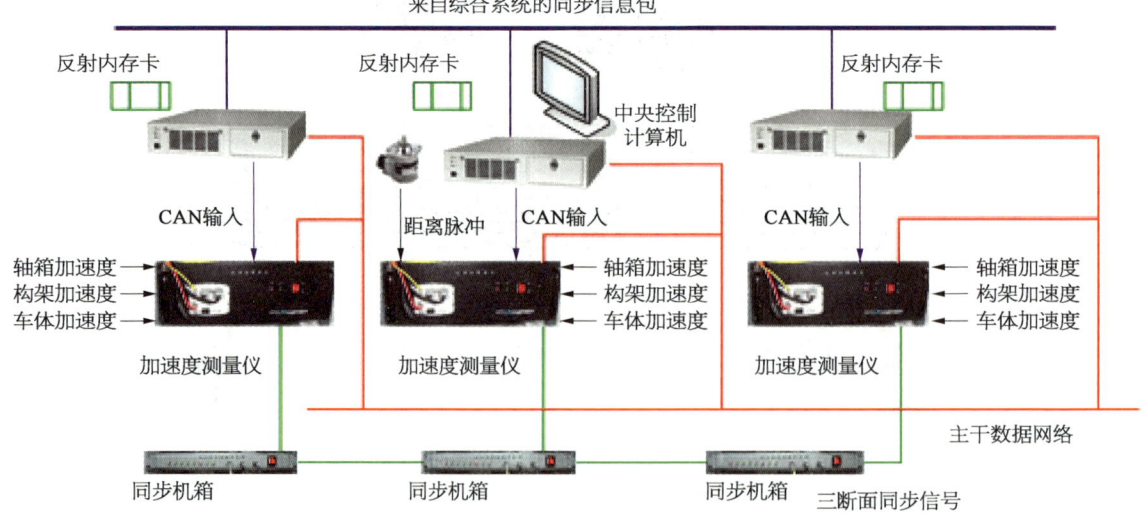

图 6-11 轮轨动力学检测系统结构示意图

2. 运营动车组车载检测系统

在运营车辆上搭载小型化检测设备具有轨道不平顺检测生命周期成本低、消除运营干扰、提升检测频率和效率等优点,从而在国外铁路上得到了重视和应用。其中,2008 年 JR 东海公司将新研制的搭载式装置安装到 N700 系营业列车上,对东海道新干线轨道高低不平顺每天测试数次;2011 年东日本大地震后,JR 东日本引进搭载式惯性正矢轨道检测装置,安装在 E5 系和 E7 系运行列车上,对东北、北陆、上越新干线进行检测。美国联邦铁路管理局(FRA)研发的自动轨道几何检测系统(ATGMS),通过 2008 年 1 月—2011 年 3 月共计 740 000 km 线路检测的试验,作为 FRA 铁路安全办公室自动轨道检测项目(ATIP)的一部分,集中在基础运营服务中进行检验;2012 年在 Amtrak 公司运营速度为 202 km/h 的 Amfleet 单层城际列车上进行了安装应用;2015 年 ATIP ATGMS 共检测轨道超过 68 000 km,占 ATIP 调查总数的 55%;2016 年安装在箱式货车上进行试点。德国、法国、加拿大、荷兰、巴西等国家均有搭载式检测设备的研究和实践。

我国高速铁路主要使用高速综合检测列车实行每月不少于两遍的周期性检测,轨道检查车则用于检测普通线路的轨道状态,有时也用于高速铁路,作为对高速综合检测列车的必要补充。轨道不平顺的发生、发展有一定规律,这种周期性检测基本实现了对轨道状态的全面掌控。由于我国高速铁路覆盖不同气候区,地质条件差异大,仍然有一些特殊情况,是目前周期性检测不能及时覆盖和发现的,主要包括我国北方寒冷地区和西部高原地区,秋冬季会出现冻胀病害,一般在 3~4 d 内产生大的不平顺超限,春季融沉也在短期内产生轨道不平顺;南方地区如遇极端高温,会导致轨道板上拱,发展速度快,病害幅值大;施工干扰及其他突发事件,也可能导致轨道不平顺在短期内产生,因此,需要研究应用搭载式检测设备,以弥补周期性检测的不足。

根据多年监测数据分析,我国季冻区冻胀融沉、高温无砟轨道胀板上拱、施工干扰等引起的轨道不平顺主要表现为高低不平顺的急剧变化,因此,车载检测系统的目标是研发装载于运营车辆上的高低不平顺动态检测系统,实现对轨道高低不平顺的连续检测,及时发现变化较大处,提高线路病害监控和安全保障能力。

根据搭载设备在车上的安装位置,如图 6-12 所示,其分为基于构架的高低不平顺检测装置和基于车体的高低不平顺检测装置 2 种形式。

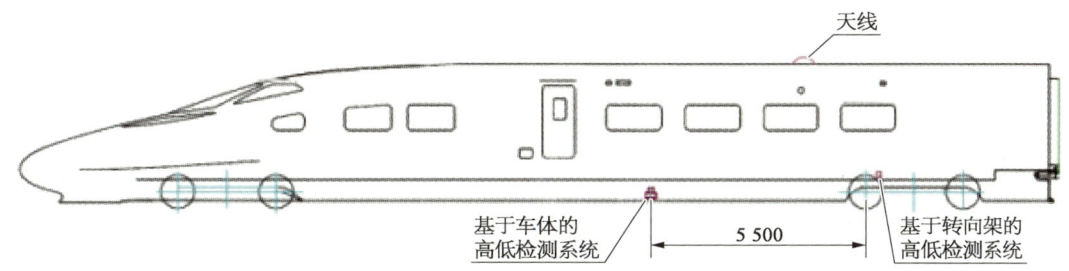

图 6-12　轨道高低不平顺检测装置采集设备安装位置

如图 6-13(a)所示,基于构架的轨道高低不平顺检测装置用于检测轮轴下方的轨道高低不平顺。通过采集传感器采集加速度、速率、相对位移等信息,应用数据处理平台的数据合成,形成轨道高低不平顺动态几何数据。传感器被安装在转向架上,位于车轮轴头上方,数据处理平台安装在车辆内部机柜中。如图 6-13(b)所示,基于车体的轨道高低不平顺测量组件采用激光摄像组件提供轨道断面信息,计算轨道顶点坐标参数;将惯性组件安装于车体设备舱内,提供转动速率及加速度信号;数据处理设备安装于车内,通过轨道算法模型的计算,得到轨道高低不平顺数据。

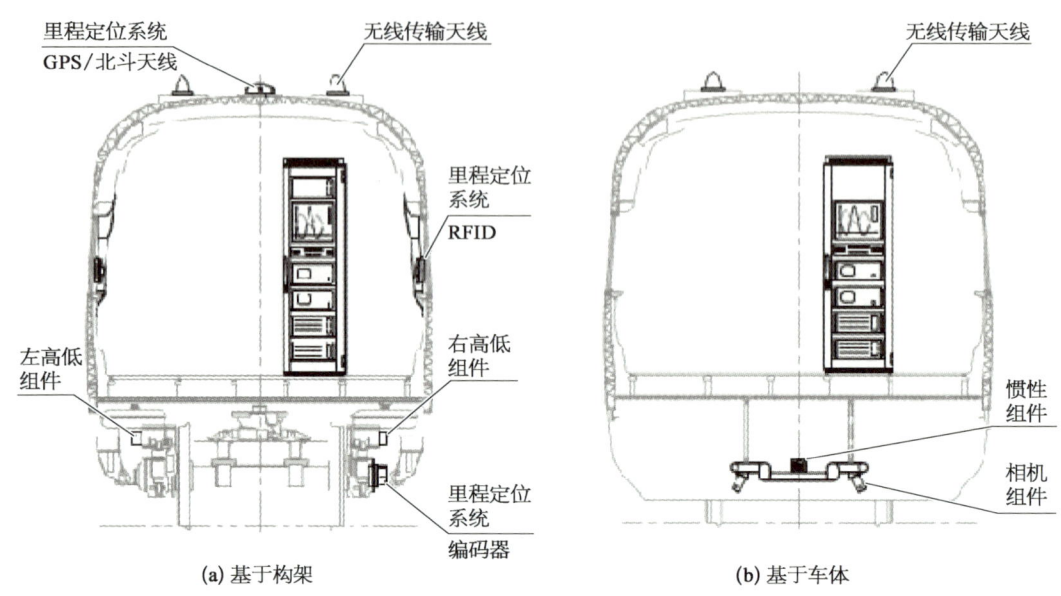

图 6-13 轨道高低不平顺检测系统结构

数据分析流程如图 6-14 所示。在数据处理中,特别增加了微小变化识别和轨道板上拱分析功能。微小变化识别模块主要通过对比两条或多条动态检测数据,识别轨道高低不平顺产生变化的处所,从而发现疑似病害区段。在该模块中,需要首先选定一条基准文件,即对比多条数据时用作被比较的标准数据;然后对轨道几何的各个通道的阈值进行设置。阈值包括幅值和变化量,两者需要同时满足阈值才会被筛选出来,而各个通道之间互相独立、互不影响。系统会根据设定的阈值和选择的数据进行计算,筛选变化区段,并提供查看识别结果的波形图和趋势图,判断识别准确性和标注功能。

轨道板上拱分析模块主要通过对比两条或多条动态检测数据,识别疑似轨道板上拱病害区段。在该模块中,根据分析方法和目标的不同,可分为变化分析、趋势分析、频谱分析和综合分析四个子模块。其中变化分析模块的原理与微小变化识别模块相似,主要是通过对比两条或多条动态检测数据,识别幅值和变化量超过阈值的区段。趋势分析模块根据至少四条动态检测数据,绘制每处的发展变化趋势,并添加趋势线,然后根据趋势线的斜率判断其发展情况,以此判断该处是否为疑似轨道板拱起区段。频谱分析模块根据变化分析、趋势分析的结果,对疑似病害处所进行频谱分析,根据其能量谱和主成分波长,判断其是否是轨道板拱起引起的病害。综合分析模块根据变化分析、趋势分析和频谱分析的结果,对疑似病害处所进行综合评价,包括风险等级和评分(置信度),便于根据分析结果合理安排现场复核及维修的计划。

3. 轨道不平顺分析方法

通过综合检测列车或车载检测系统获取的数据,需要对异常值和趋势项进行剔除,然后通过局部幅值评价、区段统计量分析、轨道不平顺谱分析等方法进行轨道不平顺评价。

1) 轨道不平顺异常值处理方法

在轨检车检测过程中,由于传感器、外界环境和数据传输等原因轨道不平顺中存在异常值,也

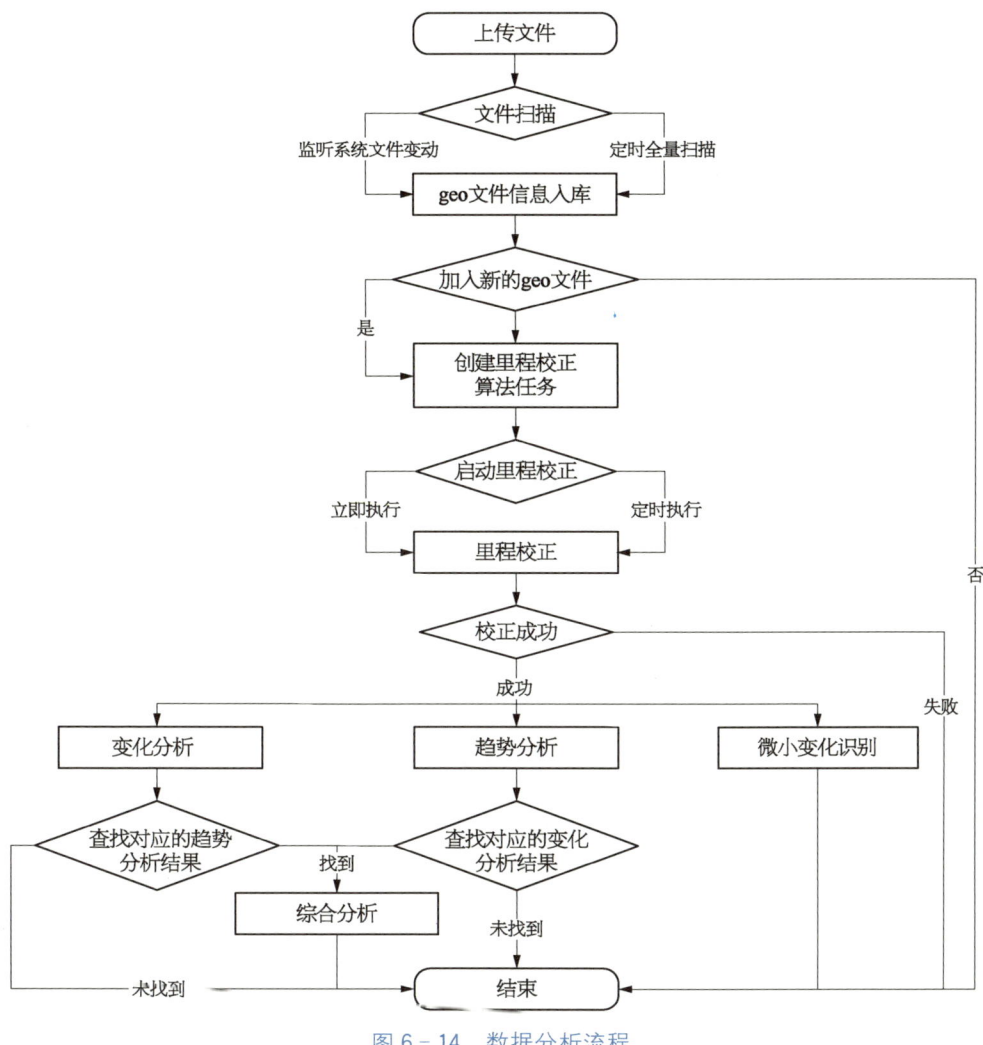

图 6-14 数据分析流程

称粗大误差,一般应在超限判断、轨道质量指数和轨道不平顺谱计算之前剔除,但目前轨检车没有此功能。对于轨道不平顺数据来说,由于轨道结构的特殊性(轨道刚度较大),轨道不平顺不可能在 1 m 范围内有较大变化,而且现场实际轨道不平顺变化率(单位距离不平顺变化量)的控制标准小于 1‰,因此可以通过轨道不平顺变化率来检验轨道不平顺中的异常值。但通常由于检测原因,检测轨道不平顺变化率要比 1‰ 大。统计结果表明:实际轨道不平顺相邻两点变化率一般不会大于 3‰,超过 3‰ 即可作为异常值处理。据此,提出了两种异常值判断和异常值处理算法:

算法 1:如果相邻两点变化率大于 3‰,按 1‰ 变换率处理。

算法 2:如果任意两点中间位置的轨道不平顺幅值减去该两点不平顺幅值的平均值除以该两点距离的一半大于 3‰,则利用该两点幅值对两点之间数据进行线性插值处理。

算法 1 简单、快速,可以实时处理数据,但处理连续出现的异常值可能会出问题,当然这样的数据也没必要处理了,因此算法 1 对于孤立异常值处理较好;算法 2 采取逐点扫描,对异常值区间进行线性内插,效率低,但适应性强,选择不同点数 m 可以去除不同宽度的异常值。两种方法都可以消除轨道不平顺中异常值。

2）轨道不平顺趋势项剔除方法

采用小波分析理论进行轨道不平顺趋势项剔除。

(1) 小波定义。设 $\psi \in L^2 \cap L^1$ 且 $\hat{\psi}(0)=0$，则按如下方式生成函数族 $\{\psi_{a,b}\}$

$$\psi_{a,b}(t) = |a|^{-\frac{1}{2}} \psi\left(\frac{t-b}{a}\right) \quad b \in R, a \in R \text{ 且 } a \notin \{0\} \tag{6-2}$$

$\psi_{a,b}(t)$ 称为分析小波或连续小波。ψ 称为基小波或母小波。如果 ψ 为双窗函数,那么 ψ 称为窗口小波函数。a 为尺度因子,b 为平移因子。R 表示实数空间,L^1 和 L^2 分别表示连续可积和平方连续可积函数空间。

若取 $a=2^j, j \in Z, b=2^j k, k \in Z, Z$ 表示整数,可以得到相应二进小波变换

$$\psi_{jk}(t) = 2^{-\frac{j}{2}} \psi(2^{-j}t - k) \quad j, k \in Z \tag{6-3}$$

(2) 小波变换。设 ψ 为基小波,$\{\psi_{a,b}\}$ 是按式(6-2)给出连续小波,对 $f \in L^2$,则信号 f 的连续小波变换 $W_f(a,b)$ 为

$$W_f(a,b) = \langle f, \psi_{a,b} \rangle = \frac{1}{\sqrt{|a|}} \int_{-\infty}^{\infty} f(t) \overline{\psi\left(\frac{t-b}{a}\right)} dt \tag{6-4}$$

对应于二进小波变换为：

$$W_f(j,k) = \langle f(t), \psi_{jk}(t) \rangle \quad j, k \in Z \tag{6-5}$$

(3) 信号分解与重构 Mallat 算法。实际上,基于小波变换的信号分解与重构是通过滤波器组实现的。

根据正交小波变换可以得到滤波器组 $h(j)$ 和 $g(j)$。$h(j)$ 对应低通滤波器,$g(j)$ 对应高通滤波器,并且 $g(j)=(-1)^j h(1-k)$。令 $f(j)$ 为要分析信号,并取 $a_0(j)=f(j)$。则信号分解与重构 Mallat 算法为

$$\begin{cases} a_{i+1}(j) = \sum_{n=-\infty}^{\infty} a_i(n) h(n-2j) \\ d_{i+1}(j) = \sum_{n=-\infty}^{\infty} a_i(n) g(n-2j) \end{cases} \tag{6-6}$$

$$a_i(j) = \sum_{n=-\infty}^{\infty} a_{i+1}(n) h(j-2n) + \sum_{n=-\infty}^{\infty} d_{i+1}(n) g(j-2n) \tag{6-7}$$

式(6-6)为分解算法,式(6-7)为重构算法,i 为分解级数。

对于双正交小波变换可以得到滤波器组 $h(j)$、$\tilde{h}(j)$ 和 $g(j)$、$\tilde{g}(j)$,其中 $h(j)$、$\tilde{h}(j)$ 对应低通滤波器,$g(j)$、$\tilde{g}(j)$ 对应高通滤波器。则对应信号分解与重构 Mallat 算法为

$$\begin{cases} a_{i+1}(j) = \sum_{n=-\infty}^{\infty} a_i(n)h(n-2j) \\ d_{i+1}(j) = \sum_{n=-\infty}^{\infty} a_i(n)g(n-2j) \end{cases} \tag{6-8}$$

$$a_i(j) = \sum_{n=-\infty}^{\infty} a_{i+1}(n)\widetilde{h}(j-2n) + \sum_{n=-\infty}^{\infty} d_{i+1}(n)\widetilde{g}(j-2n) \tag{6-9}$$

式(6-8)为分解算法,式(6-9)为重构算法,i 为分解级数。

通过式(6-6)或式(6-8)对信号逐级分解,可以得到不同频带的带通信号 d_i(细节)和一个低频信号 a_i(近似)的小波系数。信号分解的目的就是对分解得到的不同频带和低频信号小波系数。而重构就是把处理后的各频带信号和低频信号小波系数合成新的带通细节或低通近似信号,进而挖掘信号特征。如果仅是为了剔除轨道不平顺中的低频趋势项,只要把低频信号的小波系数赋零进行重构即可。

(4) 信号分解级数确定。在 Mallat 算法中,要求小波滤波器应具有理想截止特性,信号频带连续降半。设信号采样频率为 f_s,在 2^j 尺度上,理想的低通滤波器 h 的频率响应为

$$H(f) = \begin{cases} 1, & |f| \leqslant \dfrac{f_s}{4} \\ 0, & \dfrac{f_s}{4} < |f| < \dfrac{f_s}{2} \end{cases} \tag{6-10}$$

理想的高通滤波器 g 的频率响应为

$$H(f) = \begin{cases} 0, & |f| < \dfrac{f_s}{4} \\ 1, & \dfrac{f_s}{4} \leqslant |f| < \dfrac{f_s}{2} \end{cases} \tag{6-11}$$

因此,在 2^j 尺度上,h 和 g 频率范围分别为 $[0, f_s/2^{j+1}]$ 和 $(f_s/2^{j+1}, f_s/2^j]$。

但实际的小波滤波器并不是理想滤波器,各相邻频带会有交叉,因此只能用此关系来估算要分解的级数。对于轨道不平顺来说,200 km/h 线路轨道不平顺管理波长为 120 m。由于轨道不平顺采样间隔为 0.25 m,空间频率为 4(1/m),要滤掉 120 m 以下低频趋势项,信号分解级数为 9。

(5) 改进的小波分析算法。小波分析算法尽管有很多优点,但当信号中混有异常值时,小波分析方法仍存在问题。如果信号中混杂异常值,小波分解得到带通信号 d_i(细节)常常在异常值附近产生虚假振荡波,影响正常的信号分析。这是小波分析的另外一个缺点。也就是说,异常值处理无法通过小波分析方法来解决。因此,对于信号中存在的异常值只能利用本研究上面构造的异常值剔除方法进行。由此,本研究首次提出一种改进小波分析方法:首先利用上面构造的异常值剔除方法进行信号预处理,然后利用小波分析算法对小波进行分解、处理和重构。利用这种方法可以通过预处理消除异常值,进而解决小波分析过程中由于异常值干扰产生虚假振荡波的问题。

经过改进小波方法预处理,轨距和水平不平顺均值和中值已基本接近零,轨距和水平不平顺

中的趋势项基本消除,处理后的轨距和水平不平顺数据可以直接用于轨道质量指数和轨道不平顺谱计算。本研究提出的改进小波方法从超高提取水平不平顺,可以剔除水平不平顺趋势项,解决直线和曲线地段滤波衔接问题。剔除趋势项后,水平不平顺标准差明显减小,水平不平顺信号更平稳,解决了传统轨道检测系统水平检测存在的问题。

3) 局部幅值评价方法

轨道不平顺局部幅值评价是轨道不平顺随里程变化的极值分析方法,一般包括极值位置、幅值和超限长度等信息。

4) 区段统计量分析方法

设 X 为轨道不平顺一个样本,N 为样本数,$x_i(i=1,2,\cdots,N)$ 为样本数据,由此可以计算样本的统计值。我国铁路一般以 200 m 作为一个单元区段,将该区段内轨道高低(左右钢轨)、轨向(左右钢轨)、水平、轨距、扭曲(三角坑)等 7 项轨道不平顺幅值标准差的和称为轨道质量指数 TQI,即

$$TQI = \sum_{i=1}^{7} \sigma_i \qquad (6-12)$$

$$\sigma_i = \sqrt{\frac{1}{N}\sum_{i=1}^{N}(x_i - \bar{x})^2} \qquad (6-13)$$

$$\bar{x} = \frac{1}{N}\sum_{i=1}^{N} x_i \qquad (6-14)$$

式中 σ_i——各单项轨道不平顺的标准差(mm);

$\bar{x}$——单元区段内单项轨道不平顺的均值(mm);

x_i——单项轨道不平顺幅值(mm);

N——单元区段内采样个数。

轨道质量指数值的大小与轨道的平顺性密切相关,数值越大,表明区段内轨道不平顺波动性越大、平顺性程度越差、轨道质量越坏。我国高速铁路的 TQI 和单项标准差管理值如表 6-2 所示。

表 6-2 轨道质量指数 TQI 管理值

项 目	高低	轨向	轨距	水平	扭曲	TQI
速度等级 200~250 km/h	1.4×2	1.0×2	0.9	1.1	1.2	8.0
速度等级>250 km/h(不含)	0.8×2	0.7×2	0.6	0.7	0.7	5.0

注:波长范围 1.5~42 m,单项标准差计算长度 200 m。

5) 轨道不平顺谱计算方法

(1) 轨道谱估计算法。轨道不平顺谱是轨道不平顺单边功率谱密度的简称。轨道不平顺谱计算方法很多,主要分经典谱估计和现代谱估计两种。

经典谱估计分间接法(BT 法)、直接法(周期图法)、改进的直接法(平均周期图法 Bartlett 法和加窗重叠平均周期图法 Welch 法)及直接法和间接法结合法(Nuttall 法)。

现代谱估计按方法分为参数模型法和非参数模型法两种。参数模型法分为 AR、MA、ARMA 和 Prony 谱估计法。非参数模型法分为特征向量谱估计法和 MUSIC 谱估计法。

(2) 新矩形窗函数。由于锥化窗只适用于平稳随机信号,不适用于非平稳随机信号;而矩形窗由于在数据两端突然截断数据引起两端数据急剧升降,会对轨道不平顺谱估计产生不利影响。因此必须设计一种新窗函数解决这一问题。

设零均值化随机数据为 $x(n)(n=0, 1, 2, \cdots, N-1)$,$M_z(j)(j=0, 1, 2, \cdots, M_z-1)$ 是随机数据的零交叉点序号,满足

$$\begin{cases} x(m_z(j)) * x(m_z(j)+1) \leqslant 0, & j=0, 1, 2, \cdots, M_z-1 \\ m_z(j) < m_z(j+1), & j=0, 1, 2, \cdots, M_z-2 \end{cases} \quad (6-15)$$

则新矩形窗函数定义为:

$$w_n(n) = \begin{cases} 1, & m_z(0) < n \leqslant m_z(M_z-1) \\ 0, & n \notin (m_z(0), m_z(M_z-1)] \end{cases} \quad (6-16)$$

新矩形窗函数谱估计修正系数为:

$$U = \frac{m_z(M_z-1) - m_z(0)}{N} \quad (6-17)$$

新矩形窗除了令最外两侧零点以外数据为零外,并没有改变原始数据,但消除了由于矩形窗数据突然截断引起的两端数据突然上升和急剧下降。

(3) 轨道谱估计算法对比。利用实测轨道不平顺数据进行各种不同谱估计方法轨道不平顺谱估计对比。具体方法是:把整条线按 4 096 个点(1 024 m)划分成小段,然后利用不同谱估计方法对每段进行轨道不平顺谱估计,利用集总平均轨道不平顺谱估计评价指标进行谱估计方法的对比。参与计算的谱估计方法包括矩形窗周期图法、新矩形窗周期图法、自相关谱估计法和 BURG 谱估计法。现代谱估计方法模型阶数选择 2 048 阶。各种谱估计方法对比时,首先计算单元的轨道不平顺谱,然后再做集总平均进行对比。通过对比发现:① 波长 2~125 m 范围内,矩形窗周期图法谱估计方法、新矩形窗周期图法谱估计、现代谱估计自相关法和现代谱估计 BURG 法计算结果基本一致,只是现代谱估计 BURG 法计算的谱峰高度比其他方法稍大。四种方法计算的 3 m 左右钢轨波浪形弯曲不平顺谱一致。② 波长 2 m 以下轨道不平顺谱,矩形窗周期图法谱估计方法与现代谱估计自相关法相近,新矩形窗周期图法谱估计与现代谱估计 BURG 法相近;新矩形窗周期图法谱估计与现代谱估计 BURG 法谱估计曲线比矩形窗周期图法谱估计方法与现代谱估计自相关法谱估计曲线低。现代谱估计自相关法不能改善数据两端长波长轨道不平顺非整周期突然截断对短波长轨道不平顺谱估计影响。而本研究提出新矩形窗对数据两端长波长轨道不平顺非整周期部分置零和现代谱估计 BURG 法可以有效减小或消除数据两端长波长轨道不平顺非整周期突然截断对短波长轨道不平顺谱估计影响。

因此为了提高轨道不平顺谱估计计算效率,如果仅考虑波长 2 m 以上轨道不平顺谱估计,选择 4 096 点矩形窗周期图法进行谱估计即可。若要考虑波长 2 m 以下轨道不平顺时,应采用 4 096 点新矩形周期图法进行谱估计。

(4) 轨道不平顺谱的计算方法。
① 把轨道不平顺按 4 096 点(1 024 m)划分成子段。
② 利用改进的小波分析方法对轨道不平顺进行预处理,消除异常值,并对轨道不平顺进行零均值化处理。
③ 采用新矩形窗处理轨道不平顺。
④ 计算子段平均检测速度和轨道不平顺标准差,排除异常子段。
⑤ 对子段进行 FFT 变换,计算并记录子段轨道不平顺谱。
⑥ 对轨道不平顺谱线进行统计分析,拟合轨道不平顺谱公式。

6) 某高速铁路轨道不平顺谱概率分布检验

按照轨道不平顺谱计算流程,利用高速综合检测列车检测数据计算某高速铁路轨道不平顺谱,分析某高速铁路轨道不平顺谱特征,确定某高速铁路轨道不平顺谱及其拟合公式。

平稳随机过程功率谱可以按周期图法计算,每一个频率点功率谱值应服从自由度为 2 的 χ^2 分布。但由于全线或全路的轨道不平顺不完全满足平稳性条件,因此有必要研究轨道不平顺谱概率分布规律。首先计算并记录每个单元轨道不平顺谱值,然后对所有谱值进行统计检验。

计算频率点 k 的轨道不平顺谱平均值 $\bar{S}_k$,对频率点 k 的每段轨道不平顺谱值 $S_{k,j}$ 进行变换,令

$$\tilde{S}_{k,j} = 2 \frac{S_{k,j}}{\bar{S}_k}, \ j=1, 2, \cdots, N \tag{6-18}$$

式中　　N——统计段数。

应用 Kolmogorov - Smirnov 检验方法对 $\tilde{S}_{k,j}(j=1, 2, \cdots, N)$ 进行自由度为 2 的 χ^2 分布检验。Kolmogorov - Smirnov 检验方法为拟合优度型检验,可以检验样本数据是否服从指定的理论分布。假设 $F_{\chi^2}(x, 2)$ 为自由度为 2 的 χ^2 分布函数,$\hat{F}_{k,N}(x)$ 为利用 N 段轨道不平顺谱值 $\tilde{S}_{k,j}$ $(j=1, 2, \cdots, N)$ 计算的频率点 k 处轨道不平顺谱的分布函数的一个估计。取检验统计量 D 为

$$D_N = \max | \hat{F}_{k,N}(x) - F_{\chi^2}(x, 2) | \tag{6-19}$$

如果轨道不平顺谱服从自由度为 2 的 χ^2 分布函数,则观测值 $D_N < D_{N,1-\alpha}$。如果观测值 $D_N \geqslant D_{N,1-\alpha}$,那么轨道不平顺谱就不服从自由度为 2 的 χ^2 分布函数。α 为显著水平。当显著水平 $\alpha=0.05$,$N>100$ 时,$D_{N,0.95}$ 为

$$D_{N,0.95} \approx 1.36 / \sqrt{n} \tag{6-20}$$

由于计算轨道不平顺谱的段数 N 远大 100,因此可以按式(6-20)确定的 $D_{N,0.95}$ 在显著水平 $\alpha=0.05$ 下对轨道不平顺谱进行自由度为 2 的 χ^2 分布检验。

对于满足自由度为 2 的 χ^2 分布轨道不平顺,平均谱对应百分位数为 63.2 百分位谱。并且有轨道不平顺谱的平均值等于轨道不平顺谱的标准差,2 倍轨道不平顺谱的平均值对应轨道不平顺 86.5 百分位谱,0.5 倍轨道不平顺谱的平均值对应轨道不平顺 39.4 百分位谱。表 6-3 为根据中位数谱(百分位数为 50)或平均谱估算其他轨道不平顺百分位谱的系数。由于中位数谱统计比较稳定,因此建议采用轨道不平顺中位数谱进行估计轨道不平顺其他百分位谱和平均谱。

第 6 章 季冻区高速铁路无砟轨道平稳性保持技术

表 6-3 轨道不平顺百分位谱的估计系数

系数\百分位数	10.0	20.0	25.0	30.0	50.0	60.0	63.2	70.0	75.0	80.0	90.0
$K_{中位数}$	0.152	0.322	0.415	0.515	1.000	1.322	1.443	1.737	2.000	2.322	3.322
$K_{平均值}$	0.105	0.223	0.288	0.357	0.693	0.916	1.000	1.204	1.386	1.609	2.303

通过检验可知,某高速铁路轨道不平顺谱基本服从自由度为 2 的 χ^2 分布。

如图 6-15 所示,为某高速铁路全线和路基地段轨距、水平、轨向和高低中位数谱对比图,可以看出轨道不平顺为有色噪声随机过程,并夹杂了线路和桥梁结构有关周期成分,其中轨距和轨向不平顺谱存在周期为钢轨定尺长度 100 m 对应频率的倍频谱峰,主要与钢轨制造、焊接和铺设工艺和质量有关;全线高低和水平不平顺谱存在波长为 32 m 左右的谱峰,与常用标准简支梁跨度一致;高低不平顺谱峰以波长 6.5 m 为最大,对应轨道板长度;路基地段中长波轨道不平顺谱高于全线轨道不平顺谱,说明路基地段轨道不平顺状态比桥梁区域差。

通过对无砟轨道不平顺的谱分析,可以得到路基地段对应轨道板长度、桥梁地段对应桥梁跨度的周期性不平顺特征,特别是路基地段的周期性高低不平顺尤为明显,反映了无砟轨道结构效应的影响,即当路基变形传递到无砟轨道后,纵连式无砟轨道支承层为连续结构,其变形是典型的

(a) 轨距

(b) 水平

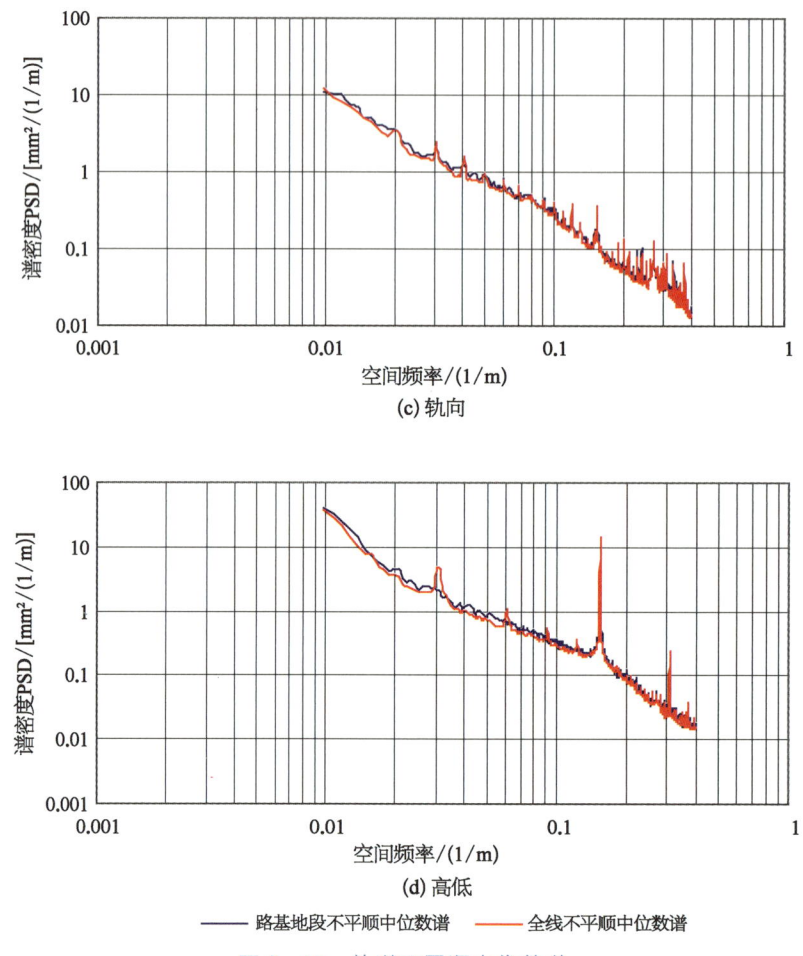

图 6-15 轨道不平顺中位数谱

沉降漏斗[9],轨道板尽管采取了纵连措施,但板间宽窄接缝的刚度小于轨道板刚度,轨道板随支承层的变形仍然出现单元板变形的特征。另外,在温度梯度作用下,轨道板的翘曲变形以四角最为显著[10,11]。在轨道板以单元形式出现板端板角变形后,引起钢轨随无砟轨道变形而产生的变形,形成与无砟轨道尺寸相关的轨道不平顺。因此,可以通过对周期性不平顺特征的分析,判断与评价温度效应作用和路基变形状况。

轨道不平顺谱分段按式(6-1)幂函数进行拟合,待定系数 A 和 k 如表 6-4 所示,拟合曲线交点频率如表 6-5 所示。拟合曲线拟合效果如图 6-16 所示,拟合效果较好。

表 6-4 某高速铁路轨道不平顺谱拟合公式系数

不平顺类型		轨 距	水 平	轨 向	高 低
长波	A	6.268 6E−03	6.491 4E−05	5.814 3E−04	3.283 1E−06
	k	1.208 4	2.574 5	2.155 7	3.517 6

(续表)

不平顺类型		轨距	水平	轨向	高低
中波	A	2.814 6E-02	3.348 2E-02	1.773 1E-02	1.513 8E-02
	k	0.842 7	0.974 4	1.224 9	1.292 2
短波	A	1.113 5E-02	5.276 1E-03	1.363 5E-03	4.827 8E-04
	k	1.234 8	1.770 9	2.255 0	3.209 7

表 6-5 某高速铁路轨道不平顺谱拟合公式转换频率

不平顺类型	轨距	水平	轨向	高低
长波和中波拟合曲线交点频率	0.016 46	0.020 18	0.025 43	0.022 58
短波和中波拟合曲线交点频率	0.093 97	0.098 30	0.082 88	0.165 82

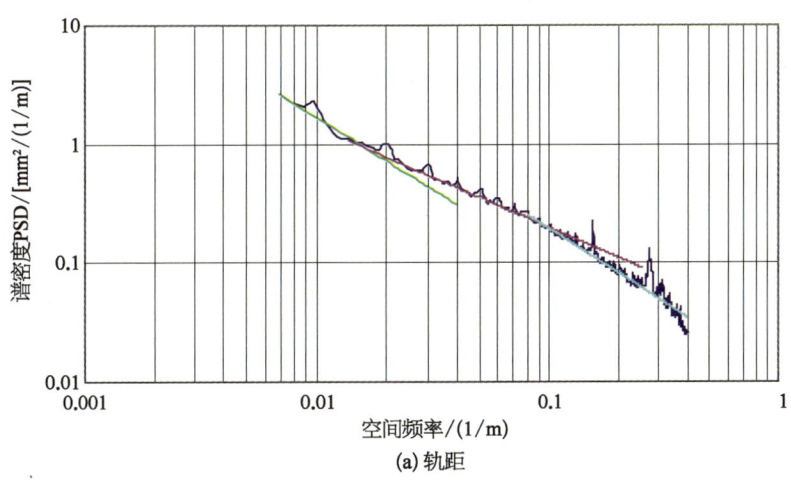

(a) 轨距

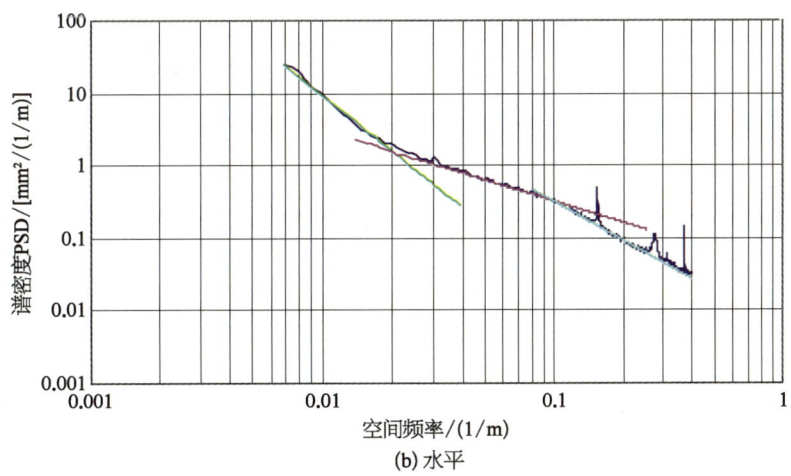

(b) 水平

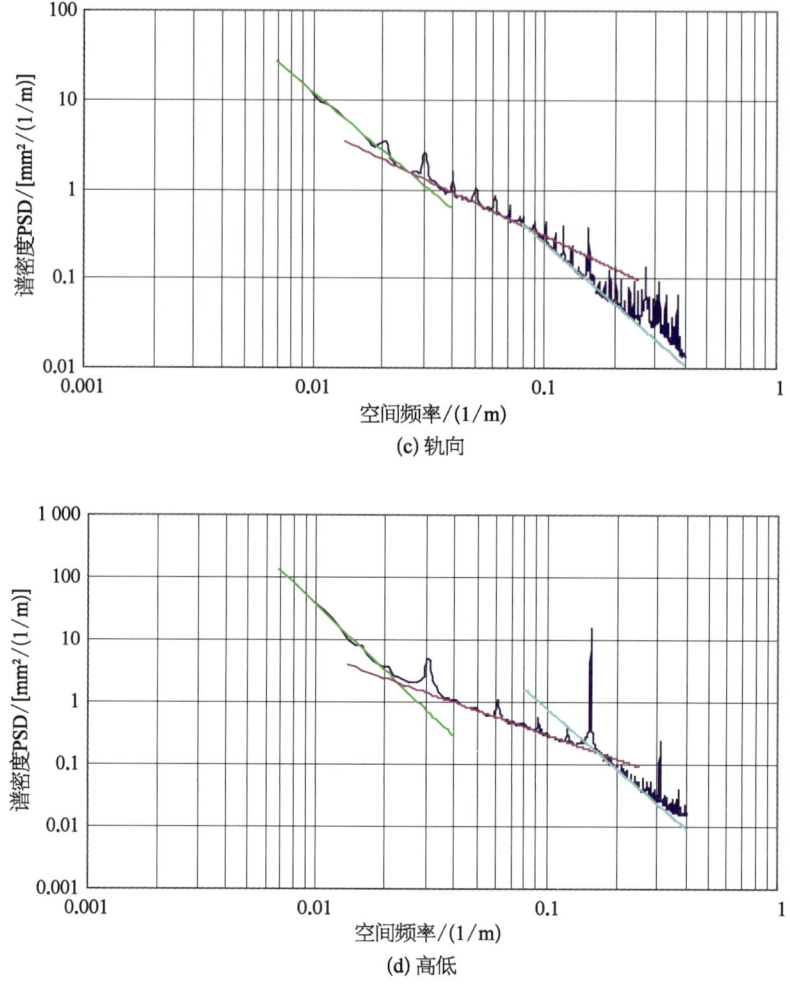

图 6-16 轨道不平顺中位数谱拟合效果

不同无砟轨道结构的高低不平顺谱对比如图 6-17 所示,双块式无砟轨道和 CRTS Ⅱ 型纵连板式无砟轨道均为纵向连续结构,其谱曲线除个别谱峰外,均低于 CRTS Ⅰ 型单元板式无砟轨道,而且在中长波长下 CRTS Ⅱ 型板式无砟轨道谱曲线最低,两条高速铁路双块式无砟轨道谱曲线基本重合;CRTS Ⅱ 型板式无砟轨道存在典型的波长 6.5 m 的周期性不平顺,CRTS Ⅰ 型板式无砟轨道存在波长 5 m 左右的周期性不平顺,均与轨道板长度相对应;4 条高速铁路谱曲线上均存在波长 32 m 及其倍频谱峰。我国无砟轨道高低不平顺谱曲线除短波长范围内个别谱峰外,其余谱曲线均低于德国高速铁路低干扰谱曲线。

6.1.3 轨道适度平顺性维护技术

适度平顺维护的基本思想是针对已经出现冻胀病害的处所,将可预计的冬季作业提前到秋季施作,减少冬季维护工作量。

适度平顺维护的关键技术是对轨道不平顺状态的精准检测与评价,其技术路线是在综合检测

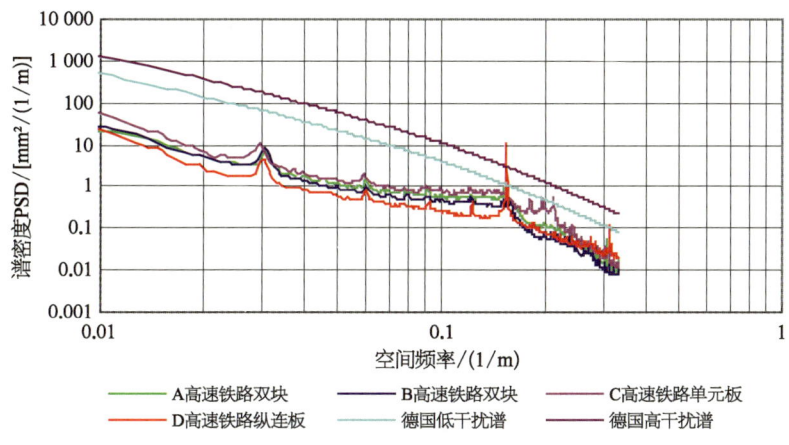

图 6-17 不同形式无砟轨道高低不平顺谱对比

列车和动车组车载检测系统获取大量数据的基础上,融合路基冻胀实时监测数据[3],精准判断路基冻胀病害重点区段,以消除轨道不平顺Ⅱ级超限、控制Ⅰ级超限为目标,通过秋季路基冻胀前预垫垫板或预撤垫板,保证轨道平顺性符合要求。同时,通过建立轨道高低不平顺日检测数据和路基冻胀实测数据的综合分析预警机制,及时掌握初始冻胀、快速冻胀及融化回落期轨道不平顺快速发展变化规律,实施轨道的状态修。

1. 预维护作业

预垫垫板和预撤垫板等预维护作业是针对已经预测发生的较大冻胀病害所采取的整治措施,其重点是不均匀冻胀区段,对已经发生特别大值的路基冻胀,应当采取注浆方式对其进行根本整治。

路桥、路涵过渡段容易产生不均匀冻胀,其原因在于冬季桥梁和涵顶不产生冻胀,而相邻的路基产生了冻胀。如图 6-18 所示,采用预垫垫板措施进行预维护,就是要在进入冬季之前对桥上和涵顶进行一定量的预垫垫板作业,中间抬高以后要在两侧一定范围内进行顺坡,保证顺坡率不超过 $1/(10V_{max})$,对于运营速度 300 km/h 的高速铁路来说,顺坡率要控制在 1∶3000 及以内。进入冬季路基产生冻胀后轨面高程与桥梁和涵顶预垫后的轨道顶面高程相互齐平,动态检测数据不超限,可有效降低甚至消除不均匀冻胀变形的影响。

路基连续不均匀冻胀区段预垫垫板原理如图 6-19 所示,预先抬高冻胀区段间轨道基线顶面高程,将冬季不会产生较大冻胀变形的区段预垫垫板,通过一定范围的顺坡进入到冻胀病害区,冬

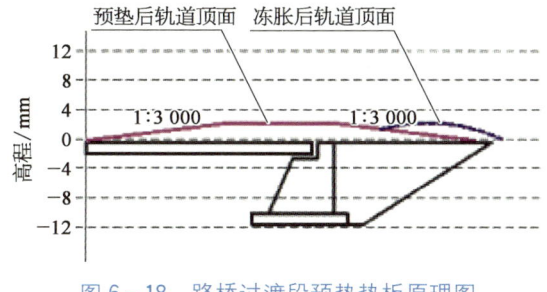

图 6-18 路桥过渡段预垫垫板原理图

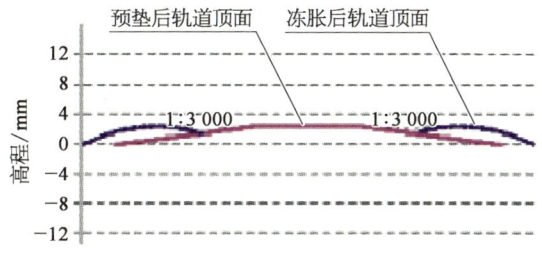

图 6-19 路基不均匀冻胀段预垫垫板原理图

季病害区路基冻胀后轨道顶面高程与预垫区顶面高程相互齐平,动态检测数据仍不超限,从而保持了冬季轨道的平顺性。

预撤垫板作业和预垫垫板作业正相反,如图6-20所示,进入冬季前对路基冻胀区段进行预撤板作业,预先降低轨道基线顶面高程;冬季线路发生冻胀后,预撤区段轨道冻胀量与预撤量相互抵消实现动态检测数据不超限。另外一种处理如图6-21所示,进入冬季前对Ⅰ、Ⅱ级高低不平顺超限点进行撤板作业,撤板量为高低不平顺超限的一半,冬季冻胀以后保持轨道高低不平顺增大后不产生Ⅱ级超限,待春天冻结层融化完全回落后,冻害区段呈现4 mm以内的"小坑",动态检测不超限,次年即使该区段再发生冻胀时,数据也不超限。

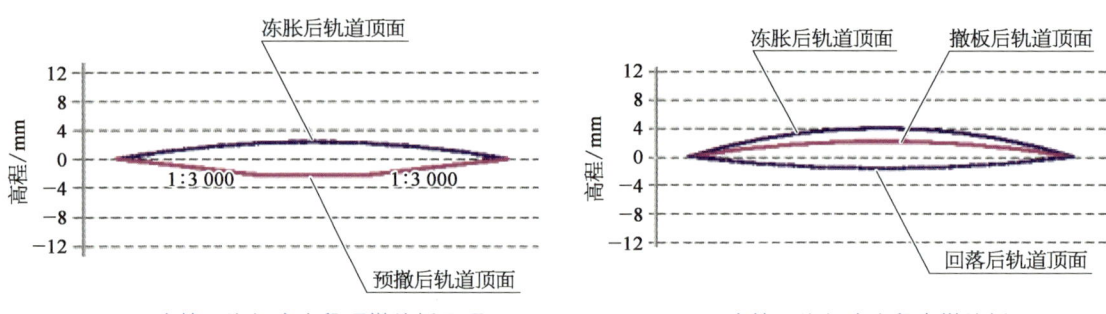

图6-20 路基不均匀冻胀段预撤垫板原理图　　图6-21 路基不均匀冻胀段半撤垫板原理图

预维护作业对检测数据的分析判断提出了很高的要求,特别是预撤垫板方式更需要精准化。哈大高速铁路在开通第一个冬季,由于常用扣件调高量为+26、-4 mm,负调整量不足,依靠顺坡调整垫板处理工作量极大,在次年冬季来临前,确定对30处涵洞上方、15处峰值较大区段进行预垫垫板处理。实际效果表明,涵洞上方预垫垫板区段中有16处未产生Ⅰ级及以上超限病害,占53%,其余预垫垫板区段未出现Ⅱ级及以上超限,其中下行线某区段11月22日进行了预垫垫板处理,预垫厚度5 mm,长度76 m,两侧按1/3 000顺坡,至今未出现Ⅰ级及以上超限,对比冬季最大冻起高度时高低不平顺曲线,涵洞两侧冻胀变形继续发展后将与预垫区段达到同一高度,仍不会出现峰值超限,效果明显。通过预维护作业,作业人次由第一个冬季的18 816人次降低到第二个冬季的5 512人次。

2. 轨道调整原则

预维护作业充分体现了适度平顺的思想。当实时检测发现轨道出现超过Ⅱ级及以上的轨道高低不平顺超限时,需要及时对轨道进行调整。其调整原则仍然遵照适度平顺的要求,在垫入或撤出冻害区垫板时,两端顺坡率不应大于$1/(10V_{max})$,对于运营速度300 km/h的线路来说,顺坡率应控制在1∶3 000以内。对常用的两种国产扣件,其调整作业也有差异。

(1) WJ-8C型扣件。轨下垫板分2 mm、3 mm、4 mm、5 mm和6 mm五种厚度,正常安装时采用6 mm厚轨下垫板。螺旋道钉在钢轨调高量不大于15 mm时用S2型,大于15 mm时用S3型。整治冻害时根据冻胀高度的大小,先以撤出垫板为主,根据冻胀高度大小更换不同厚度的轨下垫板,剩余冻胀高度用垫板进行顺坡。

当冻起高度$h \leqslant 4$ mm,将6 mm厚的轨下垫板更换为不同厚度垫板实现。

当冻起高度 4 mm<h≤12 mm,将 6 mm 厚的轨下垫板更换为 2 mm,其余部分利用调高垫板进行整治,冻害两端做好顺坡。

当冻起高度 12 mm<h≤26 mm,使用调高垫板整治冻害,冻害两端做好顺坡。两端顺坡之间应有不短于 40 m 的平台过渡段,平台坡度与既有坡度一致。

(2) WJ-7B 型扣件。正常情况下更换绝缘缓冲垫板可实现-4 mm 调整量。垫入垫板时,较薄的应置于下层,每处调高垫板不得超过 2 块(0.5 mm 可以用 3 块)。

当冻起高度 h≤4 mm,将 6 mm 厚的绝缘缓冲垫板更换为 2 mm 厚度,配合 1~3 mm 厚调高垫板可实现-1~-4 mm 调整量。

当冻起高度 4 mm<h≤12 mm,更换绝缘缓冲垫板落道 4 mm,其余部分使用调高垫板整治冻害,冻害两端做好顺坡。

当冻起高度 12 mm<h≤26 mm,使用垫板整治冻害,冻害两端做好顺坡。两端顺坡之间应有不短于 40 m 的平台过渡段,平台坡度与既有坡度一致。

(3) 道岔上冻害垫板作业应做到平顺,辙叉和转辙部分不得有变坡点。

道岔内冻害整治采取撤垫调高垫板相结合的办法。先撤除预铺的 4 mm 调高垫板,其余部分采用硫化垫板下垫调高垫板进行顺坡。硫化垫板下调高垫板厚度≥15 mm 时,将锚固螺栓更换为 B 型螺栓。

6.2 无砟轨道离缝效应及控制技术

离缝是季冻区无砟轨道在温度荷载和路基冻胀变形荷载作用下常见的结构变形。离缝将会导致轨道产生周期性不平顺[15],加剧轮轨动力响应,还会造成水的侵入,形成水-列车荷载-温度荷载-基础变形荷载的共同作用,引起无砟轨道结构伤损和材料劣化,特别是 CRTS Ⅲ 型板式无砟轨道结构的轨道板与自密实混凝土层间的离缝一旦产生,在动力效应影响下,复合板体系存在破坏的风险,因此,需要研究 CRTS Ⅲ 型板式无砟轨道的离缝效应,研究离缝检测方法,提出控制措施。

6.2.1 离缝效应试验结果及分析

CRTS Ⅲ 型板式无砟轨道实尺模型试验如图 6-22 所示,通过正常工况和离缝条件下无砟轨道系静动态特性、疲劳性能、冲击振动特性和冲击疲劳性能等对比试验,对比分析离缝对无砟轨道结构静动态响应的影响。

轨道板与自密实混凝土层间离缝通过在轨道板板底设置土工布进行模拟,根据现场调查及温度荷载试验[17],模拟了板端矩形离缝和板角三角离缝,如图 6-23 所示。其中板端矩形离缝为横向贯通离缝,板边处宽度为 1.4 m;板角三角离缝模拟了长度 0.6 m 和 1.2 m 两种工况。正常工况开展了板中加载和板端加载两种形式的试验,离缝工况开展了板中加载及离缝处板端加载的试验,荷载施加在钢轨上。

静动态性能试验测试内容包括轨道板混凝土表面动态应变、自密实混凝土层钢筋动态应变、自密实混凝土层混凝土动态应变。

图 6-22 离缝效应的试验室实尺模型试验

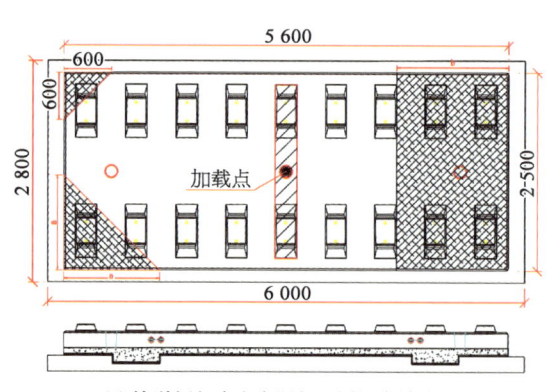

(a) 轨道板与自密实混凝土层间离缝类型

(b) 轨道板与自密实混凝土层间离缝的模拟

图 6-23 轨道板与自密实混凝土层间离缝类型及模拟

1. 静态试验结果分析

选取板中和板端施加静态荷载为 250 kN 两种情况的试验结果进行分析，相应于静轮载的 3.0 倍。一块轨道板上有 9 个承轨台，分别监测了板端中心横向钢筋应变(1T)、板中心横向钢筋应变(5T)、板中心纵向钢筋应变(5L)、板中边缘轨下钢筋纵向应变(5L—)、1/4 板长处轨下钢筋纵向应变(7L—)、另一板端中心横向钢筋应变(9T)。

当板端施加静态荷载时，轨道板下离缝改变了其支承条件，复合板受力状况将发生变化。如图 6-24 所示，轨道板下离缝以后，荷载作用在离缝处时，轨道板和自密实混凝土层作为两层结构分别承受荷载，与轨道板和自密实混凝土层正常结合相比，自密实混凝土层受力总体减小，而轨道板受力明显增大，特别是板端附近因为有离缝的存在，其表面混凝土应变增大更为显著。

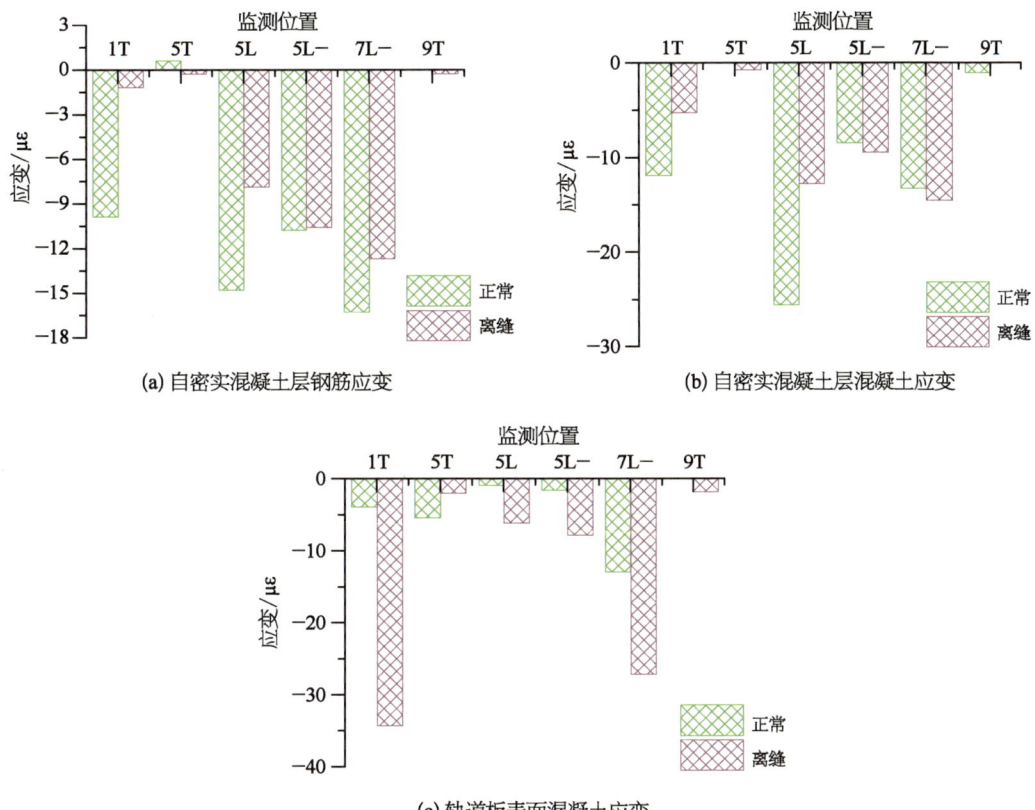

图 6-24 板端静态加载时试验结果对比

当在板中施加静态荷载时,如图 6-25 所示,自密实混凝土层在中部测点的纵向应变为拉应变,轨道板在中部的纵向应变仍然是压应变、横向应变为拉应变。离缝和正常情况相比,自密实混凝土层的拉应变有所减小、压应变有所增加,而轨道板除端部为矩形离缝附近测点外,其余测点拉应变和压应变均有所增加,特别是板中的横向应变和板中部轨下测点的纵向压应变增大明显。

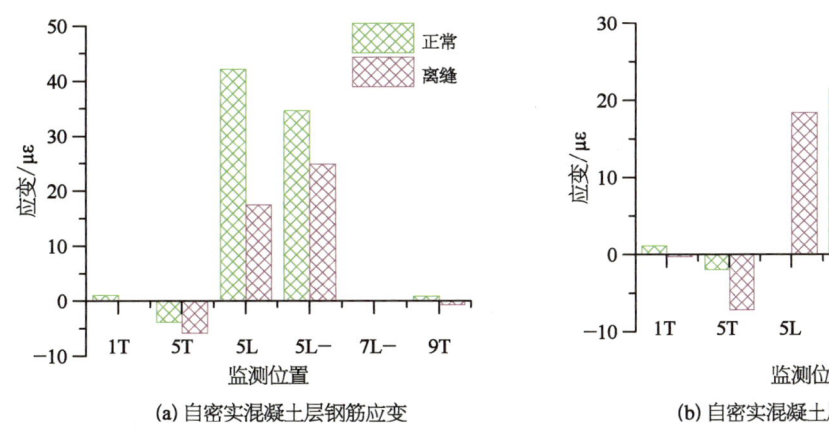

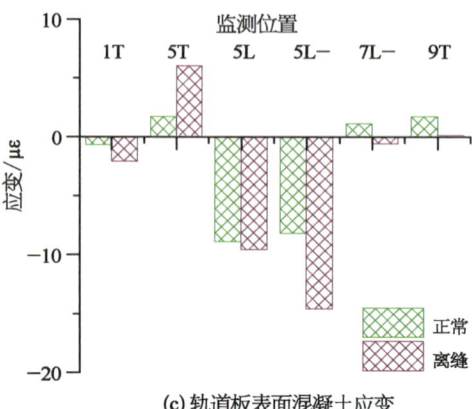

(c) 轨道板表面混凝土应变

图 6-25 板中静态加载时试验结果对比

试验中轨道板下离缝由人为形成,而非荷载作用的结果,人工缝比较规则,对板下结合关系影响较小。在静态荷载试验基础上,对轨道结构施加垂向疲劳荷载(20～255 kN),正常条件实尺模型作用点在板端第一个承轨台,离缝条件下实尺模型作用点在矩形离缝处板端第一个承轨台,300 万次疲劳试验后轨道结构及部件无损伤,各测点结果如图 6-26 所示,轨道板与自密实混凝土层正常

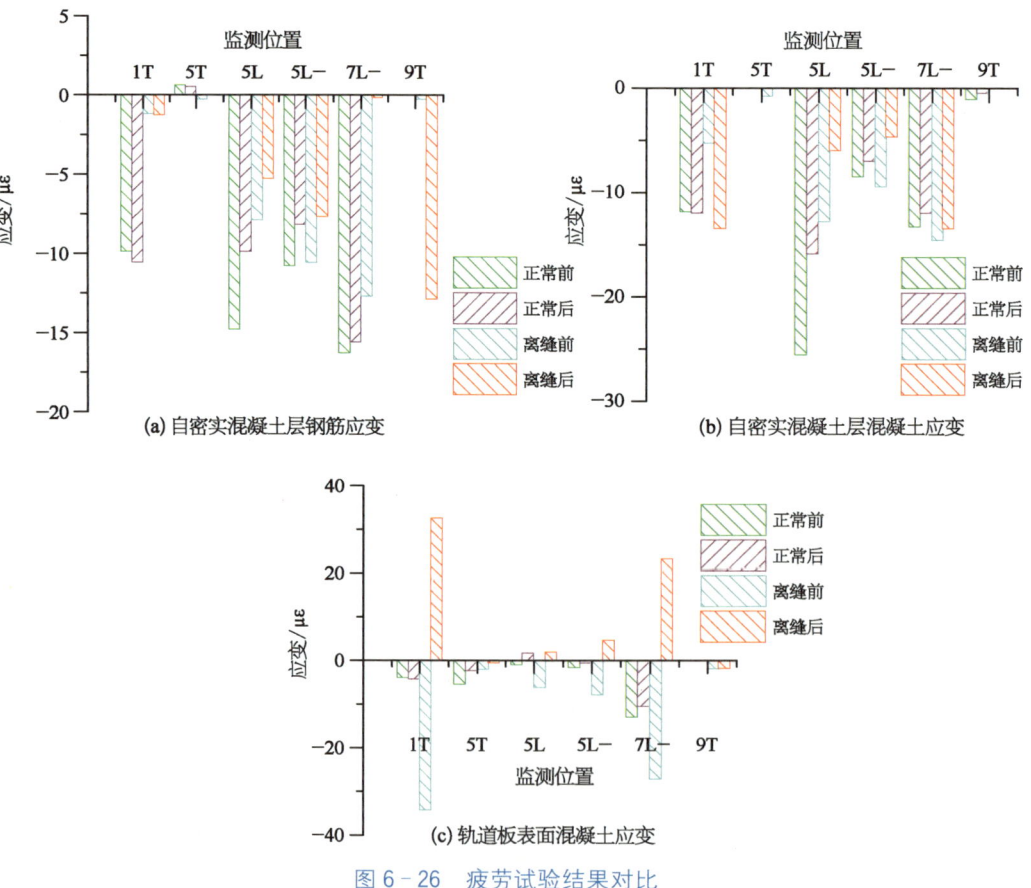

图 6-26 疲劳试验结果对比

结合状态下,疲劳后板端受静态荷载作用时自密实混凝土层和轨道板压应变均呈减小趋势。离缝条件下,自密实混凝土层钢筋应变从1号承轨台到邻近矩形离缝的7号承轨台,疲劳后的压应变均减小,只有矩形离缝下的板端横向压应变由0.3 $\mu\varepsilon$ 增大到13 $\mu\varepsilon$;疲劳后自密实混凝土层混凝土压应变均呈减小趋势;变化最为显著的是轨道板表面混凝土应变,经过疲劳作用以后,离缝附近的应变从压应变转变为拉应变,其中1号承轨台横向应变由压应变34.3 $\mu\varepsilon$ 转变到拉应变32.5 $\mu\varepsilon$,邻近矩形离缝的7号承轨台纵向应变由压应变27.2 $\mu\varepsilon$ 转变到拉应变23.3 $\mu\varepsilon$,说明经过疲劳荷载作用以后,轨道板下离缝向内部扩展或离缝张开,在板端静荷载作用下,离缝上方轨道板顶面受拉,出现拉应力。

从承受列车荷载作用来说,离缝产生后,特别是经过疲劳荷载作用后,离缝进一步发展,轨道板与自密实混凝土层由强黏结约束转换为弱约束,对自密实混凝土层受力有利,轨道板顶面则会在离缝附近出现拉应力,可能会导致混凝土开裂。

2. 动态试验结果分析

动态性能试验加载条件考虑运营过程中列车传递至轨道结构的荷载范围来控制加载值,动载系数按1.5考虑,即最大列车动态轴载为255 kN,动态性能试验施加垂向荷载为20~255 kN。

动荷载作用下无砟轨道受力状态如图6-27和图6-28所示,除板端施加动荷载轨道板受力与静荷载作用下的规律相似。由于动荷载作用下离缝的发展,板端离缝处在动荷载作用下产生的是拉应力,三角形离缝处最大拉应变为31.2 $\mu\varepsilon$,矩形离缝处最大拉应变为24.7 $\mu\varepsilon$。

落锤试验时锤重为50 kg。为了使钢轨与扣件各部件间密贴无缝隙,保证试验条件一致,在预落锤冲击10次后进行正式试验。对每个试件分别进行10次落锤冲击,落锤位置为板端扣件支点

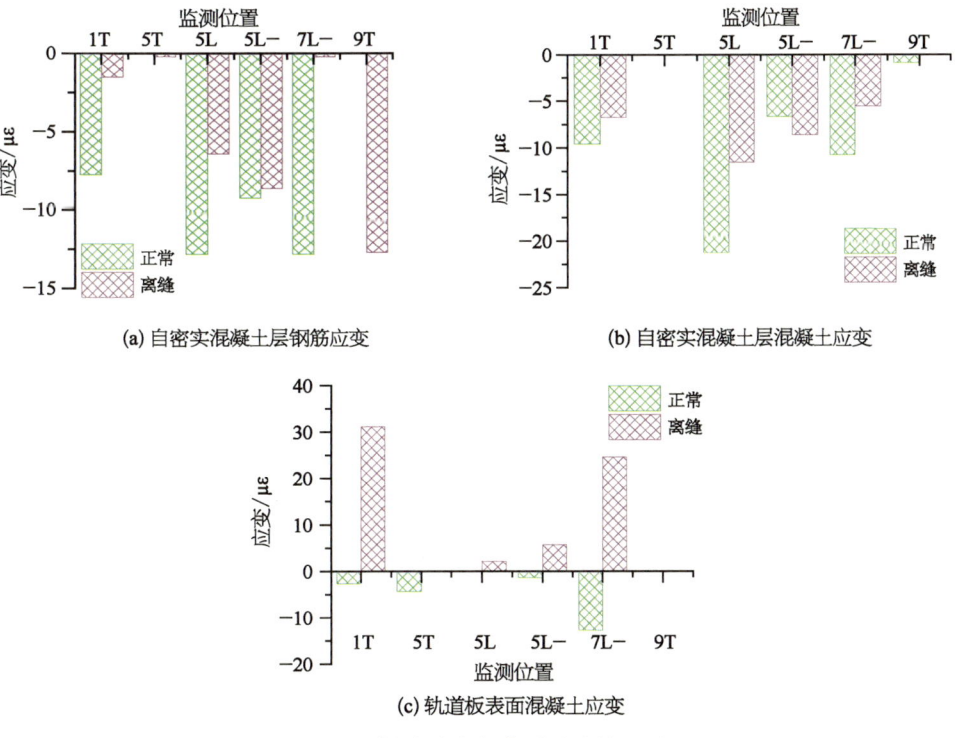

图6-27 板端动态加载时试验结果对比

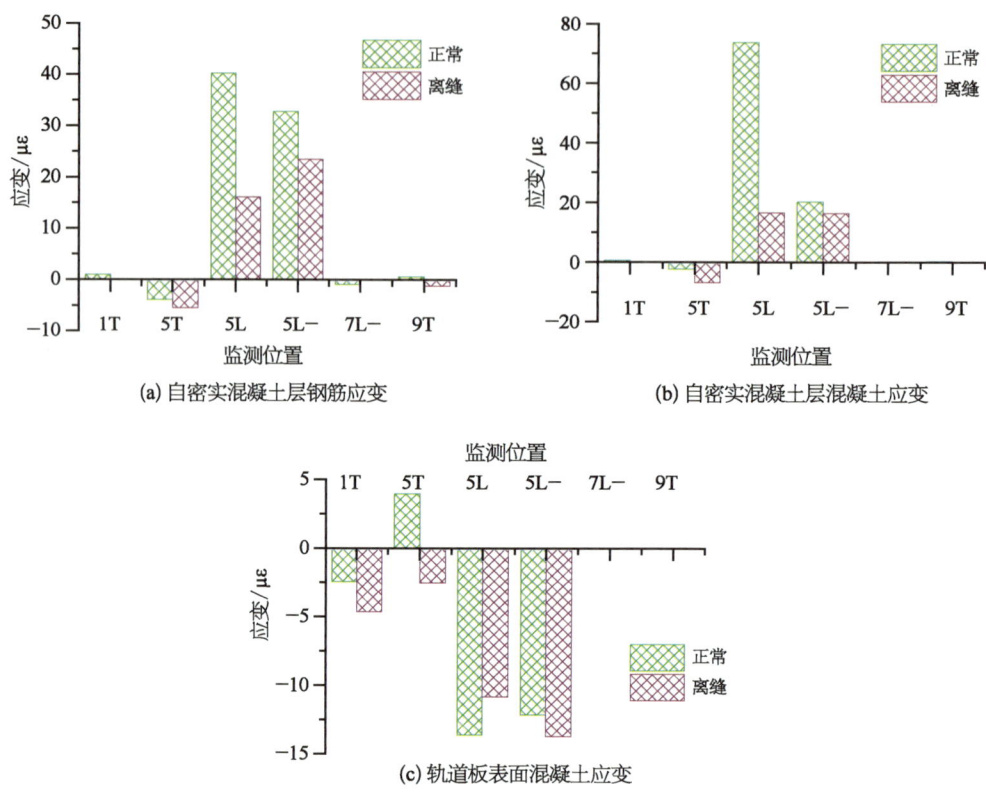

图 6-28 板中动态加载时试验结果对比

上,落锤高度为 100 mm、200 mm、300 mm 三种工况。测试内容包括测试落锤冲击力、钢轨振动加速度、轨道板振动加速度、底座振动加速度和距道床边缘 20 cm 的基础振动加速度,以基础振动加速度级比较不同轨道结构的减振性能。

对试验结果进行时域分析。时域分析是对轨道结构在整个有效频率范围内的减振特性进行对比,道床边缘处的加速度级用下式计算[18]:

$$V_{AL} = 20\lg\left(\frac{a}{a_0}\right) \quad (6-21)$$

式中 V_{AL} ——加速度级(dB);
  a——振动加速度值(m/s²);
  a_0——基准加速度(10^{-6} m/s²)。

正常工况和离缝工况下各测试 10 次的加速度平均值如图 6-29 所示,加速度均随落轴高度的增加而增大,只有轨道板在离缝条件下的加速度大于正常状态,底座板和基础加速度离缝条件下均减小。

在整个有效频率范围内,离缝条件下实尺模型的轨道板振动加速度比正常条件下的轨道板振动加速度大,轨道板振动加速度级比正常条件下大 2.1~4.5 dB,轨道板和自密实混凝土层间离缝对轨道板的冲击振动较为不利。相反,基础振动加速度级比正常条件下小 2.7~4.0 dB(图 6-30)。

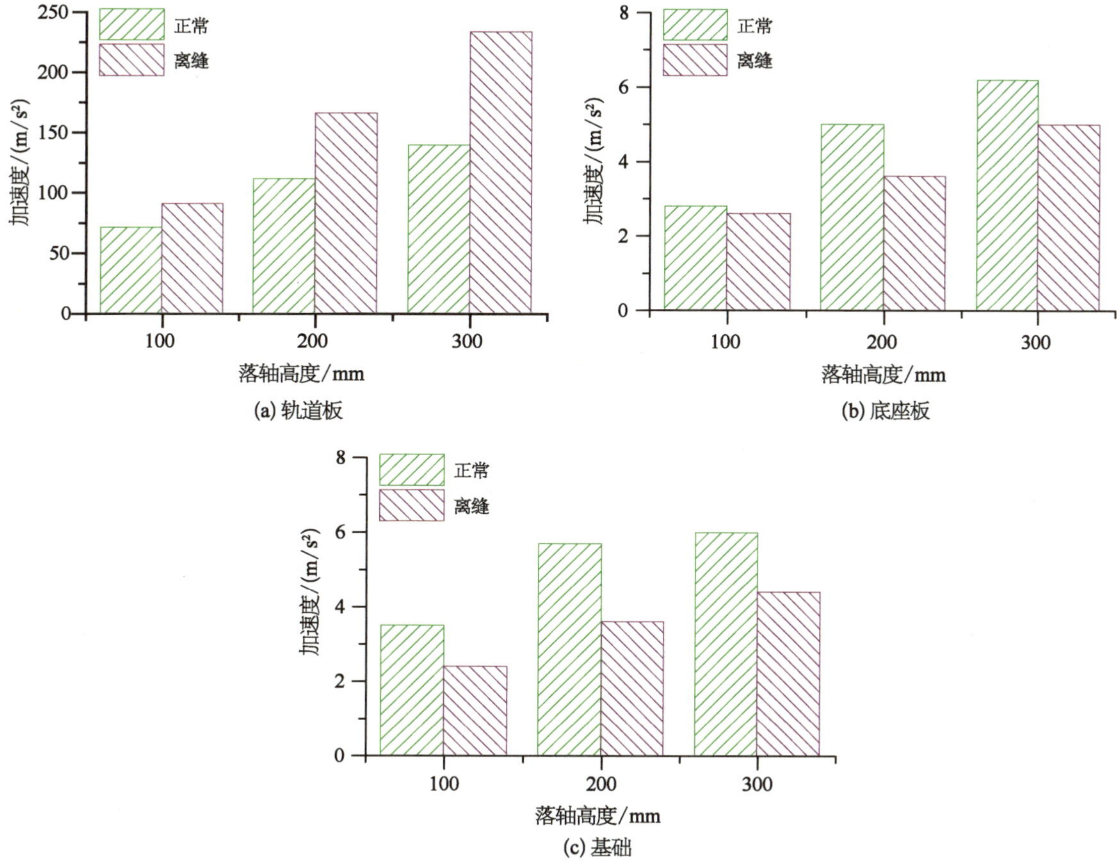

第 6 章 季冻区高速铁路无砟轨道平稳性保持技术

图 6-29 落轴试验结果对比

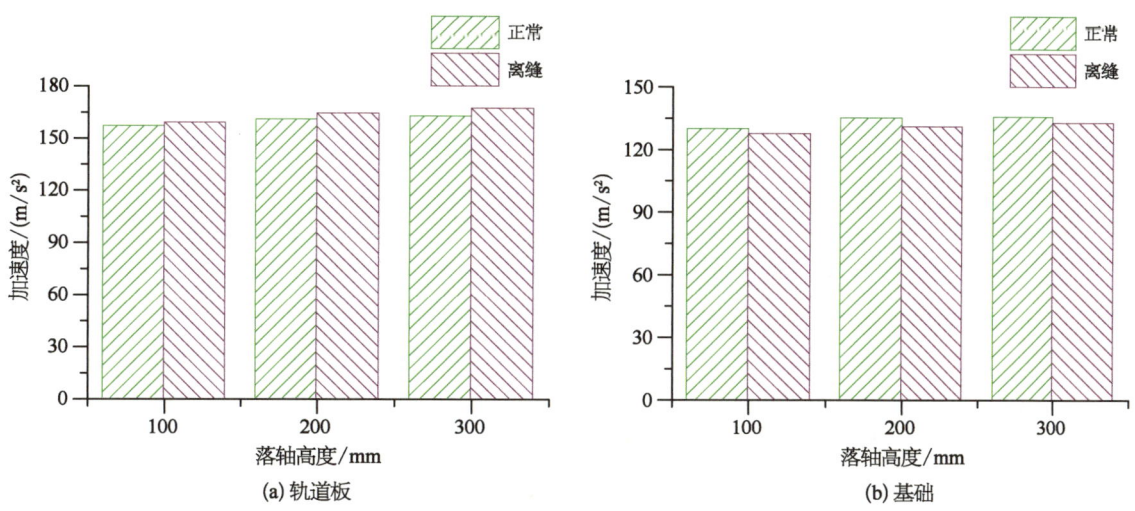

图 6-30 落轴试验加速度级结果对比

频域分析是对轨道结构在整个有效频率范围内的减振特性进行对比,在频谱分析的基础上绘制1/3倍频程中心频率的振动加速度级曲线。在进行频域分析时,1/3倍频程中心频率按照ISO标准给出,依次为6.3 Hz、8 Hz、10 Hz、12.5 Hz、16 Hz、20 Hz、25 Hz、31.5 Hz、40 Hz、50 Hz、63 Hz、80 Hz、100 Hz、125 Hz、160 Hz、200 Hz、250 Hz、315 Hz、400 Hz、500 Hz、630 Hz、800 Hz、1 000 Hz、1 250 Hz。取荷载作用扣件支点上落轴高度300 mm结果进行分析,如图6-31所示,离缝工况和正常工况实尺模型落锤试验相比,在25~63 Hz低频范围,各频段中心频率下轨道板振动加速度级明显增大,最大差别为12.1 dB;在200~1 000 Hz频带上各频段中心频率轨道板振动加速度级明显增大,最大差别为10.8 dB;在200~400 Hz频带上各频段中心频率下基础振动加速度级也明显减小,最大差别为13.9 dB。

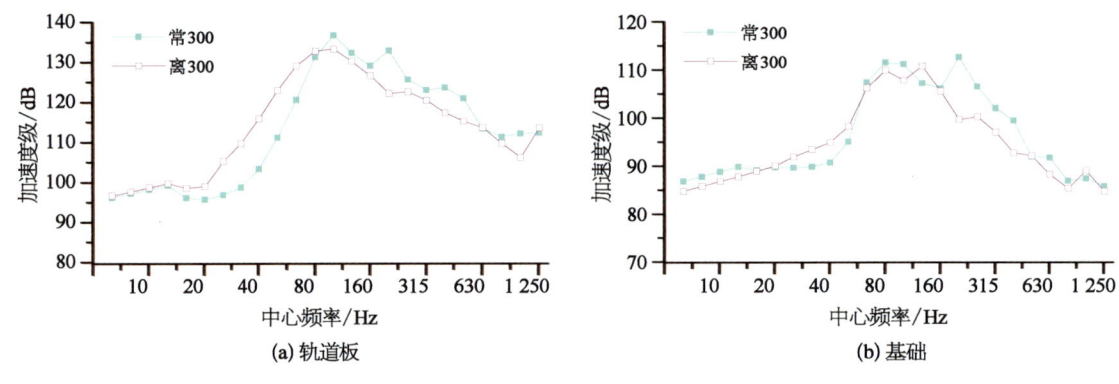

图6-31 落轴试验频域分析结果对比

试验结果表明,轨道板下产生离缝以后,在列车荷载作用下对自密实混凝土层及基础影响不大,但在离缝附近的轨道板顶面产生拉应力,同时,在落轴冲击荷载作用下,离缝条件下实尺模型的轨道板振动加速度比正常条件下的轨道板振动加速度明显增大,轨道板振动加速度级比正常条件下大2.1~4.5 dB,在25~63 Hz中低频频段各中心频率上,轨道板振动加速度级明显增大。所以,轨道板和自密实混凝土层间离缝对轨道板受力和冲击振动不利,容易引起轨道板开裂及离缝的进一步扩展。

6.2.2 试验工况的离缝效应计算结果及分析

为进一步研究轨道板下离缝效应,建立CRTS Ⅲ型板式无砟轨道计算模型进行分析,结构层接触及黏结关系可以采用接触对模型[14]、内聚力模型(CZM)[15]、扩展有限元模型(XFEM)[16]进行模拟。

试验工况的两种离缝形式模型如图6-32和图6-33所示,板角离缝为等边三角形,直角边长度为1.2 m;板端离缝为矩形,离缝横向贯通,沿线路方向长度为1.4 m。

荷载工况计算了列车荷载、列车荷载+正温度梯度荷载、列车荷载+负温度梯度荷载3种类型。其中,列车荷载施加于板端,取3倍静轮重;列车荷载+正温度梯度荷载耦合工况中,正温度梯度取60℃/m,列车荷载取1.5倍静轮重,作用于板端位置;列车荷载+负温度梯度荷载耦合工况中,负温度梯度取-30℃/m,列车荷载取1.5倍静轮重,作用于板端位置。因轨道板和自密实混凝土层间离缝位于板端,列车荷载施加于板端是最不利工况。

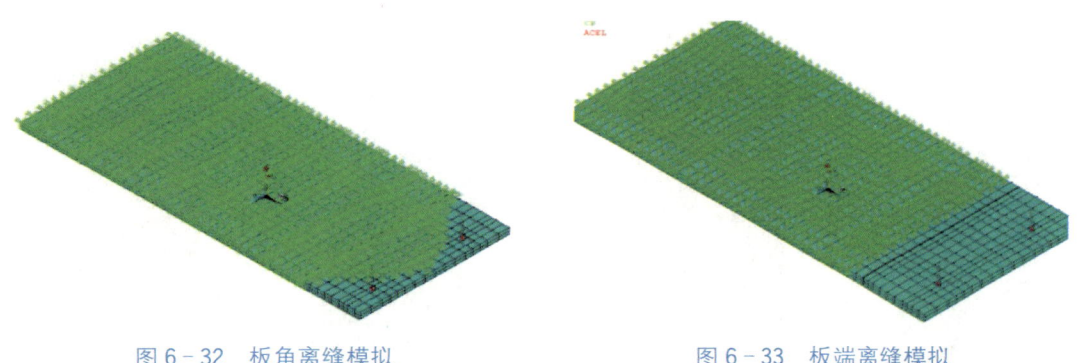

图 6-32 板角离缝模拟　　　　　　　　图 6-33 板端离缝模拟

1. 正常结合状态下轨道结构受力

列车荷载作用在轨道板板端,邻近荷载作用点区域复合板处于上拱状态,复合板顶面承受拉应力、底面承受压应力。如图 6-34 所示,邻近荷载作用点区域,轨道板顶面拉应力最大,远端拉应力减小,拉应力最大值为 0.53 MPa;轨道板底面在邻近荷载作用点区域已经处于明显受压状态,其余区域处于临近受压状态;与轨道板底面相对应,自密实混凝土层顶面除邻近荷载作用点区域承受的压应力外,其余区域承受的是拉应力;而到了自密实混凝土层底面,邻近荷载点区域压应力达到最大值,而且最大压应力区域对应板顶面的最大拉应力区,最大值 0.54 MPa 产生在凸形限位的内侧,其余区域还基本处于受拉状态。

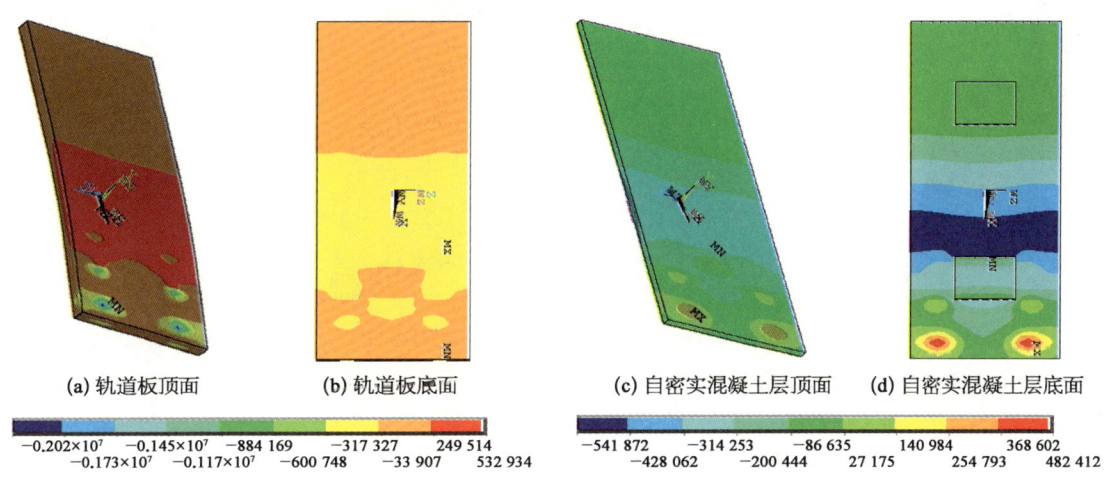

(a) 轨道板顶面　　(b) 轨道板底面　　(c) 自密实混凝土层顶面　　(d) 自密实混凝土层底面

图 6-34 列车荷载作用下复合板受力状况

单纯的正温度梯度荷载作用下复合板受力状况如图 5-49 所示,顶面产生压应力、底面产生拉应力,最大压应力区在轨道板顶面的中部,最大拉应力区在自密实混凝土层底面两凸形限位之间,这种效应和列车荷载作用下复合板受力趋势正相反,由于温度梯度的作用效应更加显著,因此,如图 6-35 所示,轨道板顶面出现的是压应力,最大压应力区在轨道板中部;自密实混凝土层底面在凸型限位的外侧出现压应力,其余区域均处于受拉状态,最大拉应力达到 1.85 MPa。

单纯的负温度梯度荷载作用下复合板受力状况如图 5-50 所示,顶面产生拉应力、底面产生压应力,最大拉应力区在轨道板顶面的中部,最大压应力区在自密实混凝土层底面两凸形限位之间,

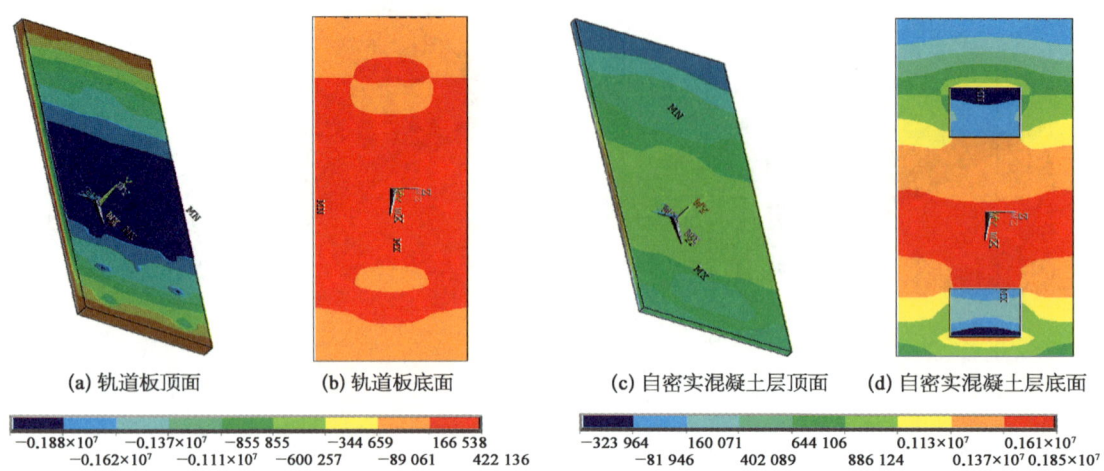

图6-35 列车荷载和正温度梯度荷载耦合作用下复合板受力状况

这种效应和列车荷载作用下复合板受力趋势相同,从而形成了轨道板顶面拉应力和自密实混凝土层底面压应力较列车荷载与负温度梯度荷载单纯作用下的值显著增大,如图6-36所示,轨道板顶面最大拉应力达到1.39 MPa,自密实混凝土层底面最大压应力达到1.38 MPa。

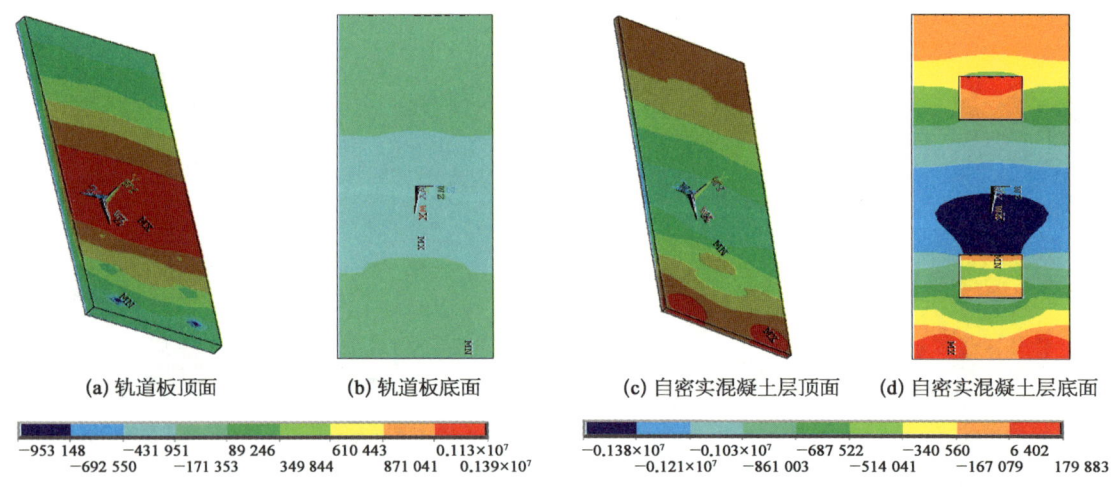

图6-36 列车荷载和负温度梯度荷载耦合作用下复合板受力状况

2. 板角离缝时轨道结构受力分析

轨道板与自密实混凝土层间产生离缝以后,在板端离缝处承受列车荷载作用时,由于板下支承条件发生变化,轨道板和自密实混凝土层受力状态相应发生变化。不同荷载作用时无砟轨道结构层最大拉应力如图6-37所示,底座板在正常和离缝条件下拉应力均很小,最大拉应力均产生在复合板中。和试验结果相一致,轨道板下的离缝对复合板受力状态影响最大,对底座板影响很小。

由于轨道板下离缝的存在,列车荷载作用点在离缝区边缘,轨道板顶面的拉应力区更加集中,而自密实混凝土层底面的压应力区也更加集中,如图6-38所示,离缝区内侧上方轨道板顶面拉应力最大,达到1.38 MPa,远大于正常结合状态下0.53 MPa;离缝区内侧的轨道板底面与自密实混凝

第 6 章　季冻区高速铁路无砟轨道平稳性保持技术

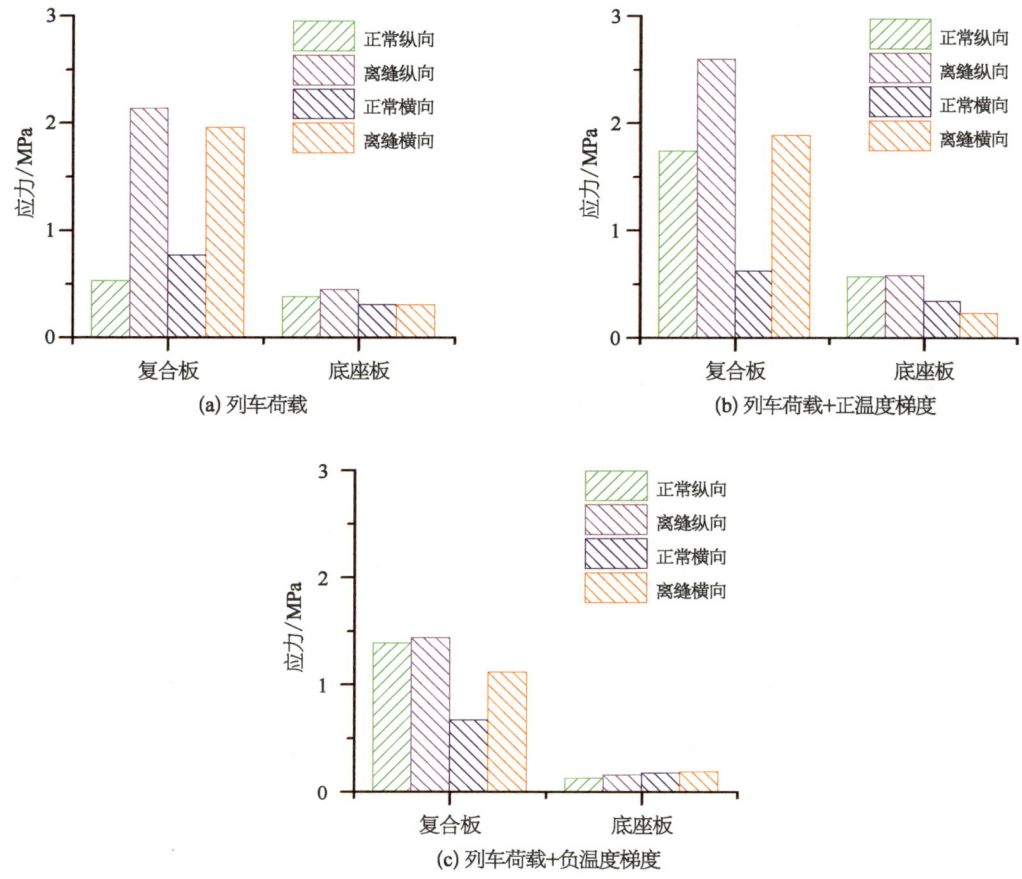

图 6-37　不同荷载作用下结构层最大拉应力对比

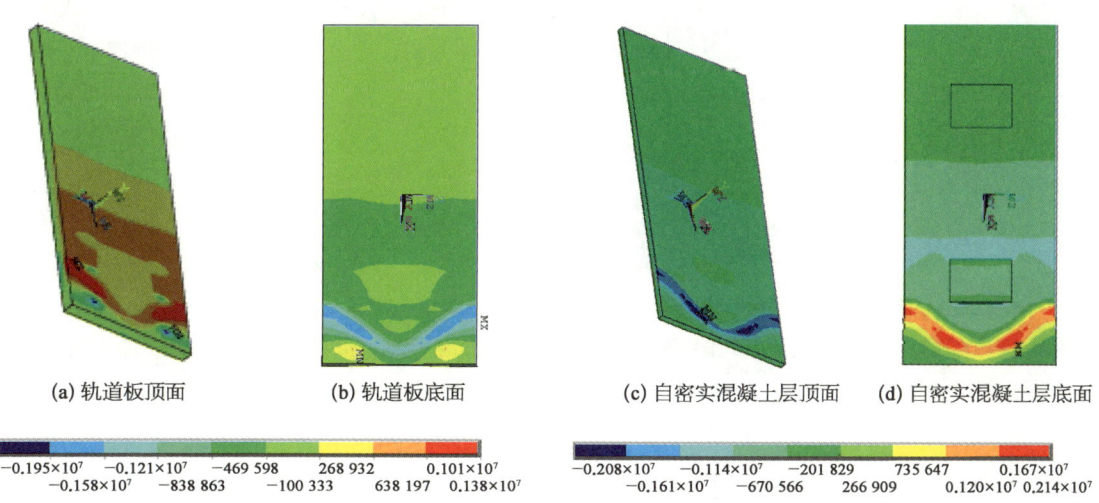

图 6-38　列车荷载作用下复合板纵向应力

土层顶面处于最大受压状态,从而导致位于离缝区内侧之下的自密实混凝土层底面产生拉应力,最大值达到 2.14 MPa,已经超过混凝土容许应力。

由于列车荷载作用下轨道板与自密实混凝土层离缝后受力状况与正常结合时的差异(图 6-38 和图 6-34 对比),在列车荷载和正温度梯度共同作用下,除了自密实混凝土层底面拉应力区与正温度梯度作用下的拉应力区叠加外,其他受力状态与正常结合时两种荷载作用下趋势相反时的结果一致。自密实混凝土层拉应力叠加后,最大值达到 2.61 MPa,超过了混凝土的容许应力。

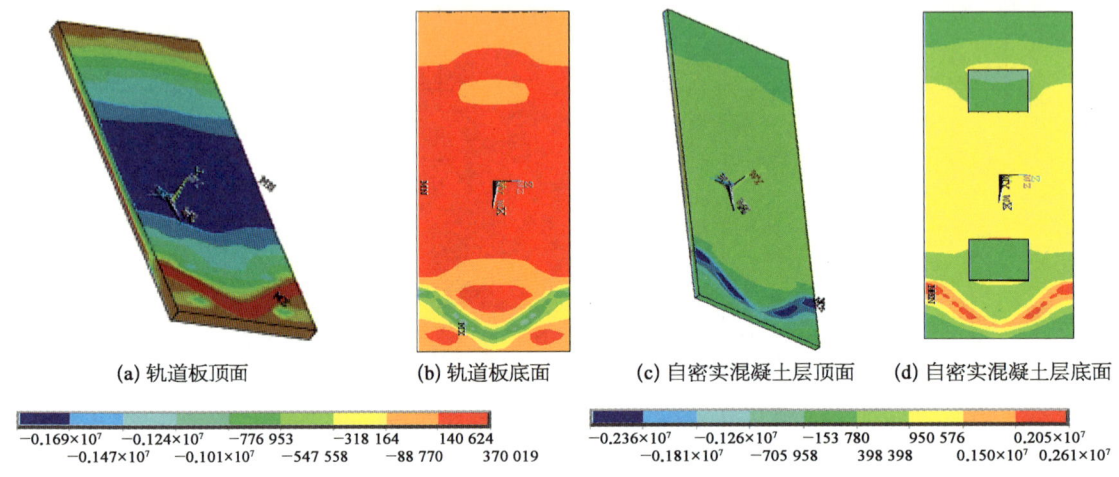

图 6-39 列车荷载和正温度梯度作用下复合板纵向应力

列车荷载与负温度梯度荷载作用下复合板受力的叠加作用,使得轨道板顶面拉应力达到最大,如图 6-40 所示,其值为 1.45 MPa;由于列车荷载作用下离缝区内侧下方自密实混凝土层底面产生的是拉应力,和负温度梯度作用下产生的压应力叠加后仍然是拉应力,其值为 0.6 MPa。

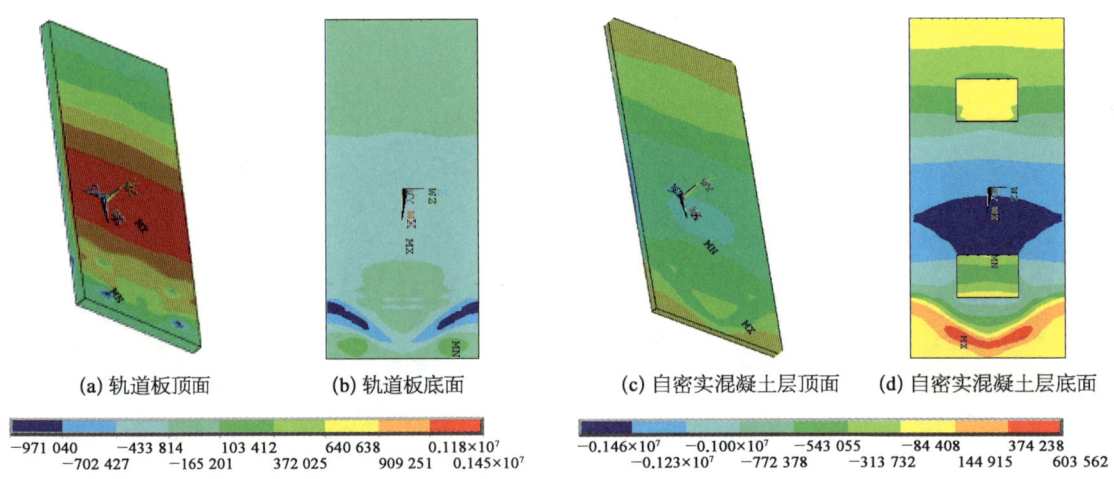

图 6-40 列车荷载和负温度梯度作用下复合板纵向应力

3. 板端离缝时轨道结构受力分析

板端产生贯通离缝后,在列车荷载作用下其对复合板受力的机理与板角离缝是相同的,差异是贯通离缝引起轨道板和自密实混凝土层的受力要远大于板角小范围的离缝。如图6-41所示，离缝区内侧上方轨道板顶面最大拉应力达到8.4 MPa，远大于板角离缝的1.38 MPa；位于离缝区内侧之下的自密实混凝土层底面最大拉应力达到5.9 MPa，大于板角离缝的2.14 MPa。轨道板顶面和自密实混凝土层底面的最大拉应力均超过混凝土容许应力。

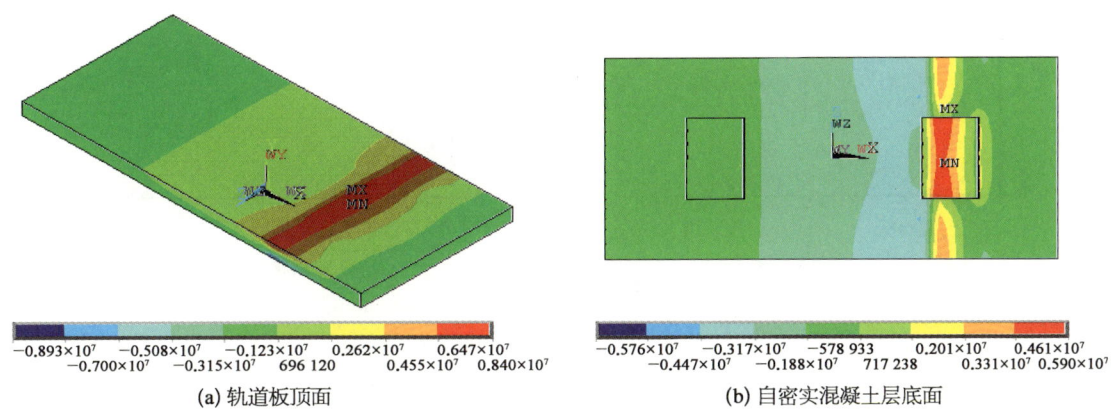

(a) 轨道板顶面　　　　　　　　　　　(b) 自密实混凝土层底面

图6-41　列车荷载作用下复合板纵向应力

但是，板端的贯通离缝使复合板在温度梯度荷载作用下的受力特征不同于板角离缝，主要是贯通离缝使板端的轨道板与自密实混凝土层真正分离，轨道板顶面处于受压状态，自密实混凝土层底面处于受拉状态，在列车荷载和正温度梯度共同作用下，由于列车荷载作用导致的离缝区边缘应力集中下轨道板顶面和自密实混凝土层底面拉应力受到削弱。同样，在负轨道梯度作用下，轨道板顶面中部产生拉应力，板端产生压应力，自密实混凝土层底面产生压应力，削弱了列车荷载作用下在轨道板顶面和自密实混凝土层底面产生的最大拉应力。如图6-42所示，列车荷载和正温度梯度荷载共同作用下最大拉应力为4.45 MPa，列车荷载和负温度梯度荷载共同作用下最大拉应力为4.86 MPa，均小于列车荷载单独作用下的最大拉应力。同样，轨道板下的离缝对底座板受力的影响很小。

板角离缝属于小范围局部离缝，对复合板结构的影响主要体现在离缝的缝隙尖端的应力集中上，对复合板和钢轨的竖向位移影响很小，如图6-43(b)所示(图中1～3分别代表列车荷载作用、列车荷载和正温度梯度荷载共同作用、列车荷载和负温度梯度共同作用)，板角离缝与正常结合状态相比，复合板的竖向位移最大增加0.34 mm，钢轨位移相差0.1 mm。板端贯通离缝对复合板和钢轨竖向位移影响增大，在列车荷载作用下复合板最大竖向位移可达3.8 mm，钢轨最大竖向位移可达4.5 mm；由于离缝区上方的轨道板板端失去了约束，在温度梯度作用下翘曲变形增大，形成局部的翘曲效应，即正温度梯度荷载作用下，自由的板端呈中部上拱、板边下沉，在负温度梯度荷载作用下，板端呈中部下沉、板边翘起，与列车荷载共同作用下复合板和钢轨最大竖向位移减小。

在离缝形式中，贯通离缝的影响最为显著；在三种荷载模式作用下，列车荷载效应对贯通离缝最为敏感；选择列车荷载作用下板端离缝沿线路纵向不同长度时轨道结构受力和变形进行分析，得到如图6-44所示的曲线。其中，复合板和底座的最大拉应力均随离缝长度的增加而增大，复合板最大拉应力σ_s与离缝长度L可拟合成线性关系，如式6-22所示。

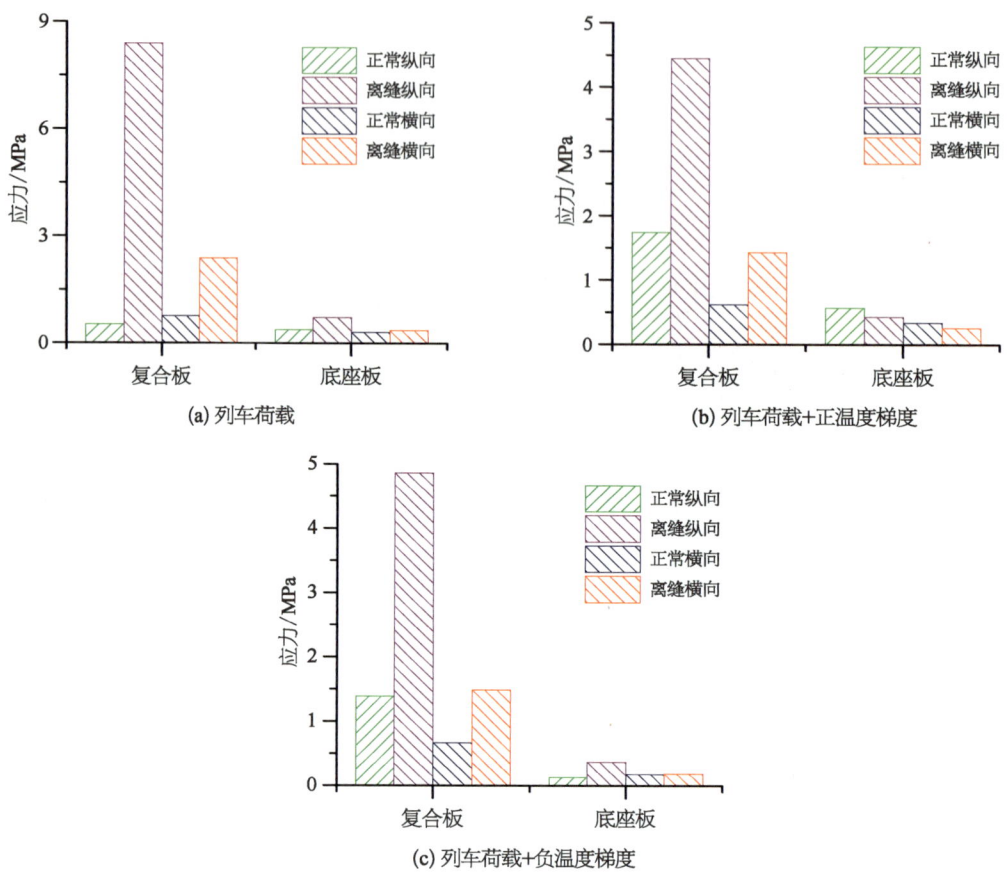

图 6-42 不同荷载作用下结构层最大拉应力对比

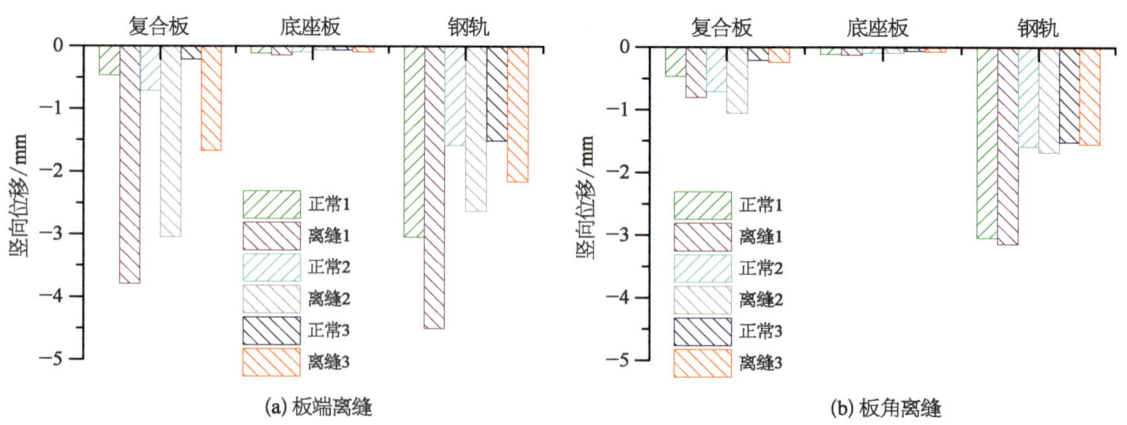

图 6-43 不同荷载作用下结构层竖向位移对比

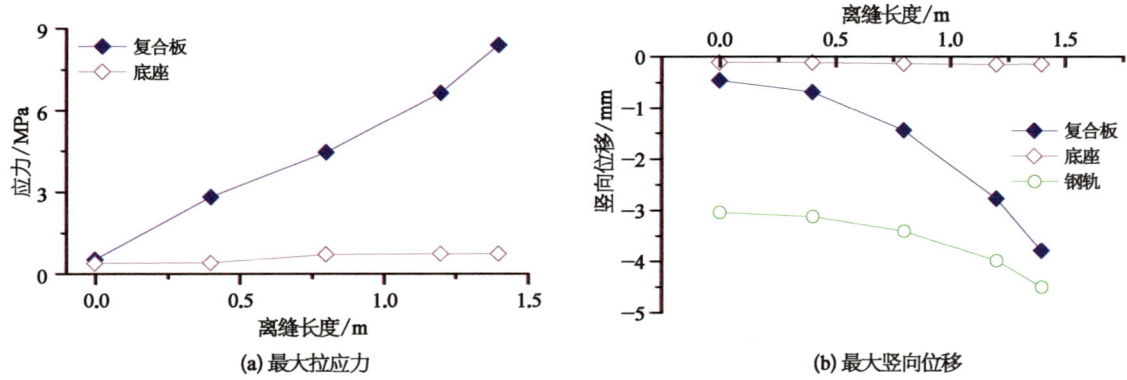

图6-44 列车荷载作用下不同离缝长度时的应力与位移

$$\sigma_s = 5.37L + 0.48, \quad R^2 = 0.99 \tag{6-22}$$

随离缝长度的增加,复合板最大拉应力相应增大。当离缝长度到达板端第一个承轨道台时,轨道板顶面的最大拉应力已经达到 2.82 MPa,超过混凝土容许应力;当离缝长度越过第一个承轨道以后,应力增加幅度更大。轨道板随竖向位移随离缝长度的增加快速增加,当离缝长度超过 1 m以后,轨道板竖向位移增加速率增大;钢轨竖向位移和离缝长度的关系与复合板相似。轨道轨竖向位移在板端扣件处无损伤时为 0.44 mm,离缝长度到达第一个承轨台时为 0.59 mm,越过第一个承轨台达到 0.8 m 时为 1.16 mm。因此,板端贯通离缝长度不应超过第一个承轨台,否则轨道板将产生较大的拉应力,使轨道板产生裂纹,同时大大削弱轨道板的刚度。

6.2.3 离缝检测技术

土木工程多层结构隐蔽性病害快速无损检测中,国内外目前主要采用地质雷达、瑞雷面波、超声波和弹性波检测等方法[17],对于侧面张开型离缝采用图像识别辅以人工检测的方法[18]。由于无砟轨道作为非均质、多层结构,轨道板和底座板钢筋密集,地质雷达法、地震映像法和瑞雷面波法均不能满足层间离缝检测的要求[19];传统的超声波法利用超声纵波,在混凝土中传播声能衰减大且方向性差[20],对离缝难以做到定量化评价;冲击弹性波对介质阻抗差异反应灵敏,当轨道板下方有离缝产生时,会在轨道板与离缝界面发生较强反射反应,可以通过冲击响应强度与主频来表征,适用于无砟轨道离缝伤损检测,但单分量多通道检波器的检测方式往往会由于界面反射或其他原因影响到检测效果。近年来,弹性波全波场无损检测技术[21]和超声横波反射成像法[20]快速发展,为需要在"天窗点"内进行的离缝检测提供了解决方案。

1. 弹性波全波场检测技术

1) 基本原理

弹性波检测技术是通过换能器激发的脉冲在介质中传播、散射、吸收、波形转换等,利用得到的弹性波信号提取反映介质本身特性或内部结构的信息。当混凝土结构表面受到竖向冲击作用时,会以波动形式以震源为中心向四周传播,波的成分包含体波和面波。体波可以分为纵波(P波)和横波(S波),横波又有垂直分量 SV 波和水平分量 SH 波,面波分为瑞雷波(R)和勒夫波(L)。波在介质中传播时波振面呈圆形,遇到两种不同介质的分界面会改变波原来的传播方向,从而发生

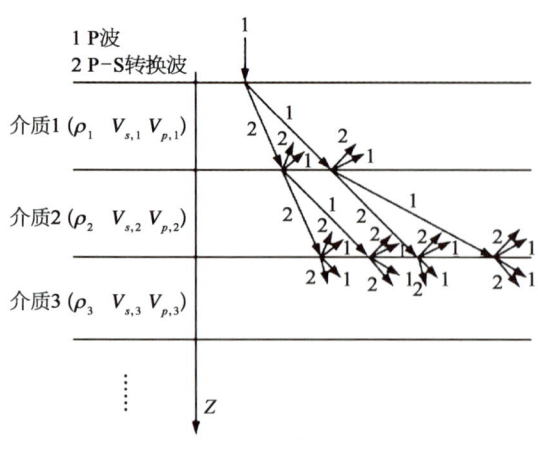

图 6-45 弹性波界面处传播特性

反射和透射及转换波,造成弹性波成分的改变。因而不同介质的界面成为波动传输和变换的中介,其性质影响整个材料或结构内的波动宏观力学行为。以入射波为纵波(P 波)为例,多层介质中任意界面以一定的入射角入射时,介质的反射和透射形成纵波(P 波)、横波(SV 波),如图 6-45 所示。图中 ρ 代表介质密度,V_s、V_p 分别代表介质横波和纵波速度。

考虑表层界面入射波垂直进入介质的情况,即入射角接近 0°,此时转换波能量几乎为 0,分界面上反射波和透射波成分与入射波均相同。因此,根据分界面两边介质材料物理力学参数,可得纵波(P 波)和横波(S 波)的反射系数,可表示为

$$R_{pp}=\frac{\rho_2 V_{p,2}-\rho_1 V_{p,1}}{\rho_2 V_{p,2}+\rho_1 V_{p,1}} \quad R_{ss}=\frac{\rho_2 V_{s,2}-\rho_1 V_{s,1}}{\rho_2 V_{s,2}+\rho_1 V_{s,1}} \tag{6-23}$$

式中 R_{pp}——P 波反射系数;
R_{ss}——S 波反射系数。

由式(6-23)可知,无论是纵波还是横波,反射系数都由界面两边介质的波阻抗(波速与密度的乘积)差决定,相邻材料的波阻抗相差越大,反射系数也越大,反射波也就越强,离缝部分介质密度和波速都会降低,因而形成反射界面,在其正上方激发和接收弹性波时,能接收较强的波动能量。

目前弹性波法已经实现了单分量多通道检波器各种阵列排列在实际工程中的快速无损检测,这些检测都仅仅局限于单个方向,而现实中的各种介质都是三维的,利用单方向采集数据必然忽略掉了重要的三维弹性波场的信息。弹性波全波场检测方法就是应用大量的三分量传感器把介质表面的波动场的大小和方向都记录下来,对于记录的信号按检波器坐标的大小依次排列,得到一条原始的共偏移距映像剖面,通过复杂的数学分析,由波动场数据构建介质内部结构的三维图像和物性分布,为确定缺陷病害提供更全面的信息,增大检测结果的准确性。

2) 检测工艺

弹性波全波场检测工艺可分为点-点式、点-线式、拖拽式三种方式。

点-点式全波场无损检测方法为单点激发、单点接收系统,测线及激发如图 6-46 所示。首先在待检测位置布置好测线、待测点及锤击点,在距离检波器偏移距(dx)的锤击点进行锤击激发,每激发一次,单分量(三分量)检波器记录一个波形数据文件。一次采集完成后,沿测线移动检波器(Dx),重复以上激发操作 n 次直至整条测线 1 完成数据采集。随后移动检波器到测线 2,重复采集数据直到整个待检测位置的数据全部采集完成。

点-线式全波场无损检测方法为单点激发、多点接收系统,测线及激发如图 6-47 所示。首先在待检测位置布设测线、待检测点及锤击点,在距离第一个检波器一定偏移距(dx)的锤击点进行锤击激发,每激发一次,系统会记录一组波形数据文件;将所有检波器向前移动 $Dx \times n/2$ 的距离,

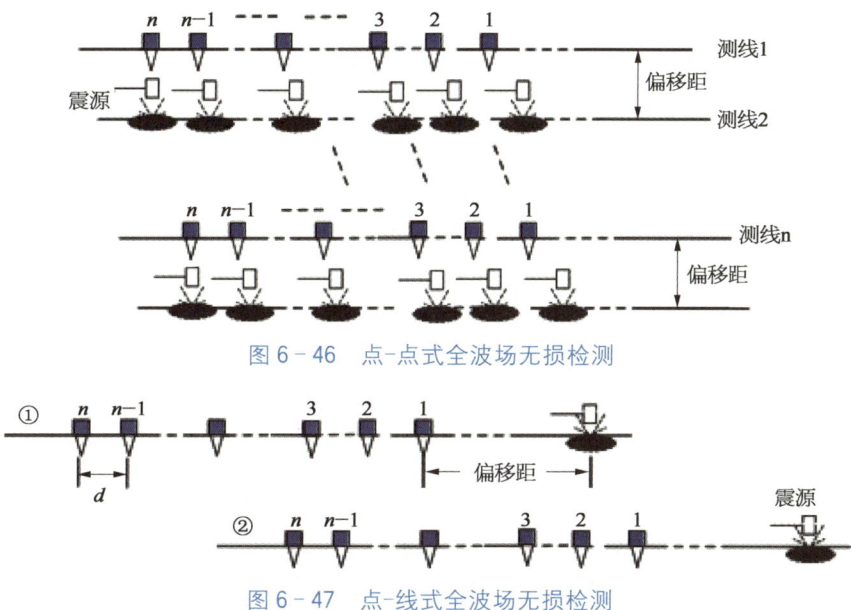

图 6-46 点-点式全波场无损检测

图 6-47 点-线式全波场无损检测

重新锤击激发采集数据,直到整个测线测量完毕。随后将所有检波器移动到测线 2,重复采集数据直到整个待检测位置的数据全部采集完成。

拖拽式快速全波场无损检测方法为单点激发、多点网状接收系统,测线及激发如图 6-48 所示。将检波器通过尼龙绳和铝板按垂直间距 Dy、水平间距 Dx 排列成的阵列形式,在距离第一个检波器一定偏移距的锤击点 1 处进行锤击激发,每激发一次,系统会记录一组波形数据文件随后锤击 2 点直到 n 点锤击结束。将所有检波器向前移动 Dx 的距离,按上述方式重新锤击激发采集数据,直到整个测线测量完毕。

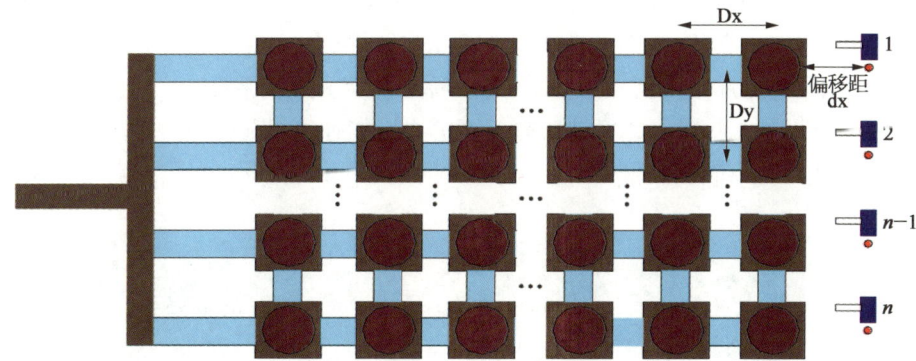

图 6-48 拖拽式快速全波场无损检测

3) 数据分析方法

全波场无损检测方法数据分析主要有波形分析法、频谱分析法。波形分析法主要是按照检波器的坐标排列得到共偏移距波形剖面,根据波形的变化来推断介质的变化。波形分析主要包括分析沿测线波形特征(振幅大小、持续时间、波形丰度等)的变化。当在检测介质内部病害或缺陷时,除了把波形展开在测线上以外,还会统计波形平均振幅的变化。由于平均振幅反映了介质对冲击振源的响应大小,又称其为响应强度。它是判断介质内部有无缺陷的重要指标。频谱分析法主要通过 FFT 分析(快速傅里叶分析)将波形振幅与时间的关系转换到振幅与频率之间的关系,不同介质的振幅与频率关系也不相同。通过分析沿测线频谱特征(卓越频率、卓越振幅等)的变化进行比较,进而掌握介质的变化。在检测内部缺陷时,除了把频谱展开在测线上外,还会统计卓越振幅的变化。卓越特征也是判断有无内部缺陷的重要指标。

响应强度以平均振幅表征,定义为响应波形振幅绝对值的平均值。缺陷区域波形发生全反射、折射等,其响应强度比健康区域大。为了消除量纲及边界效应的影响,将每条测线的平均振幅除以同一条测线的平均振幅值后得到标准化响应值,加入位置信息并展开在检测区域平面内。通过均值化、插值、平滑等处理后,得到检测区域的响应能量分布图,如图 6-49 所示。通过已知区域、模型试验、数值计算等手段,建立标准化响应值与病害类型的关系,根据响应能量变化,就可以定量判断病害的空间分布。

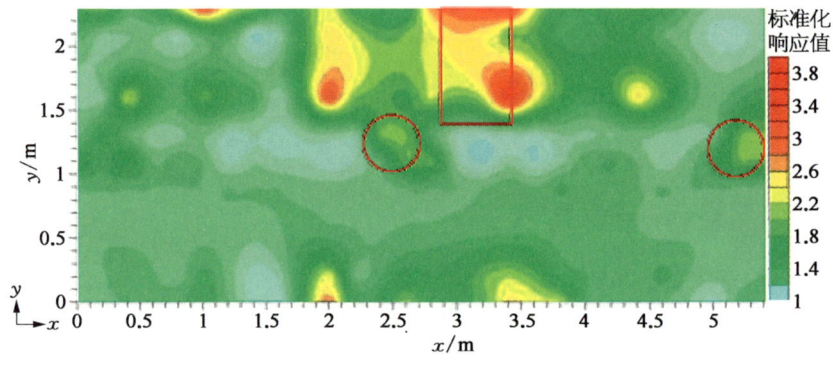

图 6-49 响应能量平面分布图

对波形进行 FFT 分析得到频谱分布图,取各测点卓越频谱对应的幅值即为卓越振幅值。将所有测线的卓越振幅提取出来,同样为了消除量纲和去除边界效应的影响,将每条测线的卓越振幅除以同一条测线的卓越振幅后得到标准化响应值,展开在检测区域平面内。通过均值化、插值、平滑等处理后,得到如图 6-50 所示的卓越振幅平面分布图。通过已知区域、模型试验、数值计算等手段,建立标准化响应值与病害类型的关系,根据响应能量变化,可以定量判断病害的空间分布。

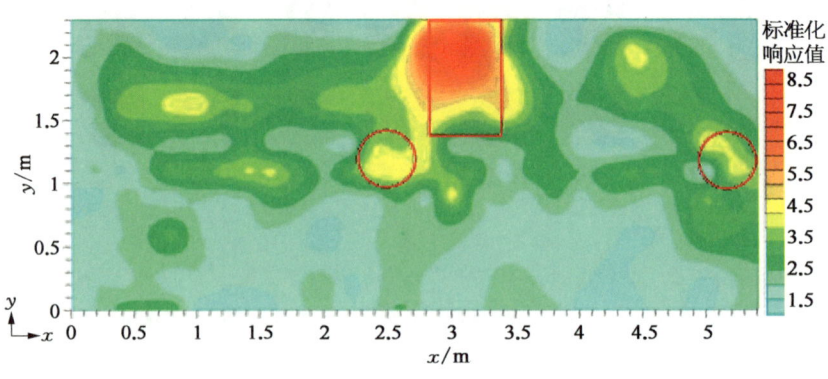

图 6-50 卓越频谱平面分布图

将波形分析结果及频谱分析结果的标准化响应能量进行拓扑加权处理,获取均一化后的综合响应能量。根据综合响应能量的变化直观、快速地定性判断下部构造的分布状态。通过已知区域、模型试验、数值计算等手段,建立综合响应能量与病害类型的关系。如图 6-51 所示,根据响应能量变化,可以定量判断病害的空间分布。

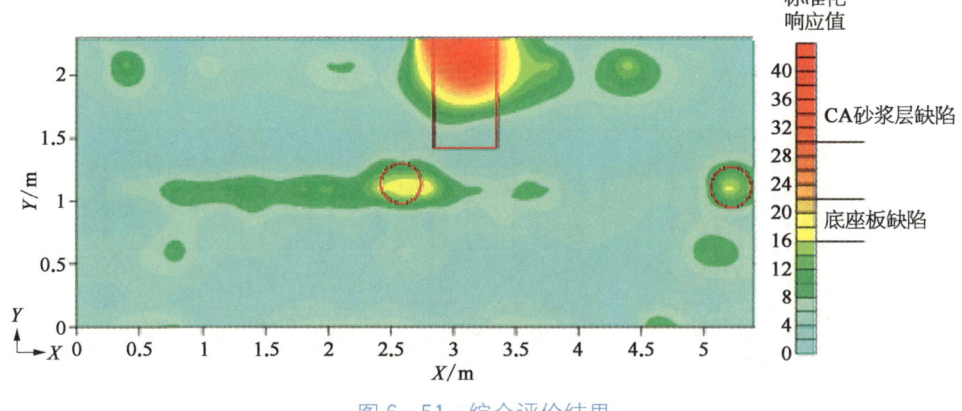

图 6-51 综合评价结果

4) 应用

目前,拖拽式检测装置已经在现场得到应用,如图 6-52 所示,检波器阵列为 4×6 矩阵形式,共 24 个检波器,每个检波器均由尼龙绳串并联起来。每列检波器行间距为 0.2 m,纵间距也为 0.2 m。选用 50 g 小铁锤作为激发源,激发频率范围为 800~4 000 Hz。每块轨道板设 12 条测线,可在 30 min 内完成检测[22]。

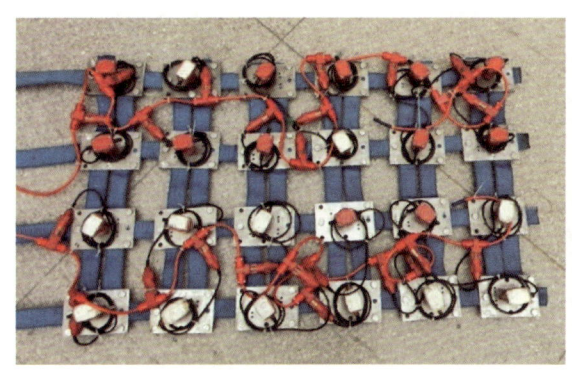 

图 6-52 现场应用的拖拽式检测装置

2. 超声横波反射成像检测技术

1) 基本原理

超声反射波法基本原理和冲击回波法相似,只不过前者不需要采用冲击的方法形成应力波,而是利用超声脉冲波入射到两种不同介质交界面上发生反射的原理进行检测。

超声横波反射成像法与传统超声反射法利用超声纵波不同,其利用的是超声横波。由于横波不能在流体中传播,遇到混凝土-空气或液体界面时几乎全部被反射,其反射系数大于超声纵波的反射系数,反射波幅更大,回波能量更大。在离缝检测中,结构层间结合越好,则产生的回波能量越小;结构层间结合越差,则产生的回波能量越大;当结构层间存在离缝时,就会产生最大的回波能量。

2) 相控阵成像技术

为解决传统超声反射法单发单收时超声波传播方向性差、易受干扰等问题,可以利用相控阵成像技术和合成孔径聚焦技术(SAFT)[23],如图 6-53 所示,应用多通道数据采集系统获取不同位置的数据并进行综合处理,对被测物体进行声学三维成像,逐层显示结构体内部的层断面,得到透视效果,并能够在波束发散角度较大的情况下,得到较好的空间分辨率。

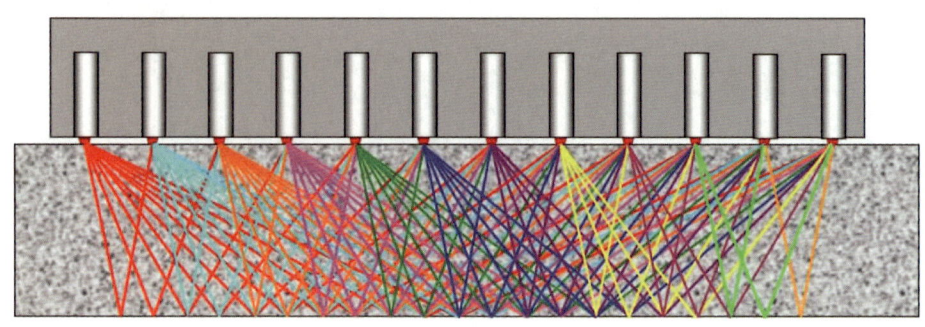

图 6-53 相控阵成像及合成孔径聚焦技术工作方法示意图

超声相控阵成像方法是采用一个换能器阵列来产生和接收超声波波束。通常在一维上排列若干单元换能器组成线阵。每个单元换能器连接着各自独立的发射和时间延迟电路。这些独立的电路被分别连接到一个或多个通道开关上。应用多通道开关每次按照事先设计确定好的序列和延迟,依靠电子开关切换依次激励各单元换能器。因此各单元换能器发射的声波具有可控的人为预定的确定相位。所有单元换能器在检测对象中产生的超声场相互干涉叠加,因其相位关系产生所谓的"相长干涉"和"相消干涉",从而得到预先希望的波束入射角度和焦点位置。设计不同的激励序列和延迟时间,可以获得具有不同入射角和焦点位置的波束。

超声相控阵的发射原理如图 6-54 所示。多个换能器阵元按一定形状、尺寸排列,构成超声阵列换能器,分别调整每个阵元发射信号的波形、幅度和相位延迟,使各阵元发射的超声子波束在空间叠加合成,从而形成发射聚焦和声束偏转等效果。图 6-54(a)中,阵列换能器各阵元的激励时序是两端阵元先激励,逐渐向中间阵元加大延迟,使合成的波阵面指向一个曲率中心,即发射相控聚焦。图 6-54(b)中,阵列换能器各阵元的激励时序是等间隔增加发射延迟,使合成波阵面具有一个指向角,就形成了发射声束相控偏转效果。

相控阵成像就是通过控制换能器阵中各阵元激励(或接收)脉冲的时间延迟,改变由各阵元发射(或接收)声波到达(或来自)物体内某点时的相位关系,实现线扫描或扇扫描。

超声相控阵技术的优点是:相控阵技术应用电子扫描和聚焦,无须探头机械运动,检测速度快,探头放在一个位置就可生成被检查物体的完整图像,实现了自动检查,且可以检测复杂形状的物体,克服了常规超声检测方法的许多局限。

3) 合成孔径聚焦超声成像技术

合成孔径聚焦的基本原理如图 6-55 所示,当一超声收、发的探头沿直线移动,每隔距离 d 发

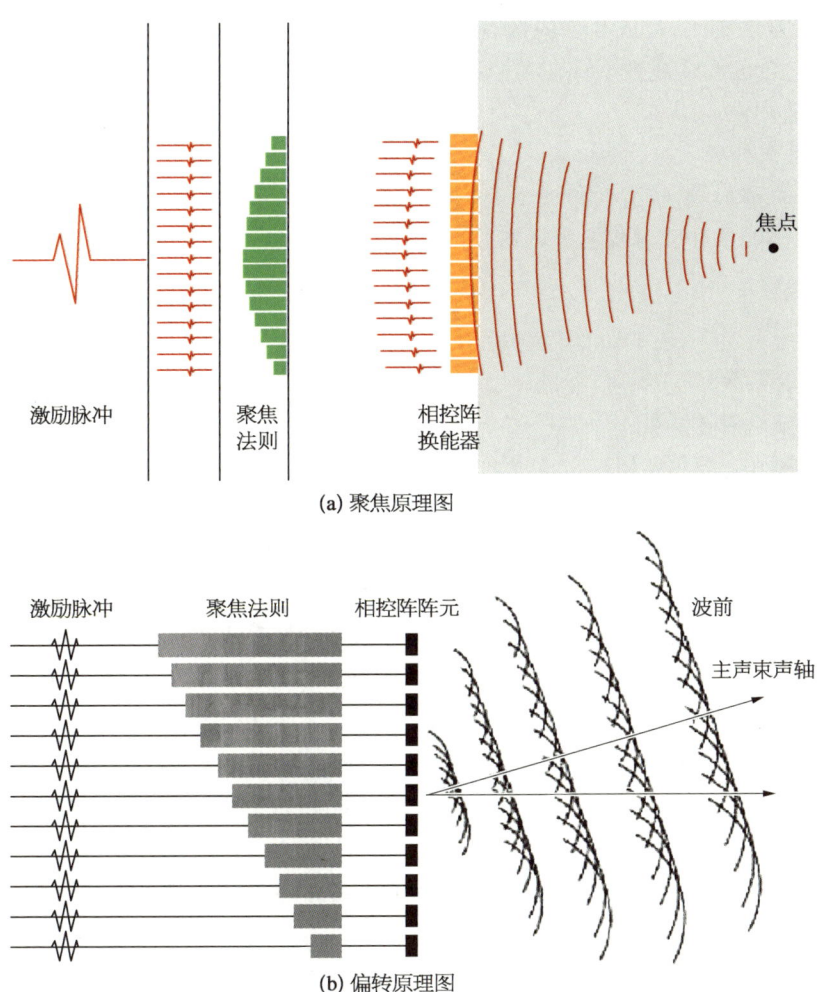

(a) 聚焦原理图

(b) 偏转原理图

图 6-54　相控制发射聚焦与偏转原理图

射一个声波,同时接收来自物体各点的散射信号并加以储存。根据各成像点的空间位置,对接收到的信号作适当的声时延或相位延迟后再合成得到的被成像物体的逐点聚焦声像,就是合成孔径成像技术。

从发射来看,当一探头移到第 i 点时,它在以前一系列点上发射声波形成的声场,等效于以线阵列的阵元延时辐射的声场。这样,单个探头配合其

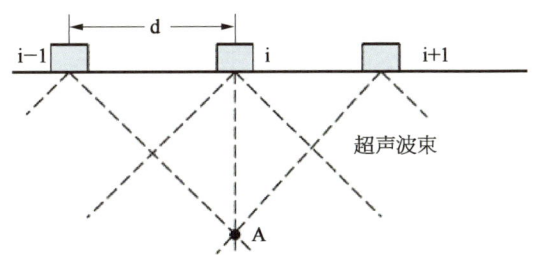

图 6-55　合成孔径聚焦超声成像原理

运动的驱动系统和信号存储系统,就合成为一个大尺度的换能器阵。从接收来看,如果要得到物体内 A 点的成像信号,只需把探头在各检测点上所得到的信号中对应从 A 点到各测点来回传播的声时的那时刻上信号幅度相加。而这等价于把 A 点处理成聚焦点。由于利用微机可以把物体内任何一检测点都作为焦点来处理,这就使合成孔径成像有高的分辨率。

与其他成像方法相比,合成孔径成像有两个显著特点,一是方位分辨率与作用距离 R 和声波波长 λ 无关;二是合成孔径成像不存在多个声波辐射的声波束之间的相互干涉问题,可视为单点源工作,具有近场适用性。

4) 数据采集及处理

以板式无砟轨道为例,轨道板和板下充填层间结合关系与其反射系数有关,可以通过测试高频聚焦入射超声波能量和反射波能量得到

$$R = \frac{A_1}{A_0} \tag{6-24}$$

式中 R——反射系数;
A_1——高频反射波能量;
A_0——高频入射波总能量。

由式(6-24)可以看出,当轨道板间结合质量较好时,反射波能量较小,反射系数也比较小;结合质量较差时,反射波能量较大,反射系数也较大;当轨道板下离缝时,反射波能量和入射波能量相近,反射系数趋近于1,达到最大值。因此,测试得到 A_0 和 A_1 是对离缝进行判断和评价的基础。

在采集入射波和反射波的信号并准确提取 A_0 和 A_1 值时,受人为和环境因素的影响,检测信号不可避免会受到干扰。为了得到相对精准的结果,必须对采集到的超声波信号进行数字滤波,剔除噪声信号,避免结果出现偏差。常见的数字滤波器包括 FIR 和 IIR 两种类型。其中,FIR 数字滤波器是有限长单位冲激响应滤波器,又称为非递归型滤波器,是数字信号处理系统中最基本的元件。它可以在保证任意幅频特性的同时具有严格的线性相频特性,同时其单位抽样响应有限长,因而滤波器是稳定的系统。

FIR 滤波的基本逻辑是对于任一输入信号 $x(n)$,经过 $h(n)$ 滤波后得到一组输出信号 $y(n)$,即

$$y(n) = \sum_{i=0}^{N-1} a_i x(n-i) \tag{6-25}$$

$$h(n) = \sum_{i=0}^{N-1} a_i \delta(n-i) \tag{6-26}$$

式中 i——FIR 滤波器的抽头数;
$x(n-i)$——延时 i 个抽头的输入信号;
a_i——第 i 级抽头数(单位脉冲响应);
$h(n)$——单位冲激响应函数;
N——滤波器的阶数;
$y(x)$——滤波器的输出序列;
$\delta(n-i)$——延时 i 个抽头的单位样序列。

将式(6-25)和式(6-26)合并,并进行 Z 变换转化为最终的 FIR 滤波器系数函数

$$H(Z) = \sum_{i=0}^{N-1} h(n) Z^{-n} \tag{6-27}$$

FIR 滤波器设计方式是线性的,其最主要的特点是没有反馈回路,稳定性强,硬件容易实现;且

FIR 滤波器具有严格的线性相位,幅度特性随意设置的同时,保证精确的线性相位。

无砟轨道离缝检测采用点线检测方式,每次采集的是针对采样传感器对应的点位进行探测的数据。由于人工操作环境和时间的限制,无法对整个轨道板进行全断面检测,需要通过对离散采样点数据进行高可靠性的空间插值,从而获得整块轨道板的测试数据。

空间插值是在已知空间上若干离散点(x_i,y_i)的某一属性(如密度、厚度)观测值$z_i=z(x_i,y_i)$的条件下,估计空间上任意一点(x,y)的属性值的方法。其原理是在空间相关性的基础上进行的,即空间位置上越靠近,则事物或现象就越相似;空间位置越远,则越相异或者越不相关。

采用克里金法进行空间插值处理。克里金法假定采样点之间的距离或方向可以反映表面变化的空间相关性,将数学函数与指定数量的点或指定半径内的所有点进行拟合以确定每个位置的输出值。其数学表达式为

$$Z(s_0) = \sum_{i=1}^{N} \lambda_i Z(s_i) \tag{6-28}$$

式中 $Z(s)$——第 i 个位置处的测量值;

λ_i——第 i 个位置处的测量值的未知权重;

s_0——预测位置;

N——测量值数。

数据处理的成果是绘制反射系数的等值线图。根据数据采集获得的每块轨道板上 n 个坐标点的测试数据,应用克里金插值算法计算绘制等值线所需坐标点的数值,绘制的等值线图形如图 6-56 所示。

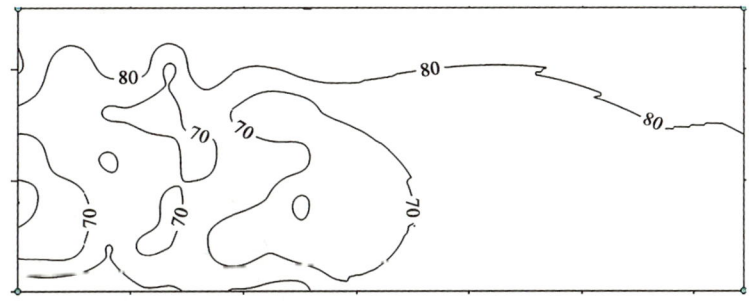

图 6-56 反射系数等值线图

5) 应用

根据超声横波反射成像法不需要外部激励的特点,研发出如图 6-57 所示的板下离缝及充填层状态检测仪,用于检测轨道板与充填层的结合面积、离缝状况,平均 1~2 min 可检测 1 块轨道板[24]。

轨道板下结合状态检测仪可输出如图 6-58 所示的检测结果,包括等值线填充图(蓝框区域)、色谱说明图(红框区域)和分析结论图(绿框区域),能够直观地展示轨道板与充填层间的结合状态。

检测仪已经在 CRTS Ⅱ 型板式无砟轨道线路上得到应用[29],试验条件下检测结果如图 6-59 所示,预设离缝值为宽 800 mm 的贯通离缝时,检测图形显示离缝位置、离缝面积与预设值比较吻合;在完全离缝条件下,检测 2 次黏结部分面积分别为 0.22% 和 0.28%,表明轨道板大部分区域处于脱空状态。

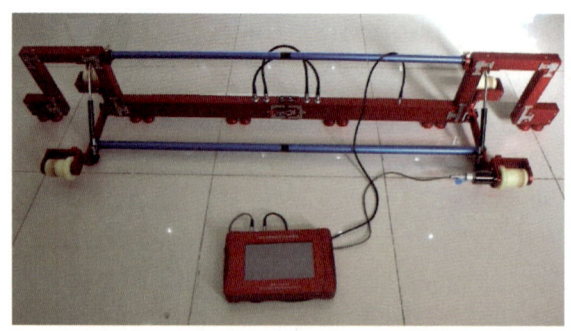

图 6-57 板下结合状态检测仪

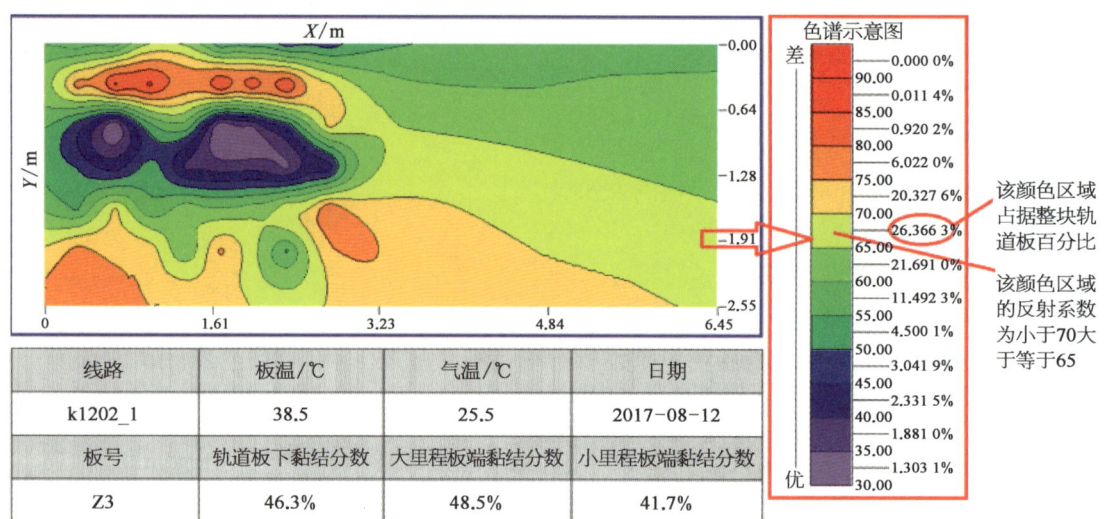

线路	板温/℃	气温/℃	日期
k1202_1	38.5	25.5	2017-08-12
板号	轨道板下黏结分数	大里程板端黏结分数	小里程板端黏结分数
Z3	46.3%	48.5%	41.7%

图 6-58 检测输出结果

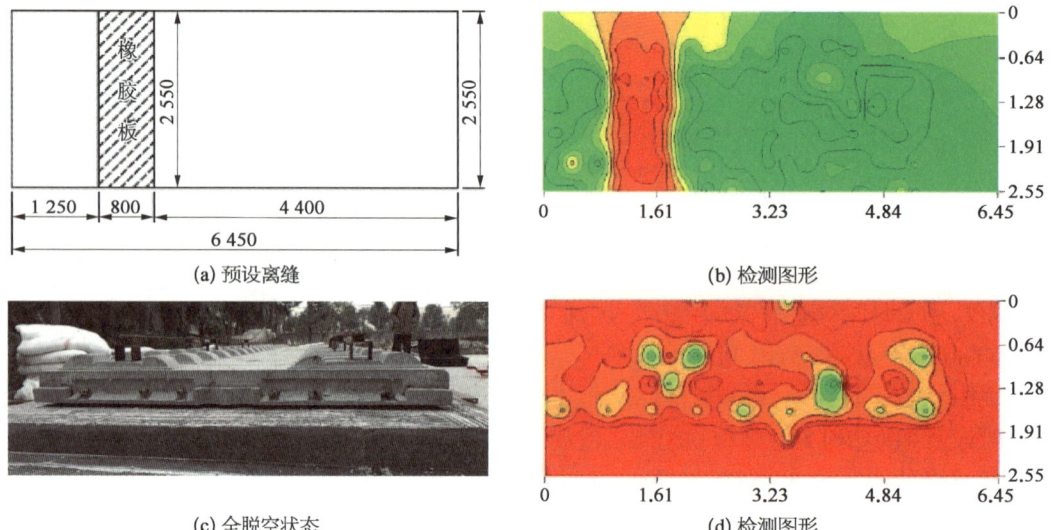

图 6-59 实尺试验检测结果

某高速铁路无砟轨道因路基沉降需要更新,应用检测仪对轨道板离缝情况进行了检测,检测结果和揭板后确认结果对比如图 6-60 所示。3 块轨道板检测仪检测结果为轨道板与 CA 砂浆结合比例分别为 53.3%、87.8% 和 18.1%,揭板后测量结果为结合面积比例分别为 55%、82% 和 28%,两者结果基本一致。

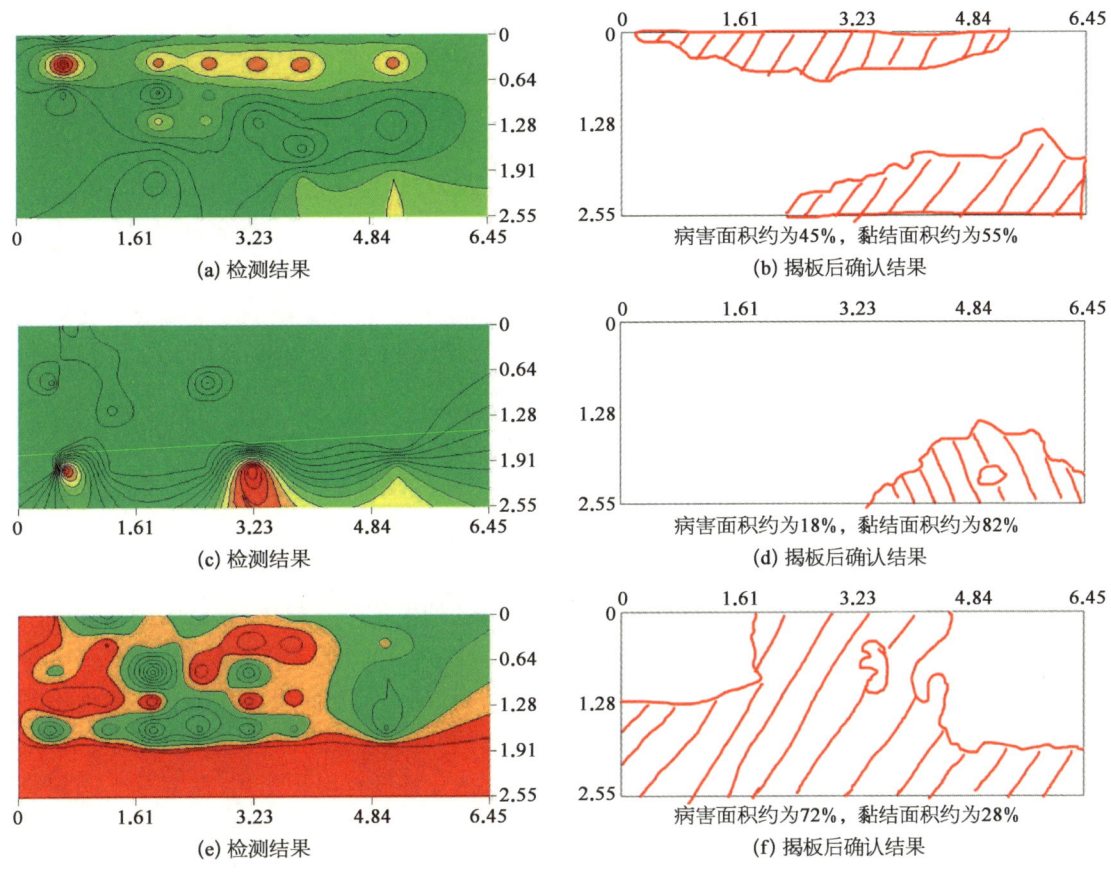

图 6-60 检测及揭板后确认结果对照

6.3 季冻区无砟轨道材料劣化及控制技术

季冻区高速铁路适用的 CRTS Ⅰ型和Ⅲ型板式无砟轨道主要由高性能混凝土、水泥乳化沥青砂浆(CA 砂浆)、自密实混凝土等材料制作而成,一般认为这些材料都是多孔材料,分布于其内部大大小小的孔隙中,常常含有以不同状态存在的水。当环境温度降低到 0℃ 以下时,材料内不同状态的水会随着温度的降低而逐渐结冰。结冰是一个渐进的过程,原因在于温度在材料中有一个传导的过程,而且未冻冰孔隙内溶液浓度的增加降低了冰点。冰点还随孔隙的大小而变化,当水与固体表面接触时,一部分水分子吸附于孔壁上,吸附水的物理性能虽然是液体水,其基本已经具备冰的结构。吸附水在 −60℃ 不会冻结,要结冰需要更低的温度。凝胶孔隙太小,在温度高于 −78℃ 时不可能生成冰核,所以胶凝孔隙实际上不会有冰生成。游离水结冰时,体积膨胀达 9%,当水在孔隙内冻结成冰,孔隙内的其他水或空气受冰挤压逐渐向更大的空间内迁移。当环境中不断有水补给时,材料的含水率增大,即饱水程度提高,未结冰的水或空气的挤占空间越来越小,使其周边环境处于一个复杂的应力状态,从而对周围材料产生膨胀应力,导致材料内产生各种微裂缝。当温度正负温交替变化时,水在液态和固态间交替变化,当材料内含水量不断增加时,内部裂缝会不断积累,最终将导致材料产生剥落或开裂等冻融破坏。

所以,季冻区混凝土材料的冻融破坏取决于低温、水及其内部孔隙结构。简言之,混凝土的冻融破坏是水进入混凝土内部孔隙并达到一定饱和程度的结果。所以提高混凝土结构抗冻性的关键是增加混凝土材料自身的密实性,控制混凝土内部孔隙的数量及分布,有效提高其抵抗水分进入的能力。

6.3.1 混凝土冻融破坏机理

混凝土冻害主要产生于后期受冻阶段,在混凝土浇注完成后凝结硬化期间受到冻结或冻融所遭受的损伤,导致混凝土的各项物理力学性能产生不可恢复的损失。无砟轨道的抗冻性就是要研究其在服役期受冻时抵抗冻融破坏的能力。

关于混凝土冻融破坏机理,目前已经形成了静水压理论、渗透压理论、冻胀学说、吸附水理论、双机制理论、骨料膨胀理论等冻融破坏理论体系[25,26],其中,静水压理论和渗透压理论受到重视。

1. 静水压理论

静水压理论认为,冰首先在混凝土的受冻表面上形成,把内部空隙封闭起来,由结冰膨胀所造成的压力迫使水分进入饱和度较小的区域。混凝土渗透性较大时,形成水压梯度,对孔壁产生压力。随着冷却速度的加快,水饱和度提高,或气孔尺寸不断减小,气孔间隔增大导致渗透性不断降低,水压不断增高。当水压超过混凝土的抗拉极限强度时孔壁就会破裂,混凝土产生裂缝。如果在气温上升结冰融解之后又发生冻结,这种反复出现的冻融交替具有累积作用,使混凝土的裂缝扩张、表面剥落直至完全瓦解。

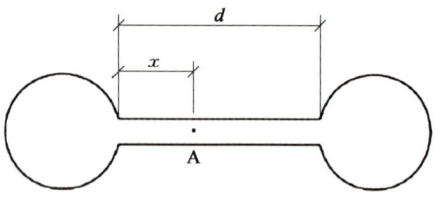

图 6-61 静水压假说模型

静水压理论可以采用如图 6-61 所示模型进一步描述,假设图中两个空气泡之间的距离为 d,两空气泡之间的毛细孔吸水饱和并部分结冰。空气泡之间的某点 A 离一侧空气泡的距离为 x,则由结冰生成的水压力为 p,最大水压力发生在 $x=d/2$ 处,表示为

$$p_{\max} = p\bigg|_{x=\frac{d}{2}} = \frac{0.09}{8k}\frac{dw_f}{d\theta}\frac{d\theta}{dt}d^2 \qquad (6-29)$$

式中　k——冰水混合物通过部分结冰材料的渗透系数;

$dw_f/d\theta$——结冰速度;

$d\theta/dt$——降温速度。

由式(6-29)可知,结冰产生的最大静水压力与材料的渗透系数 k 成反比,与空气泡间隔 d 的平方成正比,与降温速度 $d\theta/dt$ 成正比,其中空气泡间隔是影响混凝土抗冻性的重要因素。

2. 渗透压理论

静水压假说很好地解释了混凝土冻融过程中结冰速度对抗冻性的影响、引气对提高抗冻性的作用等,但却不能解释另外一种现象,如混凝土不仅会被水的冻结所破坏,还会被一些冻结过程中体积并不膨胀的有机液体(如苯、三氯甲烷)的冻结所破坏;非引气浆体当温度保持不变时连续出现的膨胀等。基于这个原因,Powers 和 Helmuth 提出了渗透压假说。

渗透压理论认为水泥浆中包含的一般是盐类稀溶液,当温度下降到 0℃以下时,毛细孔中的溶液就会变为纯冰和浓度更高的溶液。随着温度不断下降,冰将不断生成,溶液浓度也将不断提高。而邻近的凝胶孔中的溶液没有产生冰冻,溶液浓度保持原有水平,于是毛细孔溶液和凝胶孔溶液之间出现浓度差。浓度差使毛细孔溶液中的溶质向凝胶孔溶液中扩散,而凝胶孔中的溶液向毛细孔迁移。这种扩散和迁移导致毛细孔溶液浓度降低,冰点升高,冰晶逐渐生长、长大,最终产生膨胀应力,造成破坏。根据物理化学原理,水和冰(液和固)两相间的渗透压可按下式计算

$$P_{0sm} = RT\left(\frac{1}{V_w} - \frac{1}{V_i}\right)\ln\frac{P_w}{P_i} \tag{6-30}$$

式中　R——气体常数;
　　　T——绝对温度;
V_w 和 V_i——水和冰的摩尔体积;
P_w 和 P_i——水和冰在温度 T 时的蒸汽压。

6.3.2　混凝土冻融破坏的影响因素

影响混凝土工程冻融破坏的因素包括外在因素、内在因素、构造因素和施工因素等。在无砟轨道结构冻融破坏中,外在气象条件引起的冻结融解作用是产生冻害和促进冻害的最大影响因素,其中最主要的是温度和湿润度两个方面(图 6-62)。

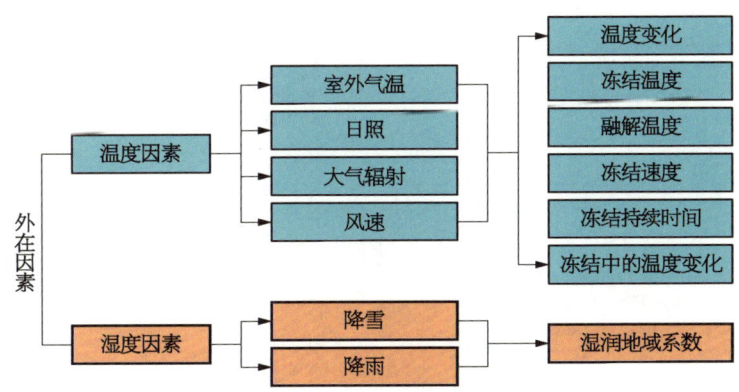

图 6-62　冻融破坏主要影响因素

20 世纪六七十年代,日本学者长谷川寿夫改进了冻害危险值计算方法,基本思路是根据气温、日照、云量和风速等气象资料,提出了冻结融解天数统计方法;根据不同品质混凝土在不同冻结温度下的冻害差异性试验,分析获得冻害严重系数;通过积雪融化量和降雨量计算出湿润地域系数。

综合温度和湿度因素,建立了冻害危险值表达式

$$V_F = \left(\sum \{(FT + F\mu)t\} + I\right)C \tag{6-31}$$

式中 V_F——冻害危险值;
　　　FT——室外环境下的冻结融解天数(冻融天数);
　　　F——室外环境下持续结冰天数(冻结天数);
　　　μ——室外环境下持续结冰日的日照融解率;
　　　t——结冰点以下的温度差异引起的冻害严重系数;
　　　I——考虑了室外环境下持续结冰日最低气温的温度冻害修正值;
　　　C——湿润程度引起的冻害减轻系数。

冻害危险值 V_F 计算过程如图 6-63 所示。

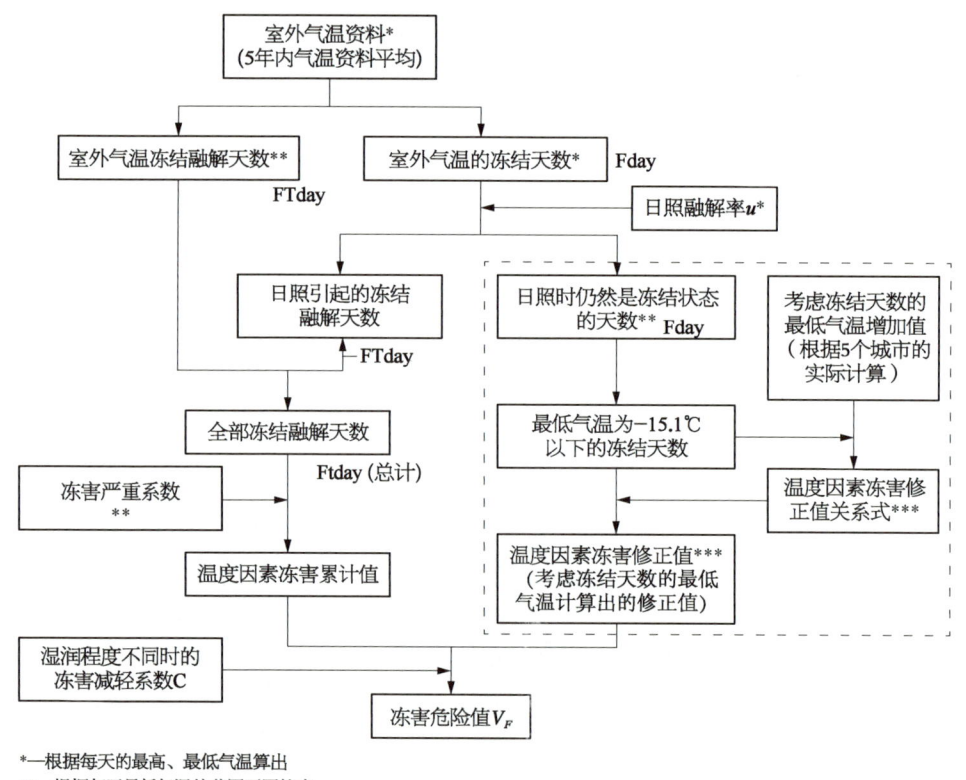

图 6-63　冻害危险值计算过程

根据冻害危险值的计算流程可以得到如表 6-6 所示的我国部分地区典型城市针对高品质混凝土的冻害危险值。地处严寒区域的齐齐哈尔、哈尔滨地区温度因素冻害危险值及湿润地域系数均较大,综合温度和湿度的冻害危险值最大;地处严寒区域的乌鲁木齐地区温度因素冻害危险值和湿润地域系数均较东北地区的两个城市小,其冻害危险值也比两个城市地区小。地处寒冷区域

的拉萨和北京地区相比,温度因素和湿度因素均以拉萨地区影响较大,冻害危险值拉萨地区大于北京地区;地处温暖区域的郑州地区由于温度因素冻害危险值较小,尽管湿润地域系数较北京和拉萨地区大,但冻害危险值小于严寒和寒冷地区。

表6-6 我国部分城市的冻害危险值

城 市	室外气温资料		日照引起的溶解天数/d	全部冻结融解天数/d	冻结融解日的最低温度范围/℃	温度因素冻害危险值	温度因素冻害修正值 I	湿润地域系数	冻害危险值 V_F
	冻融天数/d	冻结天数/d							
北 京	82.4	11.4	9.0	91.4	−15.0	595.3	22.0	92.9	**308.7**
齐齐哈尔	54.4	106.0	40.3	94.7	−20.0	1 529.3	575.1	204.0	**1 894.0**
哈尔滨	51.6	99.3	43.1	94.7	−20.0	1 447.1	491.3	216.0	**1 744.6**
乌鲁木齐	45.7	81.1	48.1	93.8	−20.0	1 237.9	240.4	198.6	**1 182.6**
拉 萨	111.7	0	0	111.7	−15.0	678.6	20.0	143.0	**489.0**
郑 州	48.5	2.6	1.6	50.1	−10.0	197.3	20.0	148.5	**152.1**

6.3.3 混凝土抗冻性指标

混凝土抗冻目标是通过减少水在混凝土内的赋存及外部水的浸入,实现混凝土结构在冻融环境下不开裂、力学性能不下降,满足服役期内结构安全和性能稳定。因此,混凝土抗冻性指标可以用与其目标相适应的孔隙结构、渗透性、含水率及强度等指标来表征。

1. 孔隙结构

孔隙结构揭示了混凝土遇水状态下的冻胀特征。

混凝土中的孔隙一般分为水泥石中的凝胶孔、毛细孔和大气孔三种,凝胶孔不受冻害,孔径较小的毛细孔(约320Å以下),由于其中水冰点极低,一般也不受冻害,而1 000Å以上的毛细孔则受冻融作用影响,大的气孔中的水结冰是混凝土受冻破坏的最主要危害因素[27]。

混凝土孔结构参数主要有孔隙率、孔径大小、孔径分布、孔形状和气泡间距系数。孔径大小决定了混凝土孔中水的冰点,孔径越小,冰点越低,成冰率也低,从而减小因结冰引起的对混凝土的破坏,可提高混凝土的抗冻性。小孔、低的孔隙率和闭合孔会提高混凝土的抗冻性能。气泡参数中最主要的指标是气泡间距系数,平均气泡间距系数与含气量和气泡数量有关,严寒地区的混凝土工程一般要求使用引气剂。引气剂提高混凝土抗冻性的效果取决于混凝土气泡参数,即气泡尺寸、数量及分布等[28]。因此,一般认为平均气泡间距系数是表征混凝土抗冻性的重要参数。

假设混凝土中的空气泡都是理想的等直径球体,且在混凝土中呈规则分布,根据混凝土中水泥浆体的体积含量、空气泡的大小及含量计算平均气泡间距系数

$$L_m = 16 r_m \left[\left(1.4 \frac{P}{A_r} + 1 \right)^{\frac{1}{3}} - 1 \right] \tag{6-32}$$

式中 L_m——平均气泡间距系数;

P——混凝土中水泥浆体的体积含量;

A_r——混凝土中的空气含量;

r_m——空气泡的平均半径。

由式(6-32)可以看出,平均气泡半径越小,水泥浆含量越小,含气量越大,则平均气泡间隔系数越小,对混凝土抗冻性越有利。表6-7为中国水利科学研究院、交通部一航局科研所等单位关于混凝土的配合比、气泡间距系数同抗冻等级间关系的试验结果。

表6-7 混凝土的配合比、气泡间距系数与抗冻等级间的关系

抗冻等级(F)	W/C(水胶比)	A(含气量)/%	T(气泡间距系数)/μm
800~1 000	≤0.35	5.5~6	≤300
500~600	≤0.45	5.0±0.5	≤350
200~300	≤0.55	5.0±0.5	≤350
100~150	≤0.60	4.5±0.5	≤400
50	≤0.65	4.0±0.5	≤400

2. 渗透性

混凝土的渗透性是其耐久性的重要保证。降低混凝土的渗透性,不仅能够防止水的浸入,提高混凝土的抗冻性能,还能够防止大气中的CO_2在浓度差的作用下通过混凝土由外向内扩散,与混凝土中的碱性物质发生反应,致使混凝土碳化。而且,随着混凝土碱性的降低,钢筋表面的钝化膜将变得不稳定,直至破坏,在氯盐侵蚀下钢筋产生锈蚀。所以,混凝土的渗透性日益受到重视。

一般来说,干燥的混凝土不会遭受冰冻破坏。由于混凝土含水率存在一个临界饱和度,超过此值,且当混凝土暴露于低温下容易产生裂缝。混凝土经充分养护后含水率可能低于临界饱和度,但如果其渗透性较高,当暴露于潮湿环境时,可以再次达到或超过临界饱和度。因此,渗透性不仅控制着冻结时与内部水的移动有关的渗透压力,而且控制着冰冻前的临界饱和度。

混凝土的渗透性与其电导率有一定的关系,从而可以构建混凝土渗透性的电学测试与评价方法[29]。

$$K = \frac{e_p}{e} \tag{6-33}$$

式中 e——混凝土电导率;

e_p——混凝土孔溶液的电导率;

K——反映混凝土孔隙情况的参数。

3. 含水率

水是造成混凝土受冻破坏的主要原因,混凝土中水的存在形式是由混凝土的孔隙结构决定的,而混凝土受冻害程度与孔隙中饱水程度有关。混凝土的临界水饱和程度与饱水时间、强度、致密性等因素有关,一般认为它是表征混凝土抗冻性的重要参数。

混凝土临界水饱和度是指混凝土与水接触时,毛细孔先吸水饱和,然后小气泡中吸水,大气

泡的孔壁也吸水,随空气泡吸水的增加,气泡间距系数逐渐增大。当气泡间距系数增加到某个极限值时,冻结将引起材料破坏。因此在理论上,临界水饱和度与气泡间距系数存在对应关系。如图 6-64 所示,当混凝土的水饱和度小于临界值时,混凝土不会发生冻融破坏,超过临界值时将迅速破坏。

在实践中,由于重量含水率测定比较容易,因此常以含水率的大小来评定混凝土孔隙中的充水程度。一般认为含水量小于孔隙总体积的 91.7% 就不会产生冻结膨胀压力,该数值被称为临界饱水度。

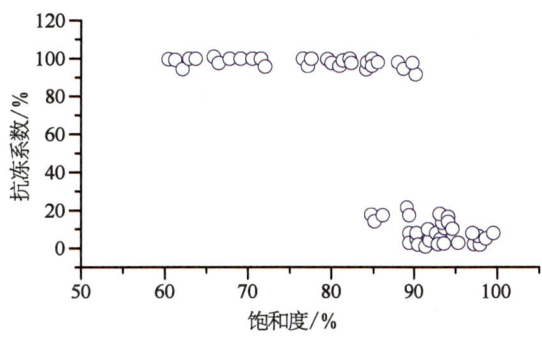

图 6-64 混凝土吸水饱和度与抗冻系数的关系

4. 强度

在混凝土耐久性设计中,除了考虑混凝土的渗透性和抗裂性外,最重要的还是将强度放在首位。一旦混凝土产生强度破坏,将影响结构的安全性和可靠性。因此,通常将抗压强度损失率不超过 25%,以及与强度指标相关的相对动弹性模量下降到 60%、质量损失率不超过 5% 作为混凝土抗冻性评价指标。

我国混凝土抗冻性试验方法分为慢冻法和快冻法[30]。在慢冻法中对混凝土立方体试件进行气冻水融,冻融循环周期为 8 h,冻、融各 4 h。冻融过程中进行数次抗压强度和失重率检测。以同时满足抗压强度损失率不超过 25% 和质量损失率不超过 5% 时的冻融循环次数作为混凝土的抗冻标号。在快冻法中对混凝土棱柱体试件进行水冻水融,一般要求试件连续进行 300 次冻融循环,以试件的质量损失超过 5% 或相对动弹性模量下降到 60% 时作为失效标志,整个过程需 2~4 h。

两种方法相比,慢冻法周期长、工作量大、误差较大、可重复性差,而且混凝土冻融循环破坏对抗压强度不敏感,因此采用抗压强度来衡量混凝土的抗冻性存在不合理性,目前我国各行业正逐步取消慢冻法。快冻法与慢冻法相比,混凝土的抗冻试验周期短,采用相对动弹性模量评价混凝土的抗冻性准确而且无破损性,可以进行重复性试验,试验效率高,已经成为混凝土冻融试验的主要方法。

单边盐冻法一般用于与盐接触的环境下,要求将试件单面浸入盐冻溶液中进行冻融循环,每 4 次循环收集盐冻试件表面剥蚀量和超声波相对动弹性模量,更换盐冻溶液,以盐冻试件单位面积的剥蚀量和超声波相对动弹性模量降低值来定量评价其抗盐冻性能。当冻融循环中出现达到 28 次冻融循环、试件单位表面面积剥落物总质量大于 1 500 g/m² 或试件超声相对动弹性模量降低到 80% 时,可停止试验[35]。由于该方法中混凝土的破坏方式与道路、桥梁路面撒除冰盐造成混凝土的破坏方式相似,更接近于路面混凝土工程的实际情况,在路面抗冻试验中应用较多,并在无砟轨道严酷环境抗冻试验中得到应用。

6.3.4 板下充填层抗冻技术

我国季冻区高速铁路轨道板采用 C60 预制预应力钢筋混凝土结构,底座板采用振捣式 C40 钢筋混凝土结构,可供严寒地区公路、水工和建筑方面的混凝土结构材料技术借鉴。但是,作为

CRTS Ⅰ型和Ⅲ型板式无砟轨道板下充填层的 CA 砂浆与自密实混凝土材料,是我国高速铁路板式无砟轨道结构的关键材料之一,其性能与质量不仅关系到无砟轨道结构的服役性能及使用寿命,而且对于冻害危险值很高的东北地区也没有经验可借鉴,需要结合我国季冻区特点开展深化研究。

1. 充填层抗冻技术要求

1) CA 砂浆

CRTS Ⅰ型板式无砟轨道板下充填的 CA 砂浆是由水泥、乳化沥青、砂、水和适量添加剂等组分组成,并由水泥水化产物与沥青共同作为胶凝基体将砂子骨料胶结而形成的一种黏弹性有机-无机复合材料,具有支撑、调整、缓冲和协调等作用。

CA 砂浆材料在季冻区应用时,需要解决冻融劣化和低温脆性问题。当 CA 砂浆与水接触吸入水分后,在低温下水冻结膨胀,产生膨胀力,将使砂浆的组织结构逐渐发生破坏,出现开裂、掉块、粉化及性能下降等冻融劣化问题。而且 CA 砂浆作为复合胶凝材料,在低温条件下出现强度增加、弹性下降趋势,发生脆化现象,在外力作用下可能产生裂纹、碎裂等问题,使其使用性能受到影响。为此,如表 6-8 所示,为满足在板下狭小空间内袋内充填的需要,CA 砂浆需要具有良好的工作性能;在抗冻性能上与轨道板、底座板保持一致。

表 6-8 水泥乳化沥青砂浆的性能指标要求

序号	项目		指标要求
1	砂浆温度/℃		5～40
2	流动度/S		18～26
3	可工作时间/min		≥60
4	含气量/%		8～12
5	单位容积质量/kg/l		>1.3
6	抗压强度/MPa	1 d	>0.10
		7 d	>0.70
		28 d	>1.80
7	弹性模量(28 d)/MPa		100～300
8	材料分离度/%		<1.0
9	膨胀率/%		1.0～3.0
10	泛浆率/%		0
11	抗冻性		300 次冻融循环试验后,相对动弹模量不得小于 60%,质量损失率不得大于 5%
12	耐候性		无剥落、无开裂、相对抗压强度不低于 70%

由于我国东北严寒地区温度远低于国外季冻区高速铁路,湿润度也比较高,为防止 CA 砂浆出现冻融破坏,对严寒地区 CA 砂浆提出了更加严格的补充要求,如表 6-9 所示。在 -40℃条件下 CA 砂浆的性能要基本保持和常温一致。

表 6-9 严寒地区水泥乳化沥青砂浆补充性能指标要求

序 号	项 目	指 标 要 求
13	抗疲劳性(100 万次,12 Hz)/mm	≤0.10
14	低温抗裂性(−40℃)/mm	≥1.0
15	低温折压比(−40℃)	≥0.50
16	低温弹性模量(−40℃)/MPa	100~300

2) 自密实混凝土

CRTS Ⅲ型板式无砟轨道板下充填的自密实混凝土是指拌和物具有高流动性、高间隙通过性和高抗离析性,浇筑时仅靠其自重作用而无须振捣便能均匀密实成型,硬化体具有和传统振捣混凝土相当力学性能、耐久性能及体积稳定性的混凝土,相对于普通混凝土,具有更低的粗骨料含量、明显增多的无机-有机外加剂组分、更高的浆体体积等组成特点,其密实性和匀质性大大提升。不管是引气或非引气的自密实混凝土均具有更高的抗冻融破坏性能[31,32]。

严寒地区自密实混凝土性能指标需满足表 6-10 要求。其中,自密实混凝土中分布有纵向连通的钢筋,应具有很高的护筋性,即抗氯离子渗透性能。同时,对于充填层结构而言,自密实混凝土材料绝大部分都处于封闭空间内,仅纵向侧面部分暴露于外,受冻融作用的主要是暴露面。由于暴露面有限,冻融破坏也不会引起大面积开裂破坏,只会出现表面层剥落破坏,其形式与公路路面冻融破坏形式非常相似,因此,对于自密实混凝土抗冻性而言,宜采用单边盐冻法进行评价,硬化体的 56 d 抗盐冻性能(28 次冻融循环剥落量)不大于 500 g/m²。电通量和单边盐冻指标则参照《铁路混凝土结构耐久性设计规范》要求进行确定。通过理论计算和优化配制技术,结合现有施工质量控制水平,并经试验验证,确定自密实混凝土 56 d 收缩变形值控制在 400×10^{-6} 以内。自密实混凝土的抗压强度、抗折强度和弹性模量指标则根据 CRTS Ⅲ型板式无砟轨道整体结构受力设计要求确定。

表 6-10 严寒地区自密实混凝土硬化体性能评价指标

评 价 指 标	指 标 要 求
56 d 抗压强度/MPa	≥40
56 d 抗折强度/MPa	≥6.0
56 d 弹性模量/GPa	3.0~3.8
56 d 电通量/C	≤1 000
56 d 抗盐冻性(28 次冻融循环剥落量)/(g/m²)	≤500
56 d 干燥收缩值	≤400×10^{-6}

2. 充填层的材料组成

CA 砂浆一般由乳化沥青与水泥、细骨料、膨胀剂、减水剂、消泡剂、引气剂、铝粉、聚合物乳液等成分组成。

乳化沥青是将沥青或改性沥青加热熔融，与乳化皂液（包括乳化剂、稳定剂、电解质等）和水一起，经机械分散细化，以细小微粒分散于含有乳化剂的水溶液中形成的水包油型乳化沥青。

CA 砂浆专用沥青乳液除了具有普通沥青乳液所具有的性能外，还要求其与水泥相容性好，黏度较大，破乳速度较慢，抗冻性、耐候性能优异，凝固后沥青形成连续层，能与水泥、细骨料形成具有温度依存关系和黏弹性体特性的复合材料。为了达到 CA 砂浆专用乳化沥青的性能要求，选择合适的乳化剂尤为重要。研究发现，在实际应用中，使用单一的乳化剂效果很不理想，需要多种乳化剂复配使用。根据乳化皂液中主乳化剂的类型，乳化沥青可以分为阴离子型、阳离子型和非离子型三大类。乳化剂的用量少时，乳化效果不好，乳液中沥青微粒粒径大小不均，体系的储存稳定性下降；乳化剂的用量多时，成本提高，造成浪费。沥青含量可影响乳状液的类型、黏度、稳定性等，若沥青含量过低，制备的乳液黏度太小，稳定性不好；若沥青含量过高，乳液黏度过大，制备的乳液可能反相，变成油包水型，不符合要求。沥青的颗粒大小、粒径分布对乳化沥青的储存性能和 CA 砂浆拌和物的性能有重要影响，在正常的粒径范围内，沥青的颗粒越细，其黏度越大、储存稳定性越好。在实际应用中，乳化沥青的固含量（蒸发残留物含量）一般在 60% 左右，乳化颗粒的最可几粒径为 5~10 μm。

水泥是 CA 砂浆中的主要胶结组分之一，能显著影响 CA 砂浆的长期性能。水泥体系不同，其水化产物组成、结构和性能也不同。为了确保水泥乳化沥青砂浆的稳定性、力学性能和耐久性能，一般采用硅酸盐水泥和掺混合材的复合硅酸盐水泥。为了降低 CA 砂浆的收缩及其在寒冷地区的快速凝结硬化，也常采用硫铝酸盐水泥或硅酸盐水泥与铝酸盐水泥组成的混合水泥。

砂是 CA 砂浆中的骨架组分。为保证新拌 CA 砂浆良好的工作性能和硬化后的匀质性，一般选择粒径较小的砂，最大粒径一般小于 1.18 mm，细度模数一般为 1.4~1.8。砂的质地、表面特征、吸水性等均对乳化沥青的破乳进程有较大影响，从而影响 CA 砂浆的性能。表面多孔疏松、干燥的砂将会加快乳化沥青的破乳速度。

膨胀剂和发泡剂是满足狭小空间充填灌注饱满充盈的需要。膨胀剂主要采用煅烧合成的硫铝酸钙和氟铝酸钙或两者混合的矿物粉末、石灰粉末，其细度要求为 4 000~10 000 cm^2/g；发泡剂主要有铝粉、氮化铝、锌粉、锡粉、硅钙合金等粉末或其混合物。

除基本组分材料外，为改善某项性能，还可以添加消泡剂、电解质、增稠剂、减水剂、调凝剂、纤维材料和 P 乳剂（聚合物乳液）等所需的外加剂。所以，CA 砂浆是一种多组分、多物相的混合砂浆，新拌砂浆是一种介稳悬浮浆体。

为提高 CA 砂浆的抗冻性，还需要添加引气剂和消泡剂。加入引气剂可以引入微小气泡，加入消泡剂消除体系中较大的有害气泡。在引气剂与消泡剂协同作用下，大量微小封闭的气泡均匀分布在砂浆体系内，隔断了砂浆内部大量的连通孔隙，使孔隙中的水分在冻结过程中产生过冷现象（使其冰点降低），从而减轻砂浆的受冻破坏，增强其抗冻性能。

自密实混凝土一般由水泥、矿物掺和料、粗细骨料、减水剂、引气剂、黏度改性材料和膨胀剂等成分组成，在材料性能要求方面与一般抗冻混凝土基本一致[33]。

3. 季冻区 CA 砂浆制备技术原则

根据对严寒地区水泥乳化沥青砂浆劣化机理分析，严寒地区用水泥乳化沥青砂浆的研究工作将在寒冷地区配方的基础上，通过优选基质沥青、沥青改性、添加聚合物、优选消泡剂、引气剂等措施提高水泥乳化沥青砂浆耐低温性能。

1) 提高沥青乳液与水泥相对质量比

试验研究表明[34],随着沥青乳液与水泥相对质量比 A/C 值的增大,CA 砂浆在 250 次、300 次和 350 次冻融循环后剩余相对弹性模量依次增大,即沥青相对含量越高,冻融循环后剩余相对弹性模量越大;CA 砂浆质量呈增加趋势,沥青相对含量越高,冻融循环后质量增加率越小,即 A/C 值的增大增强了 CA 砂浆抗冻性能,其原因在于 CA 砂浆中沥青组分形成了网络结构,水泥相对用量降低,使沥青网络结构进一步增强,而沥青是一种黏弹性有机材料,弹性模量远低于水泥组分,在孔隙自由水结冰膨胀时,沥青能够吸收部分膨胀能,而不至于立刻发生冻胀破坏,因此其抗冻性能增强,表现为冻融循环后相对弹性模量下降幅度较小。冻融循环后 CA 砂浆质量不损失反增加的原因主要在于 CA 砂浆表层孔隙中的水分经过冻融循环后,原孔隙冻胀变大,吸收的水分逐渐增多,这些孔隙是由沥青形成的网络结构。

2) 双掺消泡剂和引气剂

在 CA 砂浆制备中掺入引气剂的作用和水泥混凝土相同,加入引气剂形成的微细气孔对提高 CA 砂浆的抗冻性能尤为重要,这些互不连通的微细气孔在 CA 砂浆受冻初期能使毛细孔中的静水压力减少,起到减压作用。在 CA 砂浆受冻结冰过程中,这些孔隙可阻止或抑制微小冰体的生成。

消泡剂的加入是为了消除 CA 砂浆在搅拌过程中产生的大气泡,起到毛细管微细化的作用,阻止水分的进入,进而提高砂浆的抗冻性能。

双掺消泡剂和引气剂后,能够引入均匀、微小气泡,消除有害的大气泡,使 CA 砂浆硬化体中气泡保持稳定,从而实现提高 CA 砂浆抗冻性能的目的。

3) 添加弹性材料

在 CA 砂浆中添加低玻璃化温度的聚合物乳液,可以改善 CA 砂浆中沥青柔性,增加体系的内聚力,提高沥青相与水泥水化体系的黏结力,提高砂浆整体的低温韧性和抗冻性。

在 CA 砂浆中加入橡胶粉、聚合物胶粉、有机纤维等有机材料,不仅改善了 CA 砂浆的脆性,而且由于加入材料本身具有较好的弹性,在冻胀过程中能吸收部分膨胀能量,提高了 CA 砂浆的抗冻性。

4) 优选细骨料

细度模数、密度和吸水率合适的砂,可降低 CA 砂浆的拌合用水量,提高 CA 砂浆的匀质性,改善 CA 砂浆的抗冻性。如果细度模数过小,则细砂含量较高,为获得足够的流动度,所需的水量也就大;如果细度模数过大,则大颗粒砂含量高,砂子就容易沉降。两种结果都会对 CA 砂浆的分离度及耐久性产生不利的影响。

5) 降低水灰比

配制 CA 砂浆时体系的外加水量对 CA 砂浆最终性能有较大影响。当水量过多时,除水泥水化用水之外,还存在大量的"游离水"。在养护过程中,这些水从 CA 砂浆体系中分离,会形成一些孔隙结构连通的"水通道",对 CA 砂浆的抗冻性等低温性能不利。因此,为提高 CA 砂浆低温性能,必须尽量降低水灰比。

砂浆体系的用水量主要取决于乳化沥青的性能,不同的乳化沥青,达到适宜的流动度所需的用水量不同。而采用乳化剂复配技术所制备的乳化沥青,在保证 CA 砂浆良好流动性的同时,可以大幅降低 CA 砂浆拌和用水量,提高砂浆的抗冻性。

4. 季冻区自密实混凝土制备技术原则

自密实混凝土组成复杂,包括水泥、矿物掺和料、膨胀组分、黏度改性组分、化学外加剂等胶凝组分。一般来说,通过限制骨料的含量、选用低水胶比及添加超塑化剂等措施,可使混凝土拌合物达到自密实性要求。自密实混凝土的制备应遵循的技术原则有:混凝土中粗骨料占总骨料体积的50%;细骨料占砂浆体积的 40%左右;水与胶凝材料体积比根据胶凝材料性质调整,一般在 0.9~1.0;依据拌合物的自密实性,确定超塑化剂的掺量和最终的水胶比[35]。

随着矿物掺和料、高分子聚合物合成技术及其在混凝土中应用技术的进步,自密实混凝土已形成了三大配制技术途径,即矿物掺和料(填料)体系、增稠剂体系及两者并用体系。对于严寒地区来说,由于抵抗冻融破坏的需要,自密实混凝土制备应在三大技术途径基础上还需要遵循一些特殊的原则。

1) 应用引气混凝土

含气量是影响自密实混凝土抗冻性最为关键的参数。应用引气剂能够有效改善混凝土孔结构,大孔减少,小孔、微孔增多,最可几孔径变小,孔分布均匀,在混凝土内部产生互不连通的微细气泡,截断了渗水通道,使水分不易渗入内部。同时,气泡有一定的适应变形能力,对冰冻的破坏起一定的缓冲作用,是提高混凝土抗冻耐久性的重要措施。在美国、日本及西欧一些发达国家,大部分混凝土都是引气的。在日本,不引气混凝土被视为特殊混凝土。从 20 世纪 30 年代开始,引气剂就在美国公路中推广应用。1942 年,美国首先制定了引气混凝土的施工规范,美国材料试验学会(ASTM)也制定了相应的标准。1948 年以后,引气剂在美国公路、港口、桥梁等工程中广泛应用。大量的试验研究和工程实践已证明,引气不仅能大大提高混凝土的抗冻性能,还可改善混凝土的工作性能,特别是混凝土的综合耐久性能。因此,季冻区自密实混凝土制备必须采用减水剂和引气剂双掺技术,在添加减水剂的同时,必须掺加高质量的引气剂。

2) 应用低水胶比的混凝土

在影响混凝土抗冻性能的因素中,水胶比(或水灰比)是其主要影响因素之一,水胶比越低,开口孔径越小,孔隙率越低,混凝土密实度越高,抗冻能力越强。同时,自密实混凝土的水胶比还是影响其收缩、徐变的主要影响因素。采用低水胶比以及较大掺量矿物掺和料,其体积稳定性可以得到较好的控制。

3) 使用优质矿物掺和料

矿物掺和料的火山灰效应减少了混凝土的内部 $Ca(OH)_2$ 的数量,改善了水泥浆体孔结构,减少了氯离子渗透通道,提高了对氯离子的扩散阻碍能力;增加了水泥浆体密实度,改善了水泥石-集料界面过渡区性能,提高其抗氯离子渗透能力,而且混凝土抗氯离子渗透能力随矿物掺和料掺量的增加而增强[36]。

4) 重视水泥的品种及骨料的质量和它们之间的填充性

硅酸盐水泥和普通硅酸盐水泥混凝土中的水泥活性较复合水泥混凝土高,则混凝土的抗冻性也随之提高。混凝土骨料的级配、大小、互相的填充性对自密实混凝土的抗冻性有很大的影响,混凝土骨料直径相对较小,级配和填充性越好,则抗冻性越好。另外,混凝土骨料吸水性及骨料本身抗冻性对混凝土的抗冻性也会有影响。因此,应从优化骨料的级配和填充性,以及从优选择水泥的品种、骨料的质量来提高混凝土的抗冻性。

根据我国铁路工程原材料状况及实际施工情况,提出严寒地区高速铁路 CRTS Ⅲ 型板式无砟轨道自密实混凝土配合比参数为:胶凝材料用量宜小于 580 kg/m³;含气量大于 5%;单方用水量不宜大于 180 kg;自密实混凝土单位体积浆体的量宜为 0.30~0.40 m³。

参考文献

[1] 罗林,张格明,吴旺青,等.轮轨系统轨道平顺状态的控制[M].北京:中国铁道出版社,2006.
[2] 中华人民共和国铁道部.TG/GW 115—2012 高速铁路无砟轨道线路维修规则[S].北京:中国铁道出版社,2012.
[3] 赵国堂.高寒地区高速铁路路基冻胀综合防治技术试验[R].北京:中国铁道科学研究院,2016.
[4] 赵国堂.严寒地区高速铁路无砟轨道路基冻胀管理标准的研究[J].铁道学报,2016,38(3):1-8.
[5] 康熊,刘秀波,李红艳,等.高速铁路无砟轨道不平顺谱[J].中国科学:技术科学,2014,44(7):687-696.
[6] 陈宪麦,徐磊,徐伟昌,等.高速铁路(京沪、沪宁、沪杭线)轨道不平顺谱分析[J].铁道科学与工程学报,2013,10(3):1-6.
[7] 高建敏.高速铁路无砟轨道不平顺谱的比较分析[J].铁道科学与工程学报,2015,12(3):715-723.
[8] 赵国堂.轨检车技术现状与发展[M].北京:中国铁道出版社,2001.
[9] 赵国堂.高速铁路无砟轨道—路基变形计算模型的研究[J].中国铁道科学,2016,37(3):1-8.
[10] 赵国堂,刘钰.CRTS Ⅱ 型板式无砟轨道结构层间离缝机理研究[J].铁道学报,2020,42(7):117-126.
[11] 赵国堂,高亮,赵磊,等.CRTS Ⅱ 型板式无砟轨道板下离缝动力影响分析及运营评估[J].铁道学报,2017,39(1):1-10.
[12] 王继军.服役状态下 CRTS Ⅲ 型板式无砟轨道结构体系经时性能试验研究总报告[R].北京:中国铁道科学研究院,2015.
[13] 国家环境保护局.GB10070—88 城市区域环境振动标准[S].北京:中国标准出版社,1989.
[14] 范静海,栾茂田,黎勇,等.非线性接触力学模型在地基-基础相互作用弹性分析中的应用[J].岩土力学,2004,25(S2):154-159.
[15] 卢子兴.复合材料界面的内聚力模型及其应用[J].固体力学学报,2015,36(S):85-94.
[16] 李录贤,王铁军.扩展有限元法(XFEM)及其应用[J].力学进展,2005,35(1):5-20.
[17] BOCCIOLONE M, CAPRIOLIA A, CIGADA A, et al. A measurement system for quick rail inspection and effective track maintenance strategy[J]. Mechanical Systems and Signal Processing, 2007, 21(3): 1242-1254.
[18] 寇董华.基于多传感器集成的无砟轨道轨道板裂缝与离缝自动检测装置[J].中国铁路,2020(3):93-99.
[19] 李邦旭,刘亮,孙坤.板式无砟轨道离缝病害无损检测方法试验研究[J].铁道建筑,2018,58(2):121-124.
[20] 赵明阶.结构混凝土损伤的超声成像模型研究[J].重庆交通学院学报,2001,20(8):87-99.
[21] 钟鹏飞,车爱兰,冯少孔.全波场映像技术以及其在高速公路路基缺陷检测中的应用[J].地震工程学报,2016,38(6):942-963.
[22] 赵维刚.高速铁路多层线下结构病害无损检测技术研究报告[R].石家庄:石家庄铁道大学,2015.
[23] 杜英华,张聪颖,陈世利,等.合成孔径聚焦超声成像方法研究[J].海洋技术,2010,29(2):94-96.
[24] 江成.CRTS Ⅱ 型板式无砟轨道板端上拱监测及防治技术研究总报告[R].北京:中国铁道科学研究院,2020.
[25] SCHERER G W. Crystallization in pores[J]. Cement and Concrete Research, 1999, 29(8): 1347-1358.
[26] SCHERER G W, VALENZA J. Mechanisms of frost damage[C]//Materials Science of Concrete. Westerville, OH, USA, 2005: 209-246.
[27] 徐峰.对混凝土抗冻性的几点认识[J].混凝土与水泥制品,1989(5):14-16.
[28] 李俊毅,李晓明,许彩虹.新拌混凝土气泡参数分析法评估混凝土抗冻性[J].水运工程,2005(11):5-8.
[29] 路新瀛,李翠玲,陈美霞,等.混凝土渗透性的电学评价[J].混凝土与水泥制品,1999(5):12-24.
[30] 中国建筑科学研究院.GB/T50082—2009 普通混凝土长期性能和耐久性能试验方法标准[S].北京:中国建筑工业出版社,2010.

［31］ GRAM H E, PIIPARINEN P. Properties of SCC-especially early age and long term shrinkage and salt frost resistance[C]//In: SKAREN DAHL A, PETERSSON O eds. Proceedings of 1st International RILEM Symposium on Self-Compacting Concrete. Paris: RILEM Publication SARL, 1999: 211-226.

［32］ HELA R. Durability of self-compacting concrete[A]//In: YU Zhiwu, SHI Caijun, KHAYAT K H, et al eds. Proceedings of 1st International Symposium on Design, Performance and Use of Self-consolidating Concrete. Paris: RILEM Publication SARL, 2005: 347-354.

［33］ 中国铁路总公司.高速铁路CRTS Ⅲ型板式无砟轨道自密实混凝土暂行技术条件[S].北京:中国铁道出版社,2013.

［34］ 胡曙光,王涛,王发洲,等.CA砂浆抗冻性能的影响因素研究[J].武汉理工大学学报,2008,30(8):30-33.

［35］ OKAMURA HAJIME, OUCHI MASAHIRO. Self-compacting concrete: development, present use and future [A]//In: SKARENDAHL A, PETERSSON O eds. Proceedings of 1st International RILEM Symposium on Self-Compacting Concrete. Paris: RILEM Publication SARL, 1999: 3-14.

［36］ 叶建雄,李晓笋.矿物掺合料对混凝土氯离子渗透扩散性研究[J].重庆建筑大学学报,2005(3):90-92.